肖邦传

XIAO BANG ZHUAN

FChopin

林洪亮　著

中国社会科学出版社

图书在版编目(CIP)数据

肖邦传 / 林洪亮著. —北京：中国社会科学出版社，2010.4（2012.6 重印）
ISBN 978-7-5004-8221-5

Ⅰ.①肖… Ⅱ.①林… Ⅲ.①肖邦，F.（1810~1849）—传记 Ⅳ.①K835.135.76

中国版本图书馆 CIP 数据核字（2009）第 176857 号

肖邦传	林洪亮著
出版人	赵剑英
策　　划	胡　靖
责任编辑	李树琦　门小薇（xv_men@126.com）
责任校对	李小冰
封面设计	李尘工作室
技术编辑	戴　宽
出版发行	中国社会科学出版社
社　　址	北京鼓楼西大街甲 158 号　邮编 100720
电　　话	010-64045632（编辑）64058741（宣传）64070619（网站） 010-64030272（批发）64046282（团购）84029450（零售）
网　　址	http://www.csspw.cn（中文域名：中国社科网）
经　　销	新华书店
印刷装订	三河君旺印装有限公司
版　　次	2010 年 4 月第 1 版　印次 2012 年 6 月第 2 次印刷
开　　本	710×1000　1/16
印　　张	25.5
字　　数	398 千字
定　　价	68.00 元

凡购买中国社会科学出版社图书，如有质量问题请与本社发行部联系调换

版权所有　侵权必究

德拉克鲁瓦画的肖邦像

xiaobangzhuan

青年肖邦

肖邦的父母尼古拉和尤斯丁娜

肖邦和巴黎的钢琴演奏家们,后排右起第三人为肖邦、前排右起第一人为李斯特

波兰伟大的诗人亚当·密茨凯维奇

肖邦传

xiaobangzhuan

肖邦的五位女友

康斯坦兹雅·格瓦德
科夫斯卡

德尔菲娜·波托茨卡

马丽亚·沃津斯卡

乔治·桑

简·斯特林

为纪念波兰伟大的音乐家弗里德里克·肖邦

诞辰200周年、逝世160周年而作

目 录

第一章　家世……1
波兰啊,波兰 / 2
1810年3月1日 / 3
父母 / 4

第二章　童年……13
华沙,生命的摇篮 / 14
迷人的音乐 / 16
音乐启蒙教师齐夫内 / 18
第一次 / 20

第三章　少年时期……25
康斯坦丁亲王 / 26
音乐更能表达我的感情 / 28
华沙的音乐氛围 / 30
新的音乐教师 / 33
热拉佐瓦·沃拉 / 36

第四章　学生时代……39
华沙中学 / 40
在沙法尔尼亚度假 / 41
五年级的丰富多彩生活 / 45
重访沙法尔尼亚 / 47

  不平静的六年级 / 51
  在杜什尼基 / 56

第五章　大学生活……61
  华沙音乐学院 / 62
  悲伤的 1827 年春天 / 65
  丰富的暑假生活 / 67
  大学的第二年生活 / 69
  柏林之行 / 71
  创作实习的成果 / 77
  尼古拉一世和帕格尼尼 / 79
  梦想的破灭 / 82

第六章　走向成熟，走向世界……87
  第一次维也纳之行 / 88
  康斯坦兹雅·格瓦德科夫斯卡 / 96
  两架钢琴协奏曲和三场音乐会 / 102
  告别故国家园 / 108

第七章　重访维也纳……115
  旅途见闻 / 116
  在维也纳的经历 / 121
  华沙反俄武装大起义 / 123
  思念，焦虑，担忧，悲愤 / 127
  爱国情感的大爆发 / 136

第八章　巴黎……141
  初到巴黎 / 142

与卡尔克布雷纳的相识相交 / 146

巴黎的首场音乐会 / 151

在自己人中间 / 156

幸福在向他微笑 / 160

肖邦和外国朋友 / 166

第九章　多彩的生活……175

肖邦的愉快岁月(1834—1835) / 176

和父母相逢 / 180

马丽亚·沃津斯卡 / 184

在期待中 / 189

"灰色时刻" / 193

"我的不幸" / 199

第十章　乔治·桑……205

"讨厌的女人",最初的印象 / 206

一封长信诉衷肠 / 213

在马略卡岛 / 228

第十一章　甜美的爱情……237

在马赛 / 238

初到诺昂 / 247

和莫谢莱斯的相见 / 256

第十二章　鼎盛时期的肖邦……261

平静的1840年 / 262

波兰文化史上的两大伟人 / 268

生活安宁,事业辉煌 / 284

第十三章　美好生活在继续……293

1842—1843 年的肖邦 / 294

悲喜交集的 1844 年 / 304

第十四章　走向决裂……315

矛盾在加剧 / 316

不平静的 1846 年 / 324

《柳克丽齐娅·弗罗利亚尼》/ 331

决裂前的风波 / 336

最后的决裂 / 343

第十五章　最后的岁月……355

音乐会，1848 年革命，斯特林 / 356

英国之行 / 364

巨星陨落 / 377

第一章
家世

波兰啊，波兰

波兰，一个多灾多难的国家！有过多少的苦难，也有过多少的辉煌。

波兰，一个伟大聪慧的民族，具有光荣的历史，灿烂的文明，秀丽的山川，肥沃的原野，勇敢的人民。

波兰地处欧洲的中部，南有崇山峻岭，与捷克和斯洛伐克相连，北有波罗的海，隔岸与北欧诸国相对，东和立陶宛、白俄罗斯、乌克兰接壤，西和德国相邻。维斯瓦河从南到北流向大海，积成了广袤而富饶的平野。就在这肥沃的土地上，波兰的先人们开荒建屋，繁衍生息，逐渐形成各个部落。他们属于西部斯拉夫人。由于共同的地域，共同的经济文化和共同的语言，奠定了波兰斯拉夫人的统一基础，而抵抗外族的入侵更加速了统一国家的建立。公元10世纪，波兰王公密什科一世和他的儿子波列斯瓦夫，相继征服了各个部落，建立了奥得河与布格河之间的统一国家。波列斯瓦夫加冕为波兰第一位国王。

波兰在其统一后的千年的历史长河中，有过骄人的功业，曾把立陶宛、白俄罗斯、乌克兰联成一体，组成波兰共和国，其幅员之广阔，当推欧洲各国之首。但也有过悲惨的命运，曾三次遭到普鲁士、俄罗斯和奥国的瓜分而灭亡达100多年之久。然而无论是波兰的辉煌时代，还是惨遭灭亡的年月，波兰人民总是对这块土地怀有赤子之心，儿女之情，总是愿意为它贡献自己的聪明才智，献出自己的血汗，甚至生命。他们总是坚毅不拔，锲而不舍，勇往直前，总是前仆后继，英勇奋战，经过无数次的流血斗争，最后终于在1918年获得了独立。

而在这块富庶肥沃的土地上，又孕育出多少英雄豪杰，多少文人学士。天文学家哥白尼的"日心说"彻底推翻了几千年来的旧观念，使科学发展进入了一个新世纪，而居里夫人的新发现也开创了女性登上科学大舞台的新纪元，而作家和艺术家更是群星璀璨：诗人密茨凯维奇、斯沃瓦茨基；作家显克维奇、普鲁斯；画家马特伊科；音乐家莫纽斯科等无一不是闻名遐迩的艺苑巨擘，而弗里德里克·肖邦更是其中的佼佼者。

1810年3月1日

离华沙西部54公里的地方，有一座名叫热拉佐瓦·沃拉的村庄，这里原是波兰贵族斯卡尔贝克伯爵的领地。周围森林密布，景色宜人，一条小河从村旁缓缓流过，伯爵的府邸坐落在村子中央，由正房和左右两座厢房组成。尼古拉·肖邦和他的妻子尤斯丁娜住在左厢房。

1810年3月1日下午，肖邦一家人吃完午饭，尤斯丁娜刚把盘盏收拾好，突然感到一阵腹痛，开始她并不在意，可是过不多久，阵痛越来越厉害，她意识到自己快临盆了，于是她要丈夫快去请大夫来，并请伯爵夫人派一个女佣来照料她。尼古拉把妻子扶到床上让她躺下，自己便跑去请医生了。尼古拉没费多大工夫就把医生请来了。等尼古拉走进家门时，看到伯爵夫人和她的女儿已在屋里，尤斯丁娜是伯爵夫人的一个远房亲戚，多年在她家里担任管家，由于尤斯丁娜的精明能干，把一个正在走向衰败的家庭管理得井井有条，因此深得伯爵夫人的喜爱，此时见她要生产了，便亲自带着女儿玛利娅来看她。医生来后不久，从房子里便传出了婴儿的啼哭声。是个男孩，尼古拉异常高兴，激动地吻了吻妻子，伯爵夫人也向尼古拉祝贺，一片欢乐的场面。

在儿子尚未出生之前，伯爵夫人和尼古拉商量好了，由她的儿子弗兰齐舍克和她的大女儿安娜来做孩子的教父母。由于弗兰齐舍克·斯卡尔贝克还在法国学习，书信往来耽误了一些，直到4月23日才举行洗礼，不知是因为尼古拉的记性不好，忘记了自己儿子出生的确切日期（他只记得是星期四），还是教堂执事把日期记错了，因此在布罗霍夫教区的档案中，肖邦的出生日期是1810年2月22日，正好提早了一个星期。在举行洗礼时，小肖邦被授以第一个名字是弗里德里克，第二个名字是弗兰齐舍克，教父是弗兰齐舍克·格雷姆贝斯基，教母是安娜·斯卡尔贝克。在这份档案中，肖邦Chopin写成为Choppen（肖奔），不过，这样的错误在当时的教区档案中是屡见不鲜的。

实际上作为教父的格雷姆贝斯基这个人，查遍资料，肖邦家并无这个亲戚或朋友。弗兰齐舍克·斯卡尔贝克才是弗里德里克的教父，此人在法国的大学毕业后成了华沙大学的经济学教授，后来曾多次帮助过弗里德里克。尤斯丁娜多次在信中都确认3月1日是弗里德里克的生日，而弗里德里克自己也承认3月1日才是他的生日。1833年他在写给巴黎的"波兰文学协会"主席的申请信中写道：F. F. 肖邦，1810年3月1日生于马佐夫舍省的热拉佐瓦·沃拉村。

父　　母

弗里德里克的父亲尼古拉斯·肖邦可以说是个波兰化了的法国人，1771年4月15日他生于法国东部洛林省（现为孚日省）的马兰维勒村。这里阳光普照，气候宜人，是个适合种葡萄的地方。尼古拉斯的父亲和祖父都是种葡萄的能手，世代以农为生。马兰维勒村却和波兰有着非常紧密的联系，1736年波兰国王斯坦尼斯瓦夫·列什琴斯基被迫退位后，从法国国王的女婿路德维克15世处得到一块领地——洛林，他在那里生活了30多年直至死去。马兰维勒村后来成了原波兰国王的高级侍从鲁坦特伯爵的产业，鲁坦特死后，其妻便把田产卖给了波兰贵族米哈乌·帕兹伯爵，帕兹伯爵便把马兰维勒的产业交给波兰人扬·亚当·维德利赫掌管。尼古拉斯的父亲既是葡萄园主和修车匠，又是村里的代言人，他生有二女一子，儿子就是尼古拉斯。尼古拉斯年幼时就比一般农民的孩子聪明机灵，深得庄园总管维德利赫夫妻的喜爱。在他们的帮助下，尼古拉斯接受了基本教育，学会了财会知识，掌握了法语、波兰语、德语，还喜欢上了音乐。几年的教育也把尼古拉斯和父母的距离越拉越大，父母本想让他继承家业，成为一个熟练的葡萄园主，可是尼古拉斯却不愿继承父母的产业，而想到世界上去闯荡一番，于是他和父母的矛盾不断加剧。1785年，帕兹伯爵决定卖掉马兰维勒，此举意味着维德利赫也要离开法国回波兰去了。1787年，当维德利赫一家离开法国时，16岁的尼古拉斯不顾父母的强烈反对，带着一把小提琴、一支笛子和几本伏尔泰的书，和维德利赫一家上路了。

到波兰后，尼古拉斯依然受到维德利赫夫妻的关怀和照顾，被安排在一个法国人开的鼻烟厂当簿记。尼古拉斯不仅工作勤奋，还努力学习以增加自己的学识和才干。他和波兰工人打成一片，以提高自己的波兰语水平，几年的工夫，他的波兰话便说得和波兰人一样流畅、地道，只是还有点法国的重音。虽然是决心离开父母，离开家乡，独自出外闯荡，但思念父母和家乡之情时时袭上心头，于是他便常常给父母写信。遗憾的是，他从未收到过父母的一封回信。为什么父母不回信？许多研究家都对此进行过考证，但都得不出确切的解答。尼古拉斯曾求助于维德利赫夫妇，请他们帮忙打听父母的情况，维德利赫夫人也曾多次写信给尼古拉斯的父母，但都石沉大海，得不到一丝的回音。1790年秋，尼古拉斯给父母写了一封长信，信中谈到了他的心情和情况，幸运的是，这封信保存了下来：

我亲爱的父亲和我亲爱的母亲：
　　由于现在我不能确定，我的信能否到达你们的手中，因此我只能写几句话，想询问你们的身体情况，并表示我对你们的尊敬和挚爱，两年多来我没有得到你们的任何消息，我不知道是何缘故。然而，我的离开只能增加我对你们的尊敬。因为我知道，我这样久没有见到你们，没有得到你们的消息，那就失去了我的幸福……

在这封信中，尼古拉斯还谈到了他在波兰很好，拥有美好的前途。听说法国所有18岁以上的青年都要应征入伍当兵，他不想失去自己的前程而回国当兵。不过他也提到，由于帕兹伯爵在法国的事务尚未完结，他可能有机会陪同伯爵到斯特拉斯堡去，到时他就会去看望他们和其他亲朋好友，并希望能得到父母的回信。

然而这次"公务"出差尼古拉斯并未成行，他也真担心回到法国后会被拉去当兵，再也回不到波兰了。他的父母也没有给他回过一次信，父母对他完全不理睬了，大概是他的出走伤透了他们的心，他们的关系中断了。1814年，尼古拉斯的父亲去世后，他的遗产只留给了两个女儿，一点也没有留给

5

尼古拉斯,而且连父亲去世的消息也没有告诉他。我们也不知道什么原因尼古拉斯在以后的一生中,都没有回到过法国。就连他的儿子弗雷德里克和他的女儿路德维卡也没有去过马兰维勒村,甚至和他们的姑姑们都没有联系过,不过这是后话了。

与父母失去联系的尼古拉斯却和波兰华沙的联系越来越密切。当时的波兰正处于"山雨欲来风满楼"的境况。原本是势强力盛,版图辽阔的波兰,经过17世纪的战火和18世纪上半叶的政治腐败,波兰国势一落千丈,变成了千疮百孔的弱国,受到邻国的欺凌。1764年,在俄国女皇的操纵下,她的情夫斯·奥·波尼亚托夫斯基当上了波兰国王,波尼亚托夫斯基出身于波兰大贵族,受过良好的教育,也具有广泛的社会基础。但他为人优柔寡断,缺乏毅力和坚强的意志。在1755—1758年间,他曾作为波兰驻彼得堡的使节,结识了当时还是大公主的叶卡特琳娜,两人一见钟情,发生了一段浪漫史,还生有一女。叶卡特琳娜当上沙俄皇后,她选中前情夫来当波兰国王,本想通过他来控制波兰。不过,波尼亚托夫斯基却是个有志向的爱国者,想在波兰施行改革,但遭到波兰保守派和俄国沙皇的反对,从而导致1772年俄、普、奥三国对波兰的第一次瓜分,使波兰丧失了百分之三十的领土和人口。第一次瓜分后,波兰爱国派并没有放弃斗争,到了18世纪80年代,他们在启蒙运动的推动下,又展开了新的改革运动,并在四年议会期间(1788—1792)通过了一系列决议,而1791年5月3日通过的宪法(史称"五三宪法")更有利于国家的统一和富强,并提高了市民和农民的地位和权利,因而受到广大人民的拥护和热烈欢迎。

尼古拉斯来到华沙,适逢波兰的爱国运动蓬勃发展,人民思想和情绪最为高涨的时期。这位原本害怕法国大革命要把他征召入伍的青年,却甘愿留在波兰,而当时的波兰一方面群情激昂,爱国热情高涨,另一方面波兰内外斗争异常激烈,情势特别危急。1792年俄国军队攻入华沙,1793年对波兰进行了第二次瓜分,三分之二的波兰领土被侵占,波兰遭受了巨大打击。尼古拉斯工作的鼻烟厂受到战火的破坏而关闭,法国的厂主也回法国去了。失去了工作的尼古拉斯,开始感到动乱的华沙不是久留之地,还是离开波兰回法国去好。于是有一天,他收拾好自己的行装,订好了开往法国的驿车座位。

第一章 家世

正当他怀着既恋恋不舍又兴奋的心情准备上路时，就在动身的前一天，他突然病倒了，这次回国只好作罢。不过他回国之心依然未死。过了几个月，他又做好了回国的准备，可就在动身前一天，他感冒了，发着高烧。这次生病使尼古拉斯彻底打消了回法国的念头，他觉得这是上帝的意旨，是上帝要他留在波兰，所以才让他生病。经过这两次的挫折，他越发感到，这是命运的安排，让他与波兰有着不可逆转的联系。他回想起自己年幼时，就对波兰有一种依恋的情感，而这种情感随着年龄的增长而增长，最后竟不顾父母的反对，一个稚气未脱的少年竟义无反顾地来到了波兰。他又回想起，虽然波兰要比法国落后不知多少倍，但他一到华沙就找到了落脚之地，而且有着美好的前程，同时，他也体验到波兰人对他的亲切关怀，对他的信任和爱护，他们从不把他当外国人看待，尤其是维德利赫夫妇对待他就像对待自己的亲生儿子一样，而他也从他们那里得到了比亲生父母还要多得多的关爱。尽管目前他遇到了一些困难，但他相信，他在波兰会有前途的，他的命运就在波兰。于是他决定留下，再也不走了，他要和波兰人同呼吸共命运。

恰好此时，波兰开始了民族武装大起义。领导这次起义的是塔杜施·科希秋什科（1746—1817），他出身于爱国贵族家庭，曾在美国独立战争中屡立战功，并被华盛顿封为将军。回到波兰后在1792年保卫"五三宪法"的波俄战争中，再一次发挥了他的军事才能，多次打败俄军。战争失败后，他和爱国党人一起流亡萨克森，决心发动武装起义，以拯救祖国于危难之中。1794年2月他秘密来到克拉科夫，组建起义军队，并于1794年3月24日在波兰古都克拉科夫发动武装起义，起义很快得到全国各地的热烈响应。4月1日科希秋什科向华沙进军，并在腊茨瓦维采痛击俄国军队，俄军死伤惨重，狼狈逃窜。起义军首战告捷，消息传开，波兰人民欣喜异常，纷纷拿起刀枪，加入起义队伍。4月17日，华沙的市民和爱国官兵响应科希秋什科的号召，在鞋匠扬·吉林斯基的领导下，发起了声势浩大的起义。原本害怕被征入伍而不愿回到法国的尼古拉斯·肖邦，此时却在华沙民众的群情激励下，也毅然决然地加入了起义队伍，成了由吉林斯基领导的华沙民族起义近卫军中的一员，参加了布拉格区的防卫工作。由于他工作努力，几个月后他便晋升为上尉军官。7月，俄普联军开始包围华沙，奥国军队也从南边攻入波兰。俄国沙皇为

了加快结束波兰的战争，便派遣苏沃洛夫统率10万大军赶赴波兰，起义军与俄军会战于马切约维策，起义军虽经顽强抵抗，但因寡不敌众，伤亡惨重，科希秋什科也因三处负伤不省人事，坠马被俘。马切约维策战役后，苏沃洛夫直扑华沙，11月4日俄军攻入布拉格区，起义军民誓死抵抗，进行了一场气壮山河的肉搏战，一天之内布拉格的8000军民遭到屠杀，鲜血染红了维斯瓦河水。幸亏尼古拉斯所在的部队在俄军进攻前调了防，离开了布拉格区，才免遭俄军的屠杀。华沙于11月6日失陷，波兰人民又陷入无限悲痛和苦难之中。俄国、普鲁士和奥国便于1795年1月3日签订协定，第三次瓜分了波兰，并灭亡了波兰。有着800年光辉历史的国家，从此不复存在了，直到1918年才获得独立。

　　经历了血与火洗礼的尼古拉斯，对于俄国军队的残杀无辜，感到无比的义愤。起义失败后，他为了表示自己与波兰人民同呼吸共命运，决定把自己的法文名字 Nikulas（尼古拉斯），改为相应的波兰文名字 Mikolaj（米科瓦依），一般通称为尼古拉，他把自己波兰化了，并决定永久留在波兰，不再回法国了。为此，他努力学习波兰的历史和文学，同时还不断加深自己的法语和法国文学的知识，如今法语和德语成了他寻找工作的王牌。在当时的波兰，贵族家庭很重视孩子的教育，而且视法语为孩子的必修课，只有会说法语的人才能显示自己的高雅。过了不久，他便应艾娃·旺钦斯卡伯爵夫人的邀请，担任她四个孩子的家庭教师。艾娃的丈夫马捷伊是起义军的军官，在起义期间便和尼古拉·肖邦认识，可惜他牺牲在战场上，留下了两男两女。艾娃夫人非常关心儿女的教育，便邀请为人忠厚老实的尼古拉前来担任她孩子的教师。在这四个孩子当中，最小的女儿马利亚（生于1789年）后来嫁给了年老的瓦列夫斯基，拿破仑1806年来到华沙时便看上了她，后来成了他的波兰情妇。

　　尼古拉·肖邦对孩子们的法语教育大见成效，受到人们的称赞。1802年，艾娃的朋友、家住在索哈切夫县的热拉佐瓦·沃拉村的路德维卡·斯卡尔贝克伯爵夫人来到艾娃夫人家，请求她把肖邦让给她，因为她的五个孩子也急需一位教师来教他们的法语，特别是她的儿子弗里德里克聪明好学，伯爵夫人对他寄以很大希望，打算将来让他到法国去留学。艾娃夫人看到自己孩子

第一章 家世

的法语有了一定的水平，便同意让肖邦走了。于是尼古拉·肖邦便告别了艾娃夫人，来到新主人的庄园——热拉佐瓦·沃拉。新主人家虽不及旧主人家富有，可原先也是个显赫的大家族，只是近两代人以来才家道中落，特别是这家的男主人、路德维卡夫人的丈夫卡茨佩尔·斯卡尔贝克，是个浪荡公子哥儿，常在外面花天酒地，吃喝嫖赌，欠下了大笔的债务。为了躲债，他逃到了国外，置妻子儿女于不顾，伯爵夫人只好提出离婚，这样夫债就不必妻还了。从此，路德维卡夫人执掌着庄园的大权。当尼古拉·肖邦来到热拉佐瓦·沃拉的时候，尽管家道中落，但常言道"瘦死的骆驼比马大"，斯卡尔贝克家依然是当地的首富，还保持着相当的气派，家中有马有车，有多名仆人，华沙城中还有座宽大的房子，庄园里也有一位年轻的女管家。这位女管家当时才20岁，虽没有沉鱼落雁之貌，却也生得娟秀姣好，蕙质兰心。她生于库雅维地区的一个贵族家庭，姓克齐扎诺夫斯卡，名叫尤斯丁娜。她像许多贵族出身的姑娘一样，受过一定的教育，弹得一手好钢琴，还有一副好嗓子，唱起歌来声音甜美，很得人们的赏识。由于她过早地失去了父母，孤身一人成了孤儿，后来便来到了她的这位远房亲戚斯卡尔贝克家。路德维卡夫人见她精明能干，细心周到，便渐渐把家务交由她执掌，于是她便成了路德维卡夫人的股肱。而这时来到伯爵夫人家的尼古拉·肖邦，已是一位有着一定教学经验的教师了，现在来教孩子们的法语，可以说是驾轻就熟。不过，他依然是兢兢业业，一丝不苟，特别是对这家的老大——当时已10岁的弗里德里克，他更是倾心相授，不但教他法语，还教他德语和法国文学以及做人的道理。弗里德里克·斯卡尔贝克后来在"回忆录"中谈到他这位启蒙老师时，字里行间都充满了尊敬和感激之情，认为他"是个有道德的人，正直的人，他不是按照法国标准把波兰青年教育成法国人，而是把他们培养成有公民责任感的波兰人"。

这位已过而立之年的肖邦，和斯卡尔贝克一家人相处得很是融洽，特别是和尤斯丁娜小姐。随着他们相处的时间越来越长，两个人的感情也因日久生情而加深，何况还有音乐来当他们的媒人。每当休息或在节日的时候，尼古拉便会和尤斯丁娜来一段二重奏，他拉小提琴，她弹钢琴，动人的琴声常常温馨着他们的心田。有时尼古拉也会拿起笛子去给尤斯丁娜伴奏，美妙的

歌声不但给斯卡尔贝克一家增加了快乐,也使这两个年轻人的感情日益加深。经过几年的相处,彼此色授魂与,在得到路德维卡伯爵夫人的祝福后,双双步入了教堂。

35岁的尼古拉和刚满24岁的尤斯丁娜于1806年6月2日在当地的教堂举行了婚礼,路德维卡夫人便把左厢房拨给了这对新婚夫妇居住。一个是漂泊多年的游子,一个是寄人篱下的孤女,如今他们都有了自己的家,因此,他们都非常珍惜彼此的感情,相濡以沫,过起了美满幸福的家庭生活。

1806年,尼古拉可谓双喜临门,一是结婚,二是法国军队来到波兰。1806年法国军队在打败了俄奥联军和普鲁士军队之后,胜利进入波兰华沙,受到波兰各界民众的欢迎。12月,拿破仑亲临波兰,波兰人把他当成救星来欢迎。1807年初,华沙公国成立,其领土由普鲁士第二次和第三次瓜分时所得到的波兰土地组成,此后还并入了奥国占领的一部分领土,由萨克森国王腓特烈·奥古斯特担任华沙公国的大公。实际上执掌公国全权的依然是拿破仑的代表。拿破仑并不想让波兰人获得真正的独立,他只是想把波兰人当作自己的炮灰,把波兰当作他进攻俄国的基地。但是许多波兰人都被他的光环所蒙蔽,对他歌功颂德,其中包括波兰伟大诗人亚当·密茨凯维奇,他在长诗《塔杜施先生》中就把他写成为波兰的解放者。

由于热拉佐瓦·沃拉地处西方通往华沙的必经之地,过往的军队很多,形势动乱不定,斯卡尔贝克伯爵夫人担心一家的安全,便带着儿女和肖邦夫妇离开自己的庄园移居华沙,同时也可照顾已在华沙上中学的儿子弗里德里克。1807年4月6日肖邦夫妇婚姻的结晶,他们的第一个女儿出生了。为了表示对伯爵夫人的敬爱,他们给女儿起了与伯爵夫人同样的名字——路德维卡。1808年,弗里德里克·斯卡尔贝克在华沙中学毕业,而且当时的社会形势比较安定,于是斯卡尔贝克伯爵夫人一家又搬回了自己在热拉佐瓦·沃拉的庄园。过了不久,弗里德里克·斯卡尔贝克便离开了家乡,前往巴黎的法兰西大学攻读经济学,毕业后成了华沙大学的经济学教授。肖邦夫妇依然留在热拉佐瓦·沃拉,继续教伯爵夫人的其他四个孩子。1810年3月1日,肖邦夫妇又生下了他们的第二个孩子,也是他们唯一的儿子,为了表示对东家大儿子的敬爱,他们给儿子也取名为弗里德里克。

由于法国军队和法国人的大量拥入华沙，法语便成了重要的交流语言。于是这时的法语老师非常走俏，华沙各学校急需这方面的人才。已获得一定教学经验和声望的尼古拉·肖邦便得到华沙中学的青睐，受聘于该校。1810年秋天，肖邦夫妇便带着女儿路德维卡和只有几个月大的儿子弗里德里克依依不舍地告别了挚爱他们的斯卡尔贝克伯爵夫人一家，离开了他们居住多年的热拉佐瓦·沃拉，来到了他们的定居之地——华沙。

第二章

童年

华沙，生命的摇篮

1810年10月1日，肖邦一家来到了华沙，便在华沙定居了下来。热拉佐瓦·沃拉是弗里德里克·肖邦的出生地，不过他只在那里生活了7个月便离开了，后来他也只回去过几次，而华沙才是他生命的摇篮，才是他成长的地方。

华沙——多么美妙的名字，多么壮丽的城市。在它上千年的历史长河中，有着多少动人的故事和美丽的传说。相传在遥远的古代，这里是一片浓密的原始森林，林边有一条大河蜿蜒流过，那就是维斯瓦河。在河的左岸，有一块南北纵向的高地，一条溪河从西向东穿越森林直泻而下，流入维斯瓦河。有一天，一对年青的猎人夫妇来到此地打猎，他们一见这里山清水秀，风景优美，便在这里开劈出一块空地，盖起了茅屋，从此在这里定居了下来，他们在此过着男耕女织、狩猎渔樵的生活。这对夫妇男的叫瓦尔，女的叫沙瓦。后来又有一些人看到这里土地肥沃，林密鱼多，也都迁到了这里，这里渐渐成了一个村庄。为了给这个无名的村庄起个名字，他们便把最先在这里落户的这对夫妇的名字连接起来，成了瓦尔沙瓦，也就是华沙（那是后来根据英文转译而成的）。

在华沙众多的传说中，有一则关于美人鱼的传说，让弗里德里克和他的姐姐路德维卡百听不厌：那是在遥远的古代，维斯瓦河——这条波兰人的母亲河，从上流冲积下来的沃土把玛佐夫舍平原滋养得土肥物丰。可是在河里却出现了一个妖魔，时常兴风作浪，残害其他生灵，不仅闹得鱼虾禽兽不得安宁，还威胁人类的安全和生存。突然有一天，从波罗的海游来了一条美人鱼，她逆流而上，一直游到了华沙这个地方。她看到妖魔在这里肆无忌惮地残害生命，便义愤填膺，发誓要清除这个妖魔。于是她一手拿剑，一手拿盾，和妖魔展开了厮杀，最终把它消灭了。从此维斯瓦河风平浪静，人们安居乐业。但是，美人鱼依然守护在维斯瓦河上。每当黎明初露，河上便响起了美人鱼的美妙歌声，歌声响彻天际，她是在唤醒沉睡的人们起来工作，辛勤劳动。她还经常手持剑盾巡视在维斯瓦河上，保卫着华沙人民的安宁，因此华沙的人民便把美人鱼看作是自己城市的保护神，为她在维斯瓦河畔树起了塑像。如今在华沙的古城和维斯瓦河畔，都屹立着一座一手持剑一手拿盾、英姿飒爽、令人肃然起敬的美人鱼塑像，供人瞻仰。华沙美人鱼的传说在弗里德里克幼小的心里留下了深刻的印象。

后来，华沙也从一个小村庄渐渐变成了一座大城市。成了玛佐夫舍王公的都城。1595 年，波兰国王齐格蒙特三世把波兰首都从克拉科夫迁到了华沙。他在古城边建起了一座豪华壮丽的皇宫，他的继位者又为他在皇宫旁建起了一座高高的像柱。从此，华沙便成了波兰政治、经济、文化和教育的中心。嗣后它有过令人炫目的辉煌，也有过悲惨的遭遇，多次被外国侵略者占领，甚至遭到摧毁。但在弗里德里克出生的时候，华沙却获得了暂时的独立，成为华沙公国的首都。

随着弗里德里克的两个妹妹伊莎贝拉（1811 年 7 月 9 日）和艾米丽亚（1812 年 11 月 20 日）的来到人世，肖邦一家六口过着其乐融融的生活。尼古拉为了增加收入，使生活过得更宽裕一些，便于 1812 年获得了炮兵和工兵学校的教授职务，1815 年又获得了军官预备学校的教职。1813 年，由于尼古拉的教学有方和学校领导的器重，便由一般的教师提升为华沙中学的"法国语言和文学"教授。

然而，伴随着肖邦一家生活的是动荡不安的政治社会形势，1812 年拿破仑进攻俄国遭到惨败，随拿破仑出征的 10 万波兰军队也被打得只剩下 2 万人。1813 年 2 月俄军进占华沙，华沙公国的统治者们逃到克拉科夫和法国，华沙公国宣告灭亡。1815 年在维也纳会议上，波兰又遭到俄普奥三国的再一次瓜分，西部两个省归普鲁士所有，建立波兹南大公国，由普鲁士统辖。奥国获得塔尔诺波尔区和维利奇卡盐矿区。克拉科夫为中立城市，即克拉科夫共和国，受三国保护。而在原华沙公国的大部分领土上，成立波兰议会王国，"永远归沙皇俄国所有"。由沙皇兼任波兰国王，并由其兄康斯坦丁亲王担任波兰总督和总司令，还任命尼古拉·诺沃西尔采夫为沙皇驻波兰的全权代表。这次瓜分历史上称为"第四次瓜分波兰"。由于沙皇亚历山大一世和波兰权贵亚当·查尔托里斯基公爵是同学，开初几年还对波兰较为友好，赋予波兰议

会和行政机构较多的权力。尽管政治上控制很严,但波兰的文化教育事业还是得到较好的发展。1816年建立了华沙大学,中小学教育也有了较大发展。

这种动荡不定的局势,无疑会给波兰人民生活带来很大的困难,造成人心的惶恐不安。由于康斯坦丁亲王喜欢举行军队检阅,便把华沙中学的校舍萨克森宫征作兵营,以便在萨克森广场举行检阅。华沙中学便搬入卡其密什宫(现在的华沙大学内)。尼古拉·肖邦一家也随之搬入卡其密什宫,住在西厢房的三层楼上。二层住着华沙中学校长林德。由于肖邦家的住房较大,他便在家里拨出两间房开办寄宿学校,招收外地的贵族学生来住,为此他雇请了安托尼·巴尔钦斯基担任辅导老师和一位女仆来协助女主人料理家务。虽然收费较贵,但由于尼古拉认真负责,既对学生严格要求,又对他们关怀备至,深得学生们的喜爱和家长们的认可,因而享有较高的声誉。

由于肖邦一家住在学校里,接触的大多是知识分子,文化氛围很浓,尼古拉·肖邦又是个喜欢交游的人,他的家常常是教师、教授、文人学者聚会的地方。他们在一起谈天说地,纵论天下时势,议论文艺科学,交流教学经验。弗里德里克·肖邦就是在这样的环境中一年一年地成长起来的。

迷人的音乐

客厅里传来了悠扬的琴声,那是尤斯丁娜在教女儿路德维卡弹钢琴。按照当时波兰的传统习俗,女孩子是不能进入学校学习的,只有在家里学习一些音乐、绘画、波兰语和法语,以便将来成为大家闺秀。作为母亲的尤斯丁娜便担负起了教育女儿的职责,每天都要教女儿两三个小时的钢琴,有时也教她学画。每当路德维卡学琴时,三岁的弗里德里克便坐在一旁,聚精会神地听着,两眼注视着母亲和姐姐的双手在琴键上的移动。虽然一教一学,琴声不太连贯,但弗里德里克却听得津津有味,他对音乐的感受和记忆都要比大他三岁的姐姐好,许多乐曲姐姐弹了好几遍都记不住,可是他在旁边听过之后却记住了。

母亲不在的时候,弗里德里克止不住要恳求姐姐也让他来试一试,姐姐会以你还小作借口，不让他弹琴，实在拗不过，只好把他抱上琴凳，让他弹一弹。然而令姐姐惊讶不已的是，弟弟竟能弹出她刚学过的乐曲，这令姐姐十分高兴。弗里德里克乘机向姐姐提出，以后她一人练琴时，也让他弹一弹，姐姐答应了他，只是要他保密，先不要让爸爸妈妈知道。

关于小弗里德里克痴迷钢琴的故事很多，其中有一则为许多肖邦传记作者所提到。那是在 4 月的一个深夜，家里的人都已沉沉入睡。突然从客厅里传出轻轻的琴声，琴声虽然很低，却惊醒了睡在隔壁的女佣，她不知道这是什么声音，难道是贼人进了房子，还是老鼠在啃什么东西？她端着台灯，胆战心惊地来到客厅，声音是从大厅的一角传出来的，她抬头一看，只见钢琴前面坐着的是小弗里德里克，她大声叫道："少爷，你在干什么？"女佣的叫声惊醒了尼古拉和尤斯丁娜，他们立即走进客厅，见弗里德里克只穿一件衬衣，不无心痛地责怪道："天气这样冷，只穿一件衬衣，你会着凉的。""妈妈，我要弹琴。""要弹琴也不能半夜里起来弹呀！"在父母的劝说下，小弗里德里克不情愿地离开了钢琴，回到了他的卧室。这样的事不管是不是真的发生过，但弗里德里克从小就迷上了钢琴，那是不容置疑的。

从第二天开始，母亲便像教女儿一样教儿子钢琴了。尤斯丁娜虽然不是什么钢琴家，也没有受过正规的音乐教育，但她也像当时的许多贵族姑娘一样，受过一定的钢琴教育，而且琴还弹得不赖，歌也唱得不错，有一副好嗓子。她教儿子的第一课便是练指法。虽然她没有什么理论，但教起儿子来还是绰绰有余。小弗里德里克学习很努力，很勤奋，而且悟性很高，一学就能很快掌握，记性也很好，学了不久，就能和姐姐四手联弹一些乐曲了。有时肖邦全家会来一场家庭合奏歌唱音乐会，尼古拉小提琴，路德维卡和弗里德里克弹钢琴，尤斯丁娜唱歌。尤斯丁娜出生于库雅维地区，她对那一带的民歌很熟悉，从小就和村里的姑娘们在一起唱歌跳舞，能唱很多的民歌。她的歌唱得甜美动人，大家都很爱听她唱歌，一家人常常沉浸在音乐的欢乐中，真是其乐融融，令邻居称羡不已。

小时候的弗里德里克不单对钢琴非常着迷，对波兰的民间歌舞也特别喜爱。波兰人民是个能歌善舞的民族，每逢节假日或喜庆日子，萨克森广场上便会有许多民间艺人在此卖艺，还常常举行各种歌舞表演。当时就住在离广

场不远的弗里德里克,常常和姐姐一起溜出家门来到广场上,倾听民间艺人的演奏和歌唱,观看各种各样的舞蹈表演,有时小乐队奏出的波罗涅兹舞曲令小弗里德里克听得心驰神往,而手摇琴奏出的民间乐曲也常常让小肖邦驻足不前,一听就是一两个小时。波罗涅兹、玛祖卡、库雅维亚克、奥别列克、克拉科维亚克等舞曲和民歌,都在弗里德里克的幼小心灵中留下深刻的印象,成了他日后创作的不竭的源泉。

由于小弗里德里克学习努力,而且天分很高,接受能力强,经过两年的学习,成绩惊人,已超过他的姐姐路德维卡。凡是他听过的乐曲,他都能熟练地弹奏出来,有时还能即兴发挥,弹出他所喜欢的曲调来。母亲尤斯丁娜感到自己已倾囊相授,再也没有什么可教儿子的了。为了让儿子的音乐才华能得到进一步的发展,尼古拉和尤斯丁娜决定请一位真正的音乐教师教自己的儿子。

音乐启蒙教师齐夫内

1816年春天,有一位老人前来肖邦家拜访,这位老人就是他们要请的音乐教师伏伊捷赫·齐夫内。肖邦夫妇是从朋友那里得知他的。齐夫内原是捷克人,生于1756年,曾在莱比锡受过音乐教育,师承巴赫的弟子。18岁时来到波兰,受聘于沙别哈公爵的私人乐队,担任小提琴手。波兰被瓜分灭亡后,他来到华沙,以授课为生,教小提琴和钢琴,他的教课获得了较高的声誉。

肖邦夫妇虽然早就听说过此人,但却没有见过齐夫内本人。寒暄过后,尼古拉打量一下齐夫内,只见他身高体瘦,生就的鹰钩鼻,头发蓬乱,缺牙少齿,一身18世纪的旧式打扮,而且鼻烟不离手,身上也布满了烟灰和污垢。据说他为人古怪,从不洗澡,夏天只用烧酒擦身。他喜欢穿色泽鲜艳的背心,而且完全是一副波兰人的派头,可以说是"真正的波兰人"。尽管华沙有不少的钢琴教师,但尼古拉为什么会单单选中齐夫内?除了他拥有较好的名声外,更重要的是,他和尼古拉一样,都是来自外国的侨民,而且他们都把波兰看成是自己的国家,都很热爱波兰人民。因此,他们的命运相同,可

第二章 童年

以有更多的共同话题来进行交流。齐夫内虽已年届花甲，但他善于言辞，喜欢交谈，而且幽默风趣，一说起话来便妙语横生，各种典故笑话脱口而出，常常令在场的人捧腹大笑，因而很受人们的喜爱。

作为音乐教师，齐夫内对18世纪的音乐情有独钟，特别是对巴赫，他更是推崇备至。尽管巴赫在这个时期还没有像后来那样受到人们的重视和推崇。海顿和莫扎特也是齐夫内所喜爱的音乐家。对于那些脱离了古典主义原则的新潮音乐，他却抱怀疑态度，因此他对当时在华沙走红的意大利歌剧并不喜欢。

虽然齐夫内穿着举止有些古怪，但却很容易和人相处。他来到肖邦家不久，便成了大家喜欢的"客人"。他不仅教弗里德里克，还教他的姐姐和妹妹。他是个称职的老师，对于弗里德里克，他从接触的那一刻起，就立即感觉到这是一个难得的音乐天才。他的音乐天分很高，接受能力强，对音乐的理解也很快，许多难度很大的乐曲，只要一经指教，他便能轻松地驾驭。不过，齐夫内深知，要成为一个真正的钢琴家，必须有扎实的基础，必须要循序渐进，不能一蹴而就。他依然从最简单的乐曲和指法入手，学习一段乐曲，齐夫内常常要弗里德里克一连练好几个小时，甚至一两天。就是弹得滚瓜烂熟也还要他弹下去。这位刚满六岁的孩童也像其他孩子一样，有着好奇和好动的性格，对于这样的苦练，有时也会感到枯燥乏味。这时候他会向老师哀求道："先生，我已经弹会了，换个曲子吧。"可齐夫内不答应，要他练得非常流畅，不出任何差错才行。

有时，只要齐夫内一离开，弗里德里克便会即兴演奏起来。这种即兴演奏远较弹奏音阶和指法练习更令他愉快。波兰人是很富于即兴创作天赋的，许多波兰诗人都富于这种即兴创作的才华，比如波兰的伟大诗人密茨凯维奇的即兴诗就令许多外国同行赞不绝口。而弗里德里克从小就显露出这方面的才华，他能将听到的曲子立即以变奏的形式弹了出来，或者凭着想象力，或者随心所欲，弹出他的心声来。齐夫内有时并不打断他的即兴演奏，反而静静地坐在一旁，任凭小弗里德里克驰骋在他的音乐世界里，仿佛他是在朗诵，在歌唱，在倾诉，在玩耍，在欢笑。齐夫内从这种即兴演奏中感到无比的欣喜，他看出了这个小肖邦将来不仅会是个技巧娴熟的钢琴家，而且还会是个富于创造精神的作曲家。齐夫内为这样一个天才的音乐神童而感到无比的高

兴和骄傲，于是他在心里下定决心，一定要竭尽全力把弗里德里克教好，让他的才华得到充分的发展。

第一次

1816年12月6日，尼古拉刚进家门，便受到热烈欢迎，大家齐声高唱着"长命百岁"，向尼古拉祝贺。因为今天是他的命名日。在波兰，凡是基督教徒，大多不过生日，而是过命名日。按照波兰习惯，过命名日都很隆重，亲朋好友都会带着礼物来祝贺，还会在晚宴上祝酒致辞。等大人们都相继祝酒之后，小弗里德里克和姐姐路德维卡一起走到爸爸面前说："我们也有礼物送给爸爸，弟弟写了一首诗，弗里秋，你念吧。"小弗里秋（家里人都是这样叫他的）便从口袋里拿出一张纸来，开始念道：

> 适逢您的命名日，举世同庆，
> 会给您，我的父亲和我带来欢乐。
> 我以真挚的情感向您热烈祝贺，
> 祝您生活幸福，远离烦恼，
> 愿上帝保佑您心想事成，一帆风顺，
> 这是我最想向您表达的祝愿之情。

诗虽然写得有些稚嫩，但一个六岁的孩子能写出这样的诗来，也算是件了不起的事，因而受到大家的称赞。其实这不足为怪，波兰是个诗歌之邦，最早的一首文学作品就是诗歌。在波兰的文学史中，诗歌占有特别重要的地位，各个时期都有大量的诗歌涌现，诗歌创作一直都很繁荣昌盛。波兰有一句谚语："国家亡，诗歌兴。"特别是19世纪上半叶，那是波兰诗歌最繁荣的时期，涌现出一大批富于爱国精神的诗人，诗歌成了人们的精神食粮，特别是1812年出版的聂姆策维奇的诗集《历史之歌》和维比茨基的军团之歌《波兰没有亡》成了家喻户晓人人传诵的诗篇。弗里德里克和他的姐姐很爱读这些诗歌，因此他们从小就受到诗歌的熏陶，除了音乐之外，诗歌也成了弗里德里克的最爱，这也促使他拿起笔来，第一次给父亲写了这首短诗以表示他的祝贺。

朗诵完诗歌，姐弟俩便走向钢琴，四手联弹了莫扎特的一首乐曲，俩人的配合已达到了令人惊讶的程度。一曲刚完，路德维卡便站了起来大声宣布："现在由弗里秋弹奏他自己创作的《波罗涅兹》，大家欢迎。"在座的人都热烈鼓起掌来。

小弗里秋有点腼腆地向大家鞠躬，随即便坐在钢琴旁，两只手在键盘上敲打着，发出悦耳的声音，在场的人都凝神静气地听着，这是弗里德里克创作的第一首钢琴作品。虽然能看出它受到奥金斯基的影响，而且音乐语言也较简单，不过它很精巧，更具有民间舞曲的特色。波罗涅兹舞曲应该说是波兰的一种古老舞曲，最初流行于民间，17世纪便在贵族庄园和豪绅宫殿中流行，成为一种高雅庄严的舞蹈和乐曲。18世纪传入西欧，受到法国和德国音乐家们的青睐，开始创作出许多波罗涅兹舞曲来。不过这些舞曲都是经过作曲家的改造，有的与原始的波罗涅兹舞曲大相径庭，有的只保持最简单的音调，有的更是名不符实。在波兰，波罗涅兹舞曲一直受到人们的喜爱，18世纪以来，波兰的作曲家们创作了许多波罗涅兹舞曲，其中最为著名的有米哈乌·克莱奥法斯·奥金斯基（1765—1833），他创作的波罗涅兹钢琴曲在波兰受到广泛的欢迎，并掀起了创作这种乐曲的热潮。此后，约瑟夫·艾斯内尔（1789—1854）和马利亚·希曼诺夫斯卡（1789—1831）都曾创作出不少的波罗涅兹钢琴曲。尤斯丁娜很喜欢奥金斯基的波罗涅兹舞曲，因此她教孩子们演奏的也多是他的舞曲。小弗里秋从小耳濡目染和身体力行，对这种舞曲可以说是记得滚瓜烂熟。同时这种舞曲也启迪了他的创作欲望和灵感，使他止不住要加以创造。这首乐曲先由齐夫内记录，后由父亲尼古拉抄写成谱。小弗里秋弹奏一完，在场的人无不惊喜，开始沉默了一会儿，随即便热烈鼓起掌来。他的教父弗里德里克·斯卡尔贝克立即把他抱了起来，问道："有乐谱吗？""是爸爸抄的。""好，给我，我想办法拿去出版。"

斯卡尔贝克当时已是华沙大学的经济学教授，他非常关心这个教子的成长。于是他出资在华沙的齐布尔斯基神父开办的出版社印成乐谱。并于1817

年11月出版发行，乐谱按照当时的习惯，是用法文写的题目 Polonoise pour le piano – forte dedice a son Excellence Mademoiselle la Comtesse Victoire Skarbek faite par Frederic Chopin musician age de huit ans。题赠给维克托尼亚·斯卡尔贝克，也就是弗里德里克·斯卡尔贝克教授的妹妹。不知出于何种原因，竟把小肖邦的年龄写成了8岁，其实出版的时候他还不满8岁，更不要说他创作这个作品时的岁数也就是六岁多。

1818年1月发表在《华沙记事》上的"1817年出版的波兰作品目录"一文中对肖邦的作品作了简介："这首波兰舞曲的作曲者是一位年满8岁的孩童，他是华沙中学的法语和法国文学教授尼古拉·肖邦的儿子，是真正的音乐天才。因为他能以最轻易的和出众的趣味在钢琴上演奏最困难乐曲。此外，他还是几首舞曲和变奏曲的作者。对于这些作品，就连音乐专家都惊讶不已，尤其是注意到作者的儿童年龄。如果这个儿童是生在德国或者法国，必定已引起社会各界的关注。就让我们的这则短评提供这个信息：在我们的土地上产生了天才，只是因为缺乏大声宣传，才在观众面前把他们淹没了。"

第一首作品的出版发表和在报刊上的第一次亮相，便使小肖邦的名字传遍了全华沙，引起了人们的好奇，都想看看这位小神童，听听他那美妙的琴声。强烈的呼声已不能让小肖邦只在自己家中演奏了，他不得不应人们的要求在公众面前演奏。尼古拉并不像莫扎特的父亲那样，把儿子当成摇钱树，把演出当成挣钱的手段。不过他还是愿意让儿子在不影响学习的前提下出去演奏的，特别是愿意让他参加为穷人而举行的慈善义演。

1818年2月24日，由佐菲亚·扎莫伊斯卡伯爵夫人担任主席的慈善协会的倡导，在华沙市中心的克拉科夫城郊大街拉吉维乌宫的戏剧大厅里，举行了一场规模宏大的音乐会。这次音乐会也得到波兰最负盛名的诗人聂姆策维奇的大力支持，这位年已花甲的老诗人不仅积极参加义演的组织工作，还特意写出了一出小喜剧为音乐会助兴。《华沙报》事先注销了这次音乐会的宣传广告，肖邦的名字放在最后面，还写成了Chopenek（即小肖邦）。

演出大厅里坐满了华沙上流社会的听众和社会名流，大家听了几位音乐家的歌唱之后，都翘首以待小肖邦的出场。只见一位身着长衣裙的夫人手拉着男孩走到钢琴前面，她把他扶上琴凳后便退了回来，和自己丈夫坐在第一排的座位上，她就是尤斯丁娜，弗里德里克的母亲。

只见小肖邦身着深色上衣短裤，配着齐膝的长袜和高高的英国式的白色衣领，显得很是高雅。他演奏的是当时正走红的，也是齐夫内的同胞，捷克作曲家阿·吉罗维茨（1763—1850）的《g小调钢琴协奏曲》。肖邦的手指像有魔力似的，在键盘上挥洒自如，充分显示出弗里德里克的音乐天赋，令在场的人无不惊讶，也让音乐评论家频频发出赞叹："太不可思议了，一个只有7岁的孩子竟能抓住作曲家的灵魂！"

当小肖邦弹奏完乐曲，从高高的琴凳上跳下来，很有礼貌地向听众鞠躬时，大厅里响起了雷鸣般的掌声。音乐会一结束，人们便朝肖邦夫妇拥了过去，纷纷向他们祝贺。肖邦夫妇也笑容满面地向大家表示感谢。许多贵夫人也上来抚摸弗里德里克的脑袋，可是小肖邦在经受了两三个夫人的抚摸之后，便感到很不自在，尽力往母亲的怀里贴紧，以免再遭夫人们的抚摸。

在回家的路上，肖邦一家都兴高采烈地边说边笑。姐妹们更是争着向弗里秋祝贺，纷纷说着："你真棒，弗里秋。""弗里秋，你真神气。""弗里秋，我真羡慕你！"回到家里，弗里秋虽然很兴奋，但也累得够呛，母亲吩咐他立即去睡觉，弗里德里克便悄悄告诉母亲，他特别喜欢那高高的白色衣领。第二天，小肖邦的名声便不胫而走。"新莫扎特"、"天才"、"神童"传遍了整个华沙的上流社会。曾参加这次音乐会的亚历山德拉·塔尔切夫斯卡曾在自己的日记中这样写道："格拉博夫斯卡夫人邀请我参加晚会，来人很多，在晚会的过程中，年幼的肖邦，一个8岁的孩童演奏钢琴，专家们认为他将会取代莫扎特的。"

8岁的肖邦便成了许多好心的贵族精心呵护的对象，并把邀请他来家里演奏看作是一种时髦的享受。于是不久他便成了豪门巨绅家庭的座上客。查尔托里斯基公爵家、拉吉维乌公爵家、沙别哈公爵家、切特维尔廷斯基家都不断派车来接弗里德里克到他们家去演奏，为他们邀请的客人助兴。尽管弗里德里克的父母考虑到孩子的身体健康，不愿多让儿子出去演奏，但又不能不考虑这些豪绅的情面。因为在当时，一般人都认为能受到这些家族的邀请，那是一种莫大的荣幸。不过肖邦夫妇让儿子去演奏，都是分文不取的，他们不想让儿子成为家里的摇钱树，也不愿他过早地卷入金钱利益之中。

第三章

少年时期

康斯坦丁亲王

"音乐神童"的名声也传到了沙俄驻波兰军队总司令康斯坦丁亲王的耳中。有一天，一辆豪华的马车驶到了卡其密什宫前，一个身着戎装的侍从敲开肖邦家的门，尼古拉上前迎接。问明来意后，尼古拉回到后室和妻子尤斯丁娜商量。尤斯丁娜一听，便大声说道："不去！"尼古拉也感到很为难，只得这样说道："恐怕不去不行吧？""你知道这个康斯坦丁是什么人吗？他是波兰人民的刽子手，杀人不眨眼的魔王。波兰人民都恨死他了，我们怎么能让弗里德里克去？""我知道这个亲王的为人。我也是个波兰人了，和波兰人一样讨厌他。但现在他派人来接我们的儿子去演奏，要是拒绝不去，以后的麻烦可就大了，说不定他会无中生有，把我们关进牢里，或者流放到西伯利亚。"

华沙的人都深知，康斯坦丁亲王是沙皇亚历山大的哥哥，沙皇派他执掌波兰议会王国的军政大权。他是沙皇在波兰的代表，也是波兰的最高统治者。而且此人性情粗暴，喜怒无常，每次军队检阅，稍有差错，不是当面训斥，便是棍打鞭抽，甚至革职查办，对他麾下的俄国军人尚且如此，更不要说对待波兰人了，他的凶狠毒辣是出了名的。这个俄国亲王娶了个波兰女人约安娜·格鲁津斯卡为妻，有时他为了要树立他的廉洁公正的形象，也会以假斯文面目出现，装得温文尔雅、喜爱音乐和文学。

小肖邦在老师齐夫内的陪同下来到了贝尔维德尔宫。他胆战心惊地走进大厅，只见康斯坦丁亲王在大厅里走来走去，一副怒气冲冲的样子，不知在生谁的气。弗里德里克眼中所见的这个亲王心宽体胖，八字胡子，两眼鼓鼓的，小肖邦看到他这副模样，心里不免发怵，赶紧躲到齐夫内的身后。老齐夫内连忙上前一步，深深鞠了一躬：

"小肖邦和他的老师齐夫内向亲王殿下问好。"

亲王似乎没有听见，齐夫内又说了一遍，亲王才转过身来，朝他们走了过去，说道：

第三章 少年时期

"这就是那个天才神童小肖邦吗?"

"是的,殿下。"

"好呀,那就弹给我们听听,看看是不是天才。钢琴就在那边。"脸上露出一副不相信的样子。

齐夫内拉着弗里德里克朝钢琴走去,这是一架在当时还是很少见的大钢琴。弗里德里克一见钢琴,便一切恐惧都消失了。脸上是一种好奇兴奋的神情。他一下蹿上琴凳,双手在琴键上试了几下,琴音优美,他望了老师一眼,便开始弹奏起来。他先弹了莫扎特的一首钢琴幻想曲,如他事先在车上和老师商量好了的。他的演奏立即使亲王安静了下来,约安娜王妃听到琴声,也从别的房间来到大厅,她没有惊动别人,便在一张沙发上坐了下来。

弹完莫扎特,小肖邦便弹起了波兰奥金斯基的《波罗涅兹舞曲》,随后他又弹起了自己的第一首《波罗涅兹舞曲》。他的演奏是那样的优美娴熟,完全超出了他这个年龄段所有孩子所能达到的水平。后来他在主人的要求下,便即兴弹了起来。最后他即兴创作演奏出一曲《军队进行曲》,亲王一听,欣喜异常,便立即问道:"这是你作的曲子吗?""是的,是我即兴创作的。"亲王马上转向齐夫内,要他把曲子写好送给他。亲王收到曲谱后,立即送到彼得堡,要俄国作曲家改编成军乐队能演奏的乐曲。每次他检阅军队时,都要演奏这首乐曲。可惜的是,这首乐曲没有保存下来。

小弗里德里克的演奏深得王妃的赏识,他那种文雅有礼的举止,严肃而又不失稚嫩的神态,也令王妃喜爱不已。于是王妃便经常派人去把小肖邦接到贝尔维德尔宫来,特别是每当亲王发脾气时,王妃便会把弗里德里克接到王宫来。只要小肖邦一演奏,亲王的怒气便会渐渐平息下来,仿佛他的演奏是一剂清凉剂,有安神息气的作用。可是小肖邦真是不想看到亲王那副凶相,每当他弹奏钢琴时,他的眼睛老是望着天花板。有一次,亲王忍不住对他哼叫道:

"小家伙,你弹钢琴时为什么老是望着天花板,难道你在上面能看到音符吗?"

"不是音符,是天使。"

喜怒无常的康斯坦丁对小肖邦倒是表现出少有的宽容,不仅不责怪他的

举止失礼，反而时常让小肖邦和自己的私生子一道到王府花园里嬉玩。

1818年秋，俄国皇太后马利亚·特奥多罗芙娜前来华沙访问，她是沙皇亚历山大一世和康斯坦丁亲王的母亲。在她滞留波兰期间，当时颇负盛名的华沙中学也在她的访问之列，为了欢迎这位皇太后，华沙中学的校长林德也把小肖邦请了来表演节目。在异常紧张的气氛中，小肖邦先用法语朗诵了一首短诗，后又弹奏了自己创作的两首波罗涅兹舞曲。弹奏完后，他便将这两首乐曲呈献给了皇太后。这两首充满波兰民族特色的舞曲，无疑是代表了波兰人民的心声，体现出波兰虽已被灭亡，但波兰的民族文化、民族精神却是消灭不了的。小肖邦虽然他自己并不意识到这样做的意义，但他的父母和华沙中学的老师们却很清楚这份礼物所包含的深刻意思。

音乐更能表达我的感情

1818年12月6日是尼古拉·肖邦的第37个命名日，8岁多的弗里德里克没有像两年前那样，用诗来表示祝贺，而是写了一封短信：

> 亲爱的爸爸：要是我把我的情感放在音符中，便能更容易表达我对您的感情。不过，即使最好的乐曲，也无法倾诉我对您的挚爱。亲爱的爸爸，我谨以心中最简单的话语来表达我对您的最真挚的感激之情和儿子对您的敬重。
>
> ——弗·肖邦

我们在前面说过，弗里德里克6岁时，就曾用诗向父亲祝贺。7岁时他又曾给父亲和母亲都写过诗。给母亲写的诗是这样的：

> 妈妈，在您的命名日，我向您祝贺，
> 愿上天能如我的心中所愿，
> 愿您身体健康，永远幸福，
> 愿您万事如意，地久天长。

而在给父亲的诗中他写道：

> 我的心中充满无比的欢乐，
> 值此喜庆之日，无比亲切，
> 从此为始，我永远祝福您：
> 愿您幸福永随，年复一年，
> 愿您身强体壮，事事顺心，
> 愿上天赐给您丰富的礼品。

——弗·肖邦

尽管诗写得稚嫩，但不失儿子对父母的真挚情感，然而随着年龄的增长，弗里德里克开始意识到，用音符更易表达他的情感。音乐开始成了他表达感情的一种手段，对他说来，作曲要比作诗更容易一些。然而他的诗人气质并没有消失，而是和作曲家的气质融合在一起，使他的乐曲都具有诗的蕴涵和韵味。

齐夫内为了拓宽弗里德里克的视野，在教他学习波兰作曲家的作品同时，开始教他演奏海顿、巴赫、莫扎特和贝多芬的作品，使他真正进入古典音乐的殿堂。从此肖邦一家便能常常听到这些古典音乐家的优美动听的音乐。这位天才的小钢琴家对于演奏和理解他们的乐曲都非常神速。只要老师讲过一遍或者弹过一番，他便能很快领会。他的演奏技巧也进步神速，特别是右手非常灵巧，弹得更加轻松自如。尼古拉对儿子的这种天赋深有了解，他曾对儿子这样写道："技巧和指法练习只需你一会儿时间，你的心思远比你的手指忙碌。如果别人在琴键上要花整天的时间，那你只需花一个小时就够了。"的确，小肖邦对音乐有一种神奇的本能，他能毫不费力地得到它。

尽管从小就显露出音乐的天分，而且对钢琴也非常迷恋，一弹就是两三个小时，但弗里德里克毕竟还是个孩子，他也不像有些人所写的那样体弱多病，而是活泼机灵，幽默风趣，喜欢画画和模仿别人，有时他夸张地模仿起别人来，会令在场的人忍俊不禁，捧腹大笑。他的这种表演才能甚至得到法

国著名演员的称赞,认为他当演员会胜过他当音乐家。他家的住处旁边就是华沙植物园,下面是一条通往维斯瓦河的斜坡。这里树高林密,曲径通幽,正是孩子们嬉玩的好地方。弗雷德里克和姐姐路德维卡,妹妹伊莎贝拉,小妹艾米丽亚一起,常常在树林里嬉玩,捉迷藏。兄弟姐妹四个相处得非常融洽,他们互谦互让,互助互信,亲密无间。大姐也富于音乐才华,她的钢琴弹得很不错,是弗里德里克最信任的姐姐和朋友。大妹伊莎贝拉喜欢文学,后来还写过小说和散文。小妹艾米丽亚富于文学才华,从小就爱写诗,被公认为肖邦家的第二个神童。

常和弗里秋一起玩的还有住在他家的寄宿生,他们都比弗里秋要大好几岁,但他们也都很愿意和弗里秋及其姐妹们在一起,而且其中的提图斯·沃伊捷霍夫斯基、杨·马图津斯基、尤瑞安·丰塔那,维海姆·科尔贝格和杨·比亚沃布沃斯基都成了小肖邦终生要好的朋友。

除了弹琴和嬉玩之外,小弗里秋还要学习其他课程。按照尼古拉和尤斯丁娜的最初打算,并不是想让他们的儿子成为钢琴家,而是想把他培养成教授、科学家、工程师或者医生。弹钢琴只不过是一种爱好,一种可以炫耀自己多才多艺的技艺,而不是成为儿子谋生的手段。因此,他们除了找老师教他钢琴外,尼古拉还按照当时的教育规定,让儿子学习其他课程,他亲自教儿子法语和德语(当然也附带教他的女儿们),还让当时在他家担任辅导老师的巴尔钦斯基教弗里秋波兰语和波兰文学,以及其他必要的文化科学知识。在钢琴演奏技巧迅速提高的同时,他的其他课程也大有长进,而且对文学和绘画他也产生了浓厚的兴趣,他从小就阅读了不少的文学作品。

华沙的音乐氛围

在弗里德里克·肖邦成长的年代里,波兰一直处于动荡不定和战乱之中。虽然先后成立过华沙公国和波兰议会王国,但都受到外国的控制和统治。不过,在华沙公国期间和1820年代开始的几年,波兰的文化教育事业还是得到了一定的发展。1816年建立了华沙大学,设五个系,有哲学系、法律系、医学系、艺术系和神学系，对波兰的人才培养起到了重要作用。"波兰科学之友协会"的成立，促进了波兰文化科学技术的发展。建立于18世纪的华沙民族剧院，不但没有停止过演出，反而更加突出了民族的特点，上演了许多由波兰剧作家创作的作品。华沙的建筑也得到了快速的发展，建成了许多具有古典派风格的建筑物，如银行广场的大厦、贝尔维德尔宫、三十字教堂、科学之友协会大楼和哥白尼纪念碑，它们都成了华沙的新景观。

音乐在波兰受到普遍的重视和喜爱。波兰可以说是个歌舞之邦，自古以来波兰各地的人民都酷爱唱歌和跳舞，而且还形成了各自的风格和独自的舞曲，其中有波罗涅兹舞曲，玛祖卡舞曲，克拉科维亚克舞曲，奥别列克舞曲等等，成为波兰最优秀、最光辉的文化遗产，受到波兰人们上千年来的珍视和热爱。随着天主教的传入，宗教音乐开始在波兰流行。文艺复兴时期，西欧世俗文化和音乐传入波兰，17世纪开始，波兰宫廷邀请外国歌剧团前来演出。18世纪的启蒙运动促进了波兰歌剧事业的发展，出现了完全由波兰人自主创作的著名歌剧《克拉科夫人和山民，又名假想的奇迹》。还涌现出一批波兰本土的歌唱和歌剧演员。到了19世纪，波兰受到俄普奥三国瓜分而灭亡，处在奴役中的波兰人民常常会在音乐中寻找心灵的慰藉和寄托，不少作曲家会在音乐中抒发自己的悲伤、不满和愤恨。有的还会在自己的乐曲中借歌颂波兰昔日的光辉和反抗外族侵略的英雄人物来表达自己的愿望和追求。

1820—1821年间，华沙便出现了第一批音乐刊物，其中影响较大的要数库尔宾斯基主编的《音乐周刊》。而音乐书店，音乐出版社和乐器厂也纷纷产生。1817年创办的华沙戏剧和音乐学校，其中的音乐部由艾斯内尔担任，开始了音乐人才的培养。1821年在他的倡议下成立华沙音乐学院，分设基础音乐学校，乐器演奏部和理论作曲部。1826年，音乐学院又分为两部分，其中一部分是华沙音乐高等学校，属华沙大学，由艾斯内尔担任校长（后来弗里德里克入的就是这个学校）。

在乐器当中，钢琴是最受欢迎的一种乐器。在一般的贵族和知识分子家庭中，出现了一股学习钢琴的热潮。莱比锡一家报社的记者在20年代初写道："华沙的每一个有点儿地位的人的家庭中，都拥有钢琴，而且至少有一个人会弹钢琴。由于钢琴非常走俏，华沙就有好几家钢琴厂。而出售琴谱和音

乐书籍的书店也有近十家。"

由于华沙地处西欧通向俄国的必经之地,许多到俄国去演出的艺术家通常都要在华沙停留,华沙也列入到他们的演出计划之内。因此,华沙的音乐会便经常不断,钢琴家卡罗尔·阿诺德曾在华沙停留较长时间,于是他便按照巴黎模式,于1817—1818年间举行周日音乐会,肖邦一家几乎场场必到,这对弗里德里克很有帮助。1819年12月意大利著名女歌唱家安杰利卡·卡塔拉尼(1780—1849)曾在华沙举行过多场音乐会,受到观众的热烈欢迎,小肖邦也曾被引见这位女歌唱家,还为她弹了几首乐曲,深得这位女歌唱家的喜爱和称赞,她送给了小肖邦一只金表,表壳上刻有她的题辞:"卡塔拉尼夫人赠弗里德里克·肖邦,10岁,1820年1月3日。"

除了外国艺术家来华沙演奏外,波兰的许多著名艺术家,如钢琴家马利亚·希曼诺夫斯卡(1789—1831),小提琴家约瑟夫·利宾斯基(1790—1861)和歌唱家卡塔齐娜·阿什裴尔格罗娃等都经常在华沙举行音乐会。弗里德里克经常和父母一起出席这些音乐会,这扩大了他的眼界,增强了他的想象力。

19世纪初,华沙歌剧院演出活动也非常活跃,剧院先后在艾斯内尔和库尔宾斯基的领导下,上演了大量的波兰和外国的歌剧。尽管受到沙俄统治者的严厉限制和审查,他们都想方设法多演出波兰的民族歌剧。特别是他们自己为了繁荣波兰的民族歌剧,创作出了许多以波兰历史为题材的歌剧。有些歌剧由于创作匆忙而昙花一现,但大多数的歌剧却受到观众的欢迎。如库尔宾斯基的《鬼王之宫》、《骗子》、《雅德维卡》、《新克拉科夫舞曲》、《巫师》等剧,都是脍炙人口的佳作,获得了很大的成功。在外国歌剧方面,罗西尼的歌剧受到最热切的关注,成为歌剧院经常演出的剧目。德国作曲家温特尔、韦伯,法国作曲家布瓦尔迪安、奥伯,意大利作曲家帕埃尔等的歌剧作品也得到歌剧院的青睐,成为经常上演的剧目。

从这里可以看出,华沙虽然被置于外国的统治之下,但并非一片荒漠。在波兰爱国志士的不懈努力下,华沙文化事业依然得到了较好的发展。因此,可以说弗里德里克是波兰钢琴热潮中诞生的一棵天才幼苗,而肥沃的土壤,良好的音乐环境进一步培植了他的音乐才华让他能茁壮成长。小肖邦不仅能熟练地弹奏他所学过的曲子，而且他的即兴创作也与时俱进。每逢他听到一部歌剧的某些好听的音乐或唱段，他能凭借他丰富的想象力即兴发挥，弹出动人的变奏曲来，他的这种即兴创作才华已达到令人惊讶的地步。

由一则故事可以说明他的即兴演奏所具有的魅力和威力。据说有一次，寄住在他家的那些学生，趁尼古拉不在家的时候，便嬉戏打闹起来，闹得连监管他们的巴尔钦斯基老师都管不住他们了。于是巴尔钦斯基只好求助于弗里秋，因为他们都很爱听他的演奏，小肖邦便把他们都请到客厅来，他给他们即兴演奏了一首关于强盗抢劫的故事，描述强盗们抢到财物后逃进了森林，分赃后，他们便在林地里过夜，不久便都沉沉入睡了。小肖邦把沉沉入睡的场面弹得如此出神入化，如此引人着迷，使在场的那些爱打闹的学生也随着琴声进入了睡乡。小肖邦把母亲和姐妹们都叫来，他们看到这个场面都窃窃私笑起来。弗里秋又弹了起来，琴声尖锐刺耳，把这些沉沉入睡的学生又惊醒了过来，他们擦着眼睛，一时摸不着头脑，不知发生了什么事情。姐妹们都哈哈大笑起来，这些学生们也像是如梦初醒似的，也随之大笑不已。

新的音乐教师

小弗里德里克经过齐夫内五年的调教，他的钢琴演奏技巧已达到一定的程度，音乐知识也有了较大的提高。齐夫内对这位心爱的学生可以说已倾囊相授，毫无保留。如今他觉得学生已超过他这个老师了。为了小肖邦的前途着想，他不能再教下去了，于是他主动向尼古拉提出要他另请老师来教弗里德里克，尼古拉接受了他的建议，为弗里德里克再找一位新的钢琴教师。经过这么些年的相处，齐夫内已和肖邦一家结下了深厚的友谊，成了他们家的好朋友，并受到肖邦一家的喜爱和尊敬。齐夫内虽然不再是弗里德里克的老师，但他依然辅导他，还时时刻刻关心他的成长，对他还是关怀备至。小肖邦对这位启蒙老师也怀有深厚的感情，在他11岁时，为了表达对这位恩师的敬意，小肖邦就曾把自己新创作的一首波罗涅兹舞曲献给老师，曲谱上写着："波罗涅兹钢琴曲，谨献给齐夫内先生。作者，他的学生弗里德里克·肖邦，

1821年4月23日。"

　　这时的肖邦要找到新的老师并不像第一次找老师那样费事，尼古拉也不要像头一次那样考虑来考虑去，因为小肖邦的神童名声已响彻华沙，甚至波兰。愿意当弗里德里克老师的人很多，他们断定，小肖邦一定会成为著名的音乐家，教这样的学生值得，将来定能提高自己的名望。而且当时的肖邦家已成了华沙的沙龙之一，每逢星期四，家里便聚集了不少文教科学界的著名人士。其中有林德校长，科尔贝克教授，动物学家F.雅洛茨基，历史学家瓦捷耶夫斯基，诗人雷·布罗津斯基教授，画家约·布罗多夫斯基，还有三位音乐家：艾斯内尔，雅乌雷克和钢琴家、管风琴家瓦·乌尔费尔。艾斯内尔对小肖邦的作曲才能很赏识，主动接下了教他和声学和作曲规则，而乌尔费尔也愿意教弗里德里克的钢琴演奏课程。

　　约瑟夫·艾斯内尔（1769—1854）生于西里西亚的一个德国家庭。曾在伏罗茨瓦夫和维也纳学习医学，同时学习小提琴和和声。后专门从事音乐工作。1792年被任命为利沃夫剧院的乐队指挥，1799年为华沙国家剧院的指挥。华沙音乐学院成立后担任它的第一任院长，而且还是波兰19世纪初期的著名作曲家。其作品包括歌剧、交响曲、协奏曲、室内乐和芭蕾舞剧。1822年受聘为弗里德里克的音乐教师，指导小肖邦的作曲。刚一接手，他便交给了弗里德里克一本用德波两种语言写成的《和声学简论》，由卡罗尔·安托尼·西门所著。艾斯内尔便用这本书开始了他的教学工作，从此，这位华沙著名的作曲家，音乐学院院长便成了弗里德里克·肖邦的良师益友。

　　威廉·瓦兹瓦夫·乌尔费尔（1791—1852）也和齐夫内一样，都出生在捷克，受过很好的教育。24岁来到华沙时已是个学识渊博的音乐家和钢琴家。不久他便成了华沙音乐界的名人之一，经常参加音乐会的演出，并创作出了许多歌颂波兰民族英雄如波尼亚托夫斯基、科希秋什科和董布罗夫斯基的音乐作品，他还担任波兰民族和教会音乐之友协会的主席。作为当时华沙一流的钢琴家，同时又是肖邦家沙龙的常客，乌尔费尔是很愿意指导小肖邦的。有关乌尔费尔是不是肖邦的老师，过去一直有争论。虽然乌尔费尔的老师身份没有像艾斯内尔的那样明确，他和肖邦的关系也不像艾斯内尔和肖邦的关系那样亲切和亲密。但在钢琴的演奏方面乌尔费尔是教过小肖邦的。这从两方面可以看出：一是乌尔费尔教会了小肖邦弹管风琴，而且是从完全不会到能当众表演，这可以看出乌尔费尔对他是花了心血的。既然他能教小肖邦演奏管风琴，那他绝不会不教他钢琴的。二是小肖邦这时练习的曲目有了很大的扩展。齐夫内对古典派音乐非常喜爱，于是他教给小肖邦的也是古典派音乐家的作品。而乌尔费尔则对当时走红的布里兰特派情有独钟，因此，他也就把自己的爱好传给了弗里德里克，让他了解和演奏布里兰特派作曲家的作品。布里兰特派音乐是由一批新起的作曲家和钢琴家所组成，他们是：约翰·尼波默克·胡梅尔（1778—1837）、约翰·菲尔德（1782—1837）、费迪南德·里斯（1784—1838）、威廉·弗里德里希·卡尔克布雷纳（1785—1849）、卡尔·玛丽亚·韦伯（1786—1826）、卡尔·车尔尼（1791—1857）和伊格纳茨·莫谢莱斯（1794—1870）等。这批音乐家打破了古典派的条条框框，引进了新的手段、新的音律和新的形式。他们创作了许多钢琴奏鸣曲、变奏曲、舞曲和幻想曲，特别是改变了协奏曲的本身结构，使其更加多样化，更加丰富多彩，表现内容也更加自由，更加活泼，更加充满激情和伤感，也更符合市民的要求。他们把音乐创作带进了浪漫主义的阶段，成为新一代音乐的开创者。乌尔费尔也像齐夫内那样，对小肖邦是倾心相授，把自己的所爱灌输给了弗里德里克。而布里兰特派音乐对于小肖邦说来，就像是天生为我所用那样，特别合他的胃口，他的性格。乌尔费尔悉心指导他练习，帮助他去理解乐曲，掌握乐曲的内涵和演奏技巧。经过乌尔费尔的精心指导，弗里德里克不仅能熟练地演奏布里兰特派作曲家的乐曲，而且他的创作思想和创作观念也深受其影响。

1823年初，由约瑟夫·雅乌雷克所领导的音乐会管理委员会发起组织一系列义演。在这些音乐会上，曲目不受限制，有歌唱的，有演奏的，各种艺术家都可登台表演，每月在慈善协会大厅举行三次。弗里德里克也成了这些音乐会的积极参与者，每月至少参加两次这样的义演，而且不收取任何的报酬。在2月24日的义演中，弗里德里克演奏了帕埃尔（1771—1839）、施波尔（1784—1859）和海顿的作品。他还演奏了里斯的一首钢琴协奏曲，引起了强烈的反响，受到广泛的赞扬。《妇女信使报》曾这样写道：

我们无需为维也纳拥有李斯特而羡慕它了,因为我们的首都也可以自豪地夸耀,我们也有才能不逊于他,甚至胜过他一等的人了。这位赢得高度赞誉的少年——我们认为无需隐瞒他的名字——就是大师肖邦,他还不满15岁。

参加义演,从此便成了小肖邦的一种传统。无论是在国内,还是后来在国外,只要是对波兰人民有益处的演出,无论他再怎样忙,他都会积极参加。甚至后来在英国,当他已病入膏肓,伦敦波侨协会的一纸邀请,便使他不顾病体,毅然决然地来到伦敦登台演奏。演完后他是被人抬到后台的,可见他对这种公益事业的挚爱和执著。

这次音乐会后,肖邦便把大部分时间用来复习功课,以便进入华沙中学学习。而在入学之前,肖邦一家要去热拉佐瓦·沃拉拜访他们的故居和老东家。

热拉佐瓦·沃拉

热拉佐瓦·沃拉是弗里德里克出生的地方,但他生下来只有七八个月便随父母离开了此地,移居到了华沙。因此热拉佐瓦·沃拉在他身上没有留下什么直观的印象。不过他从父母和姐姐那里听到过许多关于热拉佐瓦·沃拉的事情,常常激起了他对诞生地的好奇和向往。

此次肖邦一家是应斯卡尔贝克伯爵夫人的多次邀请才不得不来的。因为肖邦夫妇一直很忙,脱不开身,这次趁放暑假和赶在弗里德里克上学之前才下定决心前来拜访的。况且肖邦夫妇很重情义,很依恋伯爵夫人的恩德,把她看成是自己的娘家和亲人。再则,弗里德里克也长大了,不久就要去上学。在上学之前,让他回去看看他出生的地方,也可满足他的这种愿望。

华沙的夏天尽管阳光灿烂,但不炙人。肖邦一家乘坐一辆马车,清晨从华沙出发,一路上边走边看。在他们四个兄弟姐妹中,只有姐姐路德维卡接触过农村,其他三人都是头一次到乡下去,他们对农村都十分好奇。马车所经之处，时而绿茵遍野满眼青翠，时而是树高林密绿叶成荫，马车穿行其中，令孩子们心旷神怡，相互打闹取笑，还不时地询问沿途经过的那些村庄、教堂。小弗里秋更是表现出男孩子的天性，时不时地发出惊叹声。当马车从稠密的林中穿过时，他又装出一副神情紧张的样子，用林中妖怪来吓唬小妹艾米丽亚，艾米丽亚真的被吓得赶紧躲到母亲的怀里。

下午，肖邦一家到达了热拉佐瓦·沃拉庄园，斯卡尔贝克伯爵夫人和她的女儿们都走出门外来欢迎他们。伯爵夫人满面笑容地接受尤斯丁娜的拥抱，孩子们也拥上前来向老夫人鞠躬致敬。老夫人也逐一抚摸着他们的额头或脸蛋，还大声说着："啊，路德维卡，你都长成大姑娘了。""啊，弗里秋，我们的音乐神童，欢迎欢迎。""你就是伊莎贝拉，""你是小诗人艾米丽亚吧！"——问过之后，路德维卡便朝弟弟说道："走，我带你去看你出生的房间。"

小弗里秋一听，便赶紧跟着姐姐走去，伊莎贝拉和艾米丽亚也不甘落后，边说"我们也去"边跑了过去。路德维卡先带着弟弟妹妹们围着房屋转了一圈，然后才把他们带进屋内，向他们一一介绍各个房间的用处："这是我住过的房间"，路德维卡说道，随后她们进入另一个小房间，路德维卡大声说道："弗里秋，你就是在这间房里生的，你看这张床都没有动过，还是按老样子摆在墙边。你刚生下来的时候哭得很响，我在外屋听见了，想跑进去看看，他们不让我进去，说我碍事，等过了一会儿才让进去，看见你肉鼓鼓的，我高兴得叫了起来：'我有弟弟啦！我有弟弟啦！'"弗里秋好奇地东摸摸西摸摸，感到很亲切，很兴奋。

在随后的几天里，他们对村子里的一切都感到新鲜、有趣。热拉佐瓦·沃拉地处玛佐夫舍平原，放眼望去，都是一马平川，土地肥沃，离华沙又不远，是个物产丰富，人杰地灵的好地方。村的中央坐落着伯爵夫人的庄园，周围是农民的茅屋。村里鸡鸭成群，牛肥马壮。一条小河从村旁流过，远处教堂的尖塔直刺苍天。从拥挤不堪的城市来到这广阔的天地之间，他们感到无比的喜悦。他们在原野上奔跑嬉玩，在溪河边戏水，甚至下河去抓小鱼。他们玩得非常开心，特别是弗里秋，像匹脱缰的小马，奔跑跳跃，欢笑喊叫，甚至还搞点恶作剧，逗得姐妹们开怀大笑。晚上，自然少不了弗里秋的钢琴演奏，他还和姐姐四手联弹波罗涅兹舞曲，在伯爵夫人的邀请下，尤斯丁娜

也放声歌唱，唱了她喜欢的民歌，最后连伯爵夫人的女儿们也情不自禁地唱起歌跳起了舞，真正是场欢快的家庭音乐会。翌日，他们又去参观布罗霍夫的教堂。这座教堂对于肖邦家说来特别重要，尼古拉和尤斯丁娜就是在这座教堂的祭坛前缔结百年好合的，而弗里德里克的洗礼也是在这里举行的，后来姐姐路德维卡和约瑟夫·卡拉桑提·英德热耶维奇的婚礼也是在这座教堂内举行，可以说肖邦一家和这座教堂结下了不解之缘。

弗里德里克看到这座教堂虽然不大，但很特别，和他看到过的别的教堂不同。前面建有两座高高的塔楼，后面也有一座塔楼。塔楼和两侧的墙上均建有可供射击用的窗口，四周的围墙也可作防御用，外形像碉堡那样。弗里德里克觉得它较特别，便去问教堂的神父，神父回答说：这座教堂重建于1662年，那是在打败瑞典侵略军之后，考虑到当时的战乱频繁，布罗霍夫斯基伯爵便把它建成现在这个样子，平时可作礼拜，战时可当堡垒用。

这次返回他的出生之地，给弗里德里克留下了终生难忘的印象。故乡已在他的心中打上了深深的烙印，无论他在何处，去到何方，他的心都将和热拉佐瓦·沃拉，和华沙，和波兰连在了一起。

第四章
学生时代

华沙中学

　　从热拉佐瓦·沃拉回来之后，弗里德里克便投入了紧张的入学准备工作中。遵照父亲的意旨，弗里德里克一开始便插入四年级学习。因此他需要在上学之前复习一下三年级以前的课程，以便能赶得上学习，尽管他在家中已经跟父亲和巴尔钦斯基复习过所有的课程。华沙中学是华沙的一所著名中学，当时的校长萨努维尔·博古米尔·林德是位著名的教育家、语言学家，基础教材协会主席，是波兰第一部大型《波兰语词典》（六卷本）的编纂者。华沙中学拥有一批优秀的教师，弗里德里克的父亲尼古拉·肖邦便是这所学校的法语老师。弗里德里克能进入这所学校学习，并成为四年级的插班生，除了他的天赋外，自然与他父亲的努力不无关系。按照当时的教育规定，学生在进入中学学习之前，应在家里完成基础教育，即现在的小学教育，而中学的学习一般是七年，毕业之后方可进入高等学校学习。弗里德里克在学习钢琴的同时，便在父母的指导下开始了文化基础学习，经过多年的努力，尼古拉认为弗里德里克已具备了三年级的水平，才让他插入四年级。而弗里德里克是个聪明的孩子，虽然一开始就学习四年级的课程，但他学起来并不费劲。不过在学习中他也有所偏爱，对文化方面的课程他领会得较快，而对数学和物理方面的课程则不太喜欢。由于离学校很近，上学只有几步路，等于在家里。不过，作为学生，他得穿上校服，而且也没有过去那么自由了。但他好动的性格并未改变，他喜欢模仿别人，下了课，有时他会模仿起上课的老师来，引得大家哄堂大笑。他还喜欢画漫画，有时他觉得听课很无聊，便私下画起漫画来。有一次，校长林德来上课，小肖邦便在私底下画起校长的漫画来，他画得很专心，以至于被校长发现，没收了他的漫画，还训斥了他几句。同学们看到校长生气，都为小肖邦担心，生怕他受到学校的处分。小肖邦也是胆战心惊的，虽然校长是他家里的常客，而且他们两家的关系也很密切，小肖邦也常常是伯伯长伯伯短的，叫得十分亲切。但毕竟这是在教室里当场被抓住的，是属于违反校规的行为。第二天，校长林德把小肖邦叫去，只对他批评了几句,最后对他说道:"小伙子,画得还不错呀,我留下它了。"说完这句话,校长便放他走了。一块石头终于从心上掉落下来了。他轻松愉快地回到教室,同学们都为他高兴。不过,小肖邦经过这次教训之后,便再也不敢在课堂上搞什么小动作了。

每天放学回家后,小肖邦总要坐在钢琴前弹上一两个小时的琴才肯罢休。现在他除了练习他已熟悉的琴曲外,还在乌尔费尔的指导下学习新的乐曲,主要是布里兰特派作曲家的作品,他的演奏技巧更臻完美了。与此同时,他还跟艾斯内尔教授开始学习创作变奏曲的方法,而且写了他的第一首《E大调变奏曲》,体现了变奏曲的最基本的创作法则,其结构较为简单,具有古典派风格。

这一年的学习是在轻松愉快的气氛中度过的,1824年7月便结束了年终考试。尽管弗雷德里克是头一年进学校,而且还是四年级的插班生,但他的成绩却很优秀。他和杨·马图辛斯基一起得到学校的嘉奖,并记载在教育部的名册上。

在沙法尔尼亚度假

暑假不久,弗里德里克便受到同学多米尼克·杰瓦诺夫斯基的邀请,到他家的庄园所在地——沙法尔尼亚去度假。沙法尔尼亚村地处华沙的西北部,距离华沙一百多公里。弗里德里克在得到父母的同意后,便于8月初和多米尼克一起,清早乘坐驿车从华沙出发,沿途有望不尽的景色:广袤的田野,茂密的森林,翠绿的草原,真是一幅幅田园诗画,令人心旷神怡。弗里德里克一路上都觉得新鲜有趣,唧唧喳喳地向多米尼克问个不停。直到下午,他才感到有些累了,多米尼克便让他靠在座位上闭目休息。傍晚时分,他们才到达沙法尔尼亚,受到多米尼克的父母和姐妹们的热情欢迎,把他当作上宾来对待。沙法尔尼亚庄院由好几座建筑物组成,正房不算雄伟,但也有十多间房间,正厅较大,里面还放着一架钢琴,女主人对钢琴也十分喜爱,经常在家弹奏。待把小肖邦安顿停当后,女主人还准备了丰盛的晚宴来为他接风。

弗里德里克的身体较为弱一些，医生要他注意饮食，不让他吃有伤肠胃的东西。可是乡下自己做的面包特别让弗里德里克的胃口大开，自家磨的面，自家烤的面包，又香又好吃，使小肖邦忍不住要多吃几片。为此他在给父母的信中（8月10日）这样写道：

"上帝保佑，我很健康，日子过得十分愉快。我不读书也不写作，只是画点画，弹弹琴，跑跑步，呼吸新鲜空气。有时乘坐马车，有时骑匹大灰马出去遛遛。比如昨天，我就骑马到野外去转了一大圈。我的胃口好极了，不再需要别的东西来填饱我那干瘪的肚子，因为我的腰围已开始增大，只是想吃乡下的面包。盖拉尔多特不许我吃黑麦面包，他指的是华沙的面包，而不是乡下的面包。他不许我吃，是因为华沙的黑麦面包发酸，可是沙法尔尼亚的面包却一点也不酸——要是他能亲口尝一尝，准会允许我吃的，因为医生总是爱让病人吃他所喜欢的食物。"

在沙法尔尼亚，骑马成了他的一种尝试，一种娱乐。打从他生下来还从未骑过马，因此刚开始时，他既害怕，又很兴奋。主人给他准备了一匹温顺的牝马，他骑起来又平稳又听话。骑在马上没有摔下来过，小肖邦感到很自豪。他在给朋友科尔贝格的信中曾这样写道：

"我很高兴你很平安，很愉快，这是最最重要的。我能给你写信感到很开心，我也是在尽情享受生活。不要认为只有你才会骑马，其实我也会骑了，别问我骑得好不好，但至少我能骑了，坐在马背上能让它慢慢跑了。不过，我坐在马背上总是有些胆战心惊的，就像一只猴子坐在一头大熊身上。但是直到现在，我还没有掉下来过。"

除了骑马，就是弹琴。他常常和多米尼克的母亲吉瓦诺夫斯卡夫人一起，四手联弹钢琴。为此弗里德里克要他父亲到布热齐纳书店去买一套里斯的四手联弹的《钢琴变奏曲》送到他这儿来，以便他和吉瓦诺夫斯卡夫人一道演奏。

在沙法尔尼亚这段期间，弗里德里克并不限于骑马、弹琴和画画，他也在写作。据现存的资料来看，他在那里还编了一份《沙法尔尼亚信使报》。它既是一种自编自写的小报，又是一种给父母阅读的信件，分别于8月16日、

19 日、24 日、27 日、31 日和 9 月 3 日,一共出了 6 期,每期报上分国内消息和国外消息。国内消息涉及沙法尔尼亚庄园的一些琐事,如公鸡打架,牲畜放牧,以及庄园内发生的小事情。国外消息涉及邻居和邻村发生的事情。消息都不是什么大事,但从中可以看出小肖邦对乡村事物的好奇和关注,以及观察的细微。他的文笔虽然稚嫩,但还算通顺贴切,显示出了一定的写作能力。

在这个假期里,得益最大的是他对民间音乐的深入接触。他有机会听到了许多民歌和民间乐曲。邻村有人结婚,他和吉瓦诺夫斯基一家都去参加。按照波兰的习俗,婚礼一般都要举行两三天,而且歌舞不断。迎娶新娘时有迎亲歌,在教堂内举行婚礼仪式时有婚礼歌,回到家里在婚宴上还要唱许多歌曲。婚宴完了还要举行通宵达旦的舞会,舞会上乡村乐队尽展自己的才华,把他们所知道的各种乐曲都会尽兴地演奏出来。在这样的舞会上,小肖邦真是大饱耳福,他听到了当地最纯正的舞曲——玛祖卡舞曲、奥别列克舞曲和库雅维亚克舞曲,以及其他舞曲。波兰的许多舞曲大多是边跳边唱的,既是舞曲,又是歌曲。小肖邦站在旁边,聚精会神地倾听着这些乐曲,时时不停地在他的小本子上,把曲谱和歌词记录下来。

除了婚礼之外,弗里德里克又经历了波兰农村的另一大盛会——收获节庆祝会。全村的男女老幼都出动,参加游行和舞会,从《沙法尔尼亚信使报》上所写的消息可知:8 月 20 日,奥布罗夫挤满了人。全村的人都集聚在庄院的门前,他们个个兴高采烈,尤其是在喝过酒之后。姑娘们用又尖又高的假嗓子唱起了熟悉的歌曲:

> 院子前面的鸭子一身泥汀,
> 我们的女主人满身是金。
> 庄院的前面挂着一根绳,
> 我们的主人像个潜水人。
> 庄院的前面挂着一条蛇,
> 我们的玛丽安娜小姐要嫁人。
> 庄院前面躺着一顶帽子,

>我们的仆人是个糊涂虫。

小肖邦又一次倾听了丰富多彩的民间乐曲，而且农妇们的那种即兴发挥的才能也给他留下了深刻的印象。

从《沙法尔尼亚信使报》上我们还可以看到小肖邦对民歌的执著态度。有一次，他经过聂沙瓦村时看到一个村妇坐在篱笆旁，扯着嗓子在唱歌，这深深激起了他的兴趣，像是听到了一种咏叹调似的。为了弄清它的歌词，小肖邦走近篱笆，但还是听不清楚。于是他朝她走去，想请她唱慢点，把歌词告诉他，农妇提出给报酬，经讨价还价，小肖邦给了她三个格罗什，她才答应唱了。其中的两句歌词是：

>他在跟着坚果转，像只狼在跳舞，
>因为他没娶老婆，他才满脸愁苦。

在沙法尔尼亚的一个月时间里，弗里德里克还和吉瓦诺夫斯基一家到过古尔比纳、索科诺夫和乌戈什奇等村镇去拜访当地的庄园主，每到一地，小肖邦都会被邀请独奏一番。8月26日，他们曾越过作为俄占区和普占区边界河的德尔文查河，到河另一边的古乌比城去参观。古乌比是座古城，城虽不大，却有好几处古迹和教堂。小肖邦兴致勃勃地游览了小城。在城堡遗址上，有个德国的手摇琴手向他们讨钱，路德维卡小姐给了他几个格罗什，让他演奏一些乐曲。普鲁士乐曲不合弗里德里克的口味，没有好好听，但他却写了几句打油诗给路德维卡小姐：

>路德维卡小姐用半个兹罗提，
>让他演奏了普鲁士的圆舞曲，
>如果不是有了路德维卡小姐，
>那也就听不到普鲁士的音乐。

五年级的丰富多彩生活

从沙法尔尼亚度假回来，弗里德里克受乡村的阳光和新鲜空气的影响，脸晒黑了，身体更结实了，胃口也更好了，而且人也更加活泼好动了。刚回到家，伊莎贝拉和艾米丽亚都拥上前来问东问西的，"小鸡怎样了？""公鸡还打架吗？鸭子在水塘里扎猛子好玩吗？"等等，弗里秋一一作了回答。

有一次，艾米丽亚问哥哥，你编的《沙法尔尼亚信使报》很有趣，我们是不是在家里也编一份文学报纸。弗里德里克听了很高兴，便应道："好呀，我们大家都可以发挥自己的文学才能，报纸不用办，我们可以组织一个文学娱乐协会。大家可以写诗写散文，然后在一起朗诵，相互讨论和切磋。"他们一致商定，由弗里德里克任主席，艾米丽亚任秘书，并吸收住宿学生为会员，他们在一起朗读自己的作品，还进行家庭戏剧表演。在文学创作方面，弗里德里克不及他的（比他小两岁多）妹妹艾米丽亚。艾米丽亚是肖邦家的另一个神童，很小就喜欢文学，她写的诗歌受到亲朋好友的称赞。她还和二姐伊莎贝拉合作写了一部小说。与哥哥的幽默嘲讽风格不同，她的创作较为严谨，具有一定的思想意义。1824年12月，这四位兄弟姐妹在一起集体创作了一部诗体喜剧《误会，或是假装的淘气鬼》。12月8日是父亲的命名日，他们便在家里演出了这部喜剧，以祝贺父亲的命名日。弗里德里克扮演剧中的大肚子市长，艾米丽亚担任女主角，其他角色由伊莎贝拉和寄宿生担任。弗里秋的表演惟妙惟肖，引得在场的人都捧腹大笑，给父亲的命名日增添了不小的欢乐，连在座的老作家聂姆策维奇也止不住大加赞赏。后来肖邦家的家庭剧院在华沙的亲朋好友中出了名，经常被邀请到他们家里去演出以增添乐趣。而弗里德里克的善于模仿和表演的才华也得到了充分的施展，这是他继音乐之后的另一大才华。

写诗、演剧只是小肖邦的业余爱好。除了课堂学习之外，音乐才是他最关注的对象。在钢琴练习方面，他每天放学回家后总要练琴一两个小时，甚至中午也不休息。往往是一放学就三脚两步地赶回家，利用饭前饭后的短暂

时间也要弹奏几下。到了15岁,他的演技水平已达到无与伦比的境界,就连指导他的老师乌尔费尔也对他的进步神速而惊叹不已。

这个时期也是钢琴不断完善和试验的时期。在波兰,由华沙制作师卡罗尔·布鲁内尔制作的键乐器,名叫 Eolomelodikon(簧风琴),是一种音域更为宽广的乐器。另外,约瑟夫·德乌戈斯也创造了一种把钢琴和管风琴结为一体的乐器,名叫 Eolopantalon。乌尔费尔教授在教小肖邦钢琴的时候,也教他演奏这些乐器。现在弗里德里克一见到这些新的键盘乐器,便止不住要去试一试,而且一试就会演奏,他便觉得这种乐器很合他的要求。有时他高兴起来便乐性大发,即兴发挥,一首首乐曲便从他的指尖下流淌出来。据他的同学后来回忆说:"只要一有空隙时间,我们便给他讲波兰历史上的事情,如瓦尔德齐克国王之死,茹凯夫斯基之死,和由我们统帅所进行的战役。肖邦都能把这一切在钢琴上演奏出来。"博格丹·查列斯基也曾写道:"肖邦很乐观,很年青,我们都叫他小肖邦。常在我们面前演奏他自己的美妙乐曲,天才的头脑、敏锐、幽默、富于感情、技术娴熟、应用自如,以波兰独特的韵律和音调的丰富性把听众都迷住了。"

1825年4月末,俄国沙皇(也是波兰国王)亚历山大一世前来华沙参加波兰王国的议会。华沙为他举行了各种表演和娱乐活动。其中之一就是在圣三位一体教堂向沙皇展示由布鲁内尔制作的 Eolomelodikon(簧风琴)并由小肖邦担任演奏,他演奏了好几首乐曲。沙皇奖给小肖邦和布鲁内尔各一枚宝石戒指(后来尼古拉因家中经济拮据便把这枚戒指卖掉以贴补家用了)。

1825年5月27日,在音乐学院大厅举行的音乐会上,弗里德里克演奏了捷克——德国作曲家莫谢莱斯的《f小调协奏曲》中的快板和自己创作的即兴曲,还在德乌戈斯制作的 Eolopantalon(簧风琴)上演奏了幻想曲。这次音乐会一共演出了三场,受到音乐界的好评,甚至连德国的音乐报刊也对这次音乐会发表了评论,对肖邦的演奏作了很高的评价。

除了参加音乐会外,小肖邦还成了维齐特卡教堂的管风琴师。这座教堂是专供大中学生星期天作礼拜用的。每逢星期天上午,小肖邦都要为教徒们演奏管风琴和簧风琴。这种簧风琴的庄严而富于表现力的音调,显然能激发演奏者的灵感,小肖邦便陶醉于其中,在演奏了别人的几首乐曲之后,他便会根据他弹奏的乐曲加以发挥，一直弹了下去。据奥迪涅茨回忆："有一次小肖邦弹呀弹，连他自己都不知道弹了多久，他弹得越来越明晰，越来越富于感情。当尊敬的尤利安·乌尔辛·聂姆策维奇看到他脸色苍白，便走了过去，在他身旁坐了下来，慢慢抓住他的一只手，说道：'小伙子，已经够了，小伙子，你该休息了。'直到这时，大家才拥上前去，但谁也不敢大声夸奖他。"

除了演奏外，这一学年弗里德里克还创作了一些短小的作品，有圆舞曲，玛祖卡，波罗涅兹，甚至还应伊莎贝拉·格拉博夫斯卡夫人的要求，写了一首钢琴和小提琴二重奏的乐曲。格拉博夫斯卡夫人是位小提琴家，小肖邦常常到她家去做客，除了单独演奏外，他们还时不时地两人合奏一曲，这首二重奏乐曲就是在这种情势下写成的。可惜这首作品没有保存下来。

在作曲方面，小肖邦也有了质的飞跃，从简单到复杂，从主题单一到丰富多彩，并显示出其作品的独创性和独特风格。《g小调波罗涅兹舞曲》虽然还受到胡梅尔的影响，但比胡梅尔更具抒情性。而他创作的《c小调回旋曲》，于1825年6月出版，这是他出版的第二首乐曲。《华沙信使报》特地刊出消息，声称这是弗里德里克的"作品第一号"。不过《华沙信使报》说的也有一定的道理，因为1817年出版的那首《g小调波罗涅兹舞曲》是由他教父斯卡尔贝克教授自费出版的，当时也没有编号。而这首《回旋曲》是由华沙最著名的出版商安托尼·布热齐纳出版和销售的，定价是三兹罗提。这意味着他的作品已得到"社会的承认"。弗里德里克把这首标记为第一号作品的《回旋曲》题献给了林德校长的夫人。林德一家和肖邦一家是非常要好的邻居，交往特别密切。林德夫人也很喜欢弹钢琴，常和小肖邦四手联弹。

又到了年终考试，弗里德里克不得不静下心来复习功课。尽管小肖邦平时不怎么用功，但只要考试前突击一个月便能胜利过关，而且有的成绩还很不错。虽然今年没有像去年那样得奖，但依然得到校方的表扬，五年级就在这丰富多彩的生活中过去了。

重访沙法尔尼亚

考试一完，多米尼克·吉瓦诺夫斯基的母亲便亲自到华沙来接儿子和弗

里德里克去她的庄园度假。这次到沙法尔尼亚，对于小肖邦说来已经是轻车熟路了。对乡村的生活和邻近的村庄，上一次来时已经有了接触和了解。现在他要更广泛地接触外地的风土人情，了解更多的波兰城市和乡村，以增进他对波兰人民的了解和对祖国故乡的热爱。

经过上一年假期的锻炼，他的骑术大有长进，已经能轻身自如地坐在马背上，任凭大灰马奔跑驰骋，最初的那种胆战心惊已是荡然无存了。有时他还和多米尼克一起在旷野上赛马，或者到森林中去打猎。每当他打到一只兔子时，他便会高兴得跳了起来。回到庄园的他还会绘声绘色地向多米尼克的妹妹叙说他的打猎经过，把小姑娘逗笑得前仰后合。

到了沙法尔尼亚不久，弗里德里克便和多米尼克一道到波兰的北部地区去旅行。从他给父母的信中可以得知他们的行程：

"今天我们去普沃茨克，明天去罗希齐舍夫，后天去基科瓦。在图日纳和科兹沃夫各呆数天，在革但斯克呆一阵子，然后就回来。"

在给华沙的杨·马图辛斯基的信中，谈到了他在托伦的见闻。托伦是波兰中北部的一座古城，维斯瓦河流经此城，这是维斯瓦河下游的一座重要港口。这里曾发生过许多重大的历史事件，又是波兰最著名、最伟大的天文学家哥白尼诞生、成长和工作过的地方。肖邦的信中是这样写的：

你在普瓦维看到了什么？你看到的仅仅是我亲眼见到的很小一部分。你不是在西比拉亚看到了从哥白尼出生的房间里取下的一块砖吗？可我看到的是他的整个住房，是这个地方的全景。但它现在有点被亵渎了，你想想看，杨，就在那个房间，那个角落，当年著名天文学家接受了生命的赐予，如今却摆放着德国人的床铺，也许这个德国人在吃了过多的土豆之后，会常常在那里放臭屁哩。那些砖墙上都爬满了臭虫，血迹斑斑。是的，老兄，德国人根本不理会谁曾在这座房子里住过，他们对待这座房子远不及查尔托里斯卡公主对待那块砖强。我还仔细观看了城市四周的全部城防设施，我还看到了那部有名的抛石子的机器，这是一部结构简单但很有趣的机器，当地德国人称之为砂石机。此外我还参观了由十字军骑士团出资兴建的哥特式教堂，其中有一座建于 1231 年。我还参观了一座斜塔和一座华丽的市政厅，里外都很美。市政厅最独特的地方就是：它的窗子恰好和一年的天数一样多，大厅的数目也和一年的月份一样多，而房间的数目正合一年的周数，整个建筑是哥特式的，非常雄伟壮观。

当时的托伦是被普鲁士占领，他们对待波兰人视为民族骄傲的哥白尼的故居任意践踏，这大大伤害了小肖邦的民族感情。在革但斯克，弗里德里克第一次看到了大海，辽阔的大海也让小肖邦的心胸更加宽广。

回到沙法尔尼亚之后，弗里德里克更加注意和当地农民的交往，甚至放下了城市少年的那种矜持和斯文，能和乡下姑娘一起追逐、嬉玩和打闹，和村里的农民也混得不错了。他现在能独自一人到酒馆里去听民间乐器的演奏和歌唱，凡是村里举行的舞会，他也是每场必到，不过他不是来跳舞，而主要是为了听音乐。有时他还和牧童一起去放牧，为的是能听到牧童唱的民歌和乡间小调。他身边总是带着一个小本子，凡是听到他感兴趣的乐曲，他都会一一记录下来。沙法尔尼亚地处库雅维地区，与玛佐夫舍相邻，这个地区的民间歌舞，除了玛祖卡外，还有库雅维亚克和奥别列克舞曲，它们与玛祖卡舞曲相近，只是前者速度较慢，后者速度较快。在波兰，除了这三种民间乐曲外，著名的还有克拉科维亚克舞曲，流行于波兰南部克拉科夫一带。由于小肖邦还没有到过克拉科夫，对克拉科维亚克舞曲不大熟悉，因此在肖邦创作的乐曲中较少出现克拉科维亚克舞曲的旋律。

在沙法尔尼亚度假期间，丰收节庆祝会再一次给他留下了深刻的印象。他在8月26日致父母的信中写道：

> 前天，也许是我在沙法尔尼亚整个逗留期间最有趣的一天，发生了两件重要事情：一是路德维卡小姐在博热夫斯卡夫人的陪同下，和特克拉·博热夫斯卡小姐一道，很健康地从奥布罗夫回来了。二是两个村联合举行丰收节庆祝会。我们正好坐在桌旁吃晚饭，刚吃完最后一道菜，便从远处传来阵阵走了调的高音合唱。一会儿是由农妇用鼻子哼出来的调子，一会儿是姑娘们张着大嘴使劲唱出来的、高了半个音的刺耳的声

音。伴奏的是一把只有三根弦的小提琴。每唱完一段,小提琴便发出女低音的声音。我和多米尼克立即从桌旁站起,离开大家跑了出去。我们跑到门外广场上,只见一大群人缓慢地朝房子走来,越来越近。阿格涅什卡·古佐夫斯卡小姐和阿格涅什卡·杜罗夫斯卡·邦凯夫娜小姐头上戴着花环,庄重地率领着收割者们前进。而为她们开路的是两位已婚妇女雅希科娃和马奇科娃太太,每人手持一把麦穗。他们按照这样的队列在门前站定,依次唱起了所有的段落。歌词是挖苦在场的每个人,其中两节是针对我唱的:

庄院前面有一丛翠绿的灌木,
我们的华沙人像小狗一样瘦弱。

谷仓里摆着一排晒谷的铺板,
我们的华沙人跑得无人能追上。

一开始我还不清楚是不是指我,可是后来雅希科娃把全部歌词告诉我,让我记下来,当我记到最后两节时,她便对我说:现在说到你了。

我猜想,这第二节准是一个姑娘想出来的,因为几个小时前我曾在地里手拿一束麦穗追赶过她。唱完了这些歌段之后,上面提到的那两位姑娘拿着花环朝庄园主人走去。这时两个雇工拿着两杯脏水,守在前厅的门背后,他们非常热情地欢迎了这两个阿格涅什卡,竟使这两位小姐都水流满面,前厅的地上也流起水来了。献过花环和穗束之后,弗里茨用小提琴奏起了多布钦地区的舞曲,大家便在院子里跳起舞来。这是个美丽的夜晚,明月高照,群星闪亮。但还是点亮了两支蜡烛,一支是给分发伏特卡酒的管家照亮,另一支照着弗里茨。虽然小提琴只有三根弦,可他拉得特别卖劲,就是别人用四根弦的琴也比不上他似的。我和特克拉小姐作为第一对舞伴跳起了华尔兹,后来又和吉瓦诺夫斯卡夫人跳。大家的兴致都非常高,跳呀,旋转呀,几乎都累得倒在院子里。差不多快到11点时,弗里茨夫人拿来了一把低音提琴,比那把小提琴还要糟,只有一根弦,我抓起那根满是尘土的琴弓立刻拉了起来,它发出强烈的低沉的嗡嗡声，使在场的人都望着这两个弗里茨。

从这封信中可以看出，弗里德里克对民间音乐是多么的热爱。他不仅是民间音乐的旁观者、欣赏者、记录者，也是民间歌舞的热情参与者，而且还和当地的农民打成一片，参加他们的舞会，和民间乐手一起演奏，同时也加深了他对玛祖卡、库雅维亚克和奥别列克等民间乐曲的进一步了解和热爱。我们知道，少年时代所接受和热爱的东西，那是终生都不会忘记的。即使肖邦后来离开了故土，离开了祖国一二十年，这些曲调依然保存在他的脑海里，回荡在他的心灵中，成了他终生音乐创作的不竭的源泉，也使他创作出来的乐曲更富于波兰民间和民族的特色。

这次度假，弗里德里克可以说是带着身体和音乐的双丰收回到华沙的。过不了几天，他将又要穿起校服走进六年级的课堂。

不平静的六年级

回到学校，小肖邦的心情很不平静，满脑子里都是他在乡下听到的民歌和民间舞曲。民间乐曲的不同凡响激起了他的创作联想和灵感，而他此时创作的两首《玛祖卡舞曲》（B 大调和 G 大调），可以说是这种民间曲调的再现。尽管作品短小，结构简洁，手法也很洗练，却融进了库雅维亚克舞曲的精髓。这两首玛祖卡钢琴曲于 1826 年出版。

也许是受到乡村生活的影响，这位 16 岁的小伙子开始懂得男女之间的那种朦胧感情了。在沙法尔尼亚，他和农村姑娘在收割地里追逐打闹，无拘无束。回到华沙后，他也开始和姑娘们约会，学校后面的植物园和维斯瓦河畔的浓密森林正是约会的好去处。当然这些约会都是瞒着他的父母秘密进行的，但次数多了总不免会露出马脚。过去一放学，弗里德里克会立即回到家中，不是弹琴，就是和姐妹们在一起，如今常常离家出去好几个小时不回来。父亲问他，他以和同学在一起讨论功课搪塞过去。但和姑娘们约会的传闻还是被父亲听到了，尼古拉不愿儿子过早地与姑娘们交往，深怕他堕入爱河而影

响弹琴和学习，于是他暗中派出家中的寄宿生去监视弗里秋，但不知是他隐蔽得好，还是被派出去的学生有意放他一马，尼古拉始终没有抓住什么把柄，也没有探听出约会姑娘的姓名。

1825年末和1826年初，对波兰王国政治社会生活来说，是个不幸的时期。沙皇亚历山大一世的突然逝世和尼古拉一世的接位当上沙皇，以及俄国十二月党人于1825年12月14日起义的失败，都给波兰的政治社会带来巨大影响。亚历山大一世在世时给了波兰较多的自主权利，尼古拉接位后，立即剥夺了波兰的一切自由权利，加强了对波兰的控制。但波兰人民从被灭亡之后，就没有停止过斗争。1816年新成立的华沙大学便成了波兰人民爱国斗争的中心，多次受到沙俄政府的镇压和迫害。20年代成立的"波兰爱国者协会"，便是由爱国师生和官兵所组成。他们与俄国十二月党人建立了联系。十二月党人起义失败后，"波兰爱国者协会"被取缔，128位爱国者被捕入狱。

家就住在大学院内的弗里德里克·肖邦对于发生在大学里面的这些事件是一清二楚的。肖邦的家庭是个爱国的家庭，尽管尼古拉是个从法国来的侨民，但他还是把波兰视为自己的祖国，把自己看成是真正的波兰人。表面上他对沙俄的统治不敢进行大胆的斗争，但他的心是和大多数波兰人一样，对沙俄统治者的残暴凶狠是恨之入骨的。母亲尤斯丁娜虽是个家庭妇女，但却能明辨是非，爱憎分明，对沙俄的残酷统治是无比憎恨的。小弗里德里克从小受母亲的教诲最深，波兰人的血液在他身上起着更强烈的作用。而且和他交往的年青朋友个个都是爱国者，他们经常在一起探讨救国的道路，报国的行动。因而在弗里德里克的心中也充满了对民族敌人的仇恨。但是另一方面，由于波兰国家的命运坎坷，多次遭到列强的瓜分而灭亡，尽管波兰人民进行过顽强的斗争，但最终还是不能让自己的祖国复兴。于是在社会上出现了一种怨天尤人的思潮，认为这是上帝的不公所致。原来是泱泱大国的波兰，何以会在18世纪被灭亡，何以会在多次的抗争中失败，人民何以会惨遭迫害，一定是上帝把波兰人作为他的特殊选民，让他们去承受人类的灾难，而使欧洲的其他国家免遭同样的命运。他们是为了整个人类而受难的殉难者。如同为了拯救人类而被钉上十字架的耶稣基督能死而复活一样，受苦受难的波兰民族也会得到复兴，其光辉业绩将彪炳千古。这种救世的或者叫民族使命的思想在 19 世纪 20 年代出现，波兰的不少人受到它的影响。因此，在波兰人中间爱国斗争的精神和承受苦难的悲伤思想交织在一起，小肖邦无疑也受到这两种思想的影响，因而在肖邦后来的音乐创作中，既有强烈的爱国思想和对民族敌人的仇恨，又有一种悲伤忧愁的情绪。

1826 年初，在小肖邦的生活中，发生了一件对他的音乐创作和文艺思想具有重要意义的事情，那就是他读到了密茨凯维奇的第一部诗集。密茨凯维奇的这部诗集于 1822 年在维尔诺出版，并立即在波兰社会上引起强烈反响，同时它宣告了波兰浪漫主义文学的诞生。

波兰是个诗歌之邦，早在 13 世纪，波兰便出现了第一首用波兰文写的诗歌。到了文艺复兴时期，波兰进入了它的鼎盛时期，出现了一批享誉国内外的诗人，如杨·科哈诺夫斯基，他的诗歌创作对波兰文学的发展具有深远意义，影响和哺育了波兰好几代的诗人。17 世纪是巴洛克时期，出现了许多颂诗、情诗和艳诗，内容贫乏但形式多样。到了文艺启蒙运动时期，一批出色的诗人，面对国家的衰败，他们振臂高呼，为社会改革呐喊助威。在创作上他们受法国启蒙运动的影响，推崇古典主义，崇尚理性，反对愚昧落后，要求简明精确的文风。诗歌创作占据主导地位，喜剧也有了长足的发展。

随着波兰的被瓜分，山河破碎，国家沦亡。不堪沦为亡国奴的波兰人民奋起反抗，民族解放斗争风起云涌，无数爱国志士浴血奋战，前仆后继，可歌可泣。应运而生的浪漫主义文学冲破理性和古典主义的束缚，把感情和想象放在首位，把民族解放和个性解放的理想结合在一起，表达了波兰人民的爱国精神和心声，发出了争自由求解放的最强音。

然而，波兰浪漫主义文学的兴起和发展并不是一帆风顺的。被伪古典派把持着的华沙文坛竭力贬低、攻击和阻止浪漫主义文学的产生和发展。当时拥有大批杰出的人文科学和自然科学人才的维尔诺大学就成了孕育伟大浪漫派诗人的摇篮，其中就有波兰最伟大的两位诗人：亚当·密茨凯维奇（1798—1855）和尤留斯·斯沃瓦茨基（1809—1849）。密茨凯维奇的第一部诗集虽已在 1822 年出版，但却被伪古典派视为离经叛道，千方百计加以封杀，封杀不成，便加以公开的嘲讽、批评和指责。所以小弗里德里克直到 1826 年才从华沙大学的朋友那里借到这部诗集。一读之下他感到无比的兴奋，

无比的喜悦："真是太好了，真是太精彩了！"年轻的肖邦情不自禁地连连赞道。一有空他便躲在一边静静地读了起来。密茨凯维奇的这部诗集收有序言《论浪漫主义诗歌》和13首《歌谣和传奇》以及《想念》等杂诗。序言虽不及法国作家维克多·雨果的《克伦威尔》序言那样有名，但它也是声讨伪古典派的檄文，波兰浪漫派的宣言和旗帜。首先密茨凯维奇强调文学的独创性，反对对古人的妄自模仿。他特别重视文学与民族和时代的联系，提出文学必须是民族的文学。其次，他十分推崇文学的人民性，他认为作家必须代表广大人民的利益，反映他们的思想感情。再次，在创作内容和形式上则要求想象力丰富奇特，感情强烈，形式多姿多彩。他还特别谈到民族诗歌与民间歌谣的联系，这种联系不单是表现在利用民间歌谣的形式上，更重要的要体现在汲取民歌所反映的农村的风貌、情感和思想倾向上。小肖邦对于理论问题虽然还不是十分理解，但他觉得密茨凯维奇说出了他想说的话，对他的观点深表赞同。密茨凯维奇的《歌谣和传奇》几乎都是取材于立陶宛的古老歌谣和传说。对民间文学的爱好和浓厚兴趣，是浪漫派诗人的共同特点，但《歌谣和传奇》不是单纯对民间歌谣的搜集和整理，而是诗人根据民间故事、传说和歌谣加以再创作，是一部具有民歌风格的诗歌创作。密茨凯维奇的最大成就，就在于他打破了伪古典派的清规戒律，而把丰富的想象、炽热的情感和神秘的幻想的境界带进了诗歌天地。把那些伪古典派认为不能登大雅之堂的民间传说里的水仙水妖、幽灵鬼魂、美人鱼和魔术师都变成了他描写的对象，让他们组成了一幅幅绚丽多彩而又美妙迷人的图画。同时他又采用了许多民间的口语俚语，使诗歌增添了泥土的芳香和清新的气息。由于弗里德里克已多次到农村度假，深入接触过民间的歌舞，因而读起密茨凯维奇的诗歌来倍感亲切。阅读密茨凯维奇的诗也给了小肖邦以许多启示，使他体会到：首先，文艺作品必须要突破古典主义的束缚，开启想象力的广阔天地，要有自己的特殊风格和独创性。其次，文艺作品应具有波兰的民族特色，应植根于民间音乐的沃土中，但又不受其限制。第三，它应该具有强烈的感情，包含着对祖国和故土的热爱，对民族敌人的仇恨。或喜或怒、或爱或恨、或高兴或悲伤都能在作品中表现出来。因此，我们可以看出，肖邦的音乐和密茨凯维奇的诗歌有着许多共同之处，也可以说，肖邦的创作观念是受到密茨凯维奇的影响，而且在他身上也具有像密茨凯维奇那样的诗人气质，当然肖邦所受的影响并不局限于密茨凯维奇一人，也可以说他是受到整个时代整个民族的影响的。波兰有这样的一句谚语"国家亡，诗歌兴"。波兰在灭亡之后的整个19世纪上半叶是波兰诗歌的繁荣鼎盛时期，涌现出一大批优秀的诗人，他们成了人民的代言人，成了未来的预言家，他们在人民群众中的号召力甚至超过政治家，而其中的大诗人还被尊称为圣哲、先知和民族的精神领袖。在这样的环境中成长起来的弗里德里克，自不免会受到诗歌氛围的熏陶和影响。

在这一学年中，弗里德里克也非常关注音乐，只要华沙有什么音乐方面的演出，无论功课再忙，他也要去看演出。他还常常把华沙演出的情况告诉同学，他在致杨·比亚沃布沃茨基的信中就曾谈到1825年10月29日首次公演的意大利著名作曲家罗西尼的歌剧《塞维利亚的理发师》，他写道：

"在华沙剧院上演的歌剧《塞维利亚的理发师》受到了广泛的赞誉，听说还准备上演筹划已久的《自由射手》（德国作曲家韦伯所作）。我也创作了一首以《塞维利亚的理发师》为主题的新的波罗涅兹舞曲，我顶喜欢这首舞曲，打算明天拿去付印。路德维卡写了一首完美的《玛祖卡舞曲》，这样的舞蹈在华沙很久没有人跳了。这是她的一首绝妙的作品，确实是一首独特的佳作，它活泼、优美，一句话，很适合跳舞，是罕见的杰作。"从这封信中我们才知道，弗里德里克的姐姐路德维卡不仅钢琴弹得不错，而且还会作曲，这是我们第一次听到路德维卡会作曲的消息。

打从小肖邦喜欢上钢琴之后，很少提到他最喜欢的钢琴演奏家，现在他把这一殊荣献给了亚历山大·雷姆别林斯基："雷姆别林斯基先生在巴黎住了6年之后来到了华沙，我从来没有听到过别的人弹钢琴弹得像他那样棒。你可以想象出，这对我们说来是一件多么愉快的事，因为在这里我从未听到过这样出色的演奏。他不是专业钢琴家，而是个业余爱好者。这里我不想赘述他的演奏技巧是如何的娴熟，我只告诉你一点，他的左手和右手一样有力，这对钢琴演奏者说来是难能可贵的。如果让我来描绘一下他那出众的才华，恐怕用一大张纸也写不完。"雷姆别林斯基也特别欣赏弗里德里克的音乐天才，在华沙停留期间，他多次到肖邦家去拜访，和小肖邦建立了忘年之交。

1825年的圣诞节和1826年的新年，弗里德里克和姐姐路德维卡是在他们的出生地热拉佐瓦·沃拉度过的。与夏天的景色不同，此时的沃拉已是银装素裹，放眼望去，大地白茫茫一片，只有松林点缀其间，形成强烈的黑白对照，自有一番不同的情趣。小弗里秋还未脱去孩子的稚气，和斯卡尔贝克家的孩子们一起在雪地里追逐奔跑，堆雪人、打雪仗，他那顽皮的性格又一次得到了释放。

回到华沙后，弗里德里克便开始复习功课了。按照当时的教育规定，六年级一般要学两年才能毕业，但有些特殊的学生只需学一年便可准许毕业。弗里德里克·肖邦便是其中的一个，他是由于其超群的音乐才华而被准许提早毕业的。不过，他依然是非常关注华沙的音乐演出，特别是韦伯的《自由射手》的上演。7月3日，华沙剧院上演了由库尔宾斯基导演和指挥的韦伯的《自由射手》。演出非常成功，在华沙和波兰引起了巨大反响。

7月27日，弗里德里克考完期终考试，受到校方的表扬。可是他没有参加毕业考试，便由于身体状况不佳，时常咳嗽，而与母亲和小妹艾米丽亚一起，离开华沙前往杜什尼基温泉疗养地去了。

在杜什尼基

弗里德里克的小妹艾米丽亚一直身体虚弱，最近半年来还经常咳嗽，甚至吐血。医生查出她染上了当时是不治之症的肺结核。尼古拉和尤斯丁娜得知心爱的小女儿得了这种病，心甚焦虑，千方百计想方设法来医治她的病。他们听从医生的建议，进行温泉疗法，于是他们便来到了巴德·雷内茨。这处温泉疗养地当时归德国管辖，地处下西里西亚，现今归波兰所有，波兰名叫杜什尼基。7月28日他们离开华沙，8月3日到达雷内茨。这里山峦环绕，景色优美，是远近闻名的疗养风景区。从现今保存下来的弗里德里克的两封信中，可以得知他在杜什尼基的一些情况。他在8月18日写给威·科尔贝格的信中写道：

第四章 学生时代

我们途经布沃涅、索哈切夫、沃维奇、伏罗兹瓦夫等地，到达雷内茨，并停留至今。我饮用乳清和这里的泉水已有两个星期了，他们说我看上去脸色好多了。不过我觉得自己长胖了一些，也变懒了。也许你会认为这就是我久未动笔写信的原因吧？但请你相信我，要是你知道了我的生活情形，你就会承认，我很难找到一点时间能在屋里坐下来。早上最迟是6点钟，所有的病人都得在泉井边集合，然后就有一队粗俗的乐队前来演奏……随后是化装游行，或者是假面具游行……这样的游行沿着市政府的美丽大道前行，一直到8点钟，或者视各人应喝多少杯来决定。然后大家各自回去吃早餐，早餐后，一般我都要出去散步，总要走到12点才去吃午饭。午饭后又要去泉边，那里通常有一个比早上更大的假面具舞会。人人穿戴整齐，都穿着与早上不同的服饰，又是那种令人作呕的音乐，直到傍晚。由于我午饭后只需喝两杯矿泉水，我便能早些回去吃晚饭，吃过晚饭后就去睡觉，我哪有时间来写信呢？

这就是我过的日子，日复一日，时间过得真快，我还来不及看到每一件事物。的确，我已游览过雷内茨周围的群山，那优美的山谷风光真让我陶醉，让我流连忘返，总是依依不舍地下山，有时要四肢并用才能爬下山来。但我并没有去过大家都去过的霍依－舍乌埃尔石头山，因为不许我去。这座山在雷内茨附近，景色特别的迷人。但由于山顶上的空气对恢复健康不利，并非所有的人都让去的，不幸的是，我便是其中不能去的病人之一。不过不要紧，我已到过森谢德特山，那里住着一个隐士。我去过那座高山，要笔直地爬上从山石中开凿而成的一百几十级阶梯，就能到达隐士居住的地方。从那里可以把雷内茨的美景尽收眼底，一览无余。我们还打算去霍赫门泽山，那里的景点不胜枚举，我希望能很快成行。

雷内茨过去有很多波兰人，现在只剩下很小的一圈人了。所有住在这里的波兰人我都认识，在同胞中间玩得很开心。

除了每天严格遵守疗养地的规定外，弗里德里克最感到无聊的是此地没有一架好钢琴供他练琴用。这位从小就深爱钢琴的神童，只要一天不练琴，

手就会痒得令他难受。他在给艾斯内尔教授的信中这样写道："尊敬的先生：从我们到达杜什尼基的时候起，我就想给您写信，但因一直忙于治疗，直到今天我才挤出一点时间来享受和您交谈的乐趣……由于您的仁慈和对我的热切关心，您对我的健康状况是不会不关注的。现在我向您报告我的身体状况，由于新鲜的空气和我非常喜欢饮用的乳清，其功效是如此之大，竟使我与在华沙的时候判若两人。美丽的西里西亚和它那迷人的风光都使我迷恋和赞叹不已。尽管如此，我深感缺憾的就是没有一件好的乐器，这是杜什尼基所无法弥补的。请您想象一下，这里甚至没有一架像样儿的钢琴，我所听到的乐器与其说是让我高兴，倒不如说是令我扫兴。幸好，这种烦恼不会太久了，我们和杜什尼基告别的日子快到了，下月 11 日我们想离开此地……"

然而，即使没有好的钢琴，这位充满爱心的钢琴神童，还是在杜什尼基举行了两场音乐会。为什么他要举行音乐会呢？后来有两种说法：一种说法是，当时在杜什尼基治疗的一个女人因医治无效而突然死去，身后留下一对孤苦无依的儿女。听到这个消息，从小就富于同情心的弗里德里克便想做点事情来帮助这对儿女，于是便有了义演的音乐会。另一种说法是：在杜什尼基治疗期间，每天早上和午后到泉边来饮矿泉水时，给弗里德里克递水的是一个在此地服务的美丽姑娘，她来自捷克，父亲是此地铸铁厂的工人，母亲已去世，家里有四个弟弟妹妹，作为大姐的这位姑娘不得不早早出来工作，以帮助父亲维持家计。这位姑娘名叫利布莎，专在泉边给治疗的病人掏水送水，被称为"泉水姑娘"。这位姑娘生性开朗、甜美，喜欢哼唱捷克歌曲。弗里德里克最初一见她，便被她的美貌和清纯所吸引，同时对她唱的捷克歌曲也很感兴趣。姑娘对这个文雅和气质高贵的少年也萌生了好感，经过多日的接触和每日的交谈，两个年轻人很快便成了好朋友。有一天，弗里德里克来到离疗养院只有 15 分钟路远的利布莎家里，看到这个姑娘正在给饥饿的弟弟妹妹们分切面包，这个场面给他留下了深刻的印象。从此以后，不管是和母亲一起，还是独自散步，他常常会朝利布莎的茅屋走去。他的和蔼可亲和带去的小礼物也受到她的弟弟妹妹们的欢迎。

有一天清晨，弗里德里克按时来到泉边，却不见利布莎，而是另一位姑娘。从她口中得知，他的那位仙女的父亲昨天在厂里受了重伤而于当晚死去。

第四章　学生时代

肖邦一听到这个噩耗，便立即朝利布莎家里跑去。死者还穿着工作服躺在木板上，弗里德里克刚一进门，孩子们便扑了上去，把他看成是他们的支柱，利布莎也朝他伸过手来。弗里德里克以他16岁半少年所特有的爱激动的心情，声称他会照顾他们的。母亲的理智试图阻止他这种高贵骑士精神的爆发，但她同意儿子去帮助他们，可她也知道，他们身上的钱很有限，于是她提出让儿子以自己的才能来帮助他们，在此地的大厅里举行一场义演，弗里秋非常高兴地接受了母亲的建议，并于死者下葬的那天（8月16日）举行了音乐会，这是小肖邦在当时的波兰境外举行的第一场音乐会，演出很成功。在听众的要求下只好再演一场，票房收入是一笔不小的数目——74个塔拉尔。《华沙信使报》上登有音乐会的报道，而弗里德里克的老师齐夫内听到他举行了音乐会，也写信给他，对他的善举大加赞扬。

经过一个半月的疗养，9月11日尤斯丁娜夫人带着两个孩子离开了杜什尼基疗养地。途经伏罗兹瓦夫时，在那里停留了三天，相继拜访了当地的两位著名音乐家：一是约瑟夫·斯纳贝尔，大学教授，乐长。另一位是威廉·贝尔纳尔，当地音乐学院的院长。他们都是艾斯内尔的朋友，他之所以让弗里德里克去拜访这两位名人，就是想让他们认识这位小天才，而且对小肖邦的日后发展会大有好处。

第五章
大学生活

华沙音乐学院

经过一个多月的疗养，弗里德里克的身体状况大有好转，10月初开始了他的大学生活。按照当时的规定，中学六年级应学习两年之后才能毕业，但无论是中学校长林德先生，还是华沙音乐学院的院长艾斯内尔，都认为让肖邦再学一年，对他说来是一种浪费。于是他们决定，让小肖邦提前一年结束中学学习。而艾斯内尔也愿意把这位音乐天才招进自己的对位法学习班，于是弗里德里克·肖邦便开始了他的三年大学生活。

1826年10月2日弗里德里克在致杨·比亚沃布沃茨基的信中写道：

"我亲爱的，我现在不上中学了……利用这一年时间我可以学点别的东西。每星期在艾斯内尔那里学习对位法6个小时，听布罗津斯基、本特科夫斯基的讲课，以及其他与音乐有关的课程。晚上9点钟睡觉。让这里的一切茶话会、晚会和舞会都统统见鬼去吧。"

其实，按照尼古拉·肖邦的意愿，他是很想让儿子进入正规的大学学习的。因为在当时的社会环境里，他觉得只有上正规大学才能有一定的社会地位和生活保障。虽然他知道儿子的确有音乐方面的才华，但他觉得自己家底单薄，要让儿子单靠音乐来谋生是靠不住的，即使成了一位职业钢琴家也不及教授和科学家的地位崇高和牢靠。但在亲朋好友的劝说下，尼古拉最终还是同意儿子去学音乐。不过，除了跟艾斯内尔学习对位法外，他还要儿子去华沙大学听文学和历史方面的课程。

华沙音乐学院，也称华沙音乐高等学校，当时隶属华沙大学。华沙音乐学院的创建是与艾斯内尔分不开的，前面已经介绍过艾斯内尔，现在谈到了音乐学院，还得再说几句。尤瑟夫·艾斯内尔出生于西里西亚的一个德国人家庭，但他一直认为自己是波兰人。他先是在伏罗兹瓦夫攻读医学，不久便到维也纳学习音乐，毕业后，曾在布尔诺乐队担任小提琴手。1792年来到利沃夫，担任利沃夫剧院的乐队指挥。就在这里他认识当时担任利沃夫剧院院长和导演的伏伊捷赫·博古斯瓦夫斯基，当1799年博古斯瓦夫斯基回到华沙时，也把艾斯内尔带回到华沙，并让他担任华沙民族剧院歌剧部的指挥。作为乐长和作曲家的艾斯内尔开始走红，成了华沙音乐界的中心人物。1814年博古斯瓦夫斯基辞去院长职务，由他的女婿路德维克·奥辛斯基（1775—1838，古典派诗人，华沙大学文学教授）接任院长后，便让艾斯内尔担任音乐学校的专职老师，并委托他制订扩大学校的计划。三年后艾斯内尔把戏剧学校扩建为音乐和戏剧艺术学校，增加了多门课程。1821年学校从剧院分离出来，成为朗诵与音乐学院。1926年，由于艾斯内尔和领导声乐部的卡罗尔·索利瓦产生矛盾，学院分成两所高等学校：由索利瓦领导的戏剧和声乐学校和由艾斯内尔当校长的音乐学校（即音乐学院）。音乐学院内设乐器、音乐理论和作曲等班级，由艾斯内尔亲自授课的音乐理论和作曲的班级设在华沙大学里面，肖邦进的正是艾斯内尔执教的这个班。在这个班学习的都是一些刚刚走上作曲道路的年轻人，后来这些毕业生在波兰争得了不小的名声。其中就有约瑟夫·诺瓦科夫斯基（1807—1868）、托马什·尼德茨基（1806—1852）、伊格纳齐·多布任斯基（1807—1867）和安托尼·奥尔沃夫斯基（1811—1861）等人。肖邦并没有参加钢琴班的学习，因为他的演奏技巧已经达到了无人能教的程度，原来担任学院钢琴老师的乌尔费尔教授正好这年离开了华沙音乐学院。

艾斯内尔亲自指导的专业需三年的学习时间，头两年学习对位法的理论和练习，第三年的学习任务是作曲。其实这只是校方的计划安排，但在实践中并不限制学生们的自由发展，许多学生一进校门就开始作起曲来，三年之中就创作出了不少的乐曲。艾斯内尔是个开明的教育家，也是个全面的作曲家，他创作出各种门类的乐曲，其中包括歌剧。虽然他信奉的是古典主义的创作法则，但他并不禁止学生去接触新的流派，新的创作方法。他甚至还鼓励学生去打破某些陈规陋习和条条框框，发挥自己的潜力。不过作为老师，艾斯内尔既有宽容的一面，也有严厉的一面，他依然要求学生首先要学好已有的创作法则，遵循教学内容中的有关条文。艾斯内尔在肖邦进入学院之前，便曾教过他的和声学。尽管他是作为家庭教师，私下传授知识，但这种师生关系已有4年之久。因此艾斯内尔对小肖邦已是非常了解，特别欣赏他的才华，对他宠爱有加。而小肖邦对这位老师也是非常尊敬非常喜爱的，他曾说

过:"有了齐夫内和艾斯内尔这样的大师的指导,即使是一头十足的蠢驴,也是会有所受益的。"

除了跟艾斯内尔学习音乐理论外,肖邦还到华沙大学去听布罗津斯基的波兰文学课和本特科夫斯基的历史课。卡·布罗津斯基(1791—1835)是一位著名的诗人,1822—1831年间担任华沙大学的波兰文学、美学、修辞学教授。他曾于1818年发表了《论浪漫主义和古典主义》的论文,认为古典主义和浪漫主义都是舶来品,都不适合波兰民族的特性,他主张创建一种新的波兰民族文学,这种文学应从民间文学中吸取素材和风格,其内容和思想要温文尔雅,不能过于激烈和尖锐,实际上他标榜的是一种田园牧歌式的文学。不过,他的观点还是与杨·希尼亚德茨基的有所不同。希尼亚德茨基在1819年发表的论文《论浪漫派和古典派的作品》中,坚决反对浪漫主义文学。这位维尔诺大学著名的数学和天文学教授认为浪漫主义是"瘟疫和叛变的流派"。当时由于年幼,小肖邦还不懂得这些深奥的理论,如今他已长大,成了大学生,又阅读过浪漫派的作品,和华沙大学的年轻的浪漫派有了较多的接触,而年轻人在一起,心灵更容易相通,他渐渐接受了他们的观点。尽管小肖邦并不完全赞同布罗津斯基的观点,但他还是很乐意去听他的课,这不仅是因为肖邦很小就认识这位教授(教授是他家沙龙的常客),也由于这位教授本身就是一位诗人,而且知识渊博,他的讲课非常生动有趣,能引人入胜。弗里德里克从他那里学到了许多文学知识。而费·本特科夫斯基是位历史学家,华沙大学波兰通史教授。尼古拉要儿子学习这些课程,主要是想要扩大儿子的知识面,,增强他的文化修养,使其不仅是一位会弹奏钢琴的演奏师,而将成为一位知识丰富、又有教养的钢琴家。另一方面,通过这些学习,可以增进肖邦对波兰历史盛衰的了解,以加强他的爱国主义思想。而且这也有利于他的音乐创作,因为音乐创作和文学创作,特别是与诗歌创作有着许多共同之处,了解和阅读文学作品能激发他的创作灵感,扩大他的创作主题和题材。而且他也确实从波兰浪漫派的文学创作中学到了许多东西。

悲伤的 1827 年春天

弗里德里克也像许多刚进大学校门的年轻人一样，充分利用良好的学习环境，如饥似渴地汲取各种知识。他阅读着大量的文学和其他书籍，特别是新出版的浪漫派的作品；包括密兹凯维奇的第二部诗歌集，内有《先人祭》第二部和第四部，长诗《格拉齐娜》。还有被称为"乌克兰派"的波兰浪漫派诗人的作品：如塞·戈什钦斯基（1801—1876）的《卡诺夫城堡》（1826）、安·马尔捷夫斯基（1793—1826）的《马利亚》（1825）等。这些作品以其丰富的想象力，新颖生动的故事情节和鲜明的人物形象而受到年轻读者的喜爱。而弗里德里克也深深被这些作品所打动，在它们的影响下，他的音乐创作也呈现出浪漫主义的特色。

弗里德里克的才华得到广泛的承认，但他并不恃才傲物，盛气凌人，依然是温文尔雅，谦虚好学，自有一种亲和力，很快就结交了一批新朋友。而他也受到许多同学的喜欢和尊敬，有的还成了终生不渝的知己，如丰塔那。他后来在编辑出版的《肖邦音乐作品集》中曾这样写道：

"年轻的肖邦就是在这位博学多识的作曲家艾斯内尔的指导下学习对位法和作曲的，其时他已是一位非常出名的钢琴演奏家。我是他的同班同学，从那时候起，我就一直受着他的影响。"

尽管肖邦要应付学习和课堂作业，但他最关心的还是音乐。1826 年底，他参观了华沙著名的布霍兹钢琴厂，试奏了他们产的新乐器，还曾向华沙的贵夫人推荐，并在她们的家里做过示范演奏。如今的弗里德里克已长成个大人了，尽管身材瘦削，个子一般，但额头长得漂亮，眼睛炯炯有神而又温柔，鼻子较高，头发又浓又密，一眼看去显得英俊文雅。他的那张白皙的面庞具有迷人的魅力和诗人的气质，更加受到名媛淑女们的喜爱。

进入大学之后弗里德里克依然和从前一样，每有音乐会或者歌剧演出，他几乎是每场必到。1827 年 1 月 15 日和 2 月 7 日，波兰著名钢琴家马利亚·希曼诺夫斯卡在民族剧院举行了两场音乐会，演出了胡梅尔和克伦格尔的协

奏曲和里斯的作品。他还去听过两位比他还小的有才华的小钢琴演奏者尤瑟夫·克罗古尔斯基（1815年生）、安托尼·康特斯基（1817年生）的演奏。这些小同行们的演出，表明波兰是个钢琴天才的温床，培养出了一个又一个的钢琴家。

然而到了4月，肖邦家便遭到了重大的打击。他们家的小女儿艾米丽亚不幸于4月10日去世。她的夭折对肖邦一家人的打击是无法用语言来描述的。艾米丽亚是个非常聪明的小姑娘，被誉为肖邦家的第二个神童，具有非凡的文学才华，她很早就开始了写诗，而且和哥哥弗里秋一样富于幽默感，经常由她策划，和哥哥姐姐们一起在家里演出各种喜剧和小品，往往逗得在场的人捧腹大笑。她不但会写波文诗，而且法文诗也写得不错，超出了她的年龄。她也写小说，其崇拜的作家是当时走红的波兰女作家克·霍夫曼诺娃，她是个心理小说家，《儿童娱乐》杂志的主编，在她的影响下，艾米丽亚还在二姐伊莎贝拉的帮助下，开始把德国作家沙兹曼的小说改写成波兰小说。然而不幸的是，这个聪明的小姑娘却过早地染上了当时是不治之症的肺痨病。头年夏天，她曾和母亲、哥哥一起，到杜什尼基疗养地去治疗过，但病情并未好转。到了1827年2月她的病情恶化，不断咳嗽和吐血，有好几天她都无法进食。过了四个星期，她的情况有了好转，弗里德里克在3月14日写给比亚沃布沃茨基的信中谈到："艾米丽亚已病卧在床四个星期了，一直在咳嗽，而且已吐出血来了。妈妈很担心，马兹说要放血，他一次两次地替她放血……可怕，可怕。这段时间她一直未进食，消瘦得你都认不出她来了，现在开始有一点点起色。"然而，这不过是回光返照，4月10日她便离开了人世，结束了她那只度过14个春秋的生命。在她生命的最后时刻，她留下了两句诗：

  在这个地球上人的命运多么可悲，
  她痛苦，为的是增加了亲人的痛苦。

艾米丽亚的早逝给肖邦一家带来无限的悲痛，尼古拉和尤斯丁娜这对父母都不愿意住在原来的房子里，因为每一件家具，每一堵墙都会让他们想起自己的小女儿，都会勾起他们没有照顾好女儿的一种负罪感。于是他们决定改换住房。夏天一到，他们便搬到了查普斯基宫的厢房，住在三楼上。不久，弗里德里克在阁楼上有了自己的一个房间，里面摆放着一架旧钢琴和放琴谱的书柜。每天下课回来小肖邦就会躲进他的阁楼里。由于房子面积较小，肖邦家便不再开办寄宿生班了。

1827年7月17日，弗里德里克和同班的十多位同学参加了学年的年终考试。在呈报给教育机关的年度报告中，艾斯内尔在弗雷德里克·肖邦的名字后面特别注上"独特的才华"。表明弗里德里克在大学的第一年学习中，成绩斐然，深得老师的赞赏。

丰富的暑假生活

从上中学开始，每到暑假，弗里德里克便在华沙呆不住了。他喜欢乡村的美丽景色和纯朴的民俗民风，喜欢去参观各地的名胜古迹，更主要的是想听到和搜集到民间的各种乐曲。于是他暑假刚到便离开了华沙，先是到普沃茨克附近的兹博英斯基伯爵家去休假。兹博英斯基是吉瓦诺夫斯基家的亲戚，小肖邦在此休息几天之后，便前往革但斯克去拜访华沙中学校长林德先生的弟弟杨·林德。他是当地圣灵教堂的主持，住在鱼市附近的托比亚什街上。弗里德里克住在他那里，受到他的热情照顾，他还详细介绍了革但斯克地区的历史和风土人情。革但斯克是维斯瓦河流入波罗的海的出海港口城市，这里帆樯林立，百舸争流，是波兰北方的一座繁华城市。当时归普鲁士管辖，德文名叫但泽。革但斯克和索波特、格丁尼亚三个城市连成一体，但又各具特色。革但斯克的房屋大都是哥特式的建筑物，整齐清洁，在市政广场上屹立着一座雄伟的大教堂，其拱顶之高堪称欧洲之最，弗里德里克对其赞不绝口。如果说革但斯克是以雄伟热闹著称的话，那么索波特则以恬静优美取胜，这里有古老的教堂，别致的奥利瓦公园和宽阔的海滩。弗里德里克漫步在奥利瓦公园里，穿行于一排排修剪得有如一面面高墙的树巷中，仿佛置身于一座迷宫里。弗里德里克还登上了格丁尼亚的山顶，遥望前面的波罗的海，顿时感到心胸为之一展。

随后弗里德里克应教母的邀请前往她的庄园度假。他的教母原名是安娜·斯卡尔贝克小姐，后来她出嫁了，随夫改姓为维肖沃夫斯卡，住在波兹南公国的奥斯特罗夫附近。弗里德里克从北到南穿过肥沃的大波兰平原，来到了他的教母家。教母安娜非常喜欢她的这个教子，不仅在家对他百般呵护，让他吃得好玩得好，过得舒心快活，还常常带他出去采风，了解和收集当地的民歌和舞曲。有时还带他去拜访附近的波兰贵族家庭，以增进他对波兰人民的了解和认识。

离安娜家只有13公里远的安托宁，是一座优美的小镇，那里有一座豪华的宫殿，那是安托尼·拉吉维乌公爵的行宫。拉吉维乌公爵是位波兰的大豪绅，拥有广大的田产和巨大的财富。1815年维也纳会议后，在被普鲁士占领的波兰西部土地上，建立了波兹南公国，受普鲁士国王的统治，但具有一定的自治权利。普鲁士国王委任拉吉维乌公爵为波兹南公国的总督。拉吉维乌不仅在波兹南有他的豪华官邸，在柏林也有他的宽大住宅。他大部分时间都住在波兹南，只有议会开会或参加其他国事活动时，他才住在柏林。安托宁的这座行宫是他夏天度假或冬天狩猎时居住休憩的地方。当弗里德里克来到教母家时，适逢拉吉维乌公爵也正好在安托宁。这位公爵还是位多才多艺的音乐家，他的大提琴拉得相当出色，深得行家们的好评。他还是个男高音歌手，歌喉甜润，音域宽广，唱得很中听。他又是个作曲家，写有不少管弦乐曲和室内乐曲。他还是第一位为歌德的《浮士德》谱曲的作曲家，乐曲演出时，歌德还曾出席聆听，并受到诗人的赞许。安娜听到公爵就住在附近，便带着弗里德里克前去拜访，受到公爵的亲切接待。拉吉维乌在华沙时就曾见过小肖邦，还听过他的演奏，对他的才华称赞不已，曾对尼古拉说过，一定要让他儿子去学音乐。这次见面，他们的关系又进了一层。公爵提出，以后弗里德里克可以到他在波兹南或者柏林的住所去看他。尽管公爵对小肖邦很喜欢，态度也很亲切，后来对他也有过一些帮助，比如给他提供推荐信，介绍与人认识，弗雷德里克也曾多次在公爵的府邸里住过，还合作写过一首乐曲，但他并没有接受过公爵的金钱资助；并没有像李斯特在《论肖邦》一书中所写的那样："他得到安东尼·拉德齐维尔公爵（即安托尼·拉吉维乌公爵——笔者）的垂青，很早就进华沙一个有名的高等法政学校，对于艺术和有才能的人，公爵总是慷慨地大力予以扶植——肖邦家里的经济是够紧的，公爵资助他们使他们在他的各方面的教育中得到了无可估量的方便。"对于李斯特的这种说法，弗里德里克的妹妹伊莎贝拉曾写信给《肖邦传》的作者马乌里齐·卡拉索夫斯基："我承认，在各种刊物上对这件事所出现的种种谬误和传言，我感到很痛心——父亲不仅精心培养儿子，还给三个女儿以良好的教育。除了父母，谁也没有资助过他们。既然父亲从事的是青年的教育，他怎么会把自己唯一可爱的儿子交给别人去照拂呢？"

大学的第二年生活

这一次的休假给弗里德里克的创作带来了丰硕的成果，使他第二学年一开学便给老师送去了一份答卷，一份礼物——至今为止他的一部最长的乐曲《c小调奏鸣曲》。它由四个乐章组成，完全是按照老师教授的创作法则完成的。肖邦想以此来证明自己有能力创作出篇幅较长、结构更为复杂的乐曲来，同时也表明自己是能够按照老师的要求来进行作曲的。尽管弗里德里克的天性与古典派的条条框框格格不入，不愿受陈规的约束，但一年的理论学习对他的作曲还是有好处的。这从他这个时期创作的《波罗涅兹》d小调和B大调两首舞曲就可以看出，与早期的其他这类作品比起来，不仅想象力更为丰富，技法也更加娴熟，音调和语言更多样化，还增加了和声的因素。

在大学期间，弗里德里克的视野更宽广了，结交的朋友也更多了。我们知道，在中学期间，杨·比亚沃布沃斯基是他最要好的朋友，在肖邦现在留下的早期书信中，大都是写给他的。可惜的是，比亚沃布沃斯基因患骨癌，英年早逝，弗里德里克先后为妹妹和这位朋友的逝世而难过了好一阵子。进入大学二年级后，他又结交了许多新朋友，其中有终生都保持友谊，能倾诉衷肠的知己，如提图斯·沃伊捷霍夫斯基，他原是华沙中学的学生，曾拜齐夫内和斯特方尼为师，弹得一手好钢琴。中学毕业后，他考入华沙大学农学系，但没有放弃音乐。后来他曾和小肖邦一起到了维也纳，恰好此时，华沙爆发了反俄大起义，提图斯毅然决然地回国参加了起义。起义失败后，他回

到自己的庄园从事农业活动。还有杨·马图辛斯基（1809—1849）也是华沙中学的同学，现在是医学系的学生，喜欢吹笛子。后来他也到了巴黎，开始和肖邦住在一起，后搬出另住，但他一直是肖邦的医生。另一位好朋友就是前面已提到的尤利安·丰塔那，他和弗里德里克同年，在华沙大学法律系学习，同时和小肖邦一起，参加艾斯内尔的对位法和作曲班学习。在巴黎期间，他对肖邦照顾得无微不至，几乎成了他的秘书和代言人。

1828年初，华沙音乐界发生了一件盛事，那就是奥地利钢琴家胡梅尔（J. N. Hummel，1778—1837）的巡回演出。他于4月和5月在华沙的民族剧院和市政大厅举行了一系列的音乐会。这位曾是莫扎特学生的作曲家、钢琴家，在欧洲乐坛上已是大名鼎鼎，经常在欧美各地举行音乐会。对于胡梅尔，小肖邦可以说是非常喜欢非常崇拜的，经常演奏他的乐曲。此次胡梅尔来到华沙，给小肖邦提供了一次难得的学习机会，不仅能在音乐会上感受到他的演奏风格和演奏艺术，还在多种场合上接受过他的指教。小肖邦也曾多次在他的面前演奏自己的乐曲，向他介绍了自己的学习和创作情况，得到了胡梅尔的肯定和称赞，这大大增强了他精益求精的信心。而肖邦的不平凡的音乐才华也给胡梅尔留下了深刻的印象。后来他还曾多次发表过对肖邦的评论和称赞。

当1828年7月第二学年结束时，弗里德里克·肖邦没有参加年终考试，在得到艾斯内尔的准许后，便和全家一起到桑尼基去休假了。桑尼基地处热拉佐瓦·沃拉的西北方，是普鲁沙克家的庄园所在地。普鲁沙克家和肖邦家关系较为亲密。他们的儿子康斯坦丁·普鲁沙克是弗雷德里克的中学同学，而他们家的大女儿奥列霞和肖邦家的两个女儿也是亲密的朋友。提图斯·沃伊捷霍夫斯基和康斯坦丁也是很要好的朋友，并爱上了奥列霞，弗里德里克很想撮合他们，但未获成功。普鲁沙克家除了在桑尼基有庄园外，在华沙还有一座宽敞的公寓。普鲁沙克夫人很喜欢戏剧，如同肖邦家的沙龙以音乐闻名于世，普鲁沙克家的沙龙则以戏剧扬名于华沙。普鲁沙克夫人经常组织业余戏剧演出，剧目多是波兰和法国的短喜剧，由两家的孩子和他们的同学扮演角色。由于弗里德里克具有模仿的才能，往往被分派担任主要角色，而他也乐此不疲，不过他仅把它当作一种娱乐而已。

在桑尼基，18 岁的弗里德里克尽情享受着假期的轻松和愉快。热情好客的女主人总会想出各种娱乐活动来，让大家过得高兴快活。生性好玩而又幽默风趣的弗里德里克更是无法置身事外，他和大家一起跳舞欢笑，唱歌弹琴。不过他也没有忘了他的本行：收集和聆听民歌民曲，创作他的乐曲。他在给提图斯的信中谈到："在桑尼基，我修改了那首四手联弹的《C 大调回旋曲》（如果你记得的话，那是最近的一首）。今天在布霍尔兹家里我与埃尔内曼一起试弹，效果相当不错。我们打算在雷苏尔斯演出此曲。至于我的新作，除了那首你走后不久才开始创作的尚未完成的《g 小调钢琴小提琴大提琴三重奏》外，就没有其他作品了。去桑尼基之前，在乐队的伴奏下，我演奏了第一乐章——快板，其他的等回来以后再试。我想，这首三重奏曲的命运和我的《奏鸣曲》《变奏曲》一样，它们都已寄到了莱比锡。第一首，正如你所知，是献给艾斯内尔的。其他两首（可能过于大胆）我想奉献到你的名下。"

信中所提的《C 大调回旋曲》，早在两年前便已动手创作，但肖邦写出初稿后一直不满意，此次在桑尼基重新修改为两架钢琴联弹的回旋曲。回到华沙后，曾和尤利安·丰塔那等人在布霍兹钢琴厂试奏过全曲，开始还相当满意，过后又觉得有所欠缺，故而一直没有公开演奏过，直到死后才发表（作品 73 号）。

同一封信中，肖邦还谈到由费利斯主编出版的巴黎《音乐评论报》邀请弗里德里克·肖邦担任该报的华沙通讯员，向他们提供有关波兰音乐的状况和波兰知名音乐家的生活情况，但被小肖邦谢绝了。"我将从柏林给他们回信，说明这件事不是我力所能及的，特别是在我们这里，库尔宾斯基已经在从事这方面的工作了。其实我还没有什么见解值得在巴黎报刊上发表。报刊应该刊登真理。无论是好的还是差的歌剧，我大多没有看过，若是写的话，准会大出洋相。"

柏林之行

刚满 18 岁的小肖邦是有自知之明的，他深知自己学识不够，见闻不广，

难于承担这样的通讯员任务。但这件事却触发了他想出国学习考察的愿望。他想到国外去接触更多的音乐，亲身感受外国音乐家的风采，广泛了解外国时行的音乐，以丰富自己的见闻和学识，扩大自己的视野。他深知音乐创作的源泉有二：一是国内的民歌民曲和音乐传统。通过多年的接触、聆听和收集，波兰的民族音乐已深深印入他的脑海中，嵌入到他的心灵深处，已成为他音乐创作的取之不尽的源泉。二是国外的音乐创作和演奏情况。尽管他的老师齐夫内已经让他认识了像巴赫、莫扎特、贝多芬这样一些伟大的音乐家，而乌尔费尔教授后来又让他接触了新的音乐流派，把他带进了浪漫主义音乐的殿堂。尽管华沙在当时已成为一座音乐名城，这里经常举行各种音乐会，上演欧洲流行的各种歌剧，经常会有一些外国的著名音乐家前来华沙举行音乐会或客串演出，但从整体来说，华沙仍不及巴黎、维也纳、柏林、罗马和伦敦这些城市。

　　对于儿子的这种想法，父亲尼古拉是深表赞同的。他也认为到国外去考察访问不仅能增长他的知识，丰富他的阅历，还能让他知道，虽然自己在华沙被人们捧为天才神童，但人外有人天外有天，不能骄傲自满故步自封，更不能自高自大不求上进，还需不断努力，才能有更大的进步。尼古拉正在为此积蓄一笔钱，打算亲自带他去维也纳。恰好此时，尼古拉的朋友，也是肖邦家沙龙的常客，费利克斯·雅洛茨基教授受德国著名科学家亚历山大·冯博特的邀请，要去参加在柏林举行的自然科学大会。雅洛茨基是华沙大学的动物学教授，曾著有多卷本的《动物学》（1821年起出版）。尼古拉听到他要去柏林开会，便想请他把儿子也带到柏林去，并通过他所认识的关系，让弗里德里克结识一些德国的音乐家，以增长他的见闻和学识。雅洛茨基一听便欣然同意，答应了尼古拉的请求。

　　9月9日离开华沙，经过五天的旅行，雅洛茨基和小肖邦到达了柏林。柏林当时是普鲁士的首都，也是欧洲音乐家云集的地方。雅洛茨基一到柏林，便带着弗里德里克先去拜访了大会秘书马丁·利赫腾斯特因教授，而雅洛茨基以前就是在他的指导下完成博士论文的。利赫腾斯特因教授是著名的科学家，也是柏林动物园的创办者，还是个热情的音乐爱好者，与许多著名音乐家都有交往。雅洛茨基把小肖邦介绍给他，他对这位波兰小音乐家特别热情，

第五章　大学生活

答应给他引见一些音乐家。

弗里德里克到达柏林后曾给家里写过三封信，信中详细谈到了他在柏林的见闻。他在9月16日的信中写道：

在这里我们生活得不错，很舒适。到达的第二天，雅洛茨基就带我去见利赫腾斯特因，在那儿我还见到了胡姆博尔特。利赫腾斯特因对我说，他将向我介绍艺术领域里第一流的大师，他为我们没有早一天到来而感到惋惜，因为那天早上，他女儿曾在音乐会上演出。我想这并不重要，我这样说对吗？至今我还没有见到过她，更没有听过她的演奏。星期天，也就是我们到达的那天，这里演出了温特的《中断的祭礼》，由于利赫腾斯特因的来访，我没能去看——昨天我因出席一些学者举行的午餐会，没有去听九岁的小提琴手比恩巴赫的演奏，他在此地已享有很高的声誉。今天我要去听斯蓬蒂尼（1794—1851，意大利作曲家，1820年起担任柏林的普鲁士宫廷音乐总监）的歌剧《费迪南·科尔泰斯》——据说那位声名显赫的小提琴家帕格尼尼会来这里，可能真有此事。本月20日，拉吉维乌有望到来，如果他能来，那真是太好了。

上午我更愿意呆在施莱辛格的书店里，而不乐意在动物所的十三个房间里转悠，尽管动物所很华丽，但施莱辛格的乐谱店对我更有吸引力。如果鱼与熊掌都能兼得，那就更好了，我是两者都想要的。今天上午我参观了两家钢琴厂，基思林位于腓特烈街的尽头，但没有一架制成的钢琴，让我白劳累了一番。幸亏这里的店主家里有架钢琴让我去弹，只要我去拜访我们的店主（其实是他的乐器），他就会整天对我称赞不已。……

我们住在柏林城市的这一边，环境并不是最美，但它的整齐清洁和物品的精致，一句话，其城市的外观，每一个角落，都令人惊羡不已，留下了深刻的印象。城市的另一边我还没有去过。今天去不成了，也许明天会去，后天会议就要开始了，利赫腾斯特因答应给我弄到一张入场证。就在那一天胡姆博尔特将举行招待会，宴请所有与会者。雅洛茨基想给我弄一张请帖，但是我请他别这样做，因为这对我并无多大作用。再说，其他外国客人也会对我这个圈外人的出现侧目而视。

73

在 9 月 20 日写给父母的信中，他再次谈到了他们在柏林的活动，特别是柏林歌剧院的演出使他大饱眼福：

我身体很好。自星期二以来每天都有新剧上演，好像是专为我演出似的。这还不算，我已经在音乐学院听了一部清唱剧奇马罗萨（1749—1801，意大利作曲家）的《秘婚记》，并十分满意地听了翁斯洛（1784—1858）的《货郎》。不过，亨德尔的清唱剧《卡西诺费斯特》更接近我想创作伟大音乐的理想。现在这里除了蒂巴尔迪小姐（女中音）和夏则尔小姐之外，就没有什么著名的女歌唱家了。夏则尔是一位 17 岁的年轻女歌唱演员，我先是在音乐学院大厅听过她的演唱，后来又在剧院听她唱《货郎》，我更喜欢她唱的清唱剧，也许我当时听音乐的兴趣要更高。然而即使在清唱剧中也不是没有"但是"的，也许到了巴黎就会没有了。从这个时候起，我没有去过利赫腾斯特因那里，因为他要组织会议，忙得不可开交，连跟雅洛茨基也很难说上几句话。尽管如此，他还是给我搞到了一张入场证。位置很好，能看到和听到所有的一切，甚至还能清晰地看到皇太子。我也看到了斯蓬蒂尼、策特尔、门德尔松，但没有和他们之中的任何人说过话，因为我没有胆量上前去作自我介绍。听说拉吉维乌今天要来，早饭后我会去打听的。我在音乐学院大厅看到了列格尼茨卡公主。我看到有一位穿官服的人在和她谈话，我便问邻座的人，那个人是不是皇帝的侍从，他回答道："什么？那是胡姆博尔特先生。"尽管他那平凡的面貌早已深深印在我的脑海里，但他穿上官服我便认不出来了。昨天他也在看《货郎》——他是坐在卡尔亲王的包厢里。

前天我去参观了图书馆，图书馆真大，但音乐书籍却很少。在那里我看到了科希秋什科的一封亲笔信，被我们这位英雄的传记作者法尔肯斯特因一笔一画地照抄了下来。他见我们是波兰人，能流利地读出他艰难地描绘出来的这封信，便请雅洛茨基把内容翻译成德文，他边听边记在小本子上。他还是个相当年轻的人，但已是德累斯顿图书馆的秘书了。我还在那里见到了柏林音乐报的编辑，并和他谈了几句话。

"明天将上演《自由射手》……这正是我想要看的，我可以将我们的

第五章 大学生活

歌唱家和他们的作一番比较。今天我收到了到练习厅去赴午宴的请柬。"

而在 9 月 27 日的第三封信中他是这样写的：

> 我很健康。所有想看的都看到了，我就要回到你们的身边了。星期一，也就是后天起，再过一星期，我们就能拥抱在一起了。这个假期对我说来真是不错。除了逛剧院，什么都不做。昨天的歌剧《中断的祭礼》，里面有不止一个变音阶是由沙特尔小姐发出的，它把我带到了你们的怀中。从而让我想起了一幅柏林的漫画，画的是一个拿破仑的士兵手持骑枪在站岗，他大声问道：来人是谁？前来的胖女人答道：是母牛。其实她是想说"洗衣女人"。……
>
> 在我这次旅程里，其他较为重要的事件要算自然科学家们的第二次午餐会了。那是在星期二，也就是大家分别的前一天。宴会上还有美妙的音乐来助兴，凡是在座的人都唱起了歌，每一个坐在桌旁的人都一边喝酒一边跟着音乐碰杯。策尔特尔在指挥，在他身旁的深红基座上摆放着一只镀金的酒杯，那是最高音乐地位的象征。我们吃得比平时都多，其原因是：这些自然科学家们，尤其是动物学家们，其主要精力都在从事改善肉类、调料和汤汁等等上，所以在这几天会议期间，他们使得伙食有了很大的改进。在国王剧院还上演了一出讽刺这些科学家们的这种举动的喜剧（我没有去看过，但听人说过）。他们都喝着啤酒，其中一人问另一个人："为什么柏林的啤酒现在这么好喝？"那人回答说："啊，那是因为自然科学家们都来到了这里。"
>
> 睡觉的时间到了，明天一早就得赶往驿站。我们将在波兹南停留两天，因为伏利茨基主教已经邀请我们去吃午饭，详细情况等见面后再谈。

两个星期在柏林的学习访问，对于初次出国的小肖邦说来，的确是收获不小，这让他大开了眼界。正如他在给父母的信中所说，要看的都看到了。单就歌剧来说，他就看了好多部，还听了多名音乐家的演奏。尽管他对科学家会议不感兴趣，但跟着雅洛茨基教授参加各种活动，见到了当时世界上许

多著名的科学家，增加了他的不少见识，丰富了他的人生阅历。他还参观了柏林的城市风貌，柏林的整齐清洁给他留下了深刻的印象。同时他还参观了施莱辛格的音乐书店，了解了当时的出版情况。他还应邀到两家钢琴厂去考察访问。这次柏林之行可以说是成果丰硕，但也有其遗憾之处，那就是和德国的音乐家们没有进行单独的交流。由于利赫腾斯特因忙于会务，无暇实现他对肖邦许下的介绍认识音乐家的诺言。而另一位能帮上忙的拉吉维乌公爵也未能来到柏林。于是小肖邦便带着这一遗憾离开了柏林。

在返回波兰的途中，驿车到达齐利霍夫站时，驿站长说现在没有马换，要等一个多小时才会有马。他邀请旅客们进驿站大厅休息。小肖邦一见厅里有架钢琴，便立即走上前去，用手弹了几下，喜爱音乐的驿站长一听声音便知肖邦是个行家，他一再请弗里德里克弹几首乐曲给他们听听。他对小肖邦说道："先生，请您弹弹吧，反正现在没有马换，与其枯燥乏味地等待，还不如在音乐中度过。"

于是肖邦坐了下来，先弹了几首玛祖卡舞曲，一听到音乐，站长夫人和女儿都来到了厅里，静静地听着，人们都沉醉在音乐中。小肖邦一口气弹了半个多小时，仍意犹未尽，他又弹了两首曲子。站长夫人端来咖啡和自制的甜点来招待他们。喝完咖啡后，马还未换好，肖邦又即兴演奏了十来分钟。驿车终于换好了马匹，驿站长一家依依不舍地和小肖邦告别，驿站长还动情地对小肖邦说："能在家里听到这样美妙的音乐，我也不枉活在人世了。"他的女儿还装了一袋自制的点心送给小肖邦路上吃。

到了波兹南之后，头一天应伏利茨基主教之邀共进午餐。伏利茨基是斯卡尔贝克家的亲戚，这位老人对小肖邦垂爱有加，处处表现出对他的爱护和关怀。听了小肖邦关于柏林之行的讲述后，老人对他更是称赞不已。第二天，弗里德里克和雅洛茨基教授一起拜访了波兹南总督拉吉维乌公爵。小肖邦早就认识这位公爵，而且深得公爵的喜爱，但到公爵的府邸做客还是第一次。这位酷爱音乐的政治家自然少不了音乐，而小肖邦也像到了家似的，不像在柏林时那样拘谨。午宴过后，便是家庭音乐会。先由弗里德里克演奏了海顿、贝多芬和胡梅尔的乐曲，接着是他和公爵的钢琴与大提琴的二重奏。他们事先虽然没有排练过，不过他们都是此中的高手，演奏起来得心应手，可谓是珠联璧合，一曲终了，博得热烈的掌声。兴致很高的公爵又和小肖邦合奏了一曲，此后便由小肖邦演奏自己创作的乐曲和即兴演奏。

10月6日弗里德里克经过长途跋涉，终于回到了父母和姐妹们的身边。多日的出国使他备感家里的亲切和温暖，而他也兴致勃勃地向他们讲述了他在柏林的种种见闻，他那绘声绘色的讲述，常常令家里的人不是捧腹大笑，就是啧啧称奇。

创作实习的成果

从柏林回来后，肖邦便投入了音乐学院最后一年的学习。按照教学计划，这一年是进行作曲的教育和实践。艾斯内尔要求学生写出宗教乐、管弦乐和室内乐的乐曲。对于老师的要求，弗里德里克往往采取应付的态度，而艾斯内尔也深知这位学生的秉性，常常会以宽容为怀，并不强求他一致。艾斯内尔的这种宽容也常常引起其他教授的非议，认为他是在误导学生的方向。不过在当时的大学里，主导老师有很大的权力，学生的一切都是他说了算。当然弗里德里克有时也不能不按照老师的要求，写出一些作为练习的乐曲来，幸好这些练习的乐曲并没有保存下来。然而这种教学练习却激发了他的更大的创作欲望，而柏林之行的所见所闻也让他产生了许多联想，使他心中的激情非爆发出来不可，于是他在短短的几个月内，连续创造出《降B大调波兰主题幻想曲》（作品第13号），《克拉科维亚克回旋曲》和《g小调钢琴、小提琴、大提琴三重奏曲》等作品。

采用浪漫主义规则创作出民族音乐，已成了小肖邦的明确目标和理想。如果说，肖邦早期的创作在使用民族题材和主题方面还是一种不自觉的行为的话，那么从他进入大学之后，这种意识便渐渐明确起来，创造出民族乐曲便成了他自觉的行动、理想和目标。前面已说过，浪漫主义潮流在波兰的兴起，是在19世纪20年代，而当时的华沙正是浪漫主义和伪古典主义斗争的中心。肖邦在华沙大学听的是布罗津斯基的文学课，虽然布罗津斯基在这场斗争中采取的是折中立场，但他提出的民族性和人民性则与浪漫派相一致。

与此同时，小肖邦在大学里还结交了一批年轻的文学家和艺术家，他们比布罗津斯基更激进。他们不仅在艺术上反对古典主义的一切清规戒律，打破所有束缚自由思想和艺术创作的条条框框，强调文学艺术的民族特点，提倡文学艺术的丰富想象力和创新方法，而且还主张把文学艺术与民族解放、民族复兴运动相结合。他们还提出作家应是民族革命的鼓动者，人民大众的精神领袖。他们都非常推崇密茨凯维奇，把他看作是波兰浪漫派的领袖和自己学习的榜样。在这批年轻的浪漫派中，以莫里斯·莫赫纳茨基（1803—1834）最具代表性。他既是位政治社会活动家，又是位多才多艺的文艺评论家，还弹得一手好钢琴，而且还是波兰第一位音乐评论家。他也是华沙中学的学生，1821年入华沙大学法律系学习，一年后因参加爱国活动而遭校方除名，1823年曾被捕入狱8个月。出狱后积极从事政论和文艺评论的工作。随后发表了大量的文章，涉及波兰的文学、哲学、艺术和政治社会问题，被公认为华沙浪漫派的领袖。肖邦和莫赫纳茨基相差六七岁，由于都是华沙中学的校友，进入大学后在肖邦的朋友中，有不少是华沙浪漫派的积极分子，如提图斯·沃伊捷霍夫斯基。这些浪漫派经常在华沙的一家咖啡馆集会。肖邦也常常和朋友一起参加这样的集会，因而认识了莫赫纳茨基。参加这种集会的还有诗人戈什钦斯基（1801—1876）、维特维茨基（1801—1847）和查列斯基（1802—1886）等人。肖邦常与他们为伍，耳濡目染，相互讨论，相互切磋，加深了他对浪漫派文艺观点的了解和认识，增强了他对浪漫主义和爱国主义的信念。因此，我们可以看出，在肖邦嗣后创作的乐曲中，民族性和爱国情感都有了更深刻的反映，而且开始创作出更为复杂的、多种乐器合奏的作品。

《克拉科维亚克回旋曲》创作于1828年12月，副标题为"大音乐会回旋曲"。肖邦在创作这首乐曲时充分采用了克拉科夫舞曲的旋律，因而更具民族特点和地方色彩。虽然肖邦在创作此曲时尚未到过克拉科夫地区，但克拉科夫曾是波兰的古都，而且克拉科维亚克舞也像玛祖卡舞和奥别列克舞一样，为全波兰人所喜爱、所熟悉、所爱唱爱跳的一种民间歌舞，因此肖邦对这种舞曲也是很熟悉的，这是他第一次采用这种舞曲来进行创作。不过在这首乐曲中，也不乏他熟悉的马佐夫舍和库雅维地区的旋律，特别是它的引子，连作者本人都极为欣赏，他在给提图斯的信（1828年12月7日）中写道：

"《克拉科维亚克回旋曲》的总谱已写完,其引子非常独特,比我身上穿的呢外衣还要美。"应该指出的是,当肖邦于 1929 年秋前往维也纳经过克拉科夫时,曾在克拉科夫停留过一个星期,对当地原始的克拉科维亚克舞曲有了更深的了解和感受,曾对这首回旋曲作过某些修改,使其更具克拉科维亚克舞曲的特色。

《波兰主题幻想曲》(作品第 13 号)是根据波兰民族歌曲而创作的一首钢琴与乐队合奏的乐曲。在创作这首乐曲时,肖邦采用了三首波兰歌曲的曲调和旋律。一首是《月亮已消失》,这是 18 世纪波兰著名田园诗人卡尔宾斯基的组诗《劳拉和费朗》中的一首歌。第二首是库尔宾斯基的歌剧中的克拉科维亚克歌曲。第三首是《从托伦来的雅肖》,它是流行于库雅维地区的一首民歌。肖邦在这首乐曲中采用这三种曲调作为乐曲的主题,而由乐队奏出其变奏。像《克拉科维亚克回旋曲》一样,其引子也非常优美。

完成于 1829 年初的《钢琴小提琴大提琴三重奏》(作品第 8 号)是题赠给安托尼·拉吉维乌公爵的。肖邦从柏林回华沙途经波兹南时曾受邀到公爵家做客,曾和公爵一起演奏,当时肖邦弹钢琴,公爵拉大提琴,两人配合得珠联璧合,一下子弹了两三曲,还意犹未尽。回到华沙后,他就想写一首重奏曲来记念他们的这次相聚和共同演奏,于是他在很短的时间内就写出了这首优美的三重奏。它比以往作品更简洁严谨,更富于浪漫激情,也更具表现力,是肖邦室内乐的杰作之一。尽管作者在驾驭其他乐器方面尚欠火候,但已显示出他在这方面的杰出才华。

尼古拉一世和帕格尼尼

1829 年的春天,对于波兰人来说既是个不祥的春天,也是个欢快的春天。之所以是不祥,那是指政治局势而言。5 月,俄国沙皇尼古拉一世来到华沙并加冕为波兰国王。这位在俄国刚刚登基之后就残酷镇压了十二月党人起义的暴君,在巩固了其在俄国的统治地位之后,便加强了对波兰的控制,原来给予波兰的一点点自治权利,都被他一一取消了,致使波兰王国空有其名,一

切军政大权均掌握在康斯坦丁亲王和诺沃西尔佐夫宪警头目的手中。对于波兰人民的任何不满和反抗，沙俄当局都加以无情地镇压。然而不甘心做亡国奴的波兰人纷纷起来进行爱国斗争，以各种名义各种口号组成各种爱国社团，进行秘密或公开的斗争。

尼古拉一世的波兰国王加冕典礼是在1829年5月中旬举行的。为了炫耀尼古拉沙皇的威势，举行了一系列的庆祝活动，邀请了许多外国的政界人士和著名的艺术家，其中就有当时非常走红的小提琴家帕格尼尼，可谓盛况空前。然而普通波兰人对这种炫耀的典礼却淡然置之，他们深知，加在他们头上的紧箍咒会越来越紧，因而在这种冷淡中蕴含着深沉的不满和愤恨，正如波兰伟大诗人密兹凯维奇在《先人祭》第三部中所写："我们的民族像座火山，表面上又冷又硬又干枯又卑贱，但是它蕴藏的火焰能燃烧千百年。"应该承认，波兰这座火山是活火山，它蕴藏的火焰随时会爆发出来，向外国侵略者喷发出熊熊的烈焰。不久之后，波兰"火山"就来了一次大爆发。

沙皇加冕典礼结束后，照例要举行一场大音乐会，这次也不例外。音乐会也把艾斯内尔卷了进去，作为当时波兰著名作曲家的艾斯内尔和库尔宾斯基，也不得不创造出应景的乐曲以示祝贺。音乐会于5月24日晚上在王宫大厅举行，由库尔宾斯基担任总监和指挥。音乐会上演出了交响曲、合唱和独唱，还有两位顶级小提琴家卡罗尔·利宾斯基和尼科罗·帕格尼尼参加了演出。

卡罗尔·利宾斯基（1790—1861）是地地道道的波兰小提琴作曲家和演奏家，他虽比帕格尼尼小八岁，但此时已成了和帕格尼尼齐名的小提琴演奏家和作曲家。1818年这两位顶尖的小提琴家曾在皮亚钦察的竞赛中争夺第一的位置，但未分出高下，大家公认他们是同一水平的演奏家。利宾斯基的演奏技巧非常娴熟和高超，但较为严谨，属于古典保守一派。帕格尼尼则激情四射，技术精湛，他拉起琴来热情奔放，如醉如痴，有如魔鬼附身。他的演奏既令无数观众倾倒，也遭到古典派的指责。帕格尼尼此次来到华沙，除了在庆典音乐会上演出外，还在华沙演出了十场独奏音乐会，引起巨大轰动。同时也在波兰音乐界激起了剧烈的争论，争论可以说是仁者见仁智者见智，意见针锋相对，褒贬各自不同。整体说来，浪漫派是称赞有余，而古典派则大加挞伐。争论除涉及演奏技巧和演奏风格外，也论及到孰优孰劣的问题，是利宾斯基技高一筹，还是帕格尼尼独占鳌头？这场争论持续了一个多月。华沙的许多报刊都发表过评论文章。肖邦的朋友，年轻的评论家莫赫纳茨基于6月9日在《波兰报》上发表了题为《帕格尼尼》的长文，他以严肃认真的态度，对两位大师进行了实事求是、不带偏见的评价。指出他们在表现精神感受方面都是一致的肯定，只是他们表现的"诗学美"不同。照他看来，帕格尼尼代表着一种个性化的诗意，富于抒情和幻想，又带有幽默感。而利宾斯基所代表的是一种客观的鲜明的严谨的风格。

肖邦在这段期间显得异常的活跃，他也和华沙大学的大多数学生一样对沙皇的加冕典礼异常冷淡，而且在和同学的集会时也会流露出愤懑的心声。与沙皇加冕的欢乐场面相对应的是波兰人民对沙俄统治的不满，典礼不仅没有受到波兰人的热烈欢迎，反而激起了他们的爱国心。

与对待典礼的态度相反，小肖邦对于音乐会则表现出了浓厚的兴趣，尤其是帕格尼尼的演奏会，他每场必到。在艾斯内尔为欢迎这位音乐家而举行的招待会上，作为艾斯内尔的学生，肖邦也参与了招待。因而肖邦不仅聆听到了帕格尼尼的演奏，还当面接受了他的指教和鼓励。作为一位19岁的年轻学生，对知识如饥似渴，是不会放过任何一次学习机会的。这一次也他不像上一次在柏林时那样胆小，没有人引见就不敢上前去作自我介绍。现在有了上一次的经验，而且又是在华沙，自己还是半个主人，因此胆子也就更大了。况且艾斯内尔也决不会放过推荐自己得意门生的机会，通过求教和提问，小肖邦从帕格尼尼那里得到了许多教诲和启示。

帕格尼尼既是位出类拔萃的小提琴演奏家，又是位杰出的单一的小提琴作曲家。无论是他的演奏，还是他的作曲，都给肖邦留下了震撼心灵的印象。于是他在心情激动时写出了《帕格尼尼》这首短曲，以表示他对这位大师的崇敬之情。这首乐曲生前未曾发表，手稿由他的朋友保存着，直到他死后数年才发表。帕格尼尼的成就和声望也给肖邦树立了榜样，同时还给了他多方面的启示。在音乐会上，帕格尼尼的演奏是那么神奇，那么独出心裁，那么的快捷，同时又是那么的完美，仿佛不是人的手指所能完成似的。肖邦在震撼之余也在思考，既然帕格尼尼能在小提琴演奏方面达到如此的出神入化，

难道我就不能在钢琴演奏方面达到他的境界,成为一位独树一帜的钢琴家。帕格尼尼的演奏也使他大开了眼界,让他认识到艺术无止境的道理。在这之前他还有些自满,觉得自己的演奏在华沙已无人匹敌,可以松一口气了。如今看到帕格尼尼的演奏,他深感自己的差距不小,于是他下定决心,要在演奏技巧上精益求精,即使自己不能达到他那样快捷,也要在演奏风格上能与他比美,成为开创一代新风的演奏家。

　　帕格尼尼在华沙举行的十次音乐会上,所演奏的乐曲,大都是他自己创作的作品。他的作曲和他的演奏一样,引起极大反响。他的24首《随想曲》是小提琴乐曲中的珍品,每一首都洋溢着沸腾的激情,充满了丰富的情感和表现力,而且其旋律之优美,演奏技巧之难度,实为音乐界之所仅见。这24首乐曲是他必演的曲目,(当然每次只演奏其中的几首)他的《女巫舞曲》取材于古代的神奇故事。他的保存下来的6首协奏曲都是富于独创性的佳作。不少作曲家,如李斯特,都曾从他的乐曲中汲取灵感,或者采用其部分旋律,创作出了自己的钢琴变奏曲。帕格尼尼是靠小提琴单一乐种的作曲而名扬天下的,他的这种创作道路也坚定了肖邦只创作钢琴曲的决心,他认为单凭钢琴曲这一种乐曲,他也能像帕格尼尼那样名扬天下、流传百世的。后来他没有按照老师和朋友们的意愿去创作歌剧和交响曲这样的大型作品,固然是因为他对钢琴的情有独钟,但也不能否认帕格尼尼对他的一定影响。从帕格尼尼的事例中,他也感到浪漫主义音乐前途无量,完全可以不依照古典主义的规则就能创造出更富于魅力的音乐来。不过,肖邦也有和帕格尼尼不一样的地方,他的乐曲不以奇特怪异出名,而是以民族旋律民族风格著称。他的乐曲是深深植根于波兰的沃土中,是以波兰的民间歌舞为基石,以波兰人民的生活和斗争为基调,而让自己的乐曲成为民族精神、民族灵魂的反映,从而也使自己成为波兰民族乐派的开拓者和一代宗师。

梦想的破灭

　　时光一转眼便到了1829年的初夏,小肖邦就要从音乐学院毕业了。未来如何发展，是继续深造，还是就此走向社会，便提到了弗里德里克的面前。作为父亲，尼古拉也在想方设法为儿子找出路。他深知，如果儿子要在艺术道路上继续前进，就得走出华沙，到国外去进修，就得到西欧国家，特别是到奥国法国去谋发展。弗里得里克自己也深切地感受到，如果要在艺术上有所成就，要得到外国音乐界的承认，就必须到维也纳、巴黎、意大利去进修、观摩、演出，就像他的前辈同胞女钢琴家希曼诺夫斯卡和小提琴家利宾斯基那样。他们都是先在国外确立了自己的地位和名声的，都是在国外结交了一批音乐家。这些音乐家在一起相互交流，相互切磋，更重要的是相互了解，相互提携，相互承认，从而确立他们在欧洲音乐界的地位和声望。因此到国外去进修和发展，便成了弗里德里克毕业后的最大梦想。尼古拉打听到行政委员会能给青年学子提供到国外去进修的奖学金，于是他在1829年4月便向教育部长斯·格拉博夫斯基呈交了一份申请书，请求他转呈行政委员会，给他儿子提供一份留学维也纳的奖学金，就像他们提供给弗里德里克的同学托马什·尼德茨基的一样。申请书是这样写的：

尊敬的部长阁下：

敝人在华沙中学任教已有20年，自信尽诚竭力，忠于职守。因此我卑顺地向部长阁下呈上我的申请，请求政府资助。如蒙恩准，我会把它看成是对我的最高奖赏。

我有一子，天赐禀赋，一直在学习音乐。至尊的沙皇和国王亚历山大曾亲授他珍贵的戒指，陛下以此来表示他对演奏的满意。沙皇陛下的代表，最高指挥官也多次给予其成长才能的证明。而众多的音乐界名人和专家都一致认为，我的儿子在其所选择的职业中能成为国家的有用之人，只要让其完成必要的学习。

他已完成所有前期的学习，对此音乐学院院长艾斯内尔教授可资证明。现在他所需要的就是访问外国，特别是德国、意大利和法国，以便在好的榜样中得到完美的教育。

为了能进行三年的这种学习旅行，必须有财政资助，可是单靠我微薄的月薪是无法筹集的。为此我恳请部长先生向行政委员会提出，能从

国家基金中提供一笔奖学金供我儿子出国学习之用。

向部长先生致以深深的敬意。

最卑微的仆人

尼古拉·肖邦　华沙中学教授

教育部长格拉博夫斯基接到申请书后，便立即转呈给行政委员会，并提出"给这位有着最美好希望的青年"以每年5000兹罗提的奖学金。然而按照当时的条令，这项申请还需得到内政和警察部长塔杜施·莫斯托夫斯基的批准。可是这位大权在握的部长却批示"不能把公共基金去鼓励这类的艺术家"，要求"给予申请者以拒绝的答复"。令人不解的是，莫斯托夫斯基这位伯爵对于小肖邦并不是不了解，而且可以说是肖邦才华的见证人。因为打从小肖邦开始在华沙受到贵绅家庭邀请演奏的时候起，莫斯托夫斯基的夫人便常常把小弗里秋请到家里来演奏，而他的演奏也成了伯爵家炫耀的节目。对于小肖邦的才华和在华沙的名声，莫斯托夫斯基是一清二楚的，然而此时却做出了不能给"这类艺术家"的批示。从这种轻蔑的口气可以看出，这位部长是多么的无知，又带有多么深的偏见。应该承认，华沙音乐界人士公认弗里德里克是位才华出众的音乐天才，具有无限的美好前途，但也有一些豪绅官吏对于小肖邦的音乐天才并没有给予应有的重视，他们只把他看成是一个技术娴熟的钢琴演奏者，而且只会一种乐器，只会在贵族沙龙中演出，迄今为止还没有在大庭广众中演出过。因此，这位部长便作出了这种短视的批示。两个月后，尼古拉接到了政府的正式通知，这一拒绝既表明波兰官僚们对音乐天才缺乏认识和他们固有的偏见，同时也是对肖邦家的沉重打击。因为尼古拉·肖邦作为一个中学教师收入并不富裕，同时他的额外收入又大大减少了，因此尼古拉对奖学金抱有很大的期望。况且，在这之前，弗里德里克的同学尼德茨基就曾获得过政府奖学金而到维也纳进修去了。论才华，论声望，这位同学都不及小肖邦，如今小肖邦却遭到拒绝，尼古拉父子深感命运之不公。不过这种拒绝也使他们坚定了信念，一切还得靠自己。接到通知后，尼古拉要把儿子送到国外去的愿望并未改变，哪怕是让儿子到维也纳去进行短暂的访问也是好的，于是他开始想方设法去筹集经费。

时光飞逝，三年的大学学习已告结束。弗里德里克获得了毕业证书。也得到了老师的高度评价，"弗里德里克·肖邦，特殊的才华，音乐天才"，等等的评语，由艾斯内尔教授写入了他给教育部的报告中。而毕业证书的获得，标志着弗里德里克已是个成年人了，他将要走向新的生活，进入复杂的社会，去开辟前进的道路，以达到更高的音乐境界。

第六章

**走向成熟，
走向世界**

第一次维也纳之行

尽管尼古拉没有为儿子争取到留学的奖学金，但他为了儿子的前途着想，还是节衣缩食，筹集到一笔路费，好让儿子到维也纳去见见世面，扩大自己的见识和声望。尽管弗里德里克在华沙已被公认为难得的音乐天才，是第一流的钢琴演奏家，但他在国外却还是个无名小辈。他的才华尚未被西欧音乐界所了解、所赏识。而当时的维也纳可谓是欧洲音乐艺术的中心，这里不久前还生活着三大音乐家：海顿、莫扎特、贝多芬。此地的音乐气氛非常浓厚，反映出她的优秀的音乐传统。维也纳也是初出茅庐的年轻艺术家响往的地方，弗里德里克早就对她心仪已久，渴望能到那里去学习、考察和访问。

正好此时有几位尼古拉认识的熟人要到维也纳去，其中有华沙大学法律系罗·胡贝教授和华沙中学的古希腊拉丁语教师伊·马切约夫斯基。尼古拉便请他们带他儿子一道去维也纳，有他们的照应尼古拉夫妇要放心一些。

作为父母，尼古拉和尤斯丁娜也希望儿子到了维也纳后，不单是学习访问，还应举行音乐会，以展示自己的才华，让世界了解自己。他的教父斯卡尔贝克也认为，举行演奏会乃是天经地义的事情，竭力表示赞同。可是弗里德里克自己却犹豫不决，一年前，他把自己的《莫扎特主题变奏曲》和奏鸣曲寄给了维也纳出版商哈斯林格，至今毫无消息，说明他的作品没有得到承认。他担心如果举行演奏会，一旦失败，这对他作为演奏家说来，那将是一个沉重的打击。况且能在维也纳举行音乐会的大多已是出名的音乐家，而且听众的欣赏水平很高，要求自会不同。在这之前，弗里德里克大多是在沙龙里演奏，没有在大庭广众中单独演出过，不免有所担心。为了拓展交游的范围，小肖邦从恩师艾斯内尔那里得到几封推荐信后，便于7月21日离开华沙上路了。

旅程的第一站是克拉科夫，他们在此停留了一个星期。克拉科夫是波兰的古都，当时为自由城市，受俄普奥三国共管。弗里德里克在创作《克拉科维亚克回旋曲》时，并没有到过克拉科夫一带，也没有对这种舞曲进行过实地考察和收集,他接触过的都是经过加工或改编过的这种舞曲,对真正流传于乡村的原始舞曲并不了解。这次途经克拉科夫,给了他接触原始舞曲的机会。在克拉科夫,肖邦一行参观了城市的古老建筑物——瓦维尔王宫,马利亚教堂,雅盖沃图书馆。"克拉科夫如此吸引人,使我只有很少时间想到家里和你"(致沃伊捷霍夫斯基的信)。他们还参观了波兰最神奇的水晶宫殿——维利茨卡盐矿井和奥伊楚夫城堡遗址,14世纪时,波兰国王符·沃凯特克曾在敌人进攻时躲藏在这座城堡里。小肖邦还仔细参观了艾斯内尔的歌剧《沃凯特克国王》和库尔宾斯基的芭蕾舞剧《奥伊楚夫的婚礼》所描写的地方。在去奥伊楚夫的路上还发生了一件事,肖邦在给父母的信中这样写道:"在开始描述维也纳之前,我必须告诉你们在奥伊楚夫发生的事情。星期天午餐后,我们花了四个金币向农民雇了一辆四匹马拉的克拉科夫型马车,我们坐得很舒服。当我们驶出了克拉科夫城和美丽的城郊之后,我们就告诉车夫直驶奥伊楚夫,我们想英迪克就住在那里。他是个农民,一般说来,人们都是在他家里住宿的。坦斯卡小姐(波兰女作家——笔者)也在他那里住过。不幸的是,英迪克住所离奥伊楚夫有一里路远,而我们的车夫又不认得路,他把车赶到了普朗德尼河。这是条小河,确切地说是一条清澈见底的溪流,而且还无路可走,左右两边都是岩石。那时已是晚上9点钟,我们四处徘徊不知怎么办好,恰好遇上了两个陌生人,他们可怜我们,愿意带我们到英迪克处。我们不得不脚涉露水,在山岩和乱石中间穿行,还需要踩着河中的圆木才能过去,而且是在黑暗中摸索前进,足足步行了半里路。我们几经艰难跌跌撞撞,满腹怨言,才终于到达英迪克家。他没有想到,这么晚了还有客人来。他把在岩石脚下特意为游客修建的房子中的一间给了我们——就是坦斯卡以前曾住过的那间。好心的英迪克夫人为我们点起了壁炉,我的伙伴们便脱下衣服来烘干,只有我一个人坐在角落里,裤子湿到膝盖上,我拿不定主意,是脱下来烘干,还是任由它去。直到我看见英迪克夫人走向邻近的橱柜去拿被褥,我灵机一动,便跟了过去,看见那里有不少羊毛帽子。这种帽子是双重的,很像睡帽。我绝望之余用一个兹罗提买了一顶,把它撕成了两半,我脱下靴子,用它来裹住脚,还用绳子绑得好好的,这样我就不会受寒感冒了。我走近壁炉,先喝了一杯葡萄酒,还和同伴们说笑了一番。这时英迪克夫人

已在地板上给我们铺好了床，我们睡得非常好。"弗里秋还告诉父母："为了奥伊楚夫如此美丽的景色，湿了裤子也值得。"

在克拉科夫停留的一个星期里，小肖邦亲自接触到了当地的风土人情，对民间歌舞也有了感性的了解，于是他再次修改了他的《克拉科维亚克回旋曲》，使其更加完美，更富于民间特色。

离开克拉科夫后，肖邦一行于7月31日到达维也纳。一到维也纳，弗里德里克便去拜访他的老师乌尔费尔和同学尼德茨基。乌尔费尔原是华沙音乐学院的钢琴教授，齐夫内之后一直在教弗里德里克的钢琴和管风琴。后来他离开了华沙来到维也纳，如今已是皇家剧院的第二指挥。尼德茨基同是艾斯内尔的学生，一年前得到政府助学金，来到维也纳进修的。随后肖邦参观了城市，"我很喜欢维也纳，这里有很多波兰人"。有关弗里德里克在维也纳的活动，我们从他写给父母的信中就能了解很清楚。在8月8日的信中他这样写道：

> 我身体很好，心情愉快。我知道德国人为何对我感到惊异，但令我感到惊讶的是，德国人竟然也会有令他们感到惊异的事物。由于艾斯内尔的推荐信，哈斯林格不知道该如何接待我好，只好叫儿子弹琴给我听，并把他认为音乐方面最有趣的东西都拿给我看，还为他妻子不在家，不能向我介绍而致歉。首要的是他还没有出版我的作品，我也没有问及此事。不过他在展示其最优美的出版物时宣称，一个星期后我的《变奏曲》将由"奥德温"出版。这真是出乎我的意料。他鼓动我公开演出。这里的人都说，如果我不公开演出就离开此地，这对维也纳说来是一大损失。这一切对我说来是难于理解的事。我也给舒潘齐赫去了信，他对我说，虽然他不打算在冬季再举行四重奏音乐会，但他愿意在我逗留维也纳期间特意为我组织一场这样的音乐会。
>
> 我已去拜访过胡萨热夫斯基一次，这位老人盛赞我的演奏，还请我去吃午饭。午宴上有不少维也纳人，好像是商量好了似的，他们一致要求我公演。斯特因想立即把他制作的一架钢琴送到我的住处。如果我举行公演的话，他就把钢琴送到音乐会上去。而比他更好的钢琴生产商格

第六章 走向成熟,走向世界

拉夫,也对我作了同样的许诺。乌尔费尔坚持说,假如我想拿出新的东西一鸣惊人,就得公开演出。我在哈斯林格那里认识的当地的办报人布拉海特卡先生也劝我演出。他们都非常喜欢我的《变奏曲》。

我在那里还认识了加伦贝格伯爵,他掌管着一家剧院,我在这家剧院已听过几次蹩脚的音乐会。哈斯林格一再说,要想让维也纳听众了解我的作品,就得举行音乐会,报纸会立即发表赞扬的文章,这一点大家都向我担保。总而言之,凡是听过我弹奏的人都劝我演出。乌尔费尔还进一步指出,既然我来到了维也纳,而且我的作品又即将出版,我就一定要演出。否则,我以后还得专程再来此地一次。他还向我保证,现在是最合适的时机,因为维也纳人正渴望听到新的音乐,一个年轻的艺术家决不能放弃这样的良机。如果我只是作为一个演奏家来演出,便不会受到重视,但是我演奏的是自己的作品,就可以放心大胆去演出等等。他要我先弹奏《变奏曲》,然后,为了以新颖吸引人,再演奏《克拉科维亚克回旋曲》,最后是即兴演奏。结果会是如何,我现在还不知道。

斯特因对我很客气很友好,不过我不想用他的钢琴来演奏。我宁愿用格拉夫的钢琴,哈斯林格、布拉海特卡和乌尔费尔也表示同意。今天我将做出决定。

无论我到那里,人们总是喋喋不休地劝我演出。我已经认识了不少音乐界人士,但还没有认识车尔尼,不过哈斯林格已答应给我介绍。我已经看了三部歌剧:《白衣女人》、《灰姑娘》和迈耶贝尔的《十字军骑士》,乐队和合唱都非常出色。今天去看《约瑟夫在埃及》。

我在音乐学院听了迈斯德尔的两次独奏。城市很美,我很喜欢,人们劝我在此过冬。乌尔费尔正好来了,我要和他一起去见哈斯林格。

又及我决定演出,布拉海特卡说,我一定会引起轰动的。因为我是一流的演奏家,还说应把我归入到莫谢莱斯、黑尔茨和卡尔克布雷纳一类艺术家中。乌尔费尔今天把我介绍给加伦贝格伯爵和乐队队长赛弗利耶德以及他所遇到的每一个人,他是把我当作经他劝说才去举行音乐会的青年来介绍的。音乐会是不取任何报酬的,这当然会令加伦贝格伯爵感到高兴,因为这涉及他的钱包。记者们睁大眼睛望着我,乐队的队员

们都向我深深鞠躬,因为前意大利歌剧院(现已解散)的院长挽着我的手一起行走。乌尔费尔给我办好了一切,他亲自来看排练,并为我的初次演出竭尽全力。他在华沙时就对我很好,一谈起艾斯内尔他就推崇备至。

当我在华沙时,凯斯勒尔、埃尔内曼和查佩克还能在这里站住脚跟,对此人们都感到惊讶。我向他们解释说,我是出于对音乐的热爱才演奏的,我并不教课。我已选定格拉夫的钢琴为演奏乐器,我只担心这会引起斯特因的不满,但我会对他的好意深表感谢。我想上帝会帮助我的,请放心。

音乐会于8月11日举行。由乌尔费尔担任管弦乐队指挥。演出节目原定是贝多芬的《序曲》,接着是肖邦的《莫扎特主题变奏曲》,随后是恰洛达·维尔特海姆小姐的独唱。接下来又是肖邦的《回旋曲》,再一次独唱,最后是小舞剧。但是在正式演出时,节目有所改动。弗里德里克在给父母的信中写道:

在排练时,乐队伴奏如此糟糕,以致我把《回旋曲》改成了《自由狂想曲》。我一上舞台就博得了掌声,每弹完一节变奏曲就响起了热烈的掌声,以致我连乐队的伴奏都听不清楚了。整首乐曲演奏完后,便响起了经久不息的掌声,于是我不得不第二次出来谢幕。

在即兴演奏时,肖邦按照导演的要求,以《白衣女人》为题材作了即兴演奏。之后,导演还要他再选一首波兰的,于是他选了一首名为"啤酒花"的波兰舞曲来作即兴发挥。"这使得那些没有听惯这类乐曲的观众大为振奋,有的观众甚至兴奋得在座位上蹦了起来"。第一次演出大获成功,听到的是普遍的赞扬,当然也不是没有瑕疵。对于听惯了强力击键的维也纳观众来说,肖邦的弹奏"过于软弱了,或者更确切地说,弹得太柔和了"。不过肖邦并不把这种批评放在心上。"我倒愿意听这样的指责,而不愿听人家说我弹得过于用力。"

第六章 走向成熟，走向世界

由于第一场音乐会的成功，加伦贝格伯爵提议再加演一场，肖邦欣然接受了邀请。第一场音乐会上，有个乐队队员因为《回旋曲》总谱的字迹潦草而拒绝演奏，肖邦只好换下《回旋曲》而改演《自由幻想曲》。但许多听过肖邦私下弹过这首乐曲的人，都要求肖邦在第二场音乐会上演出它。为此，肖邦的同学尼德茨基连夜将总谱抄写了一遍，使乐队成员不再有话可说。音乐会于8月17日（星期二）再次在皇家剧院举行。这场演出肖邦在8月18日给家里的信中有这样的描写：

如果我的第一次演出很受欢迎的话，昨天的演出就更受欢迎了。当我在舞台上出现时，欢呼声四起，连续了三次，而且是座无虚席，观众比上次来得更多。男爵——我不知道他的名字，是这座剧院的财政资助者，在感谢我为他带来收入时说道："如果有这样多的人来看演出，决不是为了看他们熟悉的芭蕾舞。"所有音乐界人士都被我的《回旋曲》迷住了，从乐队队长拉赫内尔到钢琴调音师，都对乐曲的优美惊讶不已。我知道那些女士们和艺术家们都很喜欢我，站在塞林斯基旁边的吉罗维茨鼓掌叫好。我作了两次演出，第二次比第一次更成功，每次都有进步，这是我所期望的。

因为今天晚上我就要离开，所以我一大早就得出去辞行。昨天苏彭齐赫对我说，这样快就离开维也纳，希望不久就能回来。我回答说，我是会回来学习的。这位男爵立即打断我道，如果是这样，那你就没有必要回来了。别人也是同样的意见，明知这是恭维话，但听来很开心。这里谁也不把我看作是学生。布拉海特卡说我在华沙学到的，不能不令他感到惊讶，我回答说，在齐夫内和艾斯内尔教导下，就是最笨的蠢驴也是会得益的。

现在我在向苏彭齐赫和车尔尼告别。车尔尼比他所有的作品更富于感情。我的行李已收拾好了。现在我还得去见哈斯林格，然后再到剧院对面的咖啡馆去见吉罗维茨、拉赫内尔、克雷乌策尔、塞弗里耶德。两晚一天之后，便能到达布拉格。

在维也纳停留的 20 天，可谓是弗里德里克·肖邦人生中的一个重大转折点。首先，维也纳之行给他的创作和演奏都增强了自信心。弗里德里克虽早已在华沙出了名，受到人们和音乐界的赞誉，但他很少在大庭广众中演出，更没有举行过个人音乐会，因此他此次来维也纳，也只是抱着学习的态度来扩大见识的，并没有过大的期望。至于自己的音乐创作，在这之前也只有在华沙出版过一两首乐曲。他头一年寄给哈斯林格的《变奏曲》《奏鸣曲》，一直没有回音。他心想是出版商看不上他的作品了，因此他来维也纳之前，心里也是恍惚不安、缺乏信心的。来到维也纳之后，在人们的劝说下，他举行了两场音乐会，而且演奏的都是自己创作的两部代表作品，不仅受到观众的热烈欢迎，也得到音乐界的好评。这两次公开演出，是他第一次向世界展示了他的音乐才华，让世界认识了这位波兰的音乐天才，并获得大家的公认。这对他，无论是作为作曲家还是作为钢琴演奏家来说，都大大提高了自己的自信心，同时也坚定了他开创独特的民族风格之路的信心和决心。

其次，在维也纳，小肖邦结交了不少音乐界的知名人士。尽管贝多芬已于两年前逝世，舒伯特也刚去世几个月，但他们的朋友和学生都还活在人世，其中有不少就住在维也纳。弗里德里克·肖邦结识了贝多芬的朋友和老师伊·舒彭齐赫（I. Schuppnzigh，1776—1830），以及他的两位朋友约·迈瑟德尔和莫·利希诺夫斯基伯爵。还有莫扎特的学生、指挥家伊·塞弗里德（I. Seyfried，1776—1841），捷克作曲家阿·吉罗维茨（A. Jirowec，1763—1850），肖邦在 8 岁时便演奏过他的协奏曲，此次相见令肖邦格外高兴，格外亲切。肖邦还和卡尔·车尔尼（C. Czerny，1791—1857）进行过多次交谈，并在一起四手联弹过乐曲，肖邦还向他请教过作曲的经验，两人结下了忘年之交。前次在柏林时，弗里德里克还是个胆小的毛头小伙子，见到那些音乐家无人介绍便连上前打招呼也不敢。如今他已成熟了，敢主动和那些乐坛名人结识、交谈，而且表现得温文尔雅、彬彬有礼，深得那些和他结识的人的喜爱和赏识。此外，他还让音乐出版商哈斯林格亲自感受到了他那无与伦比的音乐才华，这对他以后的发展打开了一条通路。和著名记者布拉海特卡的结交也增进了外国媒体对肖邦的了解和介绍，有助于他名声的提高。通过和这位记者的交往，弗里德里克还和他女儿莱奥波尔迪娜小姐建立了友情，她是车尔尼的学生,也是位正在走红的 18 岁的年轻女钢琴家。尽管小肖邦不喜欢她那强有力的敲打琴键的演奏风格,但她的美貌和激情却令他着迷,而莱奥波尔迪娜小姐也非常欣赏肖邦的气质和才华,他们之间虽没有擦出爱情的火花,但双方都情趣相得,相互倾慕,相处得很是融洽。可以说,这次维也纳之行才真正让他走向了世界,走进了社会。

肖邦一行到达捷克的布拉格后,径直去拜访了捷克著名的汉卡教授。他是国家博物馆馆员,布拉格大学的斯拉夫学教授,一生致力于古斯拉夫文物研究,是捷克民族复兴和文学语言的积极倡导者之一。汉卡教授非常热情地接待了这几位来自华沙的年轻人,还亲自带领他们参观了布拉格的名胜古迹。离开布拉格前,为了表示感谢,他们向汉卡教授敬献了一首由马切约夫斯基作词,肖邦谱曲的歌曲。由于有乌尔费尔和布拉海特卡的推荐信,肖邦还去拜访了布拉格音乐学院的小提琴家和指挥家弗里德里希·皮克西斯(F. Pixis,1786—1847)。皮克西斯陪同他们参观了音乐学院,还邀请他们到他家里做客。就在他家里,他们见到了刚从德累斯顿来到布拉格的德国作曲家奥古斯特·克伦格尔(August, A. Klengel, 1783—1852)。肖邦在华沙时就曾听过波兰女钢琴家希曼诺夫斯卡弹奏过他的钢琴协奏曲,此次不期而遇,又听到了他弹奏自己的赋格作品,令肖邦对这一古老乐曲产生了浓厚的兴趣。

在前往德累斯顿的途中,他们在奥普利兹停留了一天。这是一座有名的温泉城市,属克拉娜公主的领地。这里有不少波兰同胞,其中一位韦姆皮茨基把肖邦带去见克拉娜公主(她是捷克国王的妹妹),肖邦自然成了晚会的一个亮点,他被邀请演奏了四次。主人还邀请他第二天去吃午饭,但肖邦不想脱离同伴,便婉言谢绝。第二天一早,便搭上驿车直往德累斯顿而去。

由于有克伦格尔和萨克森将军勒舍尔的推荐信,为他在德累斯顿的活动打开了方便之门。他先去拜访了宫廷元帅弗里逊男爵和皇家乐队队长莫拉切,经他介绍,肖邦又认识了当地有名的女钢琴家安·裴赫维尔,她是克伦格尔的学生,肖邦认为她"钢琴弹得不错"。在德累斯顿,肖邦一个人参观了当地的建筑、画廊、画展和公园,以及萨克森瑞士,所到之处,无不令他流连忘返。最让他终生难忘的是 8 月 26 日去看《浮士德》的演出。这次演出适逢歌德 80 华诞,盛况空前。为了能得到一个好位置,肖邦一行早早便来到了剧院

门口，排了一个半小时的队。《浮士德》还只是第一部分，但演出却从6时到11时，持续五个小时。各幕之间，还由歌唱演员演唱同名歌剧的插曲。

这次回华沙，走的是另一条路线，经伏罗兹瓦夫、卡利什到达华沙。在卡利什，他们又应医生赫尔毕赫的邀请，去参加医生的朋友布罗尼科夫斯基的女儿的婚礼，在那里又停留了两三天，直到9月10日才回到华沙。两个月的维也纳之行，收获甚巨，用弗里德里克自己的话说："今天我的聪明和经验至少多了四年。"

康斯坦兹雅·格瓦德科夫斯卡

在1829年10月3日写给提图斯·沃伊捷霍夫斯基的信中，弗里德里克这样写道："这也许是我的不幸，我已经有了自己的意中人。虽然半年来我没有和她说过话，却始终不渝地在为她效力。她已经闯入我的梦境，对她的想念使我产生《协奏曲》的慢板。而今天早晨，她又激发了我的灵感，使我创作了寄给你的这首圆舞曲。请注意标有加号的地方，除你之外，别人都不知道这件事。"

这个意中人是谁呢？当时弗里德里克并没有告诉他的好朋友，后来在朋友的追问下他才告知，原来就是康斯坦兹雅·格瓦德科夫斯卡。她是一位华沙城堡司令的女儿，与肖邦是同龄人，又是同校的同学。不过她是声乐系索利瓦教授的学生，声乐系和音乐系不是在一个地方上课，同校的人也不是人人都认识。据推测，弗里德里克认识她大概是在1829年4月21日音乐学院举行的音乐会上，他看到舞台上出现了一位年轻的女歌唱演员，蓝眼，金发，面容娇美，亭亭玉立，唱起歌来声音甜美，自有一种动人的魅力。弗里德里克打从第一次见到她便被她迷住了，后来他便渐渐地对她动了心。但是半年多来他从未和她说过一句话，只是从远处望着她，可是康斯坦兹雅并没有注意到他，尽管肖邦已是学校的名人，因为在她周围已有太多的追求者，特别是那些俄国和波兰的军官，更是把她捧上了天。况且在那个时期，一位艺人要么不嫁人不结婚，如果想结婚的话，就得嫁一个富翁不可。而弗里德里克

第六章 走向成熟，走向世界

只是出生于一个教师家庭，经济并不富有，因而很难引起这位小姐的注意。后来由于小肖邦忙于各种事务，先是帕格尼尼的十场音乐会，继而是肖邦的毕业考试，再后是维也纳之行，在维也纳肖邦受到了淑女们的喜爱，特别是布拉海特卡小姐对他的钟情，使他暂时忘记了康斯坦兹雅的存在。从维也纳回到华沙后，他的心又转到了康斯坦兹雅身上，他心神不定，坐立不安。在同一封写给提图斯的信中就表达了他的这种心态："你不会相信，现在华沙对我说来是多么令人忧伤，如果不是家庭给我快慰，我是很难呆下去的。……早晨不能到别人家去与她分担忧愁和欢乐，这多么让人苦恼呀。当你心中有负担而又无法摆脱，这又是多么的窝囊，你知道这指的是什么，我只好向钢琴倾诉我想对你倾诉的一切。"

为了排解心中的苦恼，他只有在音乐中寻找乐趣，每逢剧院上演歌剧或举行音乐会，弗里德里克几乎是每场必到，这一方面能让自己沉醉在美妙的音乐中，心灵得到一时的解脱；另一方面在这些演出中，往往能看到康斯坦兹雅的身影，只要能远远见到她，他也就心满意足了。除此之外，每逢星期五晚上，一批音乐界人士便会齐集在约瑟夫·凯斯勒尔的寓所。凯斯勒尔是个德国钢琴家，曾到俄国演出过，回国途中便在华沙定居了下来，从事演奏和教学工作。同时每逢星期五晚上，他便在自己的住处举行小型音乐会。许多著名演奏家，其中有当时有名的小提琴家斯坦尼斯瓦夫·舍尔瓦钦斯基，聚在一起相互切磋，演奏自己喜爱的乐曲。他们自演自娱，自得其乐。肖邦对这样的音乐会也很喜欢和热衷，他在 1829 年 10 月 20 日给提图斯的信里写道：

> 你一定知道，凯斯勒尔总会在星期五晚上组织小型音乐会，大家聚在一起演奏，事先没有固定曲目，大家都是兴之所至。上星期五演奏了里斯的《升 C 小调协奏曲四重奏》，胡梅尔的《E 大调三重奏》，贝多芬的最后三重奏（如此伟大的作品我过去从未听过，贝多芬在此曲中蔑视整个世界）。然后就是普鲁士人弗尔迪纳德的四重奏和杜舍克的作品。最后是歌唱，不过不如说是一种模仿唱，真的很特别。

很显然，这样的音乐会无疑给小肖邦增添了乐趣，使他内心的苦恼有所缓解。10月，弗里德里克应拉吉维乌总督的邀请，前往他在安托宁的行宫度假。拉吉维乌公爵一直对小肖邦很是关爱，他本想让小肖邦到柏林他的官邸去住一段时间，以便接触更多的德国音乐家，了解最新的音乐创作。但肖邦认为自己已去过一次柏林，而且觉得那里的音乐环境和华沙的相差不大，便婉言谢绝了，他的目标是巴黎、意大利和维也纳。恰好这时，拉吉维乌公爵一家来到安托宁行宫休息狩猎，肖邦便应公爵的邀请来到安托宁，在那里休息了一个星期。不过在到达安托宁之前，他还顺便到斯齐热夫去看望了他的教母安娜·维肖沃夫斯卡夫人。在安托宁，小肖邦和公爵一起谈论音乐，演奏乐曲，短短数日之内他便创作出了一首新的乐曲——大提琴和钢琴合奏的《C大调波罗涅兹舞曲》。老少二人合奏多次，经过边弹边改，一首乐曲就这样完成了，令公爵欣喜不已。除此之外，让弗里德里克心情愉快的还有两位天仙般的美女围绕在他身边。"那里有两位夏娃，年轻的公爵小姐，非常慈祥和友善，一对极富音乐和情感的尤物。那位年长一点的公爵小姐，了解一个人的成就不是与生俱来，她的举止优雅，极具魅力，使人不能不喜欢她。另一位相当年轻，只有17岁，花容月貌，人间仙女，教她纤细的手指去弹琴，真是件乐事。不过还是把玩笑放在一边吧。她真有丰富的乐感，用不着对她说这儿要强那儿要弱，现在要加快些那儿要慢些等的指导。"大公爵小姐名叫艾丽查，喜欢画画，在这段时间内，她给弗里德里克画了两幅肖像画。她特别喜欢小肖邦的新作品，尤其是乐曲中间的那部分。弗里德里克答应回华沙后会把改好的乐曲寄给她。

在回华沙的途中，他在卡利什停留了一下，以便参加那里的舞会。"那里有旺钦斯卡夫人和毕尔纳茨卡小姐，有一位比她更漂亮的，至少和她一样美的小姐请我跳舞，我不得不跳玛祖卡舞了。"

尽管有这些插曲，但弗里德里克对康斯坦兹雅的思念却没有丝毫的减弱。在最初阶段，弗里德里克对康斯坦兹雅的爱情还处在一种朦胧状态，还是一种暗恋，一种单相思。同时也是一种浪漫主义式的爱情，把他迷恋的对象理想化了。就像许多浪漫派诗人笔下的主人公那样，他开始并不企求亲密的接触。然而他心中的爱有如一座地下的火山，需要喷发出来，可他又不愿让父母和姐妹知道，于是他只好在乐曲中抒发出来。这种情感便反映在了他此时正在创作的《f小调钢琴协奏曲》中。在这首乐曲中，特别是它的第二乐章"慢板"，小肖邦无法用口说出来的恋情，都通过这首协奏曲倾诉了出来。慢板充满了无限的柔情蜜意，充满了梦境、幻想和热情，表现出弗里德里克对康斯坦兹雅的厚意深情，而在这种深情中又包含着一种淡淡的忧伤。

肖邦经过1830年3月举行的两场音乐会后，终于认识了康斯坦兹雅·格瓦德科夫斯卡，并开始交往，双方都倾慕对方的艺术才华，经常交流对音乐的感受和看法。而这个春天，在华沙举行的各种音乐会可谓是接连不断，除了波兰本土的音乐家外，还有好几位外国的音乐家来华沙演出，其中对肖邦影响较大的有德国女歌唱家亨利塔·桑塔。这位美貌的女歌唱家的到来，在华沙引起了不小的轰动，招引了许多追慕者。每次出入旅馆或登台演出，都会前呼后拥着一大堆歌迷。而那些达官贵人更是趋之若鹜，求见的队伍每天都排得长长的，使这位女歌唱家应接不暇。由于拉吉维乌公爵的推荐，小肖邦要帮助桑塔修改一首她即将演唱的乌克兰杜姆卡变奏曲。肖邦写道："其旋律和结尾都很美，但中间部分我和桑塔都不喜欢，我作了些修改，但还是不满意——桑塔并不很美，但却惊人的好看。她用自己的歌喉迷倒了所有的人。她的声音不大……但却受过精心的训练，她的压低音是独一无二的。她的音调转换非常圆润，尤其是那上升的半音音阶特别精。她是个无法形容的好人。"作为桑塔的一个崇拜者，小肖邦却受到她的特别邀请，要他在早晨去见她。他来到她下榻的旅馆房间，坐在沙发上望着还穿着晨衣的桑塔，觉得她比穿晚礼服时还要更漂亮、更动人几百倍。在桑塔停留华沙的期间，她还应索利瓦的要求，为他的学生们进行辅导，小肖邦也常常陪同她前往，这样一来，他和康斯坦兹雅的接触也更密切了。然而他们的接触和交谈都是停留在音乐这个话题上，根本没有涉及感情问题。肖邦依然把她看作是自己心中的偶像，深怕自己感情的流露会招致对方的误解和不满。他渴望见到她，但在见到她时又不得不压制住心中沸腾的情感。因此他常常生活在既兴奋又痛苦之中。于是他于7月初，应好友沃伊捷霍夫斯基之邀，前往其在波杜辛的庄园，向他倾诉自己的恋情和苦恼。肖邦只有在他面前才敢袒露自己的秘密。当弗里德里克得知格瓦德科夫斯卡要在7月21日登台举行首次演出，便立即

于20日赶回华沙，为的是"给自己的意中人捧场"。在写给提图斯的信里他是这样来描述康斯坦兹雅的首场演出的：

> 首先我在华沙关心的是《阿涅拉》，我去看了演出。格瓦德科夫斯卡真是不错，她在舞台上比在大厅里要好。我没有说悲剧的演出，真是棒极了，那是无话可说的。至于歌唱本身，若不是这些Fis和g有时在高音域，那我就找不出比这种演唱更好的了。至于抑扬顿挫，那会让你欣喜不已。她的音色很美，尽管开始时她的声音有点抖，后来就唱得非常大胆了。这部歌剧被压缩过，这才使我不感到过于冗长和沉闷。……她在第二幕和着竖琴唱起浪漫曲，而在后台艾内曼的钢琴演奏，却丝毫也没有破坏那种想象，最后一段她唱得特别好，我非常满意。演出结束时阿涅拉被召回舞台，接受经久不息的掌声。……我不否认，这个意大利人（指索利瓦——笔者）可以为格瓦德科夫斯卡挑选更好的歌剧，比如《贞洁的修女》，就能给她带来更好的运气。不过，对于一个初次演出歌剧的人来说，能把许多罕见的优美表现出来，能把许多难点克服，这已经是出奇的好了。

随着弗里德里克和康斯坦兹雅见面机会的增多，他对她的爱慕之情也随之增长。另一方面，随着康斯坦兹雅的名声越来越大，追求她的人也越来越多，除了那些军官外，还有许多达官贵人（其中就有她后来的丈夫，一位有钱的贵族格拉博夫斯基），他们总是围在她的身边，让小肖邦和她说句话的机会都没有。他的心中不免会萌发出嫉妒和愤懑，恨不得把他们统统赶走，可是他无法做到。他知道在这些有钱有势的追求者面前，他是无法获得她的芳心的。因此他一直把自己的爱意深深隐藏在心底，除了提图斯外，就连在父母姐妹们面前，他都没有透露过半点信息，反而装出一副另有所爱的姿态，这让他的父母和姐妹都以为他爱的是另一位小姐，名叫亚历山德拉·德·莫里奥勒斯的。他越是伪装，内心越感到痛苦。"你知道，我没有想过，我能像现在这样保密，以至于我没有心情来告诉你，是什么在困扰着我。"不过，令他欣慰的是，从1830年的7月起，他们的联系又近了一步，在肖邦举行的第三次音乐会上，格瓦德科夫斯卡作为嘉宾演唱了《我为你流了这么多的眼泪》。当弗里德里克就要离开华沙的前几天，也就是 10 月 25 日，康斯坦兹雅在肖邦的纪念册上写下了这样的诗句：

> 你要进行令人不快的变动，
> 我们也不得不服从需要，
> 但你要记住，决不能忘记
> 在波兰，我们大家都爱你。

在第三页的上面，同一个日期，又写了以下诗句：

> 为了换取那永不凋谢的荣誉花环，
> 你抛弃亲密的朋友和珍贵的家庭，
> 也许外国人能更好地褒奖你重视你，
> 但决不会比我们更强烈地爱你。

在弗里德里克里就要离开华沙的时候，他们还交换了礼物，肖邦送给康斯坦兹雅一幅自己的画像，而康斯坦兹雅送给肖邦的则是一枚银戒指。当弗里德里克在向康斯坦兹雅告别时，他依然缄口不提自己对她的感情。在他离开华沙，离开波兰后，他的心久久萦绕在她身边，思念之情时常涌上心头，无法平息。特别是听到华沙爆发起义的消息后，除了为父母姐妹的安全担心外，也为他心中的那个"她"的安危而忧心忡忡。他在此时写给马图辛斯基的信中我们可以读到，除了询问父母的健康安全外，必定会提到"她的情况如何"，非常关心她的安危。我们不知道肖邦有没有直接给康斯坦兹雅写过信，因为康斯坦兹雅在自己逝世前曾把所有的信件都付之一炬了。1832 年康斯坦兹雅与有钱的财主格拉博夫斯基结婚，肖邦听到这个消息后虽也感到痛苦，但这早在他的意料之中，此后他对她的感情和思念才慢慢冷却下来。康斯坦兹雅后来由于眼疾离开了舞台，回到她丈夫的庄园。当肖邦于 1849 年逝世之后其传记作者曾多次访问过康斯坦兹雅，当提及肖邦对她的爱情时，她

都回答说，她不知道肖邦曾爱过她，因为肖邦从没有在她面前表露过自己的爱情，她一直以为他们只是朋友关系，根本没有想过肖邦会爱上自己。然而不管他们的这段情感的结局如何，但在第二钢琴协奏曲中所反映的这段情感，却让康斯坦兹雅永远留在了肖邦的感情世界中，成为肖邦的初恋对象而载入史册。

两架钢琴协奏曲和三场音乐会

维也纳的成功使弗里德里克的心情无比激动，无比兴奋。同时也让他认识了自己的才华和能力，增强了他的创作和演奏的信心。在维也纳弹奏自己创作的《回旋曲》和《幻想曲》也让他深切体会到，创作出和管弦乐队合奏的大型乐曲，是每个作曲家的必经之路，也更能引起音乐界人士和广大观众的广泛注意与高度评价。于是他从维也纳回来后便投入了钢琴协奏曲的创作。

与此同时，上面我们已谈到的他对康斯坦兹雅的爱恋也深深影响着他的创作。爱情让他张开了想象的翅膀，仿佛置身于甜蜜的氛围中，激发出他的创作灵感。正如肖邦在信中所说："她已闯入我的梦境，对她的想念使我产生了协奏曲的慢板的乐章。她使我今晨获得灵感去写出寄给你的那首圆舞曲。"

信中谈到的协奏曲就是那首著名的《f小调钢琴协奏曲》。为了创作这首乐曲，从1829年10月到1830年3月，弗里德里克一直在孜孜不倦地努力工作着。即使是11月到波兹南总督府去做客，那里的环境尽管非常美好，但他依然惦记着他的协奏曲。他在给提图斯的信中写道："就我个人的短时欢乐而言，我宁愿赖在这里，直到被人赶出来为止。但在我的事务上，尤其是那首协奏曲，已经不耐烦地等着它的终结，促使我不得不离开这个乐园。"从1829年12月开始，肖邦就在小范围内试奏自己的这部作品，以便听取大家的意见，作进一步的修改和完善。

1829年12月23日，《华沙信使报》刊登了科兹曼写的一篇报道，称："肖邦先生的作品毋庸置疑地具有伟大天才的烙印。在他的新作品中，《f小调协奏曲》就是这样的作品，它值得列入欧洲第一流作曲家的作品行列中。"

第六章 走向成熟,走向世界

1830年2月12日《波兰日报》消息:"我们的钢琴家肖邦创作了新的钢琴协奏曲f小调。上星期天同整个乐队进行了彩排,专家们都交口称赞这首新乐曲。这部作品具有许多完全新颖的构思,可以把它列入最优美的新作品之中。据说肖邦先生要到意大利去,不过他在波兰首都没有举行公开音乐会前,他是不会进行这次旅行的。所有他的高度才华的崇拜者们都渴望这样的音乐会。"

1830年3月5日《华沙信使报》消息:"昨天,肖邦家里又集结了许多艺术家和音乐爱好者。年轻的钢琴家演奏了他的协奏曲和各种主题的小乐曲,特别演奏了民歌《月亮已西沉》和库尔宾斯基的《克拉科维亚克舞曲》等等。我们在此重复最杰出人物的意见:年轻的肖邦超过在此听过的所有钢琴家,他是钢琴的帕格尼尼。他那充满新思维的乐曲也是巅峰之作。"

3月12日《华沙信使报》消息称:肖邦先生的音乐会将于下星期三在民族剧院举行。3月16日又称:肖邦先生的音乐会,所有的包厢都已被订购一空。3月17日,肖邦举行了他在华沙的第一次公开音乐会,演奏的曲目都是和老师艾斯内尔、乐队指挥库尔宾斯基一起商量定下来的。先是肖邦演奏艾斯内尔的《白发》的序曲,接着演奏协奏曲的第一乐章。随后是卡罗尔·戈尔内尔演奏自己的怡情曲。接着便是肖邦演奏协奏曲的第二第三乐章。休息之后,首先是巴尔巴娜·马耶诺娃演唱了两首歌剧的插曲,最后是肖邦演奏《波兰主题幻想曲》。肖邦在弹完协奏曲第一乐章后的掌声并不那么热烈,只是到了弹完第二第三乐章之后,剧场内才响起了经久不息的掌声。肖邦曾三次出来谢幕,观众们一再呼叫着肖邦的名字,"Brawo"(好)的叫好声充满整个剧场。但幻想曲的演奏却没有带来预期的效果。一是因为演奏用的是自己家里的钢琴,其本身的音量较小,在这样的大厅演出,其效果当然要差一些;二是肖邦的演奏风格较为轻巧,致使低音部分难以听清楚。

不过,这场音乐会还是获得了巨大的成功。短短数日,华沙和波兰各地的报刊纷纷发表评论,肖邦在这样短的时间内读到如此多的评论文字,生平还是第一次,而且尽是溢美之词。《华沙信使报》3月18日写道:"年轻钢琴家令在场的人都感到非常满意,大家都公认他是属于杰出钢琴家的行列。人们用热烈的掌声来回应他的《协奏曲》和其他乐曲。这部《协奏曲》的柔

板，无论是作曲还是演奏，行家们都认为是大师级的。"《华沙报》3月18日也写道："肖邦先生以最高水平把钢琴演奏家的一切优点——魅力、熟练，特别是感情都结合在一起，成为他的主要优点。在他那里，琴键的每一次弹奏都是心灵的表现。华沙的观众是能高度评价自己同胞的稀有才华的。不久他将会在远方的国家获得荣誉和赞赏。热情的掌声既是欢迎又是告别这位冉冉升起的艺术之星，他那令人倾倒的谦虚更是提高了他的才华的价值。"

3月20日，《波兰信使报》上发表了波兰著名文学和音乐评论家、华沙浪漫派创导者马乌里齐·莫赫纳茨基的文章：

在很久的期待之后，肖邦终于在前天举行了公开的钢琴演奏会。云集的观众以热烈的掌声来欢迎这位年轻的艺术家。从幼年开始，人们就对他交口称赞，并预言他将展现出世人罕见的稀有才华……尽管他永远超越于那些在年幼时便举行公开演出的人，但他并不步他们的后尘，而是把全部时间用在让演技的尽善尽美上，花费在探求和了解和谐与趣味的秘密上，等待着情感、想象和艺术完全发展的时机的到来，以便一公开登台演奏就能立即在演奏和作曲两方面占据着大师行列中突出的一席位置……

如果我们把肖邦列入范围很小的一流钢琴家之中，决不会有人认为我们是民族偏向性和自我吹捧。我们还是让别人去说他比别人跑得多远了。在前天的音乐会上他演奏了自己创作的作品，很难说出哪方面最好，是作曲的才华还是大师级的演奏，除了独创性就是美妙的歌声，优美和大胆的乐句，与乐器的本质非常相符，装饰着生动的情感和火热的色彩，所有这一切都融合成一个整体而成为作曲的主要特色。充满情感和激情，精巧克服最大的困难而又不会让听众感觉出来，加上与美妙的作曲结合在一起，让自己的演奏感动着所有在场的人。大家都非常激动，特别是在演奏完协奏曲中的回旋曲和带有民歌特色的小乐曲之后，不止一位观众都能从他的美妙演奏中抓住具有乡土气息而又被幸运地再现出来的音调……给了他生命的这块土地，以其美妙的歌声影响着他的音乐素质，并反映在这位艺术家的作品中。他音调中许多音符都让人觉得，仿佛是我们乡土和声的再现。朴实的玛祖卡在他手下情不自禁地发生着千变万化而又鲜明突出，但又保持其本色的含义和重音。肖邦在自己的作品中，精巧的演奏和天才的作曲与家乡歌曲的美妙简朴结合在一起，那是需要相应的感情，需要了解我们的土地和森林的回声，需要倾听波兰农民的歌声的……

3月22日，肖邦在民族剧院举行了第二场音乐会。他换了一架维也纳产的大钢琴，是一位俄国军官主动借给他用的，因而效果胜过上一场。在这次音乐会上，一开始演奏的是波兰作曲家约瑟夫·诺瓦科夫斯基的交响曲，接着便是肖邦演奏自己的《f小调钢琴协奏曲》。休息之后，肖邦演奏了自己新创作的《克拉科维亚克舞曲回旋曲》，随后是女歌唱家巴尔巴娜·马耶罗娃演唱了索利瓦的歌剧《海伦娜和莫尔维娜》中的咏叹调。最后是肖邦的即兴演奏，他是根据民歌《残酷的世界》和《城里的古怪习惯》即兴发挥而演奏的。这场音乐会受到了更热烈的欢迎，观众们起立鼓掌欢呼，经久不息。据《华沙信使报》报道："昨天参加肖邦先生第二场音乐会的有将近900人。大家以热烈的掌声欢迎这位钢琴家，而且是掌声雷动，经久不息，特别是在弹完《克拉科维亚克舞曲回旋曲》之后。最后肖邦即兴演奏人们喜爱的民歌《残酷的世界》和《城里的古怪习惯》，他用最愉快的变化和音调把这些歌曲演绎得更加多样化。在场的人都齐声呼唤着钢琴家的名字。有一位观众还大声喊道：'呃，发发善心吧，在您离开之前再举行一场音乐会。'他的愿望也是全体观众的愿望……肖邦先生不久就要出国了，他先要访问柏林，随后是巴黎和伦敦。这是波兰人的真诚的祝福，肖邦是在他们的土地上出生成长、受的教育和音乐培养，这一祝福将会处处伴随着他。"

肖邦的两次音乐会都获得了巨大的成功，好评如潮。然而出乎肖邦和其他一些人的意料，也在评论界引发了一场关于德国派音乐和意大利派音乐的争论。这场论争主要涉及艾斯内尔和库尔宾斯基谁优谁劣的问题，他们分别代表德国派和意大利派。肖邦完全置身于争论之外，因为这两位波兰大师都是他的良师益友，他对他们都是一样的尊敬。况且他对有关自己的评论都不感兴趣了，何况这种无聊的争论。于是他在两场音乐会之后，便忙于第二部

钢琴协奏曲的创作。经过几个月的努力，《e小调钢琴协奏曲》的初稿便写出来了。《e小调协奏曲》和《f小调协奏曲》并无多大的区别，在艺术价值上也是并驾齐驱的。不过《e小调协奏曲》更为成熟和完整，特别是第一乐章，其音乐形象更加鲜明突出，但其主题依然是具有强烈的民族特性和抒情色彩。肖邦自己曾这样说过："它不是雄壮的，而是富于浪漫气息的，这是明月之夜的梦幻。"这首协奏曲也像《f小调协奏曲》一样，洋溢着令人神怡的诗意和明朗的乐观情绪，只是比f小调要长一些。

《e小调协奏曲》的初稿完成于8月，但追求完美的肖邦依然在不断地修改，直到9月中旬才敢拿出来试演。9月15日他在自己家中以四重奏的形式来试演这部作品。一个星期后，9月22日又在自己家中以小乐队合奏的形式来演奏这部作品，同时还邀请了"最优秀的音乐界人士"来观赏这部作品，并征求他们的修改意见，其中就有艾斯内尔、库尔宾斯基、索利瓦、多布钦斯基，大提琴家卡钦斯基等音乐家，以及其他亲朋好友和应邀而来的诗人和作家。9月25日诗人斯特方·维特维茨基在《国家大众日报》上发表了一则简讯："我向音乐界和祖国知识界人士报告一个可喜的消息，弗里德里克创作了第二部大协奏曲。前天在自己的住处，面对自己最亲近的朋友和我们首都所拥有的最知名的大师们和专家们，第一次与乐队进行了试演。我无需以赞美之词来推广这部新作品。我只需说一句话，这是部天才的作品。构思的独特和美妙，想象的丰富，乐器结构的才华，还有大师级的演奏——都让听众入迷。肖邦的天才保证了他的不同寻常的和永久的荣誉。已经在维也纳被听过和被高度评价过的，又受到胡梅尔和车尔尼称赞的这位肖邦，也许可以相信他很快就能获得欧洲的名声。不久之后，因为过不了一个月，他就要出国了，同胞们的祝愿会处处伴随着他。我们希望任何外国的首都都不能永远把他留住，他会带着新的荣光回到自己父母的怀抱，回到自己的故乡和城市，而献身于波兰歌剧的荣誉。波兰歌剧对他的名字寄予很大的期望。还应该说一句，如果肖邦在离开之前，不让华沙观众听到他的第二部协奏曲，那他就是剥夺了他们的真正的快乐。"

维特维茨基的这则短讯虽然对肖邦赞誉有加，但也给他出了一道难题，那就是希望他将来能创造出波兰的民族歌剧。按照当时流行的观点，作曲家只有创作出了歌剧才是真正的作曲家,才能真正名垂青史。维特维茨基的这种愿望,实际上说出了当时许多波兰人的期待。就连他的恩师艾斯内尔,甚至他的父母姐妹都曾多次向弗里德里克表达过这种愿望。但弗里德里克很固执,也很坚定,钢琴是他的专爱,他早已下定决心,他并不想成为一个多面手的作曲家,什么歌剧,什么大型交响乐都不是他的所爱,尽管后来在朋友们的压力下也曾试写过歌剧,但总是找不到这方面的感觉,试了几次之后最终还是放弃了。他对钢琴是情有独钟,特别是从他见到帕格尼尼之后,就更坚定了他的信念,一生只献身于一种乐器的作曲和演奏,而且相信自己也能成为像帕格尼尼那样名扬四海的音乐家。

1830年10月11日,应华沙观众要求,肖邦在民族剧院举行了他的第三场音乐会。会上第一次公开演奏了《e小调钢琴协奏曲》,受到热烈欢迎。在这次音乐会上,还在演奏中间插入了康斯坦兹雅·格瓦德科夫斯卡和安娜·伏乌科夫(和格是同学,俄国人,当时比格更受吹捧)的演唱。最后肖邦弹奏了自己的《波兰幻想曲》。第二天《华沙信使报》发表了一则短讯:"由肖邦创作和第一次公开演奏的新作品《e小调钢琴协奏曲》,专家们认为是音乐巅峰作品之一,特别是柔板和回旋曲获得了广泛的称誉。作者和演奏者受到热烈掌声的欢迎。每段演奏完都掌声不绝,最后多次呼唤上台谢幕。"

演出后的次日,肖邦在给提图斯·沃伊捷霍夫斯基的信中也详细描绘了这场音乐会:

我亲爱的生命:

昨天的音乐会大获成功。我想让你尽快知道,我要告诉阁下你的,我一点也不紧张,一点也没有怯场,我就像在独自演奏一样,而且弹得很好。全场满座。最先演奏的是戈尔内尔的交响曲,然后是我创作的那首崇高的e小调的快板,它在斯特伊捷尔的钢琴上就像从光面上流淌出来似的,雷鸣般的掌声。索利瓦很满意,他为他的咏叹调指挥着合唱队,由身着白衣裙像天使一样的伏乌科夫主唱,她唱得美极了。咏叹调之后,就是柔板和回旋曲,随后便是中场休息。下半场由《威廉·退尔》的序曲开始,索利瓦指挥不错,给观众留下深刻印象。说句实话,这位意大

利人这次帮了我很大的忙,真是难以回报。随后他又为格瓦德科夫斯卡指挥演唱咏叹调。她一身雪白,头戴玫瑰花环,与她的脸色很相合,她唱的是《湖中少女》中的插曲。好像她除了 Agnieszka 外,就没有唱过别的,你知道那首《我为你流了多少眼泪》,她把 tutto detesto《我仇恨一切》降到 h 音,这样的处理,吉林斯基认为这个 h 音就值 1000 金币。应该让你知道,这首咏叹调是专为她的嗓音改编的,因而得益匪浅。一俟她离开舞台,我们便开始演奏,《月亮西沉》乐曲,我和乐队配合得很好,后场的观众都能欣赏得到。最后一曲玛祖卡博得经久不息的掌声,我被召唤到台上。没有一个人喝倒彩,我鞠躬谢幕了四次。由于布兰特的事先指教,我的动作很合礼仪。假如昨天索利瓦没有把我的总谱拿回家去先看一遍,那么他的指挥就不会让我这样轻松自如,不知道会变成什么样子,但是昨天他让我们把一切都掌握得那么好。我要告诉你,从来没有一次像这次那样和乐队合作得如此顺利。当然最受欢迎的还是钢琴。伏乌科夫小姐也很受欢迎,她在台上的表现美妙绝伦……我现在什么都不想,只想收拾行装,不是星期六就是星期三,我就要出发经克拉科夫到国外去了。

告别故国家园

自从 1829 年夏天在维也纳获得成功以来,无论是肖邦的父母,还是他本人,抑或是他的恩师艾斯内尔、齐夫内,以及其他朋友,都一致认为,为了增长知识,进一步提高自己的音乐水平,他应该到国外去进修,去闯荡一番。因此从 1829 年年底以来,出国之事便一直萦绕在弗里德里克的脑海中。他的父亲尼古拉也在千方百计为他寻找出国的机会和办法。先是联系到拉吉维乌公爵,想让弗里得里克到柏林去,可在公爵家住一段时间。但弗里德里克觉得柏林不是他期望的地方,而且他曾去过一次,因而不想再到那里去。他梦寐以求的地方是意大利和法国。然而他一再推迟行程,之所以如此,一是经济问题,到意大利和法国去,需要一大笔钱,而要筹到这笔钱是需要时日的。

二是弗里德里克正在热恋着康斯坦兹雅·格瓦德科夫斯卡,尽管他是单相思,但他为能见到她,能和她交谈,便感到心满意足了。三是他正在创作他的两部大型乐曲和其他一些作品,这段时间可说是他创作生涯中的第一个高峰时期,他不愿让颠沛流离的生活打断他的创作灵感。四是当时的革命形势所致,过去的许多评论家把肖邦描绘成一个不关心政治,远离政治斗争的多愁善感的音乐家,其实不然,小肖邦是个非常关心祖国命运的人,他从小就生活在外国占领者的铁蹄之下,亲眼目睹过许多波兰爱国志士被逮捕的惨景,心中也隐藏着对民族敌人的仇恨,虽然有时他不得不应付当局的指派,为一些统治者演奏,但这并不表明他与他们同流合污。随着年龄的增长,他的仇恨情绪也随之不断增长。尽管他从小就受到华沙上流社会的青睐,经常出入于豪绅贵妇的沙龙,得到他们的喜爱,还不免会受到一定的影响,不过,这种影响主要表现在生活习俗上,让他养成了注重仪表和礼节的习惯,使他更具儒雅的风度。后来他和那些爱国青年建立了联系,并经常参加他们的活动。在这些青年当中有许多是波兰浪漫派的文学家和艺术家,他们大多是热烈的爱国者,献身于民族解放运动的积极分子。后来有几十位文艺家参加了1830年11月爆发的民族大起义,而莫赫纳茨基还是这次起义的组织者和领导者之一。而在其时,这些浪漫派文艺家经常在明多维街上的"小洞"咖啡馆集会,肖邦也成了这些集会的常客,他们都称他为小肖班(Szopenek),把他当自己人看待。这些浪漫派文人在一起交流创作经验,纵谈天下形势。他们每次集会往往是从咖啡馆开始,随后便到一位参加者的家里继续他们的交谈和娱乐,不是朗诵自己的作品,就是听肖邦弹奏钢琴,有时还和莫赫纳茨基一起四手联弹乐曲。他们常常是兴高采烈,热情奔放。1830年,维特维茨基正好出版了他的一部新诗集《田园诗歌》,小肖邦很喜欢他的诗歌,便从中选了6首进行谱曲,他也采用简朴的风格去表现它的内容,使歌曲富于民族特点,而又优美动听,它们也成了传世的佳作。

恰好此时,法国爆发了革命。尼古拉担心儿子的安危,便不急于让他出国。9月22日弗里德里克在写给提图斯的信里解释了他迟迟没有出国的原因:"我乘此机会向你解释为什么我还呆在家里,我的父亲真的不愿意我几个星期前出去旅行,原因是德国全境的躁动不安,还不算莱茵河沿岸各省,以及已

立国王的萨克森和布鲁兹维克……我们还听说,在维也纳也有好几千人为了面粉而愤怒,他们想借面粉这件事要干什么我不知道,但我知道其中确有问题。在泰罗尔也发生了骚乱。意大利人只是发怒而未行动。莫里奥多告诉我,他们在等待随时都会有的消息。我还没有去办护照,他们认为,只会发给我去奥地利和普鲁士的护照,到意大利和法国的,连想都不要想。我知道,有好几个人已被完全拒绝发给护照了。不过这样的事我是不会遇到的,因此我可能在几个星期之内就会经克拉科夫到维也纳去,趁那里的人对我还记忆犹新,我必须把握住这个机会。你不应对我和我的父母感到奇怪,这就是整个故事。"

在等待的这些日子里,小肖邦还去了一趟热拉佐瓦·沃拉,这是去向自己的出生地告别,表示出他对故土的眷恋。同时他还在朋友家里举行过几场小型的音乐晚会。在华沙举行第三场公开音乐会后,考虑到当时维也纳还很平静,弗里德里克便着手去办理护照和其他准备工作。与此同时,由于受到西欧各国革命活动的影响,波兰人民的反俄情绪越来越高涨,华沙正处于"山雨欲来风满楼"的情势中,随时都可能爆发革命起义,对此小肖邦是确信无疑的,他很愿意留下来参加这场斗争。但尼古拉却不想让儿子卷入革命漩涡中去,打算尽快把儿子送出华沙。而弗里德里克的那些革命朋友也不希望他留在华沙,他们劝他说,他作为一个音乐家比作为一名战士对波兰祖国和民族的作用要大得多。在莫赫纳茨基等朋友的劝说下,他才下定决心出国。

在告别音乐会举行之后,小肖邦便开始向亲朋好友告别。10月25日,他的意中人康斯坦兹雅·格瓦德科夫斯卡便在他的纪念册上写下了前面已提到过的那几句诗。然而即使到了这时,弗里德里克也没有向她说出自己对她的倾慕和爱恋。大家都以为他爱的是另一个姑娘,包括他的父母和姐妹。直到弗里德里克死后多年,他写给提图斯的信发表后,人们才恍然大悟,终于知道了他的初恋对象原来是康斯坦兹雅。在离开华沙前的那个星期里,小肖邦终于决定,不走克拉科夫这条线,而改走卡利什、伏罗兹瓦夫和德累斯顿,让提图斯·沃伊捷霍夫斯基到卡利什与他会合。为了欢送弗里德里克,他的朋友们特设午宴为他饯行。弗里德里克的童年朋友约瑟夫·莱斯米德在日记中写道:

第六章 走向成熟，走向世界

肖邦出国的时间到了，他的最亲密的朋友们精心为他举行了一场告别午宴。我和多米尼克·马格鲁舍夫斯基是主人。除了同学之外，被邀请的客人有弗里德里克的父亲尼古拉，一位严肃的老人，已有70余岁（实际只有59岁——笔者）和医生路德维克·科勒尔——肖邦家的朋友，不久前才从巴黎回来，他在那里完成了他的医学学业。同学出席的有：加辛斯基、丰塔那（钢琴弹得非常好）、沃伊捷霍夫斯基、赫乌密茨基，以及肖邦和我们的朋友们。午宴是在吉尔那街我的父母家里举行的，当时我的父母到乡下去了。午宴由讲话和祝酒开始，第一个讲话的是科勒尔，他以华沙的名义，祝肖邦在国外获得巨大的成就和声望，也同样祝他要永远不忘他离开的祖国和朋友们。其他人也发表了同样思想和精神的祝词，热烈而又亲切。当我们离开餐桌来到客厅时，尤·丰塔那便在钢琴旁坐下弹了起来，他流畅地弹起了玛祖卡舞曲，引得大家都唱了起来，人人兴高采烈。后来是即兴创作诗歌，就像人们所说的那样，诗句从布袋里不断流了出来。

主持人是马格鲁舍夫斯基和加辛斯基。受到鼓舞的肖邦便坐在钢琴旁，从他的手指中间奔泻出如此美妙的民族乐调，使我们听了都心潮澎湃，热泪盈眶。那天晚上他给维特维茨基的诗《火腿的主人，女管家，上帝保佑，站住》谱上了曲，后来我们齐声合唱了好几次……

与此同时，加辛斯基在离别之际，也写了一首感情真挚的十四行诗，后来发表在《妇女纪念册》第二卷上：

我并不是无谓地抱怨命运
把我们分开，因为即使天涯海角
也无法把朋友们的心分隔开来，
它们会在愉快的吸引中相互接近。

它们沿着想象的金光大道前来，
这时候大家又会高兴又会愉快，

我们面前又是昔日的愉快情景，
我活在你的、你活在我的记忆中。

如果将来在一个美好的夜晚，
有一朵彩云从北方向你飘去，
你要望着它，用深情的目光。

它会给你带去故乡的泥土芬芳，
并带去往日欢快的美好礼物：
朋友们的拥抱、叹息和泪水。

告别的时刻终于来临。11月3日《华沙信使报》发表了一则消息：

  我们的同胞，演奏家和作曲家弗里德里克·肖邦昨天离开华沙前往国外访问。以院长艾斯内尔为首的这位艺术家的众多朋友，把他一直送到（华沙近郊的）伏拉区。在那里告别时，音乐学院的学生们合唱了下面这首歌（歌词由《华沙信使报》主编德莫舍夫斯基所作，由艾斯内尔作曲）：

你生长在波兰美丽国土上
愿你的才华处处大放光芒。
而当你来到莱茵河台伯河
斯伯雷伊河或塞纳河河畔
就让波兰的风土人情
从你那迷人的乐曲中，
向世界各地人民宣扬，
让他们喜爱我们的故国，
玛祖卡和克拉科维亚克。
你会从中获得荣誉和声望，

才华的奖励和劳动的报偿。
你宣扬了我们人民的歌曲,
作为他们真正的同胞兄弟,
你给他们的荣誉再添花环。

   合唱
但是你的心却留在了我们中间,
你的才华将永驻在我们的心中,
衷心祝愿你处处顺利事事顺心。

  歌一唱完,弗里德里克眼里噙满泪水,一一拥抱和吻别了在场的老师和朋友,随即登上马车,心中充满离别的忧愁。他真舍不得离开这"生我养我"的故土,这多年相处的老师和同学。尽管他有了离亲别友的经历,但那两次时间较短,去一两个月便回来了,这一次他原本只打算呆二三年的,可是却出乎肖邦本人的意料,也超出所有亲朋好友的想象,他这一去却是一生不复返。从此他永远离开了自己的祖国波兰,离开了在此度过20个青春年华的华沙。离情别绪充满他的心头,他一步一回头,频频向后面渐渐远去的朋友们挥手。"但是你的心却留在了我们中间"这句歌词却成了他日后的真实写照,也成了他临终前最热切的愿望,让他姐姐把自己的心脏带回波兰带回华沙,安放在华沙克拉科夫城郊大街的圣十字大教堂的方柱上。

第七章
重访维也纳

旅途见闻

告别了恩师和朋友们，弗里德里克登上马车，朝西方进发。他不时回过头，朝他们挥动着右手，眼里噙满了泪水。他想再看看他的恩师艾斯内尔一眼，只见一头白发的老人还站在阳光下，频频向他挥手，直到银白色的人影渐渐变得模糊，终于消失在视线之外。小肖邦最后一次回过头来，紧紧望着他身后的这座城市。在这里，他从襁褓起便生活在她的怀抱中。在这里，他吮吸着祖国母亲的奶汁而茁壮成长，在这里，他受到了良好的教育而成了一个具有丰富知识的音乐家，在这里，他结交了许多年轻而富于激情的朋友，其中有不少人后来参加了华沙的11月大起义。年轻的弗里德里克受到他们的潜移默化的影响，同时又耳闻目睹了外国侵略者对波兰人民的残酷统治，使他的心中充满了对民族敌人的憎恨和对祖国母亲的热爱。坐在马车上，他又回想起父母和姐妹们对他的关切和挚爱，父亲尼古拉现身说法，把自己年轻时就来到波兰的经历向他讲述，勉励他要迎难而上，不畏艰苦。同时还教导他一些待人处世的注意事项。母亲对他更是关心备至，总是对他千叮咛万嘱咐，衣食住行都讲到了，这也难怪，儿行千里母担忧，母亲总是最疼爱儿子的。姐姐路德维卡和妹妹伊莎贝拉也是非常关切他的这次出国进修和考察，不是帮他整理书稿，就是替他收拾各种他所喜欢的小物品。回想起这一切，弗里德里克止不住心潮澎湃，心中涌起了一种留恋、忧愁和悲伤的强烈情感，以至于他眼里噙满了泪水。

肖邦这次出国，走的是和上次从维也纳回来时的路线一样，仅是来去的方向不同。他先是在卡利什停留了一晚，和事先约好的提图斯·沃伊捷霍夫斯基在这里会合，他将陪同弗里德里克一起到维也纳去，并成为他此次旅行的真实伙伴和倾诉的朋友。次日清晨，这两个旅人便搭乘驿车继续西进，并于11月6日到达伏罗兹瓦夫。在11月9日写给家里的信中详细谈了他在此地的活动情况：

第七章　重访维也纳

我亲爱的父母和我的姐妹们！

我们已于星期六下午6时到达此地。旅途极为舒服，阳光明媚，秋高气爽，现住在"金鹅旅馆"。我们一住下便立即去了剧院，那里正在演出《阿尔卑斯王》，此剧将会在我们华沙演出。池座的观众都为新的布景赞叹不已，但我们觉得没什么可赞叹的。演员们演得都不错。前天这里演出了奥伯的歌剧《泥瓦匠和锁匠》，很糟糕。今天将演出温特的歌剧《中断的祭礼》，我感兴趣的是演得如何，他们缺乏优秀的歌唱家，不过戏票很便宜，池座的座位才卖两个兹罗提，我很喜欢伏罗兹瓦夫。

我把信送给索温斯基，我仅见过他一次，他昨天来了我们这里一趟，但没有见到我们。恰好我们外出，去了当地的俱乐部，是乐队指挥斯纳贝尔邀请我们去的，要我们观看当晚音乐会的彩排。他们每星期举行三次这样的音乐会。我发现参加彩排的乐队，像平常一样，人数不多。还有一架钢琴和一位仲裁员，名叫赫尔维格的业余钢琴师，他准备演奏莫谢莱斯的《降E大调协奏曲》。他还未坐到钢琴凳上，已有四年没有听我弹奏的斯纳贝尔，请我去试试那架钢琴，我实在难于推脱，只好坐下来弹了几首变奏曲，斯纳贝尔非常高兴，而赫尔维格则胆怯的不敢演奏了。其他的人也恳请我在晚上演奏，特别是斯纳贝尔的热诚邀请，使我无法拒绝这位老人，他是艾斯内尔的好朋友。我告诉他，我是为了他才答应演出的，因为我有好几个星期没有摸琴了，原来也没有打算在伏罗兹瓦夫演奏。老人对这一切表示很理解，他说昨天在教堂见到我，就想邀请我参加演出，但难以启齿。随即我便和他儿子一起去取乐谱，并为他们弹奏了第二首协奏曲里的浪漫曲和回旋曲。在彩排时，那些德国人对我的弹奏非常惊讶。他们说：他弹得多么轻柔，但没有人谈及我的作曲。提图斯只听到有个人在说"他会弹却不会作曲"。值得一提的是前天有一位外表很引人注目的人物坐在我们对面，在交谈中我才知道他原来是华沙的苏尔兹的熟人，而且是苏尔兹替我写信给那个人的朋友。他是个商人，名叫沙夫，非常热情好客，带着我们游览了伏罗兹瓦夫全城，还雇车带我们去游览最美丽的地方。第二天，将我们的名字列入商业中心，并给我们送来昨晚音乐会的贵宾票，是在彩排前就送来的。当他和那些

给我们搞到贵宾票的人，发现接受票的这位贵宾，竟是当晚音乐演奏会的主要角色，其惊讶程度可想而知。除了回旋曲外，我还为行家们作了即兴演奏，其主题来自《波尔蒂奇的哑女》。随后他们就以其序曲作为终场演出。音乐会后便开始跳舞，斯纳贝尔邀请我吃晚饭，我只用了一些肉汤。……

演奏会后，乐队经理向我介绍了一位女士，称她是当地首屈一指的钢琴家，她非常感谢我带来的愉快惊喜，并以我不能作公开演出而表示遗憾。为了自我安慰，那位仲裁员唱了《塞维利亚的理发师》，唱得十分差劲。

昨天大家谈了许多有关艾斯内尔的事，称赞他为管弦乐队创作的那些变奏曲。我告诉他们，如果他们听到了他所作的《加冕典礼弥撒曲》，才能断定他是一位怎样的作曲家。这里的德国人很可怕，至少在昨天的场合里是如此，只有我们的沙夫是例外。明天两点我们出发前往德累斯顿。

到达德累斯顿后，肖邦和他的好友提图斯并不急于赶路，又在这里停留了数日，展开了一系列的活动，心情也很是愉快。从他于11月14日写给父母的充满幽默风趣的信中，便可得知他在那里的种种有趣的事情：

我刚刚才找出一点点时间来给你们写几行字，报告我的消息。我刚从一个波兰人的午餐会回来，参与午餐会的是清一色的波兰人。他们还在那里，只有我独自一人回来写信，因为邮车7点就要启程，而我今天还想再去听一次《波尔蒂奇的哑女》……在此地，我第一个去拜访的是佩赫维尔小姐。她星期五演出，还安排了我们去看，可就在同一个晚上剧院上演《哑女》，真难作出选择。但我必须去参加这位小姐的演奏会，所以我就去了她那里。第二个我要去那里的原因是，有人告诉我，在那里还能听到当地最优秀的一位女歌唱家的演唱。她出生于意大利，名叫普拉热西。于是我穿了最好的衣服，雇了一顶轿子，便坐进了那古怪的箱子里，让他们把我抬到克雷西格的府邸中，那就是晚会举行的地方。

第七章　重访维也纳

一路上我尽在嘲笑自己被穿着制服的轿夫们抬着，我真想把轿底踩破，但还是忍耐了下来。轿子一直把我抬上了台阶，才在门前停了下来。我下轿后便让人通报佩赫维尔小姐，府邸的主人立刻出来频频向我鞠躬致意，说了许多奉承话，显得非常彬彬有礼，把我引进了大厅。我看到大厅的两旁摆放着八张大桌子，桌边都坐满了一群妇女。他们的饰物和钻石珠宝闪闪发亮，令人眼花缭乱。不是开玩笑，这些女人及其珠宝饰物之多，真有点让人害怕，以为会有一场反对男人的暴乱发生。也许只有那些秃头和戴眼镜的男人才能与之对抗，因为秃头和戴眼镜的人数也不少。那些饰针相击和茶杯相撞的响声，突然被大厅的另一端的音乐声所掩盖。他们演奏了《魔鬼兄弟》（法国作曲家奥柏所作）的序曲，然后是那位意大利小姐的歌唱——唱得不错，我和她说过话，并结识了她的伴奏者拉斯特雷利先生，他是此地歌剧院的副指挥。我还认识了鲁比尼先生，他是我将在米兰渴望认识的著名歌唱家的弟弟，这位非常客气的意大利人答应给我写一封推荐信给他的哥哥，这正是我求之不得的，他是那样的彬彬有礼，昨天还带我去看《晚祷》的彩排，它是由当地的宫廷指挥英拉奇作曲的歌剧。我利用此机会让他想起了我，他立即要我坐在他身边，并和我谈了许多话。《晚祷》今天是由著名的拿波里男高音歌唱家萨罗里和塔贵尼奥主唱，由罗拉用小提琴演奏 Obligato（伴奏音部），他是此地的著名演奏家。我有索利瓦给他的一张信笺，我与他相识后，答应给我写一封信给他在米兰歌剧院任指挥的父亲。现在让我们再回到那个晚会来，佩赫维尔小姐演奏钢琴，而我呢，在和一些人交谈之后便去看《哑女》了，我没有听到全剧，很难对它作出评论。只有今晚听过之后才能告诉你们一些确切的意见，早上要去克伦格尔那里，恰好在门口遇见了他，他立即认出了我，对我非常友好，随即把我拥抱在胸前，我也很尊敬他。他先问我的住处，让我明天早上去拜访他。他劝我作公开演出，我只好装聋作哑。我没有时间去浪费，而德累斯顿既不能给我带来名声，也不会给我带来金钱。

我在普鲁沙克家认识的克尼亚吉维奇将军，也曾谈及音乐会的事，不过他预言，收获不会很大。

119

昨天我去看了意大利歌剧，演得很糟糕，要不是罗莉的独唱和来自维也纳剧院的哈内尔小姐——她昨天在《坦克雷迪》中首次演出——的演唱，就没有什么值得听的了。国王在一大群侍从的护卫下也来到剧院看剧，他今天也参加了教堂举行的大弥撒。他们演唱的弥撒曲是由当地贵族米尔蒂兹所作，由莫拉奇指挥。我最喜欢萨罗里、莫斯雷提、马布维格和热奇的歌喉。乐曲本身倒不怎么样。此地著名的大提琴手多扎维尔和库默尔也独奏了几首，都演奏得不错。此外就没有什么特别的了。这里除了我明天要去拜访的克伦格尔之外，便没有什么值得我去注意的了，我喜欢和他交谈，因为从他那里我能学到许多东西。

除了画廊之外，我在德累斯顿就没有什么值得去看第二遍的了。绿拱厅看过一次就够了。但是我却以巨大的兴趣再次去看了画廊，如果我住在这里，那我每星期都会去参观的，因为有的画，能让我听到音乐。

从画里能听到音乐，这是肖邦的一种独特的体验。实际上绘画和音乐的确有许多相通之处，后来肖邦和法国画家德拉克鲁瓦经常在一起交流观点，结下了深厚的友谊，也是他对绘画爱好的一种体现。

在德累斯顿停留的一个星期中，我们从肖邦给父母的信里还得知，他除了听音乐会和歌剧以及参观画廊外，还结识了许多波兰人。其中有卡·克尼亚吉维奇将军，他是1794年科希秋什科起义的参加者，拿破仑战争的英雄，后来他也到了巴黎，并和肖邦结成了忘年之交。肖邦还先后参加了普鲁沙克、聂肖沃夫斯卡夫人、多布齐茨卡夫人以及科马尔伯爵家的宴会，而且就在科马尔家里认识了他的大女儿德尔菲娜·波托茨卡伯爵夫人，这位天仙般的美貌少妇给肖邦留下了深刻的印象，后来他们在巴黎重逢，两人之间还擦出了爱情的火花，爆出了至今也说不清道不明的绯闻。

在德累斯顿停留了一个星期之后，弗里德里克和提图斯又愉快地踏上了旅程。他们在布拉格只呆了很短的时间，便直奔维也纳。从11月2日离开华沙，经过20多天的长途跋涉，终于在11月23日星期二到达了维也纳。

第七章　重访维也纳

在维也纳的经历

　　在到达维也纳的一个多星期里，他们都忙于寻找住处。由于囊中羞涩，他们住不起昂贵的旅馆，只好选择便宜的住处。找来找去，直到12月初，他们才在一座楼房的四层上找到了一套有三个房间的公寓，租金不贵，又位于市中心，而且房东还是个年轻漂亮的寡妇——拉赫马诺维奇子爵夫人。她曾在波兰住过较长的时间，对波兰颇有感情，她说自己喜欢波兰人胜过奥地利人，在华沙的时候就听说过肖邦的大名，此次见是肖邦来租房，心里非常高兴，租金自然要便宜一些，每月25个银币。而这位房东对于他们来说，"无需别的，仅就她这样一位高贵的女人就值25个银币。何况她顶喜欢波兰人，而且讨厌奥地利人。她是个普鲁士人，又是个富于理智的女人"。

　　肖邦来到维也纳后，首先就是拜访老朋友，结交新朋友。他的华沙音乐学院的老同学，现在维也纳进修的尼德茨基，一听到肖邦来到了维也纳，便立即赶来和他相会。嗣后他们经常在一起弹奏钢琴，切磋技艺。尼德茨基还为肖邦抄写了两部协奏曲，准备以后举行音乐会用。另一位弗里德里克最想拜访的是他的老师乌尔费尔，上次肖邦来维也纳时，这位恩师对他帮助特大，为他举办音乐会不遗余力，还亲自指挥乐队为他伴奏。可是此时的乌尔费尔却身患重病，不能出门了。这次肖邦前来拜访他，依然对这位弟子十分关心，一再劝说他要举行音乐会，但不能像上次那样不取报酬。车尔尼对肖邦的来访十分高兴，还安排了8架钢琴16人联弹来欢迎肖邦。肖邦还拜访了格拉夫，这位著名钢琴厂的厂主，一俟肖邦搬入新居，便把他生产的一架钢琴送到肖邦的住处，还几乎每天都要到肖邦那里，和他弹弹钢琴。可惜的是，这次没有见着布拉海特卡父女，他们到斯图加特去了。上次肖邦来维也纳，多亏了布拉海特卡这位著名记者的鼎力相助，才与维也纳的媒体有了接触。他的女儿也是一位年轻的钢琴家，对肖邦特有好感，有人甚至说她爱上了肖邦。

　　这次来维也纳肖邦也结识了几位新朋友。最先结识的是一位医生，名叫

约翰·马尔法提,曾做过贝多芬的私人医生,现今是皇室的御用太医。他热爱音乐,在当地音乐界也是个响当当的人物,而且很有人缘。由于他是波兰王国的元老院主席托马斯·奥斯特罗夫斯基的女婿,因而对波兰人颇有好感。况且肖邦还携有他内弟的介绍信,便对肖邦格外热情。肖邦在信中写道:"马尔法提把我当成表兄弟那样来接待我,当他一听到我的名字,便上前来拥抱我,并说奥斯特罗夫斯基已给他写信了,他会尽全力来帮助我。"

另一位新结交的朋友就是捷克人斯拉维克。肖邦在给父母的信中写道:"乌尔费尔好一些了,上星期我在他那里认识了斯拉维克,他是个有名的小提琴家,尽管他很年轻,最多26岁,我非常喜欢他。当我们一起离开乌尔费尔时,他问我是不是回家,我回答说,'是的'。'最好你跟我去拜访你的女同胞巴耶尔夫人。'克拉舍夫斯基在德累斯顿时曾给我写了一封信给她……我一直不知道该往何处去送这封信,因为我没有她的地址,而且在维也纳姓巴耶尔的何止千人。'好吧——我说——但我得先回家去取一封信。'果真就是这位夫人,她的丈夫是从奥德萨来的波兰人,是霍门托夫斯基的邻居。这位夫人好像已知道我的不少事情,她邀请我们次日,也就是星期天去吃午饭。在那里,斯拉维克的演奏让我特别喜欢。除了帕格尼尼外,就再也没有人能胜过他了。他也同样喜欢我,于是我们商量好合写一首钢琴和小提琴的二重奏曲,早在华沙时我就有这种想法。他是个伟大的小提琴家,真正的天才。只要我遇见到梅尔克,我就能作三重奏了,我这几天就有可能见到他的。"

梅尔克是奥地利的一位著名大提琴家,肖邦曾在信中谈到他:"星期四福克斯举行晚会,此地的一位艺术家李梅尔展示其创作的以四把大提琴演奏的作品。梅尔克一如既往,演奏得比以往更美妙。我们一直呆到12点,因为梅尔克来了兴趣,要我和他合奏变奏曲。梅尔克对我说,他很喜欢和我合奏,我也喜欢和他合奏,所以我们在一起有出色的表现,他是我尊敬的第一个大提琴家。"

肖邦在维也纳开始了一段平静而有规律的生活。他在给马图辛斯基的信中就曾这样谈到他的生活情况,马图辛斯基是肖邦继沃伊捷霍夫斯基之后的一位好朋友,他在华沙大学医学系学习,后来他也来到了巴黎,成了肖邦的医生和最亲密的朋友。"我住在四楼上,它位于一条最美的街上。如果我想看下面发生什么事情，只需透过窗户就能看得一清二楚。我的房间（当我回到你们的怀抱时，你们就能从纪念册上看到它，小胡梅尔正在把它画出来）又大又舒适，有三个窗户，床对着窗户，一架华丽的钢琴在右边，沙发在左边，镜子摆在两扇窗户之间。中间是一张红木桌子，又大又漂亮。光亮的地板，很安静。午餐后主人不会客，于是我就能把我的思想全贯注在你们身上。早上我被一个笨得令人难以忍受的仆役叫醒。我起来，他们便给我送来咖啡，随后我弹一会儿琴，因此我吃的往往是凉了的早餐。大约9点钟德文教师来。然后我总是弹琴，此时胡梅尔便来给我画像，尼德茨基来学习我的协奏曲。这段时间我一直穿着睡衣，直到12点钟。此后便会有一位值得尊敬的德国人来，他名叫里登弗罗斯特，在监狱里做事。如果天气好，我们便在环城的斜坡上散步。然后，如果我受到邀请的话，就去赴午宴。若是不，我们就去一处此地学生都爱去的地方，那就是'艺术家餐厅'。午饭后就去最漂亮的咖啡馆喝黑咖啡（这是此地的风尚）。然后我去访客，天黑时回家，梳理头发，换擦鞋子，又出去赴晚会，大约10—11点，有时12点（从没有超过）回到家里。我弹琴、哭泣、阅读、观看、大笑、上床、睡觉、熄灯，总是梦见你们。"

这种平静的生活突然被华沙起义的消息所打断。

华沙反俄武装大起义

肖邦离开华沙时，就知道华沙有一批青年正在酝酿武装起义之事。

这批爱国青年在法国和比利时革命的影响下，早就按捺不住自己的革命激情。而且在9、10月间，波兰各地的革命气氛高涨，华沙工人举行罢工，农民骚动不断发生，而沙皇尼古拉一世正决定派俄国军队和波兰军队前往法国和比利时去镇压那里的革命。波兰革命人士便利用这种革命情绪的高涨，并阻止波兰军队调往法国，以支援法国等国的革命。他们便于1830年11月29日发动了武装起义，起义首先由以彼得·维索茨基为首的步兵士官学校的学生发起。29日晚上，一批爱国青年在路·纳别拉克和塞·戈什钦斯基的率

领下奋勇向康斯坦丁的贝尔维德尔宫发起攻击。惊慌失措的康斯坦丁亲王在其俄国卫队的保护下仓皇出逃,这才保住了他的性命。当时驻扎在贝尔维德尔宫外面的波兰军队开始不明就里也跟着逃走,等到他们知道真相后便掉转枪口,投向了起义。起义军攻占贝尔维德尔宫后,便向三十字广场前进,沿途与俄国军队展开了激战,俄国军队节节败退。第二天中午,起义军进入市中心,与华沙市民配合,他们攻占了军火库,并把武器发给了参加起义的群众。起义队伍迅速壮大。到 11 月 30 日晚,俄国军队和一部分忠于康斯坦丁亲王的波兰军队撤出华沙,华沙获得解放。然而这次起义却没有明确的纲领和坚强的领导核心,因而不久便被大贵族操纵。大贵族卢贝茨基改组了行政委员会,并吸收大贵族亚·查尔托里斯基和约·赫沃皮茨基进入政府,他们主张和康斯坦丁谈判,使起义半途而废。12 月 1 日"波兰爱国协会"恢复活动,由历史学家列列维尔任主席,文艺评论家、贵族革命家莫赫纳茨基和诗人戈什钦斯基在其中发挥了重要作用。协会要求建立民族政府,停止与康斯坦丁谈判,把起义扩大到全国。12 月 3 日成立临时政府,列列维尔成为政府成员,但大权仍掌握在保守的大贵族手中。12 月 4 日,临时政府解散爱国协会,莫赫纳茨基躲藏了起来。12 月 5 日赫沃皮茨基宣布实行独裁,想与沙皇尼古拉一世谈判,让俄国军队撤出波兰。由于遭到起义官兵和群众的反对,独裁者被迫辞职。1831 年 1 月 19 日爱国协会恢复活动。1 月 25 日波兰议会迫于群众的压力,宣布废除尼古拉一世的波兰国王王位,并宣布波兰独立。

在起义期间,人民群众情绪激昂,他们高唱"只要我们还活着,波兰决不会灭亡"的战歌投入战斗。这首原是波兰军团的团歌从此被定为波兰的国歌,而且一直传唱到今天。几十位诗人、作家和文艺家纷纷投笔从戎,拿起刀枪,奋不顾身地与敌人展开搏斗。在一次武装起义中有如此众多的文艺家参加战斗,真可以说是世所罕见。密茨凯维奇的《青春颂》、斯沃瓦茨基的《自由颂》等一批富于战斗性的爱国诗歌被印成了传单,成为鼓舞人民斗志的号角。

在爱国协会的推动下,波兰议会组成五人的民族政府,由亚当·查尔托里斯基任主席,除列列维尔外,其他几位都是大贵族。民族政府任命米哈尔·拉吉维乌为军队总司令。起义初,军队只有 2.7 万人,到 12 月底,军队便拥有9万人，140门大炮，准备迎战俄国侵略军。

1831年2月初，沙皇尼古拉一世命令陆军元帅伊凡·迪比奇率领11.5万人和336门大炮前来镇压波兰革命。此次动用的兵力占俄军的1/3，可谓阵容强大，兵力充足，想一举消灭波兰起义军。在2月的多次战役中，波兰军队以少胜多以弱胜强，打了好几次胜仗，使骄横不可一世的迪比奇屡遭失败。2月25日格罗霍夫战役之后，杨·斯克日纳茨基被任命为波兰军队总司令，伊·普龙增斯基为参谋长。此后起义军得到了补充，打了几次胜仗。与此同时，立陶宛、白俄罗斯和乌克兰，受到华沙起义的影响和鼓舞，相继爆发了反俄的起义，迫使俄军分散兵力和后撤。由于此时霍乱肆虐，夺取了许多俄国士兵的生命，迪比奇也染疾身亡。但5月26日在沃斯特罗温卡一战中波兰军队却遭到惨败，被迫撤回华沙。6月底沙皇任命伊凡·帕斯凯维奇为俄军新的总司令，率领14万俄国大军大举进攻波兰。而此时的波兰起义军只有5万人。起义军之所以锐减，一是因为敌军强大，波兰官兵作战英勇，牺牲了不少的起义军战士。二是波兰人有这样一种特性，在反抗外国侵略时能团结一致，奋起斗争，但一涉及内部问题时，便会因政治和社会观点与利益的不同而争权夺利，四分五裂，影响对敌斗争，从而引起起义群众的不满，致使参加起义的兵员不及起义初期那样踊跃。三是没有正确的对待农民的方针和政策。这次起义可以说是一次贵族起义，起义领导者都是贵族，甚至是大贵族，他们在对待农民问题上相当一致，都不想和不愿给农民以自由和土地。在起义开始阶段，农民对起义还抱有希望。打从沃斯特罗温卡战役失败之后，广大农民对民族政府感到失望，许多起义的农民战士纷纷离开起义队伍，有些地方的农民不但不支持起义，反而起来攻击贵族庄园。他们认为，"首先砍掉贵族，再去打莫斯科佬，因为贵族是我们今天不幸的根源"。四是由大贵族领导的民族政府把欧洲各国的支持和干涉看成是起义胜利的唯一保证，于是他们派出许多代表到欧洲各国首都去游说。然而他们的期望并没有得到实现。普鲁士和奥地利与俄国同是瓜分波兰的国家，他们自然会和俄国站在一起，况且普鲁士国王腓特烈·威廉三世还是沙皇尼古拉一世的岳父。华沙起义后普鲁士立即封锁边界，禁止志愿人员进入波兰王国，查禁和没收运往波兰的一切武器。没有普鲁士的帮助，俄国决不会这样快地就能征服波兰的起义。

奥地利开始因不满俄国在巴尔干的扩张，希望波兰的起义能削弱俄国的势力，但也决不愿让波兰起义获得成功。因而表面上采取中立的立场，头一个月没有封锁边界，大量志愿人员和武器弹药以及粮食进入波兰，对起义有不小帮助。后在俄国的压力下，封锁了边界，协助俄国镇压起义。法国由于波兰起义而阻止了俄国的武装干涉，法国人民倒是兴高采烈，同情波兰起义，但法国政府却不愿得罪俄国。英国也是把波兰起义当作自己与俄国交涉的筹码，因此波兰起义并没有得到这些国家的支持和帮助。

到了 7 月，俄军大举向波兰起义军发起进攻，起义军虽经顽强抵抗，但由于兵力不足，武器很差，只好撤到华沙城里。8 月初，俄军包围了华沙。华沙被围困后，物价飞涨，人民生活十分困难。8 月 15 日，人民群众举行游行示威要求严惩卖国贼。傍晚，人民群众冲进监狱，将十多个被关押的卖国贼和间谍吊死在路灯柱上。爱国协会主席列列维尔和莫赫纳茨基认为群众行动过火，拒绝参加游行。而政府主席查尔托里斯基公爵逃离华沙躲了起来，起义政府不复存在。8 月 17 日，议会任命杨·克鲁科维茨基为政府主席和军队总司令。德姆宾斯基将军的骑兵调入华沙维持治安，他解散爱国协会，并对群众运动采取镇压手段。8 月末，帕斯凯维奇调集了 7.7 万人的兵力和 390 门大炮，开始攻打华沙。而此时的华沙起义军只有 4 万人和 192 门大炮，华沙守军设置了三道防线，并把主力放在了南面。9 月 6 日俄军从西边沃拉发起了强攻，守城士兵在约·索文斯基的指挥下奋勇抵抗，终因寡不敌众，全体官兵壮烈牺牲。后来波兰伟大诗人密茨凯维奇在德累斯顿听到这个英勇故事后，挥泪写下了一首歌颂他们的大无畏精神的诗篇。9 月 8 日克鲁科维茨基率残部向帕斯凯维奇投降。华沙再次落入俄国人的手中。华沙起义虽然失败了，但波兰人民的英勇斗争精神却彪炳千古，受到世界各国人民的称颂，特别是得到了马克思的高度评价。然而起义军也遭到了俄军的残酷迫害，许多爱国志士惨遭屠杀和流放西伯利亚。大批的起义官兵和爱国人士逃亡西欧，开创了波兰历史上第一次流亡大潮。

思念，焦虑，担忧，悲愤

　　华沙起义的消息传到维也纳已是 12 月的上旬，提图斯和弗里德里克一听到消息便十分兴奋。他们都是爱国的热血青年，尽管从维也纳的报纸上只能看到有关起义的片言只语，但却是互相矛盾，无法了解到确切的情况。提图斯和弗里德里克也像许多在国外的波兰青年一样，都想和祖国的人民一道并肩战斗，以求祖国能从外国侵占者的铁蹄下解放出来，获得自由和独立。提图斯·沃伊捷霍夫斯基听到消息后，便立即整装出发，要回到华沙去参加起义。肖邦也坚持要和他一起回去，但他却不让他回去，一再劝说他："你回去也起不了什么作用，你的一双手只适合用音乐来报效祖国。"可是，无论他怎样劝说，肖邦都听不进去。提图斯没有办法，只好把他锁在房间里，自己提着行李去赶驿车了。等肖邦想办法出来后，也雇了一辆马车前去追赶提图斯。可是追了很长一段路程都没有追上他，只好无奈返回。等他回到住处，便接到父亲的一封短信，信写得很潦草，是匆匆写就的。内容很短，但口气强硬而又关切，几乎有哀求之意："你不要回来，你不能回来！"

　　弗里得里克是个孝子，他不能违背父亲的意志，可是他心有不甘，总是想回去和年轻的朋友们一起战斗，尽管他的能力有限，身体并不很强，但只要能投入到起义队伍中去，尽自己的一份职责，表达出自己的一份爱国激情，他就心满意足了。可是现在他连这样的愿望都无法实现，只能一个人呆在这陌生的地方，又听不到华沙的确切消息，种种思绪涌上他的心头，他思念、忧虑、不安、孤寂、悲伤。他在给马图辛斯基的信中写道：

　　你知道，我是世界上最优柔寡断的人，一生中我只能作出一次正确的选择。天啊，不仅是她（指康斯坦兹雅·格瓦德科夫斯卡——笔者），还有我的姐妹们至少能去服务，给人包扎绷带。可是我——假如不给父亲带来麻烦的话，我会立即回去的，我诅咒出国的那一刻。你是了解我的人际关系的，所以应让你知道，提图斯走后，所有的事情都落到我的

头上，不计其数的午宴、晚会、音乐会、舞会让我厌倦心烦。我在这里是那样的悲哀苦闷，无聊凄凉。虽然我喜欢这些，但不能以这样难以忍受的方式进行下去，我不能做我喜欢的事情。我不得不去打扮自己，梳理头发，穿上鞋袜在沙龙里装出一副平静的姿态。可是等我回到住处后，便在钢琴上奏出雷鸣般的响声。我不能对任何人袒露心胸，推心置腹，但又必须对所有的人客客气气。这里也有人似乎很喜欢我，给我画像，奉承我，取悦我，但这一切对我又有什么用呢？这一切无法让我安下心来——也许是对 29 日（指华沙起义爆发的那天）的恐惧。

在这封信中，除了对父母和姐妹的关心外，特别谈到了他对康斯坦兹雅的关切："你让她安心，对她说，只要我有一点力气——我直到死为止，甚至在我死后，我的骨灰也会撒在她的脚下。"除了思念外，他又感到特别的迷惘："我该去巴黎吗？这里的朋友却要我再等一等。我应回波兰，还是呆在这里？我该结束自己的生命，或者不再写信给你？请给我一些建议，我该怎么办呢？"

在 1831 年 1 月 1 日元旦写给马图辛斯基的信中，再度反映出他的忧郁苦恼的心情："我好像是在做梦，昏昏沉沉，好像我就在你们身边。而我现在听到的一切只是梦幻而已，我的灵魂尚未听惯的这些声音，并未给我留下任何其他的印象，只不过像马车驶过马路那样的隆隆声，或者像其他不引人注意的嘈杂声一样。如果是你或提图斯的声音，那就能使我从这种死人般的麻木状态中苏醒过来。今天在我看来，活着和死去都是一回事。……我的朋友们都在干什么？为什么今天我这样被遗忘？难道在如此凶险的时刻只有你才能和他们在一起。你的长笛可有东西叹息了，但还是让钢琴先去叹息一番吧。……这儿并不缺少娱乐，但我在这里却从没有过娱乐的兴趣……今天是新年了，但我竟过得如此的忧郁凄凉。……再次拥抱我吧——你要上战场了，祝愿你回来时当上了上校。愿你们——为什么我不能和你们在一起，为什么我就不能当一名鼓手呢？"

他在此时写的日记也表达出了他那种忧虑、思念，甚至是心灰意冷的情绪：

第七章 重访维也纳

> 报刊和广告都已宣布两天后我要举行音乐会，但好像永远也不会举行的那样，我对它毫不在意。我不想听奉承的话，它会让我变得更愚蠢。……我真想去死，但我又多么想见到我的双亲。她的形象（指康斯坦兹雅）一直浮现在我的眼前，我觉得我不再爱她了，但她还没有从我的脑海中消失。至今我在国外看到的一切，都觉得是那样的陈腐，那么的不堪忍受，只能促使我想要回家，促使我去思念过去我未能很好珍惜的那些美好时光。过去我认为是伟大的东西，如今却成了平常的东西；过去我觉得是平常的东西，如今却变成了不一般的异乎寻常的东西，变得更伟大更崇高了。这里的人不是我的同胞，他们都还和善，但仅仅是习惯上的和善。他们做每件事都太古板了、太过平淡、太节制了。对于这种节制，我甚至连想都不愿去想。

在另一则日记中他这样写道：

> 我很迷惑很忧愁，不知该怎么做好，为什么我孤独一人？
> 今天在普拉特尔，那里有一群与我毫无关系的人。我赞美绿——春天的气息——大自然的纯真，又把我带入儿童时代的感觉。突然暴风雨袭来，我急忙回到住处，但根本没有暴风雨，只有忧愁包围着我。——为什么？今天连音乐都不能使我快乐。夜已深了，但我还不想去睡，也不知道为了什么。我已经开始第三个十年了。

这种心情也反映在他写给恩师艾斯内尔的信里："自从我听到11月29日发生的事件后，直到此时，除了痛苦、焦虑和忧伤外，就没有听到别的什么了。马尔法提一直在劝说我，艺术家应以四海为家，即便是如此，作为艺术家的我也不过是一位还处在摇篮中的艺术家，可是作为一个波兰人，我已步入第三个十年了。因此我希望您能理解我，不要责怪我被过去年代的感情所占据，而未开始筹划音乐会的事。况且在我的道路上各种困难都要比以往大得多，不仅是接连不断的钢琴演奏会令观众反感，华沙发生的事也改变了我的处境，也许其不利的程度会和我在巴黎的有利程度一样。"

肖邦还谈到了举行音乐会的种种困难，除了政治原因外，此时维也纳的音乐走向也和一年半前大相径庭。"在这里，圆舞曲才被称作艺术作品，才能出版发行。"斯特劳斯的圆舞曲正在走红，受到了热烈的欢迎，成了音乐会的主角。为了举行音乐会肖邦也曾做过一番努力，通过胡梅尔的引见，肖邦认识了皇家剧院的新经理刘易斯·杜波特，他曾当面答应给肖邦安排，但直到2月底，杜波特才告知肖邦，按照他的安排，音乐会将于3月6日在娱乐大厅举行。先由巴黎歌剧院来的首席女歌唱家加奇·维斯特里斯演唱歌剧的咏叹调，随后是演奏贝多芬的第三交响曲《英雄》，最后由肖邦演奏自己《e小调协奏曲》。一切都已准备就绪，广告和消息都已刊出。可是到了最后，音乐会"由于存在的困难"而被改在4月4日举行。到了4月4日又未能演出，再次改到4月17日，但到最后还是被取消了，原因不得而知，有的说是女歌唱家摆架子，或者生病所致。音乐会未能举行，这令肖邦大失所望，也让他对维也纳失去了信心，再也不想为音乐会而去奔波了。

有一天，肖邦和朋友来到维也纳图书馆，想查看一下这里珍藏的乐谱手稿。在新藏的架子上摆放着一个精美的盒子，盒子上写着肖邦的名字。一开始，肖邦还不相信这是自己的手稿，以为是别人的，因为在法国也有一位姓肖邦的音乐家。等朋友打开盒子取出里面装潢精美的手稿来一看，"真是出自我的手。原来是哈斯林格把我的变奏曲手稿呈送给了图书馆，我便对自己说：傻蛋，你也有保存下来的东西了"。这是肖邦在维也纳唯一的一次让他特别高兴的事。

为了驱除肖邦心中的烦恼和忧闷，朋友们便常常陪他到维也纳附近的名胜古迹去游玩，让他的心情舒畅些。马尔法提就曾邀请肖邦到他的别墅去度周末，肖邦在给父母的信中写道："你无法想象他住的地方有多美。上星期的今天，我和胡梅尔曾到他那里做客。他带领我们参观了他的住所，一步步向我们展示了它的美，等到我们来到山顶时，真不想下来了。这座府邸因有人参观而荣耀，而且是与安哈特公主为邻，她非常羡慕他的花园。从花园的一边看过去，维也纳就在脚下，好像与新布伦连成了一片。另一边是高山和散布其中的村庄与教堂，置身其中，让人完全忘记城市的喧闹和嘈杂。"

他还曾和朋友库梅尔斯基与恰普斯基一道游历了里波尔德堡和卡伦堡。

第七章　重访维也纳

"那真是可爱的日子，我从未有过比这更好的旅游了。在里波尔德堡，你能看到整个维也纳和整个多瑙河的上游。午餐后，我们去了卡伦堡。索别斯基国王曾在那里设立过行营，我把那里的一片树叶寄给伊莎贝拉。这里还有座教堂，原先是卡马多列士修道院，在国王攻打土耳其人之前，曾亲自在这里主持过弥撒和给儿子雅库布授予骑士腰带。"信中提到的波兰国王索别斯基（1629—1696），1683年曾与奥地利结盟，并在维也纳城下打败了土耳其军，解救了维也纳的围困，索别斯基的胜利，大大提高了波兰在欧洲的声誉。肖邦前去瞻仰和凭吊英雄的波兰国王，也给我们的这位忧国忧民的音乐家以莫大鼓舞。

此外，肖邦在旅居维也纳的波兰同胞家中也得到了一些欢乐和安慰。由于他气质高雅，待人和善而又彬彬有礼，深得贵妇淑女们的喜爱，甚至传出绯闻，说他和一个叫特雷莎的姑娘过从甚密。

直到1831年的6月11日，由于杜波特的再三邀请，肖邦参加了在皇家剧院为舞蹈家多米尼克·马提斯而举行的一场义演晚会。这台晚会也是为加伦贝格的芭蕾舞剧《特奥多西》的首演而举行的，也就是在芭蕾舞剧演出之前举行的一场纯音乐会。先是演奏韦伯的《欧丽安特》的序曲，随后由肖邦演奏自己的《e小调钢琴协奏曲》第一乐章，接着是男声四重唱，最后是肖邦演奏协奏曲的第二第三乐章。肖邦的演奏受到了热烈的欢迎，但却没有像前年那样引起轰动。有多家报刊发表了评论或消息，对肖邦的演奏技巧作了较高的评价，对于他的协奏曲也不乏赞美之词，但都没有评到点子上，这是肖邦所不满意的地方。

在维也纳这段焦虑、思念、忧郁和苦闷的日子里，我们不难想象肖邦能专注于他的作曲，尽管他常常在黑白键盘上发泄自己的情绪。但是残酷的现实与浪漫的意境却成了巨大的反差，使他不断地在反思、观察和判断。通过现实与理想、欢乐与苦闷、环境与生存的双重磨炼，肖邦变得更加成熟，这也深深影响到他的音乐创作。在这期间，他还是创作了《大波罗涅兹舞曲》（作品第22号），继续创作他的一组杰作12首《练习曲》（其中三首是在波兰国内完成的）和一组新的《玛祖卡舞曲》（作品7号：B大调，a小调，f小调，降A大调，C大调），同时还谱成了两首歌曲《悲伤的河》和《未婚

夫》。在这些作品中，肖邦已摆脱了布里兰特派的影响，开始了真正浪漫主义的风格，同时也开始出现了人们称之为"Żal"的情调。Żal 这个词在波兰文中具有多种含义，匈牙利作曲家李斯特在他的《论肖邦》一书中曾这样写道："Żal 是一个非凡的字，它有非常多的意义，有更加非凡的哲理。如果这个字适用于现象和物体，它就意味着柔顺的任劳任怨的慈悲的感动和谦逊；这种慈悲精神温顺地服从天命的定数的法则；在这种情况下，这个字可以译作'对不可挽回的损失的无法慰藉的悲哀'。可是这个字一触及到人，它的含义马上变了……这个字当它表示出比法国字 grief（抱怨，不满）具有更崇高、更高尚、更广泛的感情的时候，它含有仇恨的酵母，愤懑，责难，对敌人复仇的预感，藏在内心深处的对敌人的铁面无情的威胁（这种威胁，时而流露出要复仇的情感，时而充满了徒然的悲哀）。的确，Żal 这个字赋予肖邦的一切作品时而以银色的色调，时而以热烈燃烧的火一般的色调。他的最温柔的梦幻也不缺少这种感情。"（转引自李斯特《论肖邦》，人民音乐出版社 2003 年版，第 18 页）虽然李斯特对肖邦的 Żal 这个字作了富于哲理的阐述，但过于繁琐，而且不少评论家往往把肖邦作品中的这种 Żal 归之于他的个性或身体，认为他生性多愁善感，而又体弱多病。不可否认，在肖邦的作品中有这方面的表现，但 Żal 这个字在波兰文中，除了悲伤、伤心、忧伤、忧郁外，还有思念、悲情、悲愤、愤慨等意思。而且后几种意思在肖邦的作品中表现得更为明显更为突出。他的悲伤，他的痛苦，他的悲愤，他的愤慨，都是在波兰这样一个亡国的特定条件下产生的，然而波兰这个民族又和别的民族有所不同，他们不甘心做亡国奴，常常奋起反抗，进行英勇的不屈不挠的斗争。他们不畏牺牲，前赴后继，掀起了一次又一次的武装斗争，尽管这些斗争都遭到外国统治者的残酷镇压而失败。波兰人民、波兰民族的命运，因而也比其他欧洲国家和民族更为不幸，更加悲惨。在这样条件下生存的波兰诗人们和艺术家们，大多会在自己的作品中表现出忧国忧民的思想和情绪，抒发出自己心中的忧闷和悲伤的心情，常常会发出慷慨激昂的呼号和悲愤的抗议声。因此我们觉得，肖邦在自己作品中所表现出的 Żal，并不像西欧一些浪漫派那样是无病呻吟，也不是他体弱多病所致，而是应该在当时的波兰大环境中去找根源，这样才能理解肖邦是一位爱国的钢琴家和作曲家的实质内涵。

第七章 重访维也纳

这次造访维也纳所受到的挫折和种种不愉快，让肖邦大失所望，他原先抱有的再度辉煌的希望也成了泡影，而维也纳人此时因华沙起义而对波兰人的不友好态度，也让肖邦感到很不愉快。于是他决定离开维也纳前往法国巴黎。然而即使他想离开也不是那么想走就能走的。他在6月25日写给父母的信中这样写道："我很好，这是我唯一的安慰。但我的离开遇到了怪事，这是我从未经历过的事情。你们知道我是个优柔寡断的人，可是在这里我却是寸步难行。他们每天都答应还给我护照，可是我每天从阿纳什到卡发什去取我留在警察局的护照时都取不到。今天我才得知，他们不知把我的护照丢到什么地方去了。他们不但不去寻找，反而要我再去申请新的护照。如今怪事都会发生在每个人的身上。尽管我已准备就绪，但我还是不能成行。我听从了巴耶尔的建议，申请去英国的护照。但是我还是想要去巴黎的。"

在7月16日写给父母的信里又谈道："我终于拿到了我的护照，但星期一仍不能动身，要等到星期三才能出发前往萨尔斯堡，再转往慕尼黑。你们知道我是申请到伦敦的签证，警察局已给了签证，但俄国大使馆却把我的护照扣留了两天，而且只准我直接前往伦敦。我想这不要紧，我只需去找法国大使马伊森先生就行了。除了这些麻烦之外，还有一大麻烦，那就是要到巴伐利亚去，我们还得有一张没患霍乱的健康证明书，否则就无法进入巴伐利亚的边境。为此，我和库梅尔斯基又奔波了半天，午饭后才办妥了这一切。令我们高兴的是，在经历了这些官方的阶梯之后，我们至少有了一位好旅伴，因为从波兰人外貌、护照和有教养的言谈中可以判断出，他就是亚历山大·弗雷德罗（波兰作家，1793—1876）。他恰好也在给他的仆人办理这种通行证。此地的人怕霍乱怕得让人发笑。他们出售防止霍乱的祈祷文。他们连水果也不敢吃，很多人纷纷逃离城市。"

另外，他的经济也遇到了问题。来维也纳之前，他预计能在维也纳举行音乐会和出售乐谱，可以获得一笔收入。但这种希望落空了。尽管他省吃节用，但带来的钱有限，现在差不多用完了。他不得不请父亲想法再给他寄一笔钱来，他知道家中的困难，为此他在后一封信中请求父亲把沙皇尼古拉一世奖给他的那枚戒指卖掉。

在离开维也纳前夕，肖邦得到了诗人维特维茨基的一封来信，信是这样

写的：

  亲爱的弗里德里克先生，请允许我能唤起你对我的记忆，并感谢你寄来的美妙歌曲。不仅是我，所有听过的人都很喜欢它们。如果你能听到你姐姐的演唱，你自己也会承认，它们的确很动听。你当然应该成为波兰歌剧的创造者。我深信你能做到，你作为一位波兰民族的作曲家，定会为自己的天才开辟出无比广阔丰富的天地，从而获得超凡出众的声誉。但愿你要不断地注意民族性，民族性，再说一遍，民族性！对于一般的作家来说，这个词毫无意义，但对于你这样的天才，却大不相同。我们有祖国的旋律，如同有家乡的气候一样。山脉、森林、江河和草原都有其内在的家乡的声音，尽管不是每个人都能捕捉到它。但我相信被一个真正有天才的，富于感情和思想的作曲家恢复生机勃勃的斯拉夫歌剧，将会在音乐世界里像新升的太阳那样光辉灿烂，也许甚至会超越于所有的其他歌剧。将会像意大利歌剧一样优美动听，但却更富于激情，更具有无可比拟的丰富的思想。每当我想起此事，亲爱的弗里德里克先生，心里总是充满着美好的希望：愿你成为从斯拉夫民族旋律的广博的宝库中汲取宝藏的第一人。如果你不能走上这条路，那你就是自愿放弃最美的桂冠。让模仿留给别人去吧，让他们去享受平庸的快乐吧。你将是一个富于独创性的祖国的作曲家。也许刚开始并不是人人都能理解你，但只要在你选定的艺术领域中坚持不懈和精益求精，就一定能保证你在子孙后代中的名声。谁若是想在任何艺术领域中出类拔萃，成为真正的大师，就必须树立自己的远大目标，请原谅我说了这些话。但请你相信我，这些意见和愿望都是出自于我的真诚的善心和我对你天才的尊重。如果你要去意大利，最好是在达尔马提亚（南斯拉夫地区）和伊利里亚停留一段时间，以便了解我们兄弟人民的歌曲，在摩拉维亚和捷克也是如此，到那里去寻找斯拉夫国家的旋律，就像到山川原野去寻找宝石和矿产那样。也许你还可以记录下某些歌曲，这对你说来将是一种非常有用的采集。为此你不要怕浪费时间，再次为我的啰嗦表示歉意，此事就此搁笔。

第七章 重访维也纳

你的父母和姐妹都很健康。我很高兴能时时见到他们。我们大家都生活在狂热之中。我的身体是如此的不幸,以致我直到现在还不能走上战场,当别人都在枪林弹雨中度过,而我却在和药粉打交道,不过我还是国民近卫军的炮兵。我听说你在那里感到苦闷和备受煎熬,我能设身处地地理解你。当祖国正处在生死存亡之际,没有一个波兰人能保持平静。但是我要祝愿你,要记住未来,我亲爱的朋友,你出国不是为了消沉,而是为了在艺术中完善自己,从而给家庭和祖国增光添彩,带来安慰和骄傲,这一意见是得到你尊敬的母亲的允许我才敢向你提出的。

维特维茨基的来信对于弗里德里克来说,无疑是一大鼓励,使他更明确了自己作为一个波兰人的职责,也使他进一步理解了生存的意义。尽管他后来没有满足他们的期望,成为波兰民族歌剧的创造者,但他在音乐创作中所注重的民族性,却是他一生确立的崇高目标和最显著的特色。

1831年7月20日弗里德里克·肖邦终于获得了奥国政府批准的经巴黎到伦敦的签证,便和库梅尔斯基一道离开了维也纳。他们先到萨尔斯堡,随后抵达慕尼黑。库梅尔斯基继续北上柏林,去完成他的学业,而肖邦则在慕尼黑整整停留了一个8月,主要原因是等待父亲给他寄来的钱款。趁此机会,肖邦在慕尼黑结识了一批新朋友,其中有作曲家康拉德·贝尔格和德国著名指挥家、作曲家彼得·林德帕因特内尔,在后者的邀请和安排下,肖邦于8月28日中午在音乐厅举行了一场公开演奏会。肖邦演奏了自己的《e小调协奏曲》和《波兰幻想曲》。此外,演出节目中还有四重奏和当地歌唱演员男高音巴耶尔的独唱。乐队指挥是皇家歌剧院的乐监约瑟夫·哈特曼·斯通兹(Stunz)。音乐会受到热烈的欢迎,8月30日在慕尼黑《花朵》上发表的短讯,高度赞扬了肖邦的演奏技巧和风格,对他的作曲也进行了评论,特别是对他的幻想曲给予了较高的评价,认为它可以和德国大提琴家作曲家龙伯格的富于民间曲调的创作相媲美,因而"受到普遍的赞扬"。这次音乐会对于肖邦说来可谓是一场及时雨,给他拮据的钱袋增添了一笔不算丰厚的收入。肖邦在得到父亲寄来的钱款后,便立即离开了慕尼黑。

爱国情感的大爆发

当肖邦来到斯图加特时，便传来了华沙起义已于9月8日失败的消息。听到消息后，肖邦感到莫大的忧虑、悲伤和愤恨，他此时的心情完全和波兰伟大诗人密茨凯维奇的一样。密茨凯维奇刚听到华沙起义消息时也是身在国外，当他克服种种阻力来到波兹南时，边境已被普鲁士和俄国严密封锁无法进入华沙，此时起义已处于危急之中。不几日华沙起义失败，他也被普鲁士政府通缉和驱逐。密茨凯维奇只好随着大量的流亡战士来到了德累斯顿。在德累斯顿停留期间，他采访和听到了许多波兰战士的可歌可泣的英勇斗争事迹，也了解到沙皇政府和俄国军队对波兰人民所犯下的种种惨绝人寰的罪行。他了解的情况越多，对敌人的仇恨就越深越大，同时也对自己未能赶上起义而深感内疚。祖国的灾难，人民的不幸，对民族敌人的仇恨，还有诗人的责任感，都激起了这位民族诗人的创作激情，使他写出了一系列充满爱国激情的铿锵有力的诗篇。特别是他的诗剧《先人祭》第三部，其中的第二场《大即兴诗》是在他听到战士的控诉后，义愤填膺，夜不成寐，挥笔疾书，一夜写出的，这篇330行的即兴诗是一首爱国主义的颂歌，也是一篇震撼人心的抒怀诗，它通过康拉德之口表达了诗人忧国忧民和悲愤痛恨的心情。

肖邦在斯图加特听到华沙起义失败的消息后，也止不住悲痛欲绝。他担忧父母和姐妹的安危，为朋友们的生死而忧心忡忡，为"她"的安全而心绪不宁，也为祖国和人民的悲惨命运而坐立不安，更对民族敌人的残暴而义愤填膺，以至于很少写日记的肖邦也像密兹凯维奇那样奋笔疾书，写下好几篇日记，记录了他的思念、忧虑、悲痛和愤怒的心情：

> 斯图加特。这真是怪事。我现在要上的这张床也许已为不止一个垂死的人效过劳，但我今天却不厌恶它。也许在它上面停放过不止一具死尸，可能还停放了很久？难道死尸会比我差吗？死尸并不知道父亲、母亲、姐妹们和提图斯的情况，——死尸同样没有女友——死尸也不能用

自己的语言和周围的人交谈——死尸和我一样苍白。死尸是如此冰冷，就像我对一切都感到冷漠一样。——死尸已经停止了生命，——我也活够了——活够了吗？——难道死尸也会活够？——如果是的话，它的外表应该好看，可它却是这样难看，难道生命对人的面容和外表会有如此大的影响？为什么我们过着如此可怜的生活？它吞灭我们，它为我们服务就是为了制造死尸。斯图加特的塔钟已经敲过午夜钟声了。啊，在这一瞬间，世上又增添了多少具死尸。母亲失去了孩子，孩子失去了母亲。有多少计划被毁灭，此时此刻死尸又带来多少悲伤多少欢乐。有多少奸诈的监护人，多少被压迫者变成了死尸。善与恶的死尸。——美德和罪恶融为一体。看来，死是人的最好的结局。那么，什么是最坏的呢？——生，作为最好结局的对立面。因此我有理由憎恨我的来到人世。为什么不允许我成为一个在世上无所作为的人？——要知道，我已经是个毫无用处的人了。别人能从我的存在得到什么好处。……从纯数学角度来说，我离死已经为期不远了。今天我还不想去死，除非孩子们，你们的情况很糟，除非你们不希望自己得到比死更好的东西。——如果不是这样，那我还想再见到你们。因为我知道你们是多么地爱我。——今天在我的心灵里有着崇高的，比好奇心更崇高的感情。应该好好地记住，父亲、母亲、孩子们，那是我最珍爱的一切。你们在哪里？也许成了尸体？也许莫斯科佬耍弄了我，哼，等着吧。等着瞧。——但是，流眼泪吗？眼泪早已流干了。为什么会这样？我早就只有悲伤了。啊，我不能久哭下去。思念……多么好啊。思念就是好。这是什么情感？思念好，当思念时，会感到不好但很亲切。这真是奇怪的状态。

在第二篇日记中，肖邦这样写道：

市郊被破坏、烧毁，雅希和维卢希一定牺牲在战壕里了，我好像看到马尔采尔被俘了。索文斯基，这位正直的人，已落到这些匪徒的手中。啊，上帝，你还在——你还在，却不去报仇。——难道在你看来，莫斯科佬犯下的罪行还不够吗？——或者——或者你自己就是莫斯科佬。我

可怜的父亲,我的这位正直的父亲,一定在忍饥挨饿,连给母亲买面包的钱都没有。也许我的姐妹们已遭到那群放荡的莫斯科恶棍的疯狂强暴。帕斯凯维奇,这个来自莫吉廖夫的恶狗,却要占领欧洲最早的君主们的首府?莫斯科佬难道要成为世界的主子?啊,父亲,你晚年等来的竟是这样的快乐。母亲,受苦受难的慈祥的母亲,你已经历过小女儿夭折的痛苦,难道现在又要让莫斯科佬踩着她的遗骨来欺侮你?噢,波旺泽克墓地,他们有没有尊崇她的坟墓?坟墓遭到了践踏,成千上万的死尸堆满了坟坑。他们放火烧毁了城市。唉,为什么我连一个莫斯科佬都未能杀死呢。噢,提图斯,提图斯。

在这则日记中,可以看出弗里德里克对亲人的担忧、思念和对敌人的愤恨。同时他也像密茨凯维奇一样,发出了对上帝的不公正的抗议和最严厉的谴责。密茨凯维奇指责上帝:"你不是世界之父,你是……沙皇",而肖邦则发出这样的呼号:"上帝,你还在,你还在却不去复仇。或者——或者你就是莫斯科佬。"把上帝和沙皇、莫斯科佬连在一起进行指责,这在信教虔诚的波兰说来,可说是抗议的最强音。

肖邦也和密茨凯维奇一样对于自己未能参加起义,未能为起义贡献自己的一份力量而感到内疚。密茨凯维奇曾说过,"既然上帝没有让我参加这样一次对未来影响深远的伟大事业,我希望自己不会无所作为地躺进棺材"。肖邦在另一则日记中也曾这样写道:"我在这里无所事事,两手空空,有时我只能在钢琴上弹奏出我的怨恨、痛苦和绝望。"但他并没有消沉,而是把他对祖国的挚爱和对敌人的愤恨融入他的音乐作品中。他的《c小调练习曲》和《d小调前奏曲》就是他在斯图加特听到华沙陷落后创作出来的两首杰作。

肖邦一生写有27首《练习曲》,先后分两集出版。作品第10号有12首,作品第25号也是12首。在作品第10号的12首练习曲中,有几首是在华沙写成的,其余则写于维也纳、慕尼黑和斯图加特,于1833年夏天出版。作品25号中的练习曲写于巴黎,并于1837年出版。还有3首练习曲于1840年出版。作品第10号练习曲是献给李斯特的,它们不仅仅是为演奏技巧的练习而写成的教材,而且也是富于旋律和灵感的艺术珍品,它们都具有丰富的想象力和深邃的思想感情，打破了这一体裁的模式和创作元素。而在斯图加特写成的《c小调练习曲》，是一首最具个性和激情的爱国乐曲。关于这首乐曲，卡拉索斯基写道："悲痛、焦虑、绝望使他备受煎熬，他时时刻刻都在为自己的家人亲友的安全而担惊受怕，在这样的情绪影响下，他写了《c小调练习曲》，后来被许多人称为'革命练习曲'。在为左手谱写的急风暴雨般的乐篇中，激情四溢的旋律高高升起，它顷刻间变得骄傲、庄严而宏伟，使听众在这可畏的急流的巨大力量面前，不由得惊恐战栗，他们似乎看到了愤怒的宙斯向世间狂掷着雷霆霹雳。"

的确，《c小调练习曲》不仅在钢琴练习曲方面是一首无与伦比的杰作，就是在整个音乐创作上也是一首传世的天才杰作。

第八章

巴黎

初到巴黎

　　1831年10月，肖邦来到了他心仪已久的巴黎。尽管他的护照上写明，伦敦才是他此次行程的目的地，巴黎只是他途经的地方，然而他却在这座美丽的城市度过了他嗣后的一生。

　　巴黎，这座有着两千多年历史的古老名城，经历过多少的风风雨雨，有过多少的欢乐和泪水。早在6世纪，法兰克王国便定都于此，此后便成了历代王朝的首都。自然灾害，异族侵犯，使这座城市不断遭到破坏，而战争的硝烟也曾吞噬了无数的生灵，使大片建筑物化为瓦砾和废墟。然而巴黎的先人们坚毅不屈，用血汗去重建自己的城市，把巴黎建设得更加壮丽，更加雄伟。文艺复兴时期建成的巴黎圣母院，不仅是哥特式建筑艺术的顶峰，而且也成了巴黎文化名城的象征，成为各国游客瞻仰的圣地。在这座教堂里面就曾发生过许许多多的神奇故事。而于1215年创建的巴黎大学也是世界上最早的大学之一。巴黎从此便成了物华天宝人杰地灵的名城。

　　到了18世纪，巴黎成为启蒙运动的发源地，涌现出大量的哲学家、科学家和文艺家，他们代表着新兴资产阶级的利益，大胆抨击天主教会和专制王权，传播科学文化知识，宣扬民主、自由和平等的思想，促进了人类文明的向前发展。

　　而1789年的法国大革命就是开始于巴黎，后波及法国全国。在这个革命的舞台上，既有残酷的流血斗争，也出现过许多可歌可泣的英雄业绩：国王理查德十六世的被送上断头台，几百勇士攻打巴士底监狱，他们高举着三色旗和"人权宣言"，向天主教会和封建王朝发起进攻，并取得了胜利。人们记住了雅各布宾派、罗伯斯庇尔、丹东这些名字。法国大革命也造就了一代伟人——拿破仑。无论人们对他的评价是多么的相互矛盾而又众说纷纭，但他的历史功绩是不可抹杀的，而他从一个无名小卒到最后成为威震欧洲的皇帝，令当时许多人为之倾慕和崇拜。1830年的七月革命又把卢德维克·菲利普推上了法兰西国王的宝座。肖邦到达巴黎的时候，革命尚未平息，巴黎街头还常常爆发游行示威，以表示人们对新政权的不满，但却遭到军警的驱散和镇压。

巴黎向以美丽著称，有世界"花都"的美誉。塞纳河流经城市的中央，两岸屹立着形形色色的建筑物，五彩缤纷的园林，整齐美观的街道，美不胜收的雕像，无一不充满神奇的魅力，令世人向往和羡慕。凡尔赛宫的雄伟壮丽，圣母院的辉煌奇特，还有枫丹白露的优美和刚建不久的凯旋门，都是名扬于世的名胜古迹。

巴黎还是欧洲的思想和文化的中心。无论是当代的各种思潮，还是各种艺术流派都在这里汇聚，而且还影响着整个欧洲。尽管英国和德国的浪漫主义文艺的产生要比法国早，但法国浪漫主义文艺却有着自己的产生根源，而且其发展声势正在高涨。维克多·雨果高举浪漫主义大旗发表和演出了他的著名戏剧《欧那尼》和《马尼昂·德罗梅》，特别是他的《克伦威尔序言》轰动了整个文坛，成为新浪漫派的檄文。而此时的巴黎可以说是人杰地灵，聚集了一大批作家和艺术家，形成了1830年代的一代精英。在文学方面，涌现出了许多才华横溢的诗人和作家，如拉马丁、维尼、缪塞、乔治·桑、巴尔扎克、司汤达、圣·伯夫和戈蒂叶等，还有1831年定居巴黎的德国著名诗人海涅。绘画方面，代表浪漫主义画派的有特奥多尔·热里科和欧仁·德拉克鲁瓦等。在音乐方面，巴黎已取代维也纳，成为欧洲音乐之都。埃克托·柏辽兹（1803年生）于1830年12月5日演出的《幻想交响曲》以其新奇而美妙的旋律使观众惊叹不已。除了柏辽兹外，法国作曲家还有勒叙厄尔（Lesueur, J. F. 1760—1837）、博耶尔迪厄（Boieldieu, F. 1775—18340）、奥柏（Auber, D. 1782—1871）、埃罗尔（Herold, F. 1791—1833）、阿莱维（Halevy, J. 1799—1862）等。还有一批外国著名作曲家和音乐家在这里从事音乐工作，如意大利的罗西尼（Rosini, G. 1792—1868）、凯鲁比尼（Cherubini, L. 1760—1842）、帕埃尔（Paer, F. 1771—1839）等。他们创作了一大批脍炙人口的歌剧，为繁荣巴黎的歌剧事业作出了重要的贡献。而此时的巴黎就拥有三座歌剧院：大歌剧院，由刘易斯·维朗领导；喜剧歌剧院，由费多（Feydeau）担任院长；意大利歌剧院，由罗西尼领导。歌剧创作的繁荣势必会带来歌唱事业的发展，许多歌唱家和指挥家为能到巴黎来演出而感到无上

的荣光。此外，巴黎还有一批来自外国的钢琴作曲家和演奏家，其中有捷克作曲家、巴黎音乐学院教授雷哈（Reicha, A. 1770—1836）、著名匈牙利作曲家钢琴家李斯特（Liszt, F. 1811—1886）、德国作曲家钢琴家赫尔茨（Herz, H. 1803—1900）和卡尔克布雷纳（Kalkbrenner, F. 1785—1849）以及在巴黎临时停留的德国作曲家门德尔松（Mendelssohn, F. 1809—1847），等等。作为音乐会演出场所的有：音乐学院的演出大厅，其交响乐团由著名指挥家阿贝内克（Habeneck, 1781—1849）领导，以及埃拉尔（Erard）钢琴制造厂和普勒耶尔（Pleyel, I.）钢琴制造厂的演奏大厅。正因为巴黎有这些优越的条件，才成了各国音乐家特别向往的地方。

一到达巴黎，肖邦便被这座优美的城市迷住了，他在11月18日致库梅尔斯基的信中说出了他初到巴黎的印象和感受：

> 我相当幸运地（但也所费不赀）来到了此地。我对此地的一切都感到满意，这里有世界一流的音乐家和歌剧。我认识了罗西尼、凯鲁比尼、帕埃尔等人。也许我要在这里呆得比我设想的更久一些，不是因为我在这里已经很好，而是由于我会慢慢好起来的。不过你比我要更幸福一些，因为你离自己的亲人更近，而我也许再也见不到我的亲人了。你不会相信，这里有那么多的波兰人，但他们各住各的，互不来往。不过你在柏林也会发现很多这样的人。……昨天我和波托茨卡夫人共进午餐，她是密切斯瓦夫的美丽的妻子。我会向世界展示我自己，尽管我口袋里只有一块钱，即使如此，我也比你强。不过打从离开斯图加特和斯特拉斯堡以来，我还没有给你写过这座大城市给我留下的印象哩。这里既有最奢侈的生活，又有最丑恶的行径；有最高尚的德行，也有最龌龊的罪恶。每走一步都能见到医治花柳病的广告。叫喊声、嘈杂声、车轮声和污秽多到让你无法想象的地步。——一个人既会消失在熙熙攘攘的人群中，又能生活得自由自在，因为谁也不会去过问别人是怎样生活的。冬天，你可以穿着破衣烂衫在街上走来走去，也可以进入最豪华的交际场所。前一天，你可以在镶有壁镜、镀金饰品和煤气灯照亮的餐厅里花32个苏吃上一顿最丰盛的午餐，第二天你可以到别处去吃午餐，供给你的食物

第八章 巴黎

会像鸟食一样少,但你得付三倍的价钱。我刚到这里时,也曾经历过这种事情,为我的无知付出了应付的学费。……我很抱歉,尽管贝内迪克特尽了力,他认为我的不幸只是小事一桩,然而特蕾莎的纪念物却不允许我去尝试禁果。我已经认识了好几位此地的女歌唱家,她们像泰洛尔的女歌唱家一样,很愿意来个二重唱。……啊,有时候,我在读我的信,或者在写我的记事本,或者在夜读祈祷书的时候,我便觉得这一切都是一场梦,连真正发生过的事都不敢相信。……什么时候我们能面对面地坐在一起回忆起那些往事呢。我想在这里呆三年。我已和卡尔克布雷纳交往甚密,他是欧洲首屈一指的钢琴家,你一定会喜欢他的(他是一位连我都不配给他解鞋带的人。像赫尔茨等等的那些人,我告诉你,他们只会说大话,从来都不会把琴弹得更好)。

在这封信里,肖邦提到了由于特蕾莎而他已不能去享受禁果的问题。据此,有些评论家便认为肖邦从维也纳到慕尼黑的期间,曾和有个叫特蕾莎的妓女发生过性关系而导致性病感染,影响了他的性能力。但这种说法缺乏应有的佐证。据现有保存下来的材料来看,不仅肖邦自己后来再也没有提到过,就连和他同居过九年的乔治·桑,也没有留下有关肖邦染过性病的片言只语。

在1831年12月12日写给提图斯·沃伊捷霍夫斯基的信中,也曾谈到他对巴黎的印象:"风把我吹到了这里。——人们甜蜜地呼吸着——也许是这里更轻松,人们才呼吸得更频繁。巴黎是你所想要的一切。你可以在这里寻欢作乐,苦闷无聊,也可以大哭大笑,做你想做的一切。谁也不会去管你,因为这里有成千上万的人都做着和你一样的事情,人人都在走自己的路。我不知道还有什么地方能像巴黎那样拥有这么多的钢琴家,也不知道哪里会比这儿有更多的蠢驴——炫技演奏家。你要知道我到这儿来,只带了几封推荐信,一封是马尔法提给帕埃尔的信,还有几封是给编辑部的信,别的就没有了,因为我是在斯图加特听到华沙沦陷的消息后,才临时决定来到这个不同的世界。经过此地的宫廷乐师帕埃尔的引见,我认识了罗西尼、凯鲁比尼和巴约(Baillot)等人。通过他,我还认识了卡尔克布雷纳。"

与卡尔克布雷纳的相识相交

弗里德里希·卡尔克布雷纳（1785—1849）是位著名的作曲家、钢琴家。生于一个德国的音乐世家，父亲是一位歌剧作曲家、理论家。弗·卡尔克布雷纳从小随父亲学习作曲和演奏钢琴。1798年至1802年，他在巴黎音乐学院接受正规教育，师从尼科达米学习钢琴并向卡特尔学习和声。1801年获钢琴和声一等奖。后得到海顿的指点，并在德国的慕尼黑等地举行音乐会，大获成功。1814—1823年定居伦敦，并在英国各地举行音乐会，使他获得了很高的声誉。1824年参加巴黎普勒耶尔钢琴厂工作，同时兼任巴黎音乐学院的教师。1825—1835年间，是他钢琴事业的顶峰时期。他声誉卓著，桃李盈门，成为当时巴黎最负盛名的一位音乐家。他一生创作的作品不少，有4首钢琴协奏曲，15首钢琴奏鸣曲和许多室内乐曲。但大多是昙花一现，流传至今的是他的练习曲。不过在钢琴演奏方面他却是首屈一指的钢琴大师。

肖邦到达巴黎不久，便通过帕埃尔认识了卡尔克布雷纳，两人一见都有一种相见恨晚的感觉。卡尔克布雷纳很欣赏肖邦的才华，而肖邦对于卡尔克布雷纳的钢琴演技也可以说是佩服得五体投地。在上面已提到过的那封写给提图斯的信（12月12日）里就曾谈到他对卡尔克布雷纳的印象和感受：

你不会相信，我原先对黑尔茨、李斯特、希勒等人是多么的感兴趣，但是和卡尔克布雷纳相比，他们就等于零了。我向你承认，我曾像黑尔茨那样演奏过，但是我真想像卡尔克布雷纳那样演奏，尽管帕格尼尼已达到完美无缺的境界，但卡尔克布雷纳完全可以和他媲美，只是后者属于完全不同的类型而已。我很难向你描述他那种不动声色的神态，他那神奇的触键，他那充满魅力的韵律和他在每个音节中所显示的无与伦比的技艺。他是一位巨人，超越于黑尔茨们、车尔尼们之上，同样也超越我之上。你知道发生了什么事吗？当我被介绍给卡尔克布雷纳的时候，他请我给他弹一弹。我以前没有听过他演奏，只知道他弹得和黑尔茨一

第八章 巴黎

样好。不管我情愿不情愿，还是得抑制住自己的自负心坐了下来，我弹奏了我的《e 小调协奏曲》，这首乐曲曾受到莱茵河畔的林德帕恩特纳、贝尔格、斯通茨、盛克以及整个巴伐利亚的交口称赞。我让卡尔克布雷纳惊诧不已，他立即问我是不是菲尔德的学生，说我有克拉默的演奏技法和菲尔德的触键（这使我心里很高兴）不仅如此，当卡尔克布雷纳坐到钢琴旁想露一手时，他却弹错了，不得不停了下来。不过我是非要听一听他的演奏不可。像他这样演奏，我是连想都没有想过。从此以后我们天天见面，不是他来我这里，就是我去他家里拜访。我和他处熟后他提议我跟他学习三年，要把我造就成一个最最杰出的大师。我回答他说，我知道自己同他相比有多大的差距，但我不想去模仿他，而且三年也太长了。当时他就向我指出：当我来了灵感时，我就弹得很出色，反之则弹得很糟糕。不过这样的事我从来没有发生过。他还对我说，通过进一步的观察，他认为我还没有形成自己的学派，虽然我已走上一条美好的道路，但也有可能会误入歧途。他说当他死后或者当他再也不能演奏时，就再也不会有一个伟大钢琴学派的代表人物了。他还说，如果我不了解旧的学派，即使我想建立新的学派也无法办到。总而言之，他说我不是一架完美的机器，会因此而束缚自己乐思的发展。他说我的作曲已打上了自己的烙印，如果我不能成为我立志想成为的那种人，那就太可惜了，等等，等等。若是你在这里，你一定会说：学习吧，小伙子，机不可失，时不再来。但也有一些人在劝阻我，他们认为，我会弹得和他一样好，说他这样做，是出于自负，是想在以后好把我称作是他的学生等等。所有这些都是无稽之谈。要知道，这里所有的人都对他的才华表示尊敬，但对他本人却有所不满，因为他不愿意和一般蠢人交往。我对你直说，他这个人有比我听到的所有人都更优秀的地方。我在给父母的信中也提及过此事，他们似乎是同意的。

从这封信可以看出，对于卡尔克布雷纳要收肖邦为弟子这件事，真让肖邦动了心。他之所以没有立即答应，一是因为三年的学习时间太长，二是他愿意向别人学习，但不愿受别人的约束，三是要听取父母和老师的意见。可

是这件事却在他们中间掀起了轩然大波。他们纷纷给弗里德里克写信，提出忠告。先是父亲尼古拉，他虽然赞同儿子在艺术上要精益求精，但还是劝说儿子不要急于决定，而应慎重考虑，多让别人了解他的才能。他在给儿子的信中（11月27日）写道："我深信，你不会放过任何一个在你为之献身的艺术领域中去完善自己的机会。认识有名望的艺术家，和他们交谈，听他们亲自演奏自己的作品，以及和他们交流经验，只会给一个努力开拓道路的年轻人带来巨大的益处。卡尔克布雷纳先生对你表示的好意，你可以引以为荣。作为你的父亲，我衷心向他表示感谢。但我无法理解的是，我亲爱的，如他亲口所说，在你身上发现的才华，为什么他还预计需要三年的时间，才能在他的指导下成为一位艺术家，才能形成自己的乐派呢。我无法理解最后这个词，尽管我去问了你真正的朋友艾斯内尔关于这个词的意思。我的这封信就是附在他的信中寄给你的。你知道，为了培养你的才能，发挥你的天赋，我已经做了我该做的一切，从来也没有反对过你。你知道，你以前花在钻研演奏技巧的时间很少，而你的头脑要比你的手指用得更多。当别人整天都在琴键上度过时，你却从未花过一整小时的时间去演奏别人的作品。有鉴于此，在我的脑海里怎么也容不下这三年的期限。我并不想在任何事情上反对你，要是你能在多听多想、深思熟虑之后再作最后决定，我会很感激你的。正如你自己所说，你刚来到一个人生地不熟的地方，你还不能抬起头来向别人展示你的本事，那你就再等一段时间好了。天才一出现会引起行家的注意，但他们还看不到他的顶峰。因此你要给他们时间，好让他们更好地了解你。不要去承诺一切会阻碍你发展的义务。"

  这件事对肖邦家的触动确实很大，除了父亲尼古拉，两个姐妹都单独给弗里德里克写了信。妹妹伊莎贝拉的信较短，得知哥哥健康平安非常高兴，但对卡尔克布雷纳要哥哥跟他学三年很不理解，她认为："要认识和评判像你这样的才华，需要比你高明很多的人才能做出。你写到了你们的差异，我相信这点。但是我并不怀疑，没有这三年的学习，你也能把这种差异抹去的。"姐姐路德维卡的信写得很长，把艾斯内尔对此事的看法做了介绍："第二天，我们便去了正直的艾斯内尔那里，他不仅仅爱你，而且比任何人都更期望你获得更大的荣誉和基本知识。但他听了你的来信，也像我们一样，为这建议

第八章 巴黎

很不高兴。他大声叫道：这是嫉妒，还要学三年。他连连摇头。尽管我对他说，我很奇怪，他怎么会一下子就表示出相反的意见，我还向他赞美了卡尔克布雷纳的优点和对艺术的热爱，并多次念了你写的这句话：'他并不是出于任何个人目的才这样做的。'但这一切都无济于事，他依然愤愤不平。他说他会亲自给你写信。还说，我了解弗里德里克，他是个好人，但脸皮薄，进取心不强，很容易受别人支配。我会写信告诉他我对此事的理解。真的，他今天早晨就把信送来了，让我转寄给你，他又和我们滔滔不绝地议论这件事……艾斯内尔不希望你模仿别人，再好的模仿也不及独特性。这话说得有多好。你若模仿别人，就会失去自己的独创性。尽管你是个年轻人，但你的思维却比许多经验丰富的人要强。你具有天生的才华，你的作曲更新颖更优秀。……你的天才不应只停留在钢琴上和音乐会上。"

路德维卡的信里还写有其他内容，归纳起来，不外乎这三点：一是不值得向卡尔克布雷纳学习三年，二是肖邦应相信自己的才华，他能靠自己的努力达到他的目的，三是期望他不能只停留在钢琴曲的创作上，还应创作出更雄伟更辉煌的歌剧来。

艾斯内尔在给肖邦的信里，也对这件事特别关切，他劝弗里德里克坚决不要接受三年的学习，同时还谈了自己对音乐艺术的一些看法：

> 我非常愉快地得悉——如你信中所说——第一流的钢琴家卡尔克布雷纳这样热情地接待了你。……尤其让我欣喜的是他答应向你揭示他的艺术秘诀。但令我惊讶的是他为此而确定了三年的时间，更让我感到奇怪的是，难道第一次和你见面，第一次听到你的演奏就能断定需要这么长的时间去接受他的演奏方法？难道你的音乐天赋只能适应这种古钢琴？难道你的艺术修养也只能适应这类作品？我认为，通过与你更亲密的接触和进一步的交往，他会改变自己的判断的。如果他想以自己的艺术知识来为以你为代表的我们的艺术服务，如果他能成为你的朋友的话，那你就应像学生那样去报答他。……至于说到你，甚至也包括尼德茨基，我从来也没有想过把你们当作我的学生。不过我可以骄傲地说，教过你们和声和作曲是我莫大的荣幸。在教授作曲时不应提出一些清规戒律，

尤其是对那些才华出众的学生,应该让他们自己去探索,使他们能不断地超越自己。让他们去发现过去未能发现的手段。在艺术的发展中,在推动演奏方面的进展上,不仅应该让其赶上和超过自己的老师,而且还应该让他们有自己的特色,并能将其发扬光大。就连最完美无缺的演奏,如帕格尼尼之于小提琴,卡尔克布雷纳之于钢琴,包括他所迷人的一切,无论是通过乐器的性能,还是通过用来突出和提高乐器性能的作曲的独创性,就其演奏本身而言,作为感情的语言,在音乐领域中也只是一种手段。……不能让学生长时间地只掌握一种方法,一种风格,一个民族的口味等等。凡是美的真的东西都不应该是模仿,而是应该根据自己的经验和更高的艺术原则所体验出来的。无论是个人,还是一个民族都不应该被看作是样板,只有永恒的,看不见的大自然本身才可以说是这样的样板。人们和民族只能在一定程度上提供获得成功的榜样。说到底,一句话,艺术家总是会利用其身边的环境和通过学习去获得一切,要使同时代的人感到惊叹,只能从自己身上去发掘,只能通过完善自己才能获得。他之所以获得成功,享有无论是现今还是将来都当之无愧的荣誉,其原因不是别的,只能是活在他艺术作品中的天才的个性。

肖邦在12月14日回复恩师的信中,除了感谢他的关切和善意的劝告外,也谈到了自己的想法:"要想当一名伟大的作曲家就必须要有丰富的经验。要得到这些经验,正如您所教导我的那样,不仅需要听别人的作品,还应更多地听自己的作品。……依我看,要想在音乐界出头露面,只有作曲家兼演奏家才会是幸运儿。在德国的一些地方,我作为钢琴家已被人们所知道。一些音乐报刊在提到我的音乐会时,还表示希望我能尽快在第一流的钢琴演奏大师中间占有一席位置。今天正好给我提供了实现一生夙愿的唯一机会,为什么我不去抓住它呢?在德国,我是不会向任何人去学钢琴的,因为认为我还有缺欠的人不止一个,但他们自己也不知道我的缺欠在哪儿。而且在我的面前,我也没有看到今天妨碍我看得更高一些的障碍。三年太长了。甚至连卡尔克布雷纳自己在进一步了解了我之后也承认太长了(这能向您证明,一个真正名实相符的演奏家是不会嫉妒的)。只要在我的事业中通过这种方法能获得长足的进步，就是要学习三年我也干。我的头脑很清醒，我不会成为卡尔克布雷纳的复制品，他无法抹去我那也许过于大胆但却是高贵的愿望和思想；为了给自己开劈出一个新天地，如果我想深造的话，那也是为了打下扎实的根基。……我的父母一定已告诉您我的音乐会要推迟到 25 日了。这种安排让我大伤脑筋，如果没有帕埃尔、卡尔克布雷纳，尤其是诺勃林，我是不可能在这样短的时间内举行音乐会的。"

由于父母和姐妹以及老师艾斯内尔的劝说，弗里德里克终于打消了跟卡尔克布雷纳学习三年的想法，而卡尔克布雷纳也通过对肖邦的进一步的接触和了解，放弃了要肖邦当他学生的要求，这位年长的钢琴家对肖邦表现出了特别的宽容和喜爱。在肖邦到达巴黎后的头两年，卡尔克布雷纳对他可谓是关怀备至，千方百计地为他扩大门路，使他较快地融入巴黎的音乐社会中。他们还经常在一起切磋交流，弹奏钢琴。尽管肖邦并没有拜在他的门下，但卡尔克布雷纳依然是倾囊相授，向他介绍自己的心得和经验，指出他的不足，使肖邦得益匪浅。为了感谢他的关怀和友谊，肖邦便把 1833 年正式出版的《e 小调协奏曲》题赠给了卡尔克布雷纳。

巴黎的首场音乐会

在卡尔克布雷纳的策划和帕埃尔的精心组织下，肖邦要在巴黎举行他的首场音乐会。在 12 月 12 日写给提图斯的那封信中他曾谈到："12 月 25 日我将举行音乐会。演奏者有与帕格尼尼齐名的拜约，有著名的双簧管演奏家布罗特（Brodt，1801—1839）。我将演奏我的《f 小调协奏曲》和《降 B 大调变奏曲》……除此之外，我还要和卡尔克布雷纳一起，在四架钢琴的伴奏下用两架钢琴来弹奏他的《波罗涅兹舞进行曲》。这是个疯狂的想法。卡尔克布雷纳将在那架属于他自己的大潘塔莱翁琴上演奏，我演奏的是一架较小的单音钢琴，其声音大得像长颈鹿的铃声一样。其他四架钢琴就像一个乐队，由希勒、奥斯本、斯塔马提和索温斯基来演奏。这后一位比起阿列克斯来相差很远，脑子也不太灵敏，但人不错，心眼好。帮助我的还有诺勃林、维达尔和

于朗（Urhan. Ch., 1790—1845）一位法国中音提琴家，我还没有听到过像他这样出色的演奏。门票均已送出，只是女歌唱家很难找到。如若不是副团长罗伯特先生怕得罪 200 或 300 个同样的请求，而罗西尼又能自己做主的话，他定会从歌剧团里借给我一个女歌手的……"

然而肖邦的首场音乐会并未如期举行，其原因是"歌剧团的团长威廉先生不愿借给一名女歌手，将推迟到（1 月）15 日举行"。15 日举行音乐会的宣传广告都已经印刷好了，上面突出了音乐会的主角是"来自华沙的弗里德里克·肖邦"，还刊有音乐会的演奏节目，《音乐评论》也发布了消息，可以说万事俱备只等演出了。遗憾的是，卡尔克布雷纳生病了，音乐会再次延期，仿佛维也纳的演出遭遇又落到了肖邦的身上，他这时的心情可想而知。在 12 月 25 日写给提图斯的信里谈到了他这时的苦闷和孤寂：

你不会相信，我在这里是多么的寂寞，连个倾诉衷肠的人都没有。你知道我是很容易和人结识的，你也知道我喜欢和别人海阔天空地交谈，这样的熟人多得不计其数。可是能和我一起来长吁短叹的人却难于找到。至于说到我的情感，我永远都是和别人处在一种切分音中，因此我在受苦受罪，而且你不会相信，我是怎样在寻找一种休止符，以便整天都不要有人见到我，不要对我说话。给你写信时，门铃又响了，真叫我难受。进来的是一个蓄着小胡子，身材高大而又体胖的成年人，一进来就坐到钢琴前，他自己也不知道要弹些什么，他躬身向前，毫无意义地敲打着琴键。他抬身往后，倒换着双手，让粗壮的手指在一个琴键上叮叮当当地敲了 5 分钟之久。这样的手指生来应该是乌克兰什么地方的管家用来握皮鞭或者马缰绳的。……当我正打算给你描绘一下舞会时——舞会上有一个佩戴着玫瑰花，长着一头黑发的仙女让我一见倾心——就收到了你的来信，此时此刻，我脑海中的所有时髦东西都消失了，仿佛我离你很近，握住了你的手，止不住热泪盈眶……说真的，我的身体很差，表面看起来我很愉快，尤其是在自己人中间（我把波兰人看作自己人）。但在内心深处却有一些东西在折磨我：一种预感、不安、做梦或者失眠、思念、冷漠、生的欲望，而转瞬间又是死的愿望——一种甜蜜的平静、

第八章 巴黎

麻木、精神恍惚，有时候，一种清晰的回忆让我苦恼。像打碎了的五味瓶子，酸甜苦辣我都受够了。种种复杂可怕的感觉在折磨我，我比以前更蠢了。

就在焦躁、苦闷、期待的复杂心情中，终于等来了音乐会的演出。1832年2月26日在普勒耶尔钢琴厂的演奏大厅举行了人们盼望已久的音乐会。这是肖邦到达巴黎之后的首场音乐会，他对此非常重视，也寄予了很大的期望。音乐会的节目也有所改变，原来肖邦想演奏的《f小调协奏曲》改为《e小调协奏曲》。演出大厅布满了鲜花，充满了欢快喜悦的气氛。大厅内座无虚席，观众大多是上流社会的头面人物和贵妇淑女。音乐会以演奏贝多芬的合奏曲开始，继而是托梅奥尼和沙姆贝特的二重唱。随后便是肖邦演奏自己的《e小调协奏曲》。当肖邦一出现在舞台上，便受到了热烈的鼓掌欢迎。他那不高不矮的身姿，得体的衣着，潇洒儒雅的风度，立即受到了观众特别是女士们的拥趸。协奏曲一弹完，大厅里便爆发出雷鸣般的掌声，经久不息。接着又是托梅奥尼的演唱咏叹调。休息之后，第一个节目便是由六架钢琴演奏卡尔克布雷纳的《大波罗涅兹舞进行曲》（卡尔克布雷纳和肖邦在前排演奏），随后是沙姆贝特的独唱，最后由肖邦演奏了自己的几首玛祖卡舞曲和以莫扎特的《唐·璜》为主题的变奏曲。

音乐会获得极大的成功。安托尼·奥尔沃夫斯基在写给波兰国内的消息中称："我们亲爱的弗里德里克举行了音乐会，给他带来了巨大的声誉和少量的钱款。他把此地的所有钢琴家都打倒了，整个巴黎都震惊了。正像我所预言的那样，只要他来到巴黎，就能大获成功。"

《音乐评论》也于3月3日发表了著名编辑费蒂斯的文章：

现在出现了一位新人，他不模仿任何的范本，只受自己本能的驱使。他发现了丰富的原创性思想，这如果不是对钢琴艺术的全新改革，至少也是将其中一部分付诸实施。这些设想纯属独创，而且到目前为止别人都还没有摸索出来。……他的创作灵感为钢琴音乐创作这一体裁的根本改革铺平了道路，随着时间的进展，它定会对这门艺术产生更大的影响。

肖邦在此次音乐会上弹奏了自己的协奏曲,它既使观众感到惊讶,又给他们带来快乐。其在乐句、转调和各章的整体结构上都具有如此多的新颖构思。歌唱性的音调中有心灵,乐句中有想象力,而整体却是独创性的。……作为演奏者的这位年轻艺术家也同样值得赞扬,他的演奏优雅,轻巧,充满魅力,具有光彩和感情。

李斯特后来在他的《论肖邦》(151 页)中写道:"他在普勒耶尔音乐厅中的第一次演出还历历在目,深印在我们的脑海里,那时候尽管掌声越鼓越热烈,看样子,还是不能把我们对他的天才的钦佩之情充分表达出来,而这个有才能的年轻人在自己的艺术园地里收到了愉快的新的果实之外还给富有诗意的情操开辟了发展的新阶段。"

这次音乐会的成功,使肖邦的信心大增,他想下一次音乐会要是能在巴黎音乐学院的音乐厅举行,这对他的名望和地位都大有好处。尽管普勒耶尔的演奏大厅也是经常举行音乐会的地方,但其在巴黎音乐界的地位还是不及音乐学院的音乐厅高。大多数音乐家,尤其是外国来的音乐家都以能在该音乐厅举行音乐会而感到非常荣幸,它会让演奏者名利双收。肖邦也不例外。为此他于 1832 年 3 月 13 日向音乐会协会的委员会提交了申请书:

致音乐会协会委员会的委员们
尊敬的先生们:
  我热切地希望能让我在你们驰名的音乐厅举行一次演奏会,特恳请恩准。
  由于找不出别的理由,我相信你们对艺术家的厚意才斗胆期待着你们恩准我的请求。
  我有幸成为你们忠顺的仆人。

弗·肖邦
1832 年 3 月 13 日　巴黎

然而他的申请没有得到批准,委员会以日程排满为托词,拒绝了他的请

第八章　巴黎

求。1832年4月15日肖邦在写给诺瓦科夫斯基的信中谈到："要想在这里教课是很困难的，举行音乐会就更难了。拜约、黑尔茨、布拉赫特卡原定在这里举行的音乐会都无法举行，尽管在预定他们的音乐会时城里还没有出现瘟疫。这里的人们兴味索然，对什么都感到无聊。这有多方面的原因，最主要的是使全国处于瘫痪状态的政治原因。此外，就是为数众多的蠢材和骗子——这里比任何地方都多——使得真正的天才难于冒尖。由于大家看惯了骗子，所以一开始谁也不会相信你会演奏。他们心里在想，你姓什么'斯基'就是你最大的长处。"

这里所指的政治原因就是法国在"七月革命"后的社会动荡。由于国王菲利普的背信弃义，原先许诺的公正和民主没有得到兑现，社会和经济形势紧张，导致法国人民的不满，经常爆发游行示威。1831年11月，就在肖邦抵达巴黎两个月时，国王派军队到里昂去镇压了那里的工人起义，而巴黎的游行示威也常常遭到法国军警的镇压。1832年3月，一场霍乱袭击了巴黎，每天都有成百上千人死于瘟疫。由于害怕失去性命，大批的巴黎人逃离了城市，许多艺术家也纷纷离开法国到其他国家去发展。黑尔茨去了英国，门德尔松、皮克希斯到了德国，李斯特也去了瑞士，而卡尔克布雷纳也因害怕瘟疫而无所适从。尽管肖邦身体并不强壮，但他却没有染上瘟疫，而且还活得很好，在来到巴黎后的几个月里肖邦搬过好几次住处。从旅馆到保梭尼亚大街的27号再到伯格勒街的一所公寓里。

尽管肖邦无法实现再次举行音乐会的愿望，但还是应邀参加了一次在音乐学院音乐厅的演出活动。那是1832年5月20日由莫斯科夫公爵特为穷人募捐而组织的一次义演，一贯热衷于公益事业的肖邦，欣然接受了邀请，并在由阿贝内克指挥的乐队伴奏下演奏了自己的《e小调协奏曲》的第一乐章。尽管受到观众的热烈欢迎，但由于剧场太大，而乐队的声音又太响，往往掩盖了肖邦那轻巧的钢琴声，使后排的观众听不太清楚。当地的报刊在他们的评论中也指出了这点。不过他们并没有贬意，而是认为这是肖邦演奏的一种个人特点。这次演出也使肖邦认识到，他的那种轻巧文雅的演奏特点，并不适合在大剧场里演奏，而更适宜于在较小的范围内，尤其是他在沙龙中的演奏所受到的欢迎程度远远超过他的公开演出。他的这种独特的演奏方法和风

格，使他在 1832 年的春天便名声远播整个巴黎，再加上他风度翩翩、文质彬彬的儒雅气质，很快他便成了巴黎上流社会和贵妇人们沙龙的宠儿，他们都以能邀请到他来家里演奏而感到特别的荣幸。

在自己人中间

肖邦来到巴黎后，首先结识的是"自己人"。他是把波兰同胞看作是自己人的。而当时在法国和巴黎的波兰人可以说是成千成万。

波兰和法国的交往可谓源远流长，能追溯到中世纪。1559 年法国人亨利曾登上波兰国王的宝座，两年后他回到法国担任法兰西的国王。此后两国王室不断谛结姻亲，关系密切，而且文化交流也更加频繁，许多波兰青年到法国留学，法国的歌剧团和芭蕾舞团也常来波兰演出。18 世纪的文艺启蒙运动对波兰的影响不小，波兰知识界从法国吸取了许多有益的经验，并在波兰的各个方面进行了卓有成效的改革，颁布了当时最为进步的"五三宪法"。可是周围的普鲁士、奥国和俄国等强邻都不愿看到波兰的进步和强大，便策划了对波兰的三次瓜分而最终灭亡了波兰。但波兰民族是个不屈不挠的民族，他们奋起反抗，1793 年便爆发了著名的科希秋什科领导的武装大起义。起义失败后，许多爱国人士逃到国外，组成波兰军团，后来加入了法国拿破仑的军队作战，拿破仑失败后，许多波兰人不能回国，便留在了巴黎。

1830 年 11 月起义失败后，沙俄政府加强了对波兰人民的镇压，许多爱国志士被流放到西伯利亚，家产被没收。华沙大学被查封，原来的宪法被废除，行政机制完全俄国化。沙皇派来镇压起义的帕斯凯维奇成了波兰的最高统治者，因而史称这段时期为"帕斯凯维奇黑夜"。与此同时，许多起义参加者千方百计逃出波兰，掀起了波兰历史上最大的一次政治流亡运动。他们经德国向法国和其他国家逃亡。人数达到 9000 多人，绝大多数是军人。其中三分之二到了法国，三分之一分散在英国、瑞士、比利时和美国等地。他们所到之处，沿途受到各地人们的热烈欢迎，他们向这些起义者高呼："向波兰人致敬！""波兰人干得好！""波兰万岁！"但法国政府对这些流亡者却采取了不信任甚至是敌视的态度。按照当时法国政府的规定，凡是流亡到法国来的波兰起义官兵都不准进入巴黎，他们大多被遣送到外省特设的难民营里，只有波兰起义的领导人、将军、大豪绅和社会名流才被准许留居巴黎。在波兰流亡者中间，围绕着如何取得政权和起义失败原因等问题，展开了一场激烈的思想政治斗争，随着观点的不同，波兰流亡者便分裂成两大阵营，即民主派和保守派。民主派以列列维尔为代表，保守派以亚当·查尔托里斯基公爵为首，该派因查尔托里斯基住在巴黎的"朗贝尔旅馆"而被称为"朗贝尔旅馆派"。但无论是民主派还是保守派，他们都是波兰的爱国者，都参加了华沙的起义，而且都不愿意做亡国奴，都希望波兰自由和独立。

　　肖邦作为一个艺术家，一个爱国者，他憎恨外国侵略者，渴望祖国获得自由和独立，但他并没有卷入两派的斗争。他认为，波兰首要的任务是获得独立，没有国家的独立和民族的解放，什么政权体制，什么民生问题，一切都是空谈。他还认为所有的流亡者都是爱国者，因此他与这两派都有来往，而且他和这两派的领导者都很熟悉，都有交往。列列维尔在华沙大学任教时，肖邦就曾通过爱国学生和他认识，列列维尔很欣赏肖邦的音乐才华，曾多次听过他的演奏。肖邦在华沙期间，也曾多次受邀到查尔托里斯基家去演奏，受到公爵及其夫人的称赞和鼓励。来到巴黎后，他和他们都恢复了联系，凡是有利于流亡者团结的事情，他不分派别都积极支持，踊跃参加。后因列列维尔从事革命活动而被法国政府驱逐出境，肖邦就很少参加民主派的活动了，但他与民主派中的其他人还保持着联系。由于查尔托里斯基公爵的家产雄厚，他一到巴黎，不仅包下了整座朗贝尔旅馆，把它打造成了波兰流亡者的中心，而且还大力拓展外交活动，与欧洲各国政府都建立了联系，同时还在波兰流亡者中间开展文化教育活动。他开办波兰学校，建立波兰图书馆，创办波兰文报纸和出版社。每年年底，他还在住处举行盛大的晚会来招待波兰流亡者和外国朋友。肖邦到达巴黎后，便得到公爵夫妇的关照。经常参加公爵家组织的各种活动，他们也积极出席肖邦的音乐会，甚至屈尊到肖邦住处去看望他或者去听他的小型演奏会。他们的侄儿媳妇马尔策利娜后来成了肖邦的学生，对肖邦不仅尊敬有加，而且关心备至，特别是肖邦后来病重期间，老少公爵夫人都对肖邦非常关怀和照护，这是后话暂且不提。

除了这两派的领导人，肖邦还认识了起义的一些将军。其中就有德维尔尼茨基和贝姆将军。他们都是华沙起义军的军官，而且都以英勇善战而著名。来到巴黎后他们积极参加各种社会活动。贝姆将军后来还参加了维也纳革命和匈牙利1848年的革命。他常常亲切地称呼肖邦为"小肖邦"，对他关爱备至。

1833年1月15日，肖邦被吸收为"波兰文学协会"会员。协会创立于1832年，其主席为查尔托里斯基公爵。这是起义失败后在国外建立的第一个波兰文化组织，其会员都是流亡国外的杰出的文化界人士，密茨凯维奇、斯沃瓦茨基等著名诗人都是它的会员。能成为该会的会员在当时被认为是一种荣誉。因此肖邦在接到入会通知的第二天，便给协会主席写了回信：

本月15日收到了接纳我为文学协会会员的通知，这是贵会给予我的莫大荣誉。敬请主席先生代向同胞们转达我的谢意。这是他们对我表示鼓励和宽容的有力证明。成为他们中的一员这种荣誉将鼓励我为协会的宗旨而努力工作，我愿竭尽全力为其效劳。

顺致最真挚的敬意。

真正的仆人

弗·弗·肖邦

1810年3月1日生于马佐夫舍省热拉佐瓦·沃拉村

这封信第一次由肖邦自己公开了他的出生年月，证明是3月1日而不是2月22日。在文学协会举行的活动中，肖邦认识了许多流亡到巴黎的波兰诗人，有的在华沙就认识，有的早已神交但直到来了巴黎之后才见面。属于前者的有三朝元老聂姆策维奇和年轻诗人查列斯基、维特维茨基等，属于后者的有密茨凯维奇、斯沃瓦茨基等人。尤留斯·斯沃瓦茨基（1809—1849）是波兰浪漫主义时期的第二大诗人。他出生于知识分子家庭，父亲是维尔诺大学教授。斯沃瓦茨基曾就读于维尔诺大学法律系，毕业后到华沙的财政部当见习生。1830年11月华沙起义时，他本想投笔从戎，但因从小染上肺病，力不从心，未能如愿，诗人引为终身憾事。但他写下了一些战斗诗篇，如《自由颂》等，受到起义战士们的喜爱。1831年受起义的民族政府委派出使英国。

第八章 巴黎

起义失败后流亡国外。1834年曾和沃津斯基一家游历瑞士，喜欢上了他们的女儿马利亚（也就是肖邦后来想与之结婚的同一人）。他和肖邦头一次相见就是在文学协会的活动上，后来也有过多次相见，但他们两人的关系并不紧密，一是斯沃瓦茨基并不经常住在巴黎，二是他们的性格不同，斯沃瓦茨基较为孤傲，不太合群。而肖邦和密茨凯维奇的关系则是非同一般，尽管他们的年龄相差12岁，但肖邦从小就特别崇拜密茨凯维奇，在华沙上学时就对他的诗歌非常喜欢，在创作上也受到他的影响。1824年密茨凯维奇被流放到俄国内地，他的命运也引起了肖邦的关注。1829年密茨凯维奇逃离俄国来到罗马。1830年11月起义的消息传到罗马，他便整装出发，等到他克服种种困难到达波兹南时起义已接近尾声。他无法穿过已被封锁的边界。后来他和流亡的战士们一起经德累斯顿于1832年7月到达巴黎。就是在这时，肖邦才见到他心仪已久的诗人，两人很快便成了忘年交。他们经常在一起交流思想，切磋创作。他们的友谊是文学和音乐结交的典范，他们在这以后的交往我们会在后面的章节中谈及，这里就不再赘述了。

斯特方·维特维茨基（1801—1847）和尤瑟夫·博·查列斯基（1802—1886）都是肖邦在华沙时便已认识的朋友。华沙起义失败后他们先后来到了巴黎，立即恢复了交往，他们经常在一起交流切磋，友谊不断得到巩固和加强。肖邦也很喜欢维特维茨基的诗歌，在华沙时就曾把他的几首诗歌谱成歌曲，来到巴黎后，维特维茨基每有新诗集出版，必会送给肖邦，肖邦也会从中选出他所喜爱的诗篇谱上乐曲。而肖邦组织的各种活动，维特维茨基也必定会支持和参加，而且他曾多次写信或当面向肖邦提出，希望他能写出具有鲜明的民族特性的歌剧来。尽管维特维茨基的这种愿望没有得到满足，但他们的友谊一直保持到最后。作为诗人和朋友，查列斯基虽不及维特维茨基，但他的未婚妻后来成了肖邦的学生，他们的友谊因此而得到了进一步的加深。

此外，肖邦还和在巴黎的许多波兰家庭建立了联系，受到他们的邀请，成了他们家的座上客，他们也像在华沙那样，以能邀请到他为荣幸。

在刚来到巴黎半年多的日子里，尽管肖邦遇到了一些不如意的事情，心中不免有些惆怅和失望。但他并没有像有些传记作者所写的那样想移居美国，到大西洋对岸去闯荡一番。我们从现存的资料来看，无论是肖邦自己在给父

母和朋友们的信中，还是父亲给弗里德里克的信里都没有透露过任何有关他到美国去的想法和打算。

肖邦初到巴黎时，生活上较为拮据。父亲给他寄来的钱，由于他不知节俭，喜欢时髦，讲究穿着，再加上常常和门德尔松、李斯特、希勒共进午餐，轮流做东，因而囊中羞涩。不过，第一场音乐会给他带来了一笔收入，虽不算很大，却解决了他的燃眉之急。随后他在波兰同胞中找到了更好的支持，他们纷纷请肖邦来教他们的儿女学钢琴，每节课20法郎，这在当时的付费是最高的，但他们相信肖邦的才华，愿意付出这笔学费。第一个前来请他的是普拉特尔。早在华沙时，肖邦就和普拉特尔一家相识，来到巴黎后，普拉特尔伯爵和他的夫人都热情好客，他们的家成了巴黎著名的沙龙。每星期四他们都要招待艺术家、作家和巴黎上流社会的人士。普拉特尔伯爵夫人对艺术家们关怀备至，尤其是对肖邦。她曾这样对肖邦说过："如果我年轻貌美，我的小肖邦，我会把你当丈夫，希勒当朋友，李斯特当情人。"对于这位伯爵夫人，李斯特曾在《论肖邦》一书中写道："善于把前途远大的有才能的人聚集在自己周围，鼓励他们，使他们成了一个光辉灿烂的星座。……她是我们每个人的和蔼可亲的女保护人。开导鼓舞，给我们以温暖，是深为我们尊敬和爱戴的。"普拉特尔夫妇深知肖邦的才华和为人，便毫不迟疑地请求肖邦教自己的女儿学钢琴，于是帕乌丽娜·普拉特尔便成了肖邦在巴黎的第一个学生。他那杰出的教学才能很快就传播开来。随即第二家波兰人科马尔伯爵也来请他教自己的两个女儿路德米娃和纳塔利亚，肖邦是在途经德累斯顿时认识这家波兰贵族的。从此肖邦的学生越来越多，这使他的生活得到了很大的改善。

幸福在向他微笑

来到巴黎只过了一年，厄运便离开了肖邦，幸福开始向他微笑，出现了从他离开父母以来第一个全面发展而又丰收的时期。无论是生活来源还是情感寄托，抑或是音乐创作，都有了一个很大的变化。

前面说过，肖邦刚到巴黎时并不像他原先预想的那么顺心如意。先是音

第八章 巴黎

乐会受到阻碍,继而是瘟疫流行,再加上巴黎社会的动乱,使他的各个方面都受到了影响。随着瘟疫的消失,巴黎人民情绪的稳定和1833年春天的冰雪消融,万物复苏,肖邦也开始时来运转,他的生活有了较大的改善。他搬进了新的住所,出有车马,衣着鲜亮,而且做工考究。然而父亲在为儿子取得进步倍感欣慰的同时也劝告儿子:"要尽量留些钱以备不时之需,特别是在我们所处的这个时代。"父亲的忠告却没有在他身上起到应有的作用。生性慷慨大方的弗里德里克,只要身上有几个钱,遇到朋友有困难,他就会解囊相助,而且还经常响应波兰侨民中的慈善机构的号召,为救济贫穷落魄的波兰流亡者而献出口袋里每一分钱。他自己就说过:"我是个革命者,因而不把钱放在眼里,我心里装的只有友谊。"况且他素来喜欢一种舒适高雅的生活,吃喝穿戴都较讲究,不知何为节俭。他素有洁癖,也很喜欢摆设,他的住所布置得虽不豪华,但很漂亮雅致,房间里少不了紫罗兰鲜花。尽管后来这些年收入颇丰,但他一生都没有富裕过,到了去世前几年更是经济拮据,甚至不得不靠别人暗中接济。

人靠衣衫马靠鞍,肖邦穿着讲究,他那俊美的外貌和文质彬彬的举止、优雅的风度,深得巴黎的贵妇人和名门淑女的宠爱。有些年轻人还仿效他的穿着打扮,比如肖邦出外喜欢戴一副洁白的手套,巴黎人也跟着戴上了白手套。戴白手套便成了巴黎当时的一种时尚。

由于肖邦的名气越来越大,求他教钢琴课的人越来越多,一天往往要教五节课。在他的学生中,就有科马尔伯爵的三个女儿。本来科马尔只想请肖邦教他的二女儿和三女儿。可是大女儿一听肖邦愿教钢琴,便亲自找上门去,央求肖邦也来教她的钢琴。这个大女儿名叫德尔菲娜(1805或1807—1877),其时她的芳龄25(或27)。18岁时便嫁给了一个富有的贵族花花公子符瓦迪斯瓦夫·波托茨基伯爵(按照波兰习俗,女人出嫁后要改姓夫姓,名字可保留原名,因此德尔菲娜·科马尔便成了德尔菲娜·波托茨卡伯爵夫人)。夫妻俩在一起生活了几年后便分道扬镳了。符瓦迪斯瓦夫生性风流,结婚之后依然拈花惹草绯闻不断,而德尔菲娜也不是省油的灯。由于她有沉鱼落雁之貌,加上她聪明伶俐,善于交际,也是风流艳事不断。不断的争吵导致他们永远分居,但不离婚。两人达成协议,丈夫每年给妻子一笔丰厚的赡养费,互不

干涉对方的私生活，两人各有自己的住处，互不来往。

肖邦从维也纳到巴黎途经德累斯顿时便曾到科马尔家做客，在那里认识了已回到娘家的德尔菲娜。来到巴黎后，德尔菲娜已租有自己的住房。她的名字很快便传遍了整个巴黎的上流社会，而她身后总是有一群追逐她的男人。当时有的人讥讽她说，她每天制造出的风流艳事，就像她每天换内衣一样方便。其实德尔菲娜并不是个荡妇，而是个有品位的女人，但她具有强烈的征服欲，凡是她看上了的男人非搞到手不可。她听到父亲要请肖邦教她的两个妹妹学钢琴，她也动了心要拜他为师，其实德尔菲娜和许多其他出身名门的闺秀一样，从小就受到艺术方面的培养，尤其是她富于艺术细胞，又有一副天生的好嗓子，歌唱得优美动听，甚至获得了行家们的肯定和赞赏。她还会绘画，钢琴也弹得不错，作为一个业余琴手，已经具有相当高的水平。她之所以请肖邦教她钢琴，一是出于虚荣，想成为一个正在冉冉升起的钢琴大师的弟子，二是猎奇心理，打从她在德累斯顿认识肖邦以来就对他这个人感兴趣，来到巴黎后便主动和他接近，还请他共进午餐。如今再请他来教自己的钢琴，便可以名正言顺地接近这位年轻文雅的小伙子。这样一来德尔菲娜便成了肖邦的学生，由此而引起的一场恋爱故事便传得沸沸扬扬。

不可否认像这样的两个年轻人经常在一起，自然会遭到人们的议论，况且他们都是自由身，一个是热情似火的情场老手，一个是风流倜傥的热血青年，是很容易擦出爱的火花。他们在较长的一段时间里，不是德尔菲娜到肖邦那里上课，就是肖邦到德尔菲娜住处去授课，在上课之前德尔菲娜都要打扮一番，显得更加妩媚动人。上课时，她有时会故意弹错几个音节，好让老师来做示范演奏，她便可以贴近他站着，或者坐在他旁边，对他显示出一种迷人的姿态。而此时的肖邦也正需要得到异性的抚慰，因为他暗恋过的康斯坦兹雅已于1832年初嫁给了一个富有的波兰贵族格拉博夫斯基。消息传来肖邦并没有感到痛苦，因为他早就知道这位女歌手是决不会嫁给他的，而他也从未向她表白过自己对她的爱恋。不过刚一听到她结婚的消息，心中不免有一种失落感。现在有一位年轻貌美的女士主动接近他，向他表示爱慕，肖邦自然会欣然接受。但是他们的这种感情达到何种程度，后世的传记作者们也都众说纷纭。甚至还出现过19封书信的事件，说这些信件就是肖邦写给德尔菲娜·波托茨卡的情书，而且说得有鼻子有眼的，还说是什么重大发现。后来经过专家考证，笔迹鉴定，证明这19封信是后人伪造的。不过在当时，肖邦和波托茨卡伯爵夫人的这种亲密关系确实是闹得流言四起，而且随风飘散，竟飘到了几千里远的华沙。华沙的亲朋好友都认为弗里德里克和德尔菲娜是在认认真真地谈恋爱。连艾斯内尔在1832年11月13日的信中也曾这样写到："我还不知道那位年轻姑娘的姓名，根据你亲爱的姐姐路德维卡所告诉的情况，你们似乎将要结合在一起了。"实际上不管他们是真的坠入了爱河，还是只是亲密的交往，都是不可能结合在一起的。前面已经说过，德尔菲娜是个喜欢无拘无束的女人，决不愿把自己绑在一个男人身上，现在她正好利用这种分居的自由去享受自己的浪漫生活，而且她当时的情人就不止一个，其中最为大家所知道的就有德·弗拉昂——一位外交官兼议员。而肖邦自己也知道他们不会也不可能结婚，尽管他觉得德菲尔娜很美很可爱，而且情趣相投。不可否认，在他们相识后的一年多时间里，两人相处得很是融洽。每当授课一完，肖邦便会坐在钢琴前为德尔菲娜即兴演奏，表达出他对德尔菲娜的喜爱，而德尔菲娜也会站在他身旁，为他唱一首首歌曲。每当一曲唱完，他们便会开心地大笑起来。除了演奏和唱歌，他们还会想出种种娱乐方法来愉悦自己，有时肖邦会发挥其模仿的才能逗得德尔菲娜捧腹大笑。他们在一起的确度过了一段非常愉快的时光，尽管他们没有像传言那样结成眷属，但两人一直保持着永恒的友谊，直到肖邦逝世，德尔菲娜也从没丢下他不管，当肖邦生活拮据时她也曾暗中接济过他。在肖邦弥留之际，德尔菲娜特意从外地赶回巴黎，还应他的请求，为他唱了他最喜欢的波兰和外国歌曲。

除了情感生活外，肖邦这个时期的经济状况也有了改善。通过查尔托里斯基·波托茨卡以及其他朋友的介绍和推荐，肖邦很快便进入了巴黎的上流社会，他的知名度得到了很大的提高。不到一年，他的学生中不仅有波兰贵族的子女，还有许多是外国达官贵人的子女和夫人。其中就有德尔菲娜·波托茨卡夫人的情人德·弗拉昂伯爵的女儿，有奥地利大使的夫人特蕾莎·阿波尼伯爵夫人，有法国国王菲利普的副官的妻子艾米丽亚·佩尔蒂伯爵夫人，有保罗·德·诺瓦耶公爵的女儿们。不久又有汉诺威大使的夫人以及工厂主的女儿卡罗琳·阿特曼等等。有了这些学生，肖邦的生活便有了保障，他的

名望也随之大增，一时成了巴黎上流社会的宠儿。他在 1833 年 1 月中旬写给吉瓦诺夫斯基的信中谈道："我已经进入最上层社会，坐在大使、公爵和部长们中间。我甚至连自己都不知道，这是什么奇迹造成的，因为我本人并没有刻意去追求。不过今天，这对我说来是最最需要的，因为据说高雅的趣味就是从这里产生的。如果有人在英国或奥地利的使馆听到过你的演奏，你马上就会被看成是才华出众。如果沃尔蒙公爵夫人当众夸奖了你，那你的演奏就更加出色。……音乐学院的学生们，莫舍莱斯、赫尔茨和卡尔克布雷纳的学生们，一句话，那些演技高超的艺术家纷纷前来请我给他们授课，把我的名字直接列在菲尔德之后。……今天我要教五节课，你也许认为，我会发财了。"

从此，肖邦开始了他的钢琴教育工作，像对待音乐创作和钢琴演奏一样，肖邦在对待钢琴教育方面也是极其认真负责的。他把传授钢琴演奏技艺当成了自己短暂生命中的重要方面。诚然，教钢琴课是他生存的基础和重要生活来源，但他与别的钢琴家不同的是，他对教课充满了热情，仿佛整天教课能给他带来巨大的乐趣似的。而且他的教课也与别的钢琴教师不同，他非常重视学生对作品内涵的理解和把握，要求能表达出乐曲的歌唱性和纯朴性，掌握好演奏的速度和分寸。他非常重视学生的才华和个性，提倡在正确把握乐曲的基础上任凭学生发挥自己的想象力和独特性。卡尔·费茨的哥哥约瑟夫在写给父母的信中谈道："作为钢琴教师李斯特比不上肖邦。这不是说，李斯特不是个好老师，在没有认识肖邦前，在可能的老师中他是最好的。但肖邦在教学方法上远远超过其他所有的艺术家。"据不完全统计，肖邦教过的学生不少于 150 个，其中有不少后来成了专业的钢琴演奏家，但大部分学生是为了自娱。李斯特认为"肖邦在自己的学生身上运气不好"。有些天才的学生不幸夭折，如卡尔·费茨，有的天分很高但中途就脱离了钢琴而献身于别的艺术事业，如波利娜·维亚尔多等人。由于肖邦对待教学工作极其认真负责和精心传授，培养出了一批有才华的钢琴家，因此他在钢琴教学方面也享有很高的威望，并获得了广大学生和同行们的一致好评和推崇。

在音乐创作上，肖邦也进入了一个新的丰收时期。在来到巴黎后短短的两三年里，他创作了大量的乐曲。1832 年夏天，正当巴黎瘟疫流行之际，许多巴黎人为了躲避瘟疫，纷纷离开城市逃到乡下或外国去。这样一来，肖邦

第八章 巴黎

便摆脱了许多访问和娱乐活动,可以静下心来专心致志于创作,使他写出了《四首玛祖卡舞曲》(作品第 17 号:B 大调,e 小调,降 A 大调,a 小调),两首《波罗涅兹舞曲》(作品第 26 号:升 c 小调,降 e 小调),三首《夜曲》(作品第 15 号:F 大调,升 F 大调,g 小调),还有《圆舞曲降 A 大调》(作品第 70 号之一)和第一首《g 小调叙事曲》(作品第 23 号)。

1833—1834 年间,肖邦又创作了第二组十二首《练习曲》(作品第 25 号),四首《玛祖卡舞曲》(作品第 24 号:g 小调、G 大调、降 A 大调、降 b 小调),《降 E 大调圆舞曲》(作品第 18 号),《波莱罗(boleno)舞曲》(作品第 19 号),《降 E 大调回旋曲》(作品第 16 号),《B 大调赫洛尔德主题变奏曲》(作品第 12 号)等。这些作品显得更加成熟,继续保持了波兰音乐的民族特性,而且在创作风格和方法上更臻完美,更富于创新。在思想情感上,其忧国忧民的爱国精神和忧伤情调得到了进一步加强。和波兰伟大诗人密茨凯维奇一样,他们都受到华沙起义失败的震惊,他们的心中充满了对祖国的忧虑,对亲人的思念和担忧,对民族敌人的无比愤恨和抗议之声。他们的这些情感都反映在他们这一时期创作的作品中,因而他们的作品都具有炽热的激情和丰富的情感,可以说他们都是抒情诗人,所不同的是,密茨凯维奇是用语言文字来表达自己的思想感情的诗人,而肖邦则是用曲调和旋律来表达自己的思想和情感,因而被尊称为"钢琴诗人"。

在作品出版方面,与维也纳的出版商不同,巴黎的出版商表现出更大的热情。刚到巴黎不久,肖邦便与法伦茨签订了出版合同,由其出版肖邦的带管弦乐的作品。1832 年夏,肖邦又和巴黎著名音乐出版商施莱辛格签订出版协议,由他出版肖邦的全部作品,包括已经写好的作品和以后创作的作品。同时施莱辛格还和在莱比锡开有音乐出版社的弗·基思特纳(F. Kistner)建立了联系,由他负责在德国出版肖邦的乐曲。1833 年初,施莱辛格便出版了肖邦的一系列作品,其中有两册的《玛祖卡舞曲》,分别为作品第 6 号和第 7 号。第 6 号是题赠给他的第一个学生帕乌丽娜·普拉特尔小姐的,第 7 号是题赠给来自美国新奥尔良的具有半个波兰血统的钢琴家帕乌罗·约哈斯。而第 8 号作品是题赠给安托尼·拉吉维乌公爵的。出版的第 9 号作品是《夜曲》,题赠给钢琴厂主普勒耶尔的妻子的。出版的第 10 号作品《练习曲》第

一组12首是题赠给李斯特的。而作品第11号《e小调协奏曲》是题献给卡尔克布雷纳的，这首乐曲被冠名为第一钢琴协奏曲，但按其创作的先后次序来说，它应该是第二，这样一来最早创作的《f小调钢琴协奏曲》反而成了第二。因为施莱辛格觉得《e小调钢琴协奏曲》刚刚在巴黎演奏过，从商业角度考虑，先出版此曲更为有利。

在肖邦事业上取得成功的同时，从华沙的家里也传来了喜讯。尽管华沙起义失败后，尼古拉失去了在士官学校的教职，收入减少，但弗里德里克也不需要父亲寄钱了，减轻了家里的负担。喜讯是弗里德里克的姐姐路德维卡结婚的消息。1832年9月28日路德维卡和卡拉桑提·英德热耶维奇举行了隆重的婚礼。卡拉桑提是弗里德里克在华沙中学的高班同学，曾在肖邦家寄宿过。此时他已是农业经济学院的行政法教授。婚礼是在热拉佐瓦·沃拉附近的布罗霍夫教堂举行的。那里曾是尼古拉和尤斯丁娜举行婚礼的地方，也是弗里德里克受洗的同一座教堂。为何不在华沙举行婚礼，尼古拉在给儿子的信里曾这样解释："你的姐姐正要出嫁，当你收到这封信时，婚礼一定已举行过了。上帝保佑她幸福……婚礼是在你受洗的地方举行，这让我感到非常亲切，尽管要走一段不长的路，但在这样的季节对我不太适合，可是这让你的母亲省去了许多麻烦。如果在这里（指华沙）不想要得罪任何人，就得邀请许许多多的熟人，当然也不能用一杯清水去招待那些客人的。"没有在华沙举行婚礼，除了节省开支外，更重要的一个原因是沙俄当局对华沙实施的戒严令。自华沙起义失败后，帕斯凯维奇一直在禁止波兰民众的各种集会，这在尼古拉的书信中是不会提到的，只好用经济原因来解释。弗里德里克听到姐姐结婚的消息，心里特别高兴，立即给他的这位姐夫去信表示祝贺，还给他们寄去了他新创作的波兰舞曲和玛祖卡舞曲，"希望你俩的心灵能融化在喜悦的欢舞中"。

肖邦和外国朋友

尼古拉·肖邦在1832年9月写给儿子的信中，很为弗里德里克能与巴黎

第八章　巴黎

一流的艺术家结交而感到欣喜，他写道："从你最近的一封来信中得知，我亲爱的，你终于认识了在艺术领域的所有一流的艺术家，而且你是可以和他们展开竞争的。因为我知道你很勤奋，故我对此深信不疑。同样使我高兴的是我看到你和他们相处得十分和谐，而且你未激起他们的嫉妒反而博得了他们对你应得的好评。亲爱的孩子，你继续这样前进吧。无论是你的人品还是你的才华，人们都将会追随你的。"

经过几个月的时间，弗里德里克便结交了居住在巴黎的大部分艺术家和作家。由于肖邦很快得到了巴黎上流社会的喜爱，经常出入他们的沙龙，通过这些沙龙和艺术家们的相互推荐，肖邦认识的艺术家越来越多，但肖邦并不滥交朋友，他能以诚恳的态度博得人们对他的喜爱。李斯特在其《论肖邦》（第95—96页）一书中写道："他生来具有波兰人的殷勤感，在礼遇客人方面不满足于款客的规条和责任，而是忘却自己地把一切注意力移向宾客，他们的期望和消遣。人们喜欢探望他，体验到他的魔力，仿佛置身在自己家中一样。他把客人化为全家的主人，把自己和自己的财富都献给客人，为他们效劳。"

肖邦正是凭借着这种诚恳殷勤的态度博得了朋友们的喜爱，而他结交的第一批艺术家，除了卡尔克布雷纳外，还有李斯特、希勒、门德尔松以及柏辽兹等人。

弗兰茨·李斯特（1811—1886）一位出生在匈牙利的作曲家、钢琴家。尽管他比肖邦小一岁，但他成名较早，此时已是名扬欧洲的著名作曲家和演奏家了。李斯特九岁开始登台演出，很早就显示出他那出众的音乐才华。1821年由父亲送到当时是奥匈帝国首都的维也纳，拜车尔尼和萨列里为师。其间，贝多芬曾聆听过他的一次音乐会，对他非常赏识。1823—1835年定居巴黎，并曾到英国演出，受到英王乔治四世的接见，声名远播。1832年他开始和玛丽·达古伯爵夫人同居，他们共同生活了11年，并生有子女三人。当肖邦于1831年底来到巴黎时，李斯特已成为一位巴黎家喻户晓的钢琴家，一个特受上流社会沙龙喜爱的宠儿。他的风流艳事，他在钢琴演奏上的大胆创新和高超技艺，他在音乐创作上的标新立异，他创立的交响诗和对"固定乐思"的发展以及在标题音乐上的杰出贡献，使他后来成为了欧洲浪漫主义最

杰出的钢琴演奏家和作曲家之一。肖邦是通过帕埃尔认识李斯特的，两人一见都有一种相见恨晚的感觉，尽管两人的性格迥然不同，一人外向一人内向而且在演奏风格和作曲特色方面都有所不同，但这不妨碍他们成为好朋友。这两位惺惺相惜的年轻人在这段时期里，可以说是敞开了心扉，他们相互学习相互切磋，为各自的演奏技巧而相互欣赏。李斯特的演奏方法和技巧给了肖邦很多的启示，使他体验到钢琴还能有这样的多姿多彩而又充满活力的演奏，肖邦的那种文雅而又轻巧的演奏也给李斯特留下了深刻的印象。李斯特对肖邦的作曲更是赞不绝口，一下子便看出了这些乐曲的新颖性和独创性，尤其是肖邦题赠给他的前12首练习曲更让他爱不释手。李斯特在这之前也写过一组练习曲，但和肖邦的一比，便觉得自己的太简单了，一看便会演奏。而肖邦的练习曲却更为复杂，更加优美，也更难演奏。据说李斯特把这些练习曲拿回家后关起门来练习了好几个星期。当李斯特出现在肖邦面前为他演奏这些练习曲时，肖邦听了也大为惊讶，没有想到他的练习曲能这样演奏。这是不同的阐述，不同的风格，但还能为肖邦所接受。后因李斯特长期离开巴黎，到维也纳和德国去演出和工作，两人见面的机会少了，再加上他们的情妇达古和乔治·桑的矛盾加剧，也影响到他们，使他们的关系疏远了。

费迪南德·希勒（1811—1885）也是肖邦来到巴黎后最先结交的朋友之一。他是位德国的作曲家、钢琴家和指挥家。他比肖邦小一岁，出生于法兰克福，曾在维也纳师承胡梅尔学习钢琴。1827年曾随胡梅尔探望过临终前的贝多芬，1828年和母亲一起移居巴黎，并在音乐界崭露头角。1831年12月4日在巴黎音乐学院音乐厅举行的音乐会上，希勒演奏了自己的作品《交响曲》和《钢琴协奏曲》，随后又和卡尔克布雷纳联袂演奏了卡尔克布雷纳的两架钢琴协奏曲。肖邦出席了此次音乐会，对希勒的演技和作曲都赞不绝口："前天的交响曲和协奏曲获得巨大成功，作品属于贝多芬一类，但他却是个充满了诗意、热情和精神的人。"希勒也非常赞赏肖邦，称他"是个有巨大天才的艺术家"。后来他曾这样写道："肖邦爱我，但我必须说，我也爱他。除此之外，我不知道还能怎样来描述他在我心中激起的情感。他的存在让我幸福。我从来也听不够他的演奏。"在这些新结交的艺术家朋友中，肖邦和希勒的关系最为密切，不仅是因为音乐，两个人的性情也更相投。希勒的母亲也很喜欢肖邦，把他当作自己儿子一样来对待。希勒又把他的德国同胞门德尔松介绍给了肖邦。

费利克斯·门德尔松（1809—1847）是位生于汉堡的音乐家，他比肖邦大一岁，而且也和肖邦一样，很早就显露出他的音乐天才，被称为神童。门德尔松还是个多才多艺的艺术家。他工于丹青，又喜欢文学，而且文笔优美。他不仅是位出类拔萃的钢琴家，还是个优秀的中提琴家、管风琴家和指挥家。1828年肖邦第一次出国在柏林便听过他的演出。当时肖邦只能远远地望着已是名家的门德尔松，没有勇气上前和他结识。1829年门德尔松赴英国和苏格兰旅行演出，获得极大成功。与此同时他还创作了一系列以英国为题材的音乐作品。1831年末门德尔松来到巴黎，并在这里度过整个冬天，还举行过数场音乐会。1832年2月18日门德尔松在音乐学院音乐厅举行的音乐会上，演奏了他为莎士比亚的《仲夏夜之梦》所作的序曲。现在是到了门德尔松赞赏肖邦的时候了，据说门德尔松还劝过肖邦不要拜卡尔克布雷纳为师，曾当众对肖邦说，"你的钢琴弹得比他还好"。这两位年轻的朋友经常在一起交流经验切磋技艺，还常常一起共进午餐。即使门德尔松后来离开了巴黎，他们依然保持着联系。1834年肖邦到德国时还受到门德尔松的特别邀请，曾和希勒一起去参加下莱茵河音乐节。当时门德尔松已是杜塞尔多夫的音乐总监，刚刚完成《意大利交响曲》。他们三人一起泛舟莱茵河上，欣赏两岸的绮丽风光，还曾在一起举行了音乐会。

肖邦、门德尔松、希勒、李斯特和卡尔克布雷纳的两个学生奥斯博尼、斯塔马迪这些来自不同国家的年轻钢琴家，在30年代初期，组成了一个在巴黎最为活跃最为愉快的浪漫派群体。他们经常在一起共进午餐，轮流付钱。他们最喜欢去的地方，除了咖啡馆外，就是赫尔曼·弗兰克的住处，他是位医生，也是位作家和音乐爱好者，他的沙龙成了巴黎文人和艺术家经常集会地方。肖邦便是在这里认识了德国诗人海涅和法国著名小提琴家皮埃尔·巴约（1771—1842）的，尽管后者已届花甲，但很乐意跟这些年轻人在一起。

这段期间，肖邦经希勒和李斯特的介绍还结识了法国杰出的大提琴家奥古斯特·弗朗肖姆。这位只比肖邦大两岁的大提琴家此时已是巴黎音乐学院乐队的队长，法国国王菲利普的宫廷大提琴师。相识不久，弗朗肖姆便成了

肖邦最要好的法国朋友。后来他们应出版商施莱辛格的请求，还合作创作出一部《钢琴和大提琴二重奏曲》。它是以迈耶贝尔的歌剧《魔鬼罗伯特》为主题而创作的一部乐曲。他们先是在一起制定提纲，然后一人分写大提琴部分，一人分写钢琴部分，随后两人再在一起讨论，多次反复修改，最后形成一首完整的优美的乐曲。除了在一起创作乐曲外，他们还常常在一起进行双重奏，有时高兴起来两人联奏好几个小时都乐此不疲。

在初到巴黎结交的朋友中，还有一位年龄较大的德国钢琴家、作曲家彼得·皮克赛斯（1788—1874）。早在斯图加特时，肖邦就和他认识了，同时也认识了他的女学生弗兰齐拉。弗兰齐拉是皮克赛斯钟情的对象，随后他们两个来到了巴黎。皮克赛斯是个热心肠的人，但嫉妒心强，老是担心自己的小爱人会跟别人要好。肖邦来到巴黎后很快就和他联系上了，而且也就在这期间，发生了一件有趣的事情。肖邦在给沃伊捷霍夫斯基的信中写道：

> 我禁不住要告诉你有关我和皮克赛斯的奇遇。想想看，他和一个很美丽的15岁女孩住在一起，据说他想跟她结婚。我在斯图加特拜访他时就见到过她。当皮克赛斯来到此地后邀请我去他的住处，但没有提及那个女孩，我也把她给忘记了，原来她也跟着来了。若是我知道她也来了，我会早去拜访他们的。一个星期后我便去了。在楼梯间我很高兴地碰上了这位年轻的女学生，她请我进去，说是皮克赛斯先生刚好外出，但没关系，我可以进去坐一会儿，先生很快就会回来，等等。我们两个都有点担心，知道那个老人是很爱嫉妒的。于是我便借口告退，说改天再来。就在这时，当我们在楼梯间很坦然地交谈时，那个小个子皮克赛斯回来了，透过他那副大眼镜（带有几分索里发的神情）在看，到底是谁在跟他的小美人说话。这可怜的家伙急急走上楼来，在我面前停住，很没礼貌地说"早安"还带着一种责备的眼光望着她，好像在说她怎敢在他不在时去接见一位年轻人。我也微笑着假装没事似的，还帮皮克赛斯责怪她在这样冷的天气里只穿这样单薄的衣衫站在门口等等。最后这位老人回过神来，把话儿吞了回去，挽着我的手臂把我引进客厅，但不知该把我安置在哪儿就座，他又怕得罪我，害怕我日后会乘他不在时去作弄他，

第八章 巴黎

或者去谋杀他的这位学生。后来他陪我下楼,见我还在微笑着(我是因被人误会才忍不住笑的)。他还到门房去查明我是什么时候来的,又是怎样上楼的。自那天以后,皮克赛斯便在所有的出版商面前极尽所能地夸奖我的才华,特别是对施莱辛格。

经过这场误会,皮克赛斯对肖邦更加信任了,也更愿意帮助他了。正是由于皮克赛斯的大力推荐,肖邦的作品才能在施莱辛格那里得到大量的出版。

肖邦的友人中,有当时法国浪漫派的三大开创者。一是音乐方面的浪漫派掌门人柏辽兹,二是文学方面的浪漫派泰斗雨果,三是绘画方面的浪漫派大师德拉克鲁瓦。

埃克多·柏辽兹(1803—1869)是法国最伟大的作曲家、指挥家和音乐评论家,但他不是位钢琴演奏家,这在当时是很少有的。当肖邦到达巴黎时,适逢柏辽兹到意大利进修去了,1832年他才回到巴黎。这时他已是位响当当的作曲家了。他的《幻想交响曲》给他带来了巨大声誉,被誉为法国音乐的杰出成就,他本人也被誉为法国浪漫派音乐的开拓者。肖邦常在一些沙龙中和他相聚。柏辽兹的文化修养、渊博知识、热情和幽默,以及他的大胆思维、他的直率、他的丰富想象力都让肖邦钦佩不已,但他们对音乐的看法则有所不同,不过这不妨碍他们的交往和友谊。1832年12月当柏辽兹举行个人音乐会时,肖邦等一大批年轻的艺术家们都去捧场。在这次音乐会上,柏辽兹第二次演出了他的《幻想交响曲》。实际上,这场音乐会是专为他所爱的爱尔兰女演员而举行的。1827年柏辽兹在观看肯布尔剧团演出的《哈姆雷特》时受到很大的震动,同时喜欢上了莎士比亚和扮演莪菲莉娅的爱尔兰女演员哈丽雅特·史密森,对她可谓是一见钟情。《幻想交响曲》就是他对她的这种狂热爱情的表露。这期间,他还给她写了许多情书。大概是柏辽兹的大胆热情感动了这位美貌的女演员,这次她应邀出席了音乐会。当她在包厢入座之后,立即引起观众们的注视和议论,就连柏辽兹本人也常常投去火热的目光,使史密森小姐既坐立不安又欣喜异常。这位爱尔兰女演员终于被柏辽兹的真情所打动,次年便与柏辽兹结为秦晋之好,肖邦等人都参加了他们的婚礼,可惜的是他们的婚姻维持不到十年便劳燕分飞了。

通过柏辽兹，肖邦还结识了许多法国的年轻诗人和作家，其中就有雨果、巴尔扎克等人。维克多·雨果（1802—1883）是法国浪漫主义文学的旗手。1827年他发表了著名的《克伦威尔·序》，提出了一整套浪漫主义的文学主张，为法国浪漫主义文学的发展开辟了道路，而他相继发表的一系列诗歌、戏剧和小说便成了浪漫主义文学的实绩。他在1831年发表的《巴黎圣母院》更是一部里程碑式的杰作。由于雨果对波兰命运的关注和对波兰人民的深切同情，很快便博得了波兰流亡者的喜爱和信任，成了波兰人的朋友，后来他和密茨凯维奇也成了好朋友，他们三个人常常在各种场合见面交谈，增进了他们的相互了解和友谊。

肖邦和巴尔扎克、德拉克鲁瓦的交往主要是在30年代末和40年代，在他和乔治·桑同居之后更为紧密，这里就不再赘述了。

在侨居巴黎的外国诗人中，肖邦和德国诗人海涅的关系最为亲密。亨利希·海涅（1797—1856）这位德国浪漫派诗人，是和肖邦前后脚来到巴黎的，而且都是在巴黎度过了他们的余生。他们有着共同的命运，因为他们都是自愿的流亡者。从年龄来说，他们并不是同一代人，但他们的心灵相通，观点相近，都能从片言只语中领会到对方的思想感情。有时肖邦到海涅的住处去听他的诗歌朗诵，有时海涅到肖邦的寓所去听他的钢琴演奏。海涅对肖邦的为人和音乐都很钦佩，海涅在给《奥格斯堡总汇报》写的通讯中曾这样谈到肖邦："如果撇开与李斯特齐名的评价最高的钢琴家，那就是不公正的，这位钢琴家就是肖邦。他不仅以高超的演奏技巧而闻名，而且也是一位最高水平的作曲家。他是第一流的艺术家，是那些在音乐中寻找最高精神享受的社会阶层的爱慕者。……他属于三个民族：波兰给了他骑士精神和对自己痛苦的铭记，法国给了他气质，德国给了他浪漫性。自然给了他瘦削的优雅的充满魅力的身材，最高尚的心灵和天才。是的，应该承认肖邦是天才，是这个词的完全意义上的天才。他不仅是演奏家，而且是个诗人。他善于把诗歌深深融入他的灵魂中，让它显示出来，使之体现在音响中。他是个音响的诗人。当他坐在钢琴旁即兴演奏所带给我们的欢乐是无与伦比的。在这种时候，他既不是波兰人，也不是法国人或者德国人。他的出身更高：他真正的祖国是莫扎特、拉菲尔和歌德的祖国，是诗歌的想象和美妙的国度。"在另一个地方海涅又写道:"我仅仅把一个人摆在塔尔贝格之上,那个人就是肖邦。他不仅是个演奏家,更甚的是,他是位作曲家。在肖邦这里,我会完全忘记他的最完美的演技而沉浸在他的音乐的迷人深渊中。……肖邦是位天才的音乐诗人,其名字只能列在贝多芬、莫扎特和罗西尼之旁。"

随着肖邦在巴黎居住的时间越久,随着他的名声越来越大,他结交的,和想与他结交的法国及其他国家的人越来越多。但真正称得上知心朋友的人并不是很多。

第九章
多彩的生活

肖邦的愉快岁月（1834—1835）

　　肖邦经过短期的适应之后，已在巴黎站稳了脚跟，生活也有了很大改善，而且还获得了许多热心的朋友和大量的倾慕者与崇拜者。

　　1834年对于肖邦说来是个好年头。夏天，他的最亲密的朋友之一，也是他中学时代的要好同学杨·马图辛斯基从德国的图宾根来到了巴黎。马图辛斯基比肖邦大一岁，在华沙中学时他们是很要好的同学，中学毕业后他考入了医学院。华沙起义期间，他像广大爱国青年一样，投笔从戎，参加了起义队伍，当了一名军医。起义失败后，他逃至德国，住在图宾根，并在那里获得博士学位。随后他来到巴黎，并在医学院获得了教职。肖邦为他的到来感到无比的欣喜，便立即邀请他和自己一起住，马图辛斯基也欣然接受了他的邀请，尽管肖邦这里离他工作的地点较远，但他还是很乐意和老同学住在一起。五年未见面的老同学一旦相见，自然有说不完的话要相互倾诉，肖邦将几年来在外面漂泊的种种酸甜苦辣一股脑儿向他倒了出来。而马图辛斯基也向他讲述了自己的种种遭遇，特别是华沙起义中波兰军民英勇斗争的事迹，让肖邦听了止不住热血沸腾。当他听到俄国军队镇压华沙起义的惨无人道的罪行时，心中涌起了对民族敌人的无比仇恨，他的爱国情感又得到进一步的深化。另外，马图辛斯基的到来更让他高兴的是，他现在有人能和他说波兰话了。尽管他从小就接受了父亲的法语教育，法国语说得和波兰语一样流利，但他还是更喜欢说波兰语，平时没有人和他说波兰语，他感到很苦恼。现在好了，天天有人跟他说波兰话，"仿佛把我们带回到我们的祖国"，他感到格外的欢欣。况且马图辛斯基还是个医生，有他在身边关注自己的健康问题，肖邦也就更放心了。马图辛斯基也同样很高兴，在写给他表弟的信里说："我在巴黎作的第一件事就是去拜访肖邦……他长得又高又壮，我差点认不出他来了。现在肖邦是这里的第一钢琴家了，他教的课很多，收费都不在20法郎以下。他写了许多曲子，其作品特别受欢迎……我有充分的时间和他呆在一起——他是我的全部。我们在剧院里消磨夜晚，或者去拜访朋友，要不就是安静地呆在家里。"

1834年5月的下旬，肖邦应希勒的邀请，到亚深去参加下莱茵河音乐节。亚深是一座中世纪的德国城市，当时名叫 Akwizgrane，。这样的音乐节每年举行一次，轮流在杜塞尔多夫、科隆和亚深举行，这次轮到了亚深。肖邦和希勒一起来到亚深，受到门德尔松的热情欢迎。门德尔松此时已是杜塞尔多夫的音乐指挥，成了音乐节的主人。希勒作为嘉宾，住在市长家里，而肖邦则住在另一处房子里，令他们高兴的是三人又在一起了。门德尔松利用音乐节间隙，不是陪同他们去参观亚深市容，就是三人在一起弹奏钢琴、交流心得和体会。音乐节后，门德尔松还特意邀请他们到杜塞尔多夫去做客，并在他那里停留了几天。在这段时间里，门德尔松更进一步领会到肖邦音乐的无比魅力，他在写给母亲的信中说道：肖邦"用他的创新震惊了所有的人，如同帕格尼尼在小提琴上那样，他在钢琴上创造了看起来是不可能的奇迹"。

肖邦和希勒告别了门德尔松，乘船溯河而上，到达莱茵河上游的科隆。在汽船的甲板上，肖邦在希勒给母亲的信里也写了几句附言："仁慈的夫人：今天我就像我们的汽船发出的蒸汽在空气中飘散，我感到，我的一部分飘向我的祖国，飘向我的亲人，而另一部分则飘向巴黎，飘向您……"我不知道，为什么有的人会把这封短信看作是肖邦的"人格分裂的标志"。我倒觉得这是肖邦爱国心和人性的最好表达，他既爱他的祖国也爱巴黎，既爱他的家人也爱希勒的母亲，这两种爱既不矛盾，也不冲突，更谈不上是人格分裂。

回到巴黎后，弗里德里克又遇到了他人生中一件很关键的事情。那就是他的俄国护照已经到期，必须在年底之前到俄国驻法国大使馆去办理延长的手续。否则，便会取消俄国公民资格，按政治流亡者对待，永远不能回到华沙，回到父母的身边。是按照俄国政府的要求，做一个俄国的顺民，这样他就有可能回到亲人的身边，还是放弃俄国的护照，自愿做一个叛逆的流亡者。父亲尼古拉的意思是要弗里德里克去办理延长手续，他在1834年9月7日的信中写道："6月11日法国的报纸报道：每个波兰人都应去延长自己的护照。考虑到这点，你是在骚乱之前离开华沙的，并没有参加任何活动。如果你在这件事上引用这一事实，便能在使馆办事更容易了，我将会感到很高兴的。我承认，我并不希望你的忽略而被列入流亡者之列。你不能不重视此事，我

请你告诉我该怎样做，才能更容易办理此事。"

　　和父亲的愿望相反，弗里德里克是不愿当俄国的顺民的。他和大多数流亡者一样，选择了留在国外，尽管俄国政府曾颁布特赦令，允许流亡者在服过多少年的劳役后可以回家当顺民，但响应的只有很少的一部分人。弗里德里克从小就受到母亲爱国思想的教育，长大后又和那些爱国学生在一起，深受他们的影响。在华沙的时候他就曾耳闻目睹过沙俄统治者对波兰人民的残酷压迫，以及波兰爱国者前赴后继的英勇抗争，尽管他没有参加华沙起义，但他的心是和起义战士连在一起的。后来他又从起义官兵的口中听到了许多沙俄军队的暴行，更激起了他对沙俄统治者的憎恨，于是他决心和波兰流亡者们在一起，同呼吸共命运。他把俄国护照扔在了一边，再也不去管它了。后来他和许多久住在巴黎的波兰流亡者一样，拿的是法国的护照，但他们并没有把自己看成是法国人，而是依然保持着波兰人的风俗习惯和民族特性。

　　在这段时间里，肖邦的音乐创作和音乐演奏活动也较为活跃。首先他创作了第四组《玛祖卡舞曲》，作品第24号（g小调，C大调，降A大调，b小调）。1835年，他还写有《C大调玛祖卡舞曲》，（作品第67号之三）此组乐曲于1836年出版，是题赠给德·佩尔蒂伯爵的，他是德尔菲娜·波托茨卡夫人的朋友，其女儿是肖邦的第一批法国女学生。此外，他还写有《b小调谐谑曲》第一首（作品20号），这首乐曲开始写于维也纳，1835年出版时，是题赠给托马斯·阿尔布雷希特的，他是个葡萄酒商人和萨克森大使馆的随员。与此同时，肖邦还在继续完善他的练习曲和《e小调协奏曲》，在出版之前他都要进行精心的修改。对此出版商施莱辛格深有感触。他在写给基思特纳的信中就曾谈到："肖邦不仅是个富于才华的人，而且也是个关心舆论的人，他不断在修改自己早已完成的作品。"

　　除了创作和旅游外，肖邦还积极参加各种演出活动。不过他不是在举行个人音乐会，而是参与别人的演出。1834年12月14日柏辽兹在音乐学院音乐大厅举行音乐会时便邀请肖邦和他一道演出。在这次音乐会上，肖邦演奏了自己创作的《f小调协奏曲》第二乐章"行板"，有乐队伴奏。对于这次演奏，《钢琴家》于12月20日作了简短的报道："在柏辽兹的音乐会上，我们听到了由肖邦先生演奏的钢琴协奏曲中的行板，非常引人入胜，大家都觉得太短了。我们真希望能再次听到他的演奏。"而12月28日发表在《音乐报》上的评论文章也写道:"肖邦这位富于灵感的作曲家和无可比拟的钢琴演奏家演奏了自己作曲的'行板',这部作品与其前面的和后面的作品相比都应该——这是绝对无疑的——得到最大的成功,其结构非常优美……"

12月25日,肖邦又参加了在普勒耶尔大厅举行的早晨音乐会。参加此次演出的有著名小提琴家海·威·恩斯特(H. W. Ernst, 1814—1863)和女歌唱家萨比娜·海因夫特尔等人,而最引人注目的是肖邦和李斯特的联袂演奏,先是四手联弹莫谢莱斯的《降E大调大奏鸣曲》,接着是在两架钢琴上演奏了门德尔松的《无言之歌》。《音乐报》称赞他们是"我们时代最伟大的两位钢琴家"。

1835年2月20日,希勒在埃拉尔大厅举行自己作品的音乐会,肖邦又受到邀请参与演出。他们在两架钢琴上演奏了希勒的《大二重奏》。对于这次演奏,《钢琴家》认为:"肖邦的演奏太轻柔了,许多座位的观众听不清他的演奏,因此他不应该和别人一道演奏,而应单独演奏,这样才能得到应有的评价。"

1835年3月15日,斯达马提在普勒耶尔大厅举行音乐会,肖邦、希勒、赫尔茨和奥斯本都参加了演出,但演出曲目已无法得知。

1835年4月4日,在意大利剧院举行了为救助波兰贫穷流亡者的义演。这次义演是由巴黎的"波兰妇女慈善协会"倡导,而由肖邦实施组织的。前面我们已经说过,只要是为了波兰的民众和解放事业而举行的任何慈善活动,肖邦都积极支持,踊跃参加,这次义演也不例外。他亲自筹划整个音乐会,制定演出节目,邀请艺术家参加演出,凭借着肖邦的名声,许多艺术家都很乐意参加,因而演出阵容非常强大,其中有李斯特、希勒、努里(Nourrt)和女歌唱家方法尔扎,小提琴家恩斯特和指挥家阿贝内克等人。参与组织工作的还有波兰人格日马瓦和叶沃维茨基。在此次音乐会上,先由乐队演奏了罗西尼的歌剧《威廉·退尔》的序曲和韦伯的歌剧《奥伯龙》的序曲,随后是两位歌唱家的演唱,接着是肖邦和乐队演奏了自己的《e小调协奏曲》。最后由肖邦和李斯特在两架钢琴上演奏了希勒的《大二重奏》。这次音乐会获得巨大成功。由于参加演出的都是当时走红的艺术家,吸引了大量的观众,剧院

爆满，因而带来了不小的收益。《音乐报》也作了相关的报道，像往常一样，赞扬了肖邦的作品和演奏。

4月26日，阿贝内克在音乐学院音乐厅举行音乐会。作为回报，肖邦也参加了这次演出。他演奏了自己的《平稳的行板和大波罗涅兹舞曲》（作品第22号），获得相当的成功，但没有达到他预期的热烈程度。参加完这次音乐会之后，肖邦便在相当长的一段时间内，没有在巴黎举行自己的公开音乐会了，也很少参加别人的演奏会。究其原因，一是肖邦的天性较为内向，较为低调，不像李斯特那样是舞台的宠儿，场面越大他越兴奋，越能施展自己的演奏技巧。而肖邦则不同，他喜欢在小范围内演出，喜欢在沙龙中面对高雅的观众和同行们演奏。如果是在大庭广众之中演出，他就会感到很不自在。肖邦曾对李斯特说过："我天生不适合在公开场合演奏，人一多我就害怕，人们的呼吸使我窒息，他们的凝视让我发怵，他们陌生的脸使我不知所措。而你就完全不同了，你征服不了他们时，还可以吓唬他们。"二是肖邦的演奏风格不同。他不像德国或者奥地利的钢琴演奏家那样，击键的力量强，音响大。他的演奏更为柔和，更为精巧细腻，也更加抒情，但在大厅里演奏，往往后排的听众听不清晰，而在与乐队一起合奏时，他演奏的钢琴声也常常被乐队的巨大声响压了下去。于是当时的许多评论文章都会提到他的演奏音量太小太弱的"缺陷"，而肖邦又是个自尊心较强的人，看到这样的批评自然会心生不快。因此他后来很少关注报刊上的评论文字，也很少举行公开的大型演奏会，只是在他喜欢的沙龙中，或者在自己的住处，举行一些小型的音乐会。这种演出方式毫无疑问会使他的名声受到一定的限制，也使他的名望不及李斯特那样响亮，那样名震欧洲。

和父母相逢

当弗里德里克1834年夏天参加莱茵河畔音乐节的消息传到华沙后，他的妹妹伊莎贝拉便给哥哥写了一封信。她在信中谈到了父母和她们姐妹对他的思念之情，都渴望能和他见面。她觉得哥哥既然能去杜塞尔多夫，也就能回华沙，因为她认为，从巴黎到华沙和从巴黎到杜塞尔多夫的距离差不多一样远。因此她要求哥哥能回华沙一趟，以慰父母思念之情。弗里德里克在回信中说明他不能回华沙的原因，因为他不愿再做俄国的顺民，拒绝到俄国驻法国大使馆去办理护照的事情，因而他不能再回华沙了。而他们的父亲也不知出于何种原因，打从他离开法国后就再也不愿回法国了。于是这两个姐妹便想出了一个折中的办法，可以在巴黎和华沙之间的某个地方相见，现在只有等机会了。

肖邦在1835年4—5月里参加了两场音乐会后，便到巴黎郊区的昂吉安休假去了。这是和他同住的朋友马图辛斯基向他提出的建议，这位老同学看到他因劳累而身体虚弱，便建议他到此地来休息一下。昂吉安是个环境优美的地方，巴黎上流社会的许多人士都爱到此地来休养度假，波托茨卡伯爵夫人就是这里的常客，肖邦早就听她说过昂吉安的迷人风光，其附近有湖泊和以古迹而闻名的蒙莫朗西小城，那里还住有一些波兰人，其中就有肖邦喜爱的老诗人聂姆策维奇。附近的圣—格拉蒂安有阿斯托尔夫·德·屈斯蒂纳侯爵的城堡庄园。屈斯蒂纳侯爵是个富于教养的人，喜爱音乐和艺术，也爱结交有才气的年轻人。肖邦是在巴黎的贵族沙龙中和他认识的，见面不久他就喜欢肖邦的人品和音乐，主动和他交朋友，并在家里设宴招待肖邦，当时作陪的客人有雨果和拉马丁等法国作家。肖邦来到昂吉安之后，侯爵便经常邀请他来庄园休憩，带他去参观周围的村镇，或到林中去散步。他们在一起谈天说地，更多的是听肖邦的演奏，而肖邦自然也不会放过侯爵家的那架好钢琴，供他作曲和练琴用。侯爵也大饱了他的耳福，不用出门，不用付费就能听到美妙的即兴演奏和新乐曲的试弹。

8月初，肖邦接到家中来信，他的父母要到捷克的卡尔斯巴德（即现今的卡罗维发利）来疗养。卡尔斯巴德当时是欧洲著名的一座温泉疗养地，每年都有大批的身体不适者从欧洲各地来到这里进行治疗和休养。尼古拉近来身体有所不适，华沙的医生便建议他到卡尔斯巴德来治疗。于是尼古拉便决定利用暑假，偕夫人一道来到了这处疗养地。

弗里德里克一听到父母要来卡尔斯巴德疗养，便立即离开昂吉安回到巴黎，办完了应办的手续，收拾好简单的行装之后，便赶到驿站，搭上驿车朝

卡尔斯巴德进发。他想赶在父母之前到达那里，好给父母一个惊喜。于是他日夜兼程，在路上度过了几个夜晚之后，终于8月15日到达了目的地。这一天也恰好是他的父母到达之日。常言道：儿行千里母担忧。相隔将近五年，父母才第一次与儿子相会，其心情对于双方说来都是可想而知的。他们来到疗养地的第二天，即8月16日，尼古拉在写给女儿女婿的信中，以及在弗里德里克的附信中，都表露了他们心中的无比欣喜。父亲的信是这样写的：

  费了不少周折，我们终于到达这里……来到这里之后，我们就让拿来疗养者名单，看看里面有没有什么熟人。名单上我们发现了查瓦茨基，他的夫人和霍夫曼夫人。我打算早上去看望他们。可是在凌晨4点，我们还没有起床，就有人来敲打我们的房门，原来是查瓦茨基先生，他来告诉我们，昨天他和弗里德里克在别处找了我们大半夜。你们可以想象得到，我急忙穿上衣服便和他一起前去叫醒这个诚实的小伙子，他从我们的信中得知我们要到卡尔斯巴德来，便想给我们一个意外的惊喜。他放下了自己在巴黎的工作，日夜兼程，以便在我们之前到达此地。他没有丝毫的改变，我甚至觉得他和离家的时候一模一样。他的这种孝心对我们说来是无比珍贵的，因为你们是了解我们的情感的。我们高兴得热泪盈眶。我们还没有开始治疗，医生今天上午来，看看他会说些什么。我不想耽误邮寄，只好搁笔。吻你们，母亲也吻你们。

尼古拉·肖邦

弗里德里克也给他的姐妹们写了一封短信：

我亲爱的孩子们（弗里德里克常常在信里这样称呼他的姐妹——笔者）：

  这是你们收到爸爸的第一封信，由我代笔。我们的高兴真是无法形容。我们拥抱了又拥抱……我们还能再做什么呢？可惜的是，我们不是全家聚在一起，但这也够美好的了。上帝对我们真是太仁慈了。我写这封信时脑子很乱，最好今天什么也不要去想，只享受这期盼已久的幸福，这是我今天唯一有的东西。父亲母亲和从前一样没有什么变化，只不过老了一点。我们一起出去散步,我挽着妈妈谈论着你们,模仿着外甥们调皮的样子,相互诉说别后的思念之情。我们吃喝在一起,相互亲热抚爱,相互大喊大叫。我现在幸福极了。我又感受到了我成长时的那些习惯,那些动作。我好久没有吻过的那只手也依然如故。嘿,我的孩子们,我拥抱你们。请原谅我不能集中思想来给你们写些别的什么了,只是想告诉你们,我们是非常幸福快乐的。以前我只是抱有希望,今天竟实现了这种幸福,幸福,幸福。我紧紧拥抱你们和你们的丈夫,让你们喘不过气来,你们是我在这个世界上最亲密的人。

弗里德里克·肖邦

尼古拉和儿子住在"金玫瑰"旅馆。他们在一起度过了一段最愉快最难忘的日子。弗里德里克和母亲除了陪父亲到温泉去进行水疗外,便常常一道去游览这座美丽的小城,或者在旅馆里促膝谈心。弗里秋把他离家以后的种种经历,和他结交的那些朋友的情况,以及他事业上所取得的成就与抱负都一一告诉了父母,尼古拉和尤斯丁娜也把家里和华沙的情况向儿子叙说了一番,他们经常谈到的话题离不开两姐妹,姐姐路德维卡于1831年和卡拉桑提·英德热耶维奇结婚,1833年生下儿子亨利克,就在两星期前(1835年7月22日)又生下女儿路德维卡(和外婆同名)。妹妹伊莎贝拉也于去年和安托尼·巴尔钦斯基(1803年生)结了婚。巴尔钦斯基曾在肖邦家的寄宿学校当过辅导老师,后在华沙中学当数学老师。姐夫和妹夫都是弗里德里克从小就认识的熟人,知根知底。弗里德里克听到这些消息总是开心地大笑,庆贺姐姐妹妹都有了美满幸福的家庭。

他们在卡尔斯巴德停留了三个星期。经过治疗尼古拉的身体状况有了改善。在这期间,弗里德里克还遇见了图恩—霍恩施泰因伯爵,他的两个小女儿去年曾拜肖邦为师,学习钢琴。如今在卡尔斯巴德见了这位小老师,便热情邀请弗里德里克和他的父母一起到他的庄园去住几天。伯爵的庄园坐落在瓦巴河畔的迪钦,这里环境优美,庄园里有一座古老的城堡。9月6日,肖邦和父母来到伯爵家,在那里住了一个星期。其间,弗里德里克还指导他的另一个20岁的女儿尤瑟劳娜学习钢琴,并在她的纪念册上签了名,还把他创作

的《降 A 大调圆舞曲》题赠给她。9 月 14 日,弗里德里克和父母告别,他们是经伏罗茨瓦夫回华沙的。关于这次离别,伯爵的女儿在给自己母亲的信中曾这样写道:"昨天午饭后他们就走了,我特别同情那位可怜的母亲,她在吃午饭的时候止不住泪流满面。她的儿子也非常激动,剩下的时间他都一个人呆在自己的房间里,不敢出来见我们,我非常理解他们。"

这次分别之后,弗里德里克便再也没有见过他的父母了,尽管父母经常挂念儿子,儿子也常常想念父母,都曾盼望着以后能再次见面,但都未能如愿。父亲 1844 年 5 月去世之后,弗里德里克曾打算让他母亲到巴黎来住一段时间,但尤斯丁娜以年龄大了,不愿离开华沙和不想麻烦儿子为由,谢绝了儿子的请求,终于未能再次见面。

在送别了父母之后,弗里德里克还在迪钦停留了数日,随后他便前往德累斯顿,在那里,他遇见了沃津斯基一家。这次偶然的相见,却在肖邦的生活中掀起了一场感情风波。

马利亚·沃津斯卡

弗里德里克告别了父母来到了德累斯顿。一天,他在街上行走时,迎面遇见了少年时期的朋友费利克斯·沃津斯基。两人相见,分外惊喜。他们两个都没有想到会在这里相见。费利克斯告诉弗里德里克,他们一家已从瑞士日内瓦来到这里度假,并邀请肖邦到他们的住处去会见他的家人。肖邦立即答应当晚就去拜访他们。

费利克斯一回到住处,便把遇见肖邦和他今晚要来拜访的消息告诉了母亲和兄弟姐妹们。大家一听非常高兴,纷纷忙碌起来,准备要好好招待一下这个弗里秋,同时还邀请了几位住在附近的波兰人前来作陪,他们也都是肖邦的音乐迷和崇拜者。

当肖邦来到沃津斯基的"家"时,受到了特别热烈的欢迎,又是拥抱,又是亲吻,显得格外的亲热。因为在华沙时肖邦一家和沃津斯基一家就很熟悉,两家孩子经常在一起玩耍。肖邦身处在童年朋友的包围中,也感到特别的亲切，仿佛他又回到了童年时代。文岑特·沃津斯基伯爵，也就是这一家的男主人，原是波兰库雅维地区的一位富有的贵族，拥有多处田庄。华沙起义期间，他们一家来到国外。起义失败后，文岑特回到了家乡经营他的田庄。妻子特蕾莎带着二儿子和三儿子以及三个女儿从1832年起住在日内瓦。他们的大儿子安托尼住在巴黎，已和肖邦交往密切。二儿子费利克斯和三儿子卡其密什都已长大成人，大女儿马利亚，二女儿约瑟法和三女儿特蕾莎也都和肖邦很要好，小时候肖邦常常逗得她们哈哈大笑。关于他们两家的关系，二女儿约瑟法在自己的回忆录中曾这样写道：

  我的哥哥们曾是尼古拉·肖邦家的寄宿生，虽然只有一年，也就是刚入华沙中学的第一年，那时我的母亲还没有在华沙定居下来，后来他们便和母亲住在一起，但并不妨碍他们和肖邦家所结下的友情，而且一直保持着这种亲密而又非常亲切的关系。常常是这个星期天晚上我们在他们家度过，另一个星期天的晚上他们便会到我们家来。……我的姐姐那时候还不满十岁，我八岁。当我们和母亲、哥哥们一起来到肖邦家时，我们首先想的是玩。尽管那时候的小弗里秋已是华沙最优秀的钢琴家了，我们对此并不放在心上。在我们眼里，任何孩子都比不上他那样会玩会闹。有时候——我记得——当别的孩子们不愿和我们一起玩时，他却能把我们大家都调动起来，他永远都会满足我们的要求。当我们玩老鹰捉小鸡或者其他集体游戏时，他总是我们的灵魂。他跑啊跳啊，装成不同的熟人，模仿得惟妙惟肖，他还画漫画。一句话，他会尽力来取悦我们，我们从来都不会感到枯燥乏味。

  从回忆录中可以看出，弗里德里克和马利亚从小就认识，而且常常在一起玩得很开心。他们姐妹几个都很喜欢弗里秋。他的言谈举止、他的风趣、他的乐于助人、他的和善都在这些少女心中留下了深刻的印象。
  相隔五年，弗里德里克已是位英俊潇洒的翩翩青年，而马利亚也长成了一个亭亭玉立的美女了。这次和弗里德里克相见，两人都可以说是一见倾心。其实他们在见面之前，相互对对方的近况就已有了一定的了解。弗里德里克

在巴黎所获得的成就和名望,通过她哥哥安托尼的描绘,早已被马利亚和她的一家人所知晓,而马利亚的美貌和才华也通过安托尼的介绍为弗里秋所熟知。况且去年她的哥哥费利克斯还给弗里秋写过信,邀请他来日内瓦做客,并把马利亚创作的一首变奏曲寄给了他,想得到他的指教,但肖邦只给费利克斯写了回信,却没有到日内瓦去。

"你妹妹这样客气,竟把自己谱写的乐曲寄给了我,这让我万分高兴。于是当天晚上,我便在这儿的一家沙龙里,用当年的马利亚这一美好主题作了即兴演奏。当年我曾和她一起在明多维住处的房间里跑来跑去玩耍过,而今天,请允许我将刚刚出版的华尔兹舞曲送给我亲爱的马利亚小姐,让她也能感受到我在接到她的奏鸣曲后所感受到的万分之一的愉快。"

赠送给马利亚乐谱,不过是出于一种常规性的礼貌。1835年6月,特蕾莎夫人也给肖邦写了一信,再次邀请他来她那里做客,并请他代她去找一些名人签名,(这是她的一种爱好,也是她的虚荣心所致),并暗示他们不久将离开日内瓦,也许会到巴黎来看望小肖邦。然而就在弗里德里克到达卡尔斯巴德看望父母的同时,特蕾莎夫人也带着她的儿女们来到了德累斯顿。她的丈夫文岑特也从波兰来到此地和她相会(但不久又回去了)。恰好在德累斯顿,也许是天公作美,让他们在相隔五年之后终于见面了。这天的相见确给马利亚和弗里秋都留下了难于磨灭的印象。站在弗里秋面前的已是一位如花似玉的美女,让他几乎认不出她来了。她满头乌黑的头发,有着一双明亮迷人的眼睛,修长的身材充满着16岁少女的青春活力,虽然不能说马利亚有倾城倾国的美貌,但却长得很迷人,有一种特别的气质。虽然年龄不大,但显得很成熟。她受过良好的教育,会法语、英语、德语和意大利语。她还弹得一手好钢琴,曾得到菲尔德的指导。她的歌也唱得优美动听,成为她家沙龙的一大亮点,许多名人雅士就是冲着她的琴声和歌声而来的。她不仅会弹会唱,还会作曲,显示出她那过人的音乐才华。她又是位出色的丹青能手,肖像画和风景画是她的特长,她后来给肖邦画的一幅肖像画成了传世的佳作。她身上有一种诱人的魅力,使她从14岁起身边就有一群热烈的追求者。波兰浪漫主义的第二大诗人尤·斯沃瓦茨基就曾对这位比自己小10岁的小姐迷恋不已,为她神魂颠倒,却不敢当面向她表达自己的爱情,只能在自己的长诗

第九章 多彩的生活

《在瑞士》中抒发自己的情感。长诗出版后，沃津斯基一家才得知斯沃瓦茨基原来是那么爱马利亚的。不过这时的斯沃瓦茨基已离开日内瓦定居在巴黎了，而且马利亚对他也没有什么感情。如果说斯沃瓦茨基对马利亚还只是一种默默的暗恋，那么，像德·蒙蒂尼伯爵、达罗夫斯基和卢德维克·拿破仑亲王都是公开向她求过婚的年轻人，但她并不为他们所动。

然而这一次和弗里秋的相见，却在马利亚的心中引起了很大的震动。也许是童年时代的嬉戏玩耍就给她留下了深刻的印象，要么是弗里秋现今的如日中天的名望吸引着这位热爱音乐的少女，总而言之，马利亚完全被弗里秋吸引住了，而肖邦也为马利亚的气质所倾倒。在德累斯顿停留的两个星期里，弗里秋几乎天天都要来到沃津斯基一家的住处，好像他又回到了亲人之中，回到了童年。事实上，无论是特蕾莎夫人，还是她的两个儿子，抑或是她的三个女儿都对他热情相迎，真心相待。特蕾莎夫人还公开宣称，弗里秋是她的第四个儿子。马利亚小姐更是和他形影不离，有时是弗里秋特意给她上钢琴课，有时是四手联弹，有时是马利亚拿出自己谱写的乐曲来向肖邦请教，后来马利亚总是称肖邦为老师，而把自己当作是他的秘书、学生，原因就在这里。每当下午出去散步时，他们两个总是走在一起。马利亚是个非常聪明的姑娘，又善于卖乖，谈话尽拣弗里秋爱听的话题来谈，而且她说话时总是温言细语，声音里带有一种柔情。短短数日，弗里秋便视马利亚为音乐知己，对她萌生了爱意，而马利亚对他也是情意绵绵，开始坠入了爱河。尽管他们都还没有向对方表达自己的爱意，但他们相爱的传言却不胫而走，很快就传到了华沙，弗里秋的姐姐就从华沙中学校长林德的夫人那里听到了这种传言。

1835年9月22日，弗里德里克在离开德累斯顿前，在马利亚的纪念册上写下了他的《降E大调夜曲》（作品第9号第二首）的前三节，还在离开的那一天，把他新谱写的《降A大调圆舞曲》（作品第69号之一）的手稿赠送给了马利亚，马利亚称它为《告别圆舞曲》。肖邦还亲自弹奏了这首乐曲，作为临别赠言，并和马利亚约定明年他们再相会。在肖邦离开几天后，马利亚便给他写了一封充满情感的长信，描述了他们一家人是如何的想念他。她写道：

尽管你不愿意收到来信，也不愿意写信，但我仍然要利用奇霍夫斯

187

基外出的机会,告诉你一些你离开德累斯顿之后有关我们的消息,我又要让你厌烦了(不再是因为演奏)。星期六,当你离开我们时,我们大家心里都很难过,眼里噙满了泪水。几分钟前,在这个客厅里,你还和我们在一起。我父亲不久就回来了,他没能和你告别,心里很不好受。我母亲流着泪,不时回想起她的第四个儿子弗里德里克在这里逗留时的种种细节。费利克斯也是满脸的沮丧,卡其密什想和往常那样开开玩笑,但他这天连玩笑都开不成,因为他一边装怪脸一边在哭。我父亲说我们没出息,他一个人在笑,但他正是为了不哭才笑的。11点钟,教唱歌的老师来了,课上得很糟糕,我们都唱不出来。你成了我们所有谈话的主题。费利克斯老是要我弹那首圆舞曲(我们最近得到的听你演奏过的那首)。我们从中得到了慰藉,他们在听,我在弹,它使我们想起了刚刚离开我们的这位兄弟。我把乐谱拿去装订,那个德国人只看了一页,眼睛便睁得大大的(他不知道曲作者是谁)。谁也吃不下午饭,我们一直盯着你通常坐在桌边的那个位置,还常常向弗里德里克之角投去目光,你常坐的那把椅子还放在原来的地方,只要我们还住在此地,它就永远会留在原地不动。晚上,为了不让我们因你的离开而伤心,便把我们带到了姑母家。父亲来接我们,他说,他和我们一样,这一天实在没法呆在家里。我们感到离开这个老是唤起我们伤心的地方,实在是一种莫大的安慰。妈妈和我谈的尽是你和安托尼,当我哥哥到了巴黎,我请求你多关照他一点儿。你该知道他是一个多么忠诚的朋友,这样的朋友是非常难求的啊!安托尼是个善良的人,心肠太好了,总是受人欺骗。因为他对一切都漫不经心,从来都不留个心眼,或者很少去想这些事情。我们已经多次提醒过他,要他保持理智。不过我认为,他听到你说这种话,效果会更好,我知道他是多么的爱你,而且我相信,你的话对他说来是一种神谕。看在上帝份儿上,请你不要对他太冷淡。如果他在远离亲人的地方,找到一位能理解他的知心朋友,他该会多么幸福啊!我不能给你多写了,你了解安托尼,你将会更好地了解他。以后你就会说他并不像现在那样差劲……我们一直很遗憾,你为什么不叫肖邦斯基呢?也没有其他的标志来表示你是个波兰人。若是有的话,法国人就不会和我们争夺作为你同胞的那种光荣了！我的信写得太长了，而你的时间又是如此的珍贵，让你浪费时间来读这些东拉西扯的东西，真是莫大的罪过。你肯定不会读完全信，只读了几行后就会把小马利亚的信束之高阁，这样一来我也就用不着责怪自己占用你的时间了。

　　再见！童年的朋友是用不着说漂亮话的。妈妈热情地拥抱你，我父亲和哥哥们也同样热情地拥抱你。我自己也不知道该怎样说才好。约瑟法没有向你告别，她托我向你表示遗憾。我问特蕾莎：我能替你向弗里秋说些什么呢？她回答说：紧紧拥抱他，向他表示衷心的问候。上帝与你同在！

　　又及：你上车时把铅笔和钱包都忘在钢琴上了，没有它们你在路上定会感到不便。我们会像对待圣物一样把它珍藏起来。

短短的半个月里，肖邦和马利亚·沃津斯卡相互萌生了爱情，尽管在他们的信里和言谈中还没有表露出来，但这种情感已经在他们的心里植了根，不过它的发芽开花还需要再等一年的时间。

在期待中

1835年9月26日，肖邦按照原来的计划，来到德国音乐之都莱比锡，以便会见门德尔松。这两位年轻的音乐家刚一见面，便沉醉在他们的音乐中。他们在一起演奏了好几个小时，先是各自弹奏了自己新创作的乐曲，肖邦弹奏的是他的第一协奏曲的片段，新创作的练习曲（作品第25号）和新《降D大调夜曲》。门德尔松特别喜欢这首作品，一下子就把它记住了。门德尔松也演奏了他新创作的清唱剧《圣保罗》。他们还相互交流了创作和演奏的经验。随后是四手联弹，尽情发挥出他们的演奏才华。第二天，门德尔松把肖邦带到弗里德里希·维克的家里，当时维克和他的女儿克拉拉不在家，接待他们的是罗伯特·舒曼（1810—1856）。舒曼和维克父女都是肖邦的倾慕者，弗·维克（1785—1873）是位钢琴教师、音乐评论家。三年前肖邦曾读到过维克

写的有关莫扎特的变奏曲的评论文章，他不喜欢维克的评论风格，甚至称他为"蠢人"。他的女儿克拉拉（1819—1896）也是一位钢琴家、作曲家，音乐教育家。从小受父亲的培养，9岁开始登台演奏，1832年起她便在欧洲各地进行巡回演出，获得巨大成功，成为当时少数几位天才的女钢琴家。1840年她不顾父亲的强烈反对而和舒曼结了婚。舒曼和肖邦是同龄人，曾在莱比锡和海德堡大学学习法律，但他的兴趣还是在音乐和文学方面，1828年和克拉拉·维克认识，1829年拜她的父亲弗里德里希为师，学习钢琴和作曲，同时寄住在他家里。1831年开始发表音乐评论文章，1834年创办并主编《新音乐杂志》。1840年和克拉拉结婚之后，创作出了大量的音乐作品，成为最伟大的钢琴作曲大师之一。舒曼是德国最早称赞肖邦音乐才华的音乐家，他的一些富于真知灼见的评论文字至今还被许多评论家所引用。但由于性格上的不同，他们的友谊却没有得到进一步的发展。到了维克家，门德尔松先告辞了。舒曼见是他心仪已久的肖邦来访，十分高兴。相互交换了对音乐的看法和各自的创作经历。在他们交谈了大约一个小时，维克和他的女儿回来了。寒暄过后，这位16岁的已小有名气的女钢琴家便坐到了钢琴前弹了起来。她弹奏了肖邦的两首练习曲，舒曼的一首奏鸣曲和她自己的两首乐曲。她的演奏让肖邦感动得热泪盈眶，也使他改变了德国无人能真正演奏他的作品的看法。本来肖邦是不想弹琴的，但在克拉拉和她母亲的请求下演奏了自己的一首夜曲。客人走后，舒曼在他主编的《新音乐杂志》上发表了一则短讯："肖邦驾临此地，但只在小范围的熟人中间度过了几个小时。他的演奏和他的作曲一样，都是独一无二的。"

在莱比锡，除了和钢琴同行们相聚之外，肖邦还特意去拜访了他在莱比锡的出版商普罗布斯特、科斯特纳、布莱特科普夫和哈特尔。从他们那里肖邦得到了越来越多的出版他作品的承诺，这不仅扩大了他的影响力，同时也增加了他的收入，还显示出他的某种商人的才能。

在回巴黎的途中，肖邦顺路到海德堡去看望了他的学生古特曼的父母。阿多夫·古特曼是肖邦一年前收的一个学生，当时古特曼的父亲带着15岁的儿子来到巴黎，想请肖邦教他儿子学钢琴。肖邦先是拒绝，因为他教的学生已经够多了，等他听了阿多夫的演奏，便立即改变态度，决定收他为学生。

这位学生不负师望，后来成了肖邦最优秀的学生之一和最忠实的朋友。由于旅途劳累，再加上偶遇风寒，肖邦便病倒在古特曼的家中，经过古特曼老夫妇的精心照拂，一个星期后，肖邦恢复了健康，于10月18日回到了巴黎。这两个月的旅行，可以说是肖邦一生中最愉快最幸福的时期，先是和父母的会见，继而是与马利亚·沃津斯卡的亲密结交，随后是在莱比锡与新朋旧友的相会，虽然后来几天身体不适，美中不足，但并不影响整个行程在肖邦生活中的美好印象。

然而这两个月的行程也使肖邦的身心受到强烈的震撼，在感受到愉快幸福的同时，也成了他超负荷的负担。到了11月，肖邦又生了一场大病，咳嗽得厉害，还吐出血丝，身体发烧发热，医生们认为是肺炎。在马图辛斯基等医生的精心照拂下，到12月初，肖邦的病就痊愈了。但是他生病的消息不胫而走，不仅在巴黎的波侨中间传播得沸沸扬扬，甚至还传到了德国和华沙，有的说肖邦病得很重，还有的说他已经去世。这些流言也传到了弗里德里克的父母耳中，他们听了十分不安，因为他们好久没有收到过儿子的来信，无法知道儿子的真实病情。好些天来他们都是忧心如焚，到处打听儿子的消息，终于有人告诉尼古拉夫妇，弗里德里克已恢复健康，能够登台演奏了，他们那颗悬着的心才落了地。《华沙信使报》也于1836年1月18日刊登了一条消息："我们要向伟大天才钢琴家弗里德里克·肖邦的所有朋友和崇拜者宣布，已流传数日的有关他死亡的传言是毫无根据的。"

弗里德里克生病的消息也牵动着沃津斯基一家人。马利亚的父亲文岑特此时正好在华沙，他特意去拜访了尼古拉夫妇，询问弗里德里克的病情。为了得到确切的消息，文岑特还推迟了回家的日期，他们都在等待着弗里秋给家里的来信，以便了解他的真情实况。因为特蕾莎夫人回到家里后，曾把马利亚和弗里德里克的交往情况告诉了她的夫君，他们有意把女儿嫁给弗里德里克，因此他们对他的健康会如此关心，也就不足为奇了。

弗里德里克的身体一直是尼古拉夫妇最为关心的事情，尼古拉还特意给杨·马图辛斯基写了信，请他多多关照弗里德里克，并希望他能常常给他们去信，把弗里德里克的生活和健康状况告诉他们。甚至还要求他干预弗里德里克的起居和社交活动，让他少参加活动多休息。"即使你们会发生争吵，你

也要说服他，让他知道这是必需的。"在此后的几个月里，弗里德里克的健康问题便成了他和华沙家里通信的话题。3月14日弗里秋还在给妹妹伊莎贝拉的信里寄去了一首打油短诗：

> 我健康——这就够了，
> 让这特好的消息
> 带着我的拥抱
> 飞向我的孩子们。

"孩子们"是弗里德里克对姐妹们的一种昵称。其实，弗里德里克在1835年的12月中就完全康复了。不过，还是那句老话：儿行千里母担忧，父母的担忧完全可以理解，这也是人的天性使然。

肖邦恢复健康后，像往常那样，积极投入到各种社会活动中去。1835年的圣诞节期间，巴黎的波侨界组织义卖，肖邦是其组织者之一。他从自己的女学生那里收集了许多小物品供义卖用。在三天的义卖期间，他和索温斯基轮流演奏钢琴，获得一大笔捐款。原来曾邀请波兰著名小提琴家利宾斯基参加义演的，可是他临时变卦不参加演出因而引起肖邦的不满，两人因此关系疏远。

利宾斯基是11月来到巴黎的，他一到巴黎便找到肖邦，请求他把他引入巴黎上流社会的沙龙中去，还邀请他参加他即将举行的公开音乐会。肖邦一口答应，但有一个条件，就是参加波侨界的圣诞义演。利宾斯基也欣然答应了下来，但后来他却以春天要到俄国去演出，参加义演会遭到俄国驻法国大使馆的刁难而退出了义演。为此，肖邦还和他争辩了一番，两人不欢而散，肖邦随后也拒绝参加他的音乐会。

1836年5月3日，是波兰通过"五三宪法"的纪念日。波兰国内外每年都要隆重纪念这个光辉的节日。在此次纪念日上，波兰爱国诗人文岑特·波尔（Wincenty, Pol 1807—1872）朗读了自己的爱国诗歌，这些诗歌是从他的诗集《雅奴什之歌》中挑选出来的，这部诗集1835年在巴黎出版后引起波侨界的强烈反响，肖邦也在这次集会上演奏了他为这些诗歌谱写的曲子，一共

10 首，可惜的是，只有其中的一首《树叶落下》保存了下来。这期间，肖邦的第一首《g 小调叙事曲》（作品第 23 号）出版了。舒曼称这首叙事曲是肖邦最具野性和个性特点的作品之一，也是最痛苦最有情感的一件作品。这期间，肖邦还创作和出版了两首《夜曲》（升 c 小调，降 D 大调。作品第 27 号），是题赠给达波尼伯爵夫人（奥地利大使夫人）的。

尽管肖邦忙于各种事务，但他对马利亚的感情和思念却在与日俱增，他渴望得到沃津斯基一家来国外度假的消息。他怕自己离开巴黎后会错过他们给他送来的消息，于是他先是婉拒了门德尔松邀请他参加在杜塞尔多夫的音乐会，继而又放弃了希勒邀请他参加法兰克福的活动，就连达古伯爵夫人（李斯特的情妇）邀请他到她的在法国东北部的克鲁瓦西城堡去度假也没有结果。只有两次（6 月 12 日和 25 日）离开过巴黎，但都是到巴黎郊区的蒙莫朗西去看望老诗人聂姆策维奇和克尼亚吉维奇将军，他是和密茨凯维奇一起去的。据聂姆策维奇回忆，在一次午餐会上，参加者还有维特维茨基和马图辛斯基，肖邦的模仿表演令在场的所有人都笑得前仰后合。

1836 年 5 月，李斯特从瑞士回到巴黎。在巴黎期间，李斯特和肖邦常常在一起演奏各自新创作的乐曲，相互交流各自的心得和经验。有一次在李斯特举行完音乐会后的晚宴上，肖邦认识了法国浪漫主义的著名画家欧仁·德拉克鲁瓦，这是他们的第一次见面，不久之后，德拉克鲁瓦便成了肖邦最要好的法国朋友之一。

1836 年 7 月初，肖邦得到消息，特蕾莎·沃津斯卡夫人将于当月下旬，携马利亚和两个小女儿到捷克的马里恩巴德去住几个星期。听到这个消息，肖邦便放下一切事务，办好手续之后，急忙赶往马里恩巴德去和她们会合。

"灰色时刻"

肖邦于 1836 年 7 月 28 日到达马里恩巴德。据马利亚的妹妹约瑟法在她的回忆录中所写，"这次肖邦是特意前来马里恩巴德和我们见面的，我们几乎是同时来到此地的。我们在一起度过了一个月。这期间，我姐姐给肖邦画了一

幅像，这幅像直到今天都是他的一幅最美、最像的肖像画。这幅独特的肖像画，以肖邦在马里恩巴德做模特，用水彩画成的。后来我姐姐在德累斯顿将这幅水彩画变成了石印肖像画。苏尔茨便把它用在了自己的书里"。

据当时也在马里恩巴德，还曾和肖邦交谈过数次的艾列奥诺拉·吉敏茨卡夫人，在其回忆文章中谈到，肖邦曾和她说过，他是真心想结婚的，结婚之后，他愿意回到波兰，住在乡下，过着美好的田园生活，他还打算办几所学校来教育农民的孩子。对于这位夫人谈到的这些事情，我们暂且不去管它们的真实性如何，但有一点是肯定的：肖邦是真的想结婚，而马利亚·沃津斯卡就是他选中的、唯一愿与其结为秦晋之好的女人。

经过一个月的相处，他们的感情得到进一步的深化。弗里德里克益发觉得马利亚是他心目中的理想人物，是与他兴趣相投和性格相近的知己。而马利亚对弗里德里克也更加崇拜更加喜爱，把他看成是自己梦寐以求的白马王子。他们两家的父母，还有他们兄弟姐妹们也都视他们为天作之合，可以说"他们的婚姻问题此时已是水到渠成了"。

但是，一向胆怯内向的弗里德里克却不敢在马里恩巴德向马利亚求婚。8月底，沃津斯卡夫人和女儿们一起离开马里恩巴德前往德累斯顿，她们要在德累斯顿停留两个星期，随后她们就要回到波兰的庄园去了。弗里德里克也和她们一道来到了德累斯顿。在从马里恩巴德到德累斯顿的一个多月里，肖邦心里想的考虑的只有马利亚，对于其他的事情他一概置之不理。8月中，门德尔松的姐姐雷贝卡和她的丈夫来到了马里恩巴德。她从弟弟那里听到过不少他对肖邦的演奏和作曲的热情赞美，于是她特意请求肖邦给她演奏一曲、哪怕是短小的玛祖卡也好，可是肖邦却不客气地拒绝了，这让雷贝卡难堪，她发誓再也不会理睬这个傲慢无礼的家伙，并立即写信告诉了她弟弟。舒曼听到肖邦在马里恩巴德便写信给他，想和他见面，甚至表示他可以到马里恩巴德来，但肖邦依然是不理不睬。他还拒绝一切公开演出，就连邀请他到萨克森王宫去给国王演奏也遭到他的谢绝。尽管如此，肖邦还是迟迟不敢向马利亚表示他的爱情，虽然他知道马利亚也是爱他的。直到9月7日，他们快要分开的时候肖邦才大着胆子前去求婚。他单独去见马利亚，由于心情激动，他结结巴巴地说："亲爱的马利亚小姐，我……是……多么地……爱你，你愿意嫁给我吗?"马利亚早就等着肖邦的这句话了,听到他的求婚,她也按捺不住自己的兴奋心情,急忙应道;"我愿意!我愿意!"按照当时的习俗,女儿的婚嫁必须得到父母的同意,于是他们立即去见她的母亲特蕾莎夫人。特蕾莎夫人告诉他们,作为母亲她很愿意为他们祝福,但要得到父亲的同意才能算正式订婚。她还告诉弗里德里克,她回到波兰后,一定会促使自己的丈夫同意这门亲事。不过在没有得到父亲同意之前,一定要保密,就连弗里德里克的父母也不要告诉,而且还商定,用"灰色时刻"(即当时求婚时已是黄昏时分,天已是灰蒙蒙的,也可译为"黄昏时刻")一词来代替"求婚"之意。特蕾莎夫人不放心弗里德里克的身体,还请了他们在德累斯顿的家庭医生来给肖邦检查身体。医生说他的身体并无大碍,但必须注意按时吃药,按时睡觉,不要过多地参加各种晚会,还要注意穿得暖暖的,即使要牺牲时髦和优雅也在所不惜。

离开德累斯顿时,弗里德里克也向特蕾莎夫人保证,他会遵守诺言,保守秘密,改变自己的一些生活习惯。尽管他从特蕾莎夫人处没有得到他预想的那种答复,但也给了他很大的希望。可以说他和马利亚的婚事已有十之八九的把握了。约瑟法曾这样写道:"父亲是非常喜欢肖邦的。一般来说他是不会反对肖邦和马利亚结婚的。如果他反对,其原因就在于弗里德里克的身体状况,这成了当时最大的障碍。"

于是肖邦怀着愉快和乐观的心情离开德累斯顿来到莱比锡,他要在这里和他的出版商进行联系,并拜访舒曼。在这之前,舒曼曾两次给他去信他都没有理睬,这次想给舒曼一个惊喜以弥补他的过错。他的到访的确给舒曼以很大的喜悦,这两位艺术家在一起度过了好几个小时,肖邦为他演奏了自己的新作品:最近创作的《玛祖卡舞曲》和几首《练习曲》(作品第 25 号)以及《g 小调叙事曲》。舒曼对这首乐曲的评价极高,肖邦也向舒曼谈了自己对这首乐曲的喜爱和他对密茨凯维奇的歌谣(Ballada)的着迷,肖邦正是受了密诗的影响才创作出这些优美的叙事曲来的。临走时肖邦把这首乐曲送给了舒曼。第二天,舒曼陪肖邦拜访了维克父女,再一次听到了克拉拉的演奏,肖邦为她的进步神速而惊讶不已。舒曼和肖邦还去会见了亨丽埃特·福格特,她是一位老派钢琴家,在这之前她对肖邦的乐曲很不感兴趣,这次听了肖邦

自己的演奏，大出她的意料。她写道："他柔软的手指在琴键上飞舞，他迷住了我。"当天她就去了基思特纳音乐书店，买下了所有能买到的肖邦作品。

在莱比锡停留的几天里，肖邦还到尤瑟夫·波尼亚托夫斯基公爵纪念碑前敬献了花圈。随后他来到卡塞尔，看望了52岁的路德维希·施波尔，肖邦在华沙时就曾参加他的五重奏的演奏。接着肖邦又来到了法兰克福，和在此地的朋友希勒、门德尔松以及利宾斯基相会。一年前肖邦因利宾斯基不参加波兰侨民义演而和他闹翻，这次却与他和好了。这些朋友在一起又是演奏又是交流，度过了好几天愉快的时光，直到9月底才回到巴黎。

在肖邦尚未回到巴黎之前，特蕾莎·沃津斯卡夫人写于9月14日的一封信早就到了他的书桌上。在这封信里，特蕾莎夫人写道：

亲爱的弗里德里克：

按照我们的约定，我把这封信让纳克瓦斯卡夫人交到你手中。要不是牙痛，我两天前就把它发出了。你走后，我让医生把它拔掉了，痛得我要命。星期六你离开，我深表遗憾，那天我牙痛得厉害，无法多关注"灰色时刻"那件事，我们连话都没有多说。第二天，我本来可以了解你走时的更多情况，吉拉丁先生却说："明天永远是伟大的日子，因为它是在我们的前面。"请不要认为我说过的话又反悔了，不，但我们应该决定该走那条路。我请你一定要保守秘密，保养好身体，因为一切都取决于你的身体状况。卡约（指卡其密什——笔者）星期天回来了，他离开之后我会有更多的时间……明年春天，我自己也会来这里水疗，这是我的计划，上帝保佑它能实现。10月15日我将回到华沙，因为这一天有婚礼要去参加。我将去看望你的父母和你的姐妹，我会告诉他们，你身体很好，也很快乐，但我不会提那个"灰色时刻"。不过，你要完全相信我对你的好心。为了实现我的愿望和感情的考验，必须谨慎从事。再见，你应在11点钟去睡觉，一直到1月7日，你都该把药当饮料来喝……亲爱的弗里秋，保重身体，我会像你母亲那样衷心地祝福你。

T. W.（特·沃）

第九章 多彩的生活

马利亚托格尔曼先生给你带去一双便鞋。鞋大了一些，不过我告诉你，你应穿毛袜子，帕里斯就是这样认为的。我想你会听话的，这是你答应过的。此外，你要小心，这是考验时期。

马利亚亲手给弗里德里克绣了那双便鞋以表达她对他的情意，随后她又用半是法文半是波兰文给弗里秋写了封短信：

你离开之后，我们都闷闷不乐。你刚走三天，我们就觉得好像过了好几个世纪，你也有同感吗？你也有那种没有朋友在身边的感觉吗？我来代你回答：是的。我认为我不会答错，至少我要相信这一点，我对自己说，这个"是的"就是出自你的口，因为你一定会这样回答的，是吗？

便鞋做好了，会给你捎去。我担心的是鞋大了一些。尽管我曾把你穿的鞋拿给达科夫斯基做样本，但这个德国佬真是个大笨蛋。帕里斯医生安慰我说，这样的鞋对你有好处，你在冬天就得穿暖和的厚毛袜子。妈妈拔了一颗牙，身体很弱，至今还不得不躺在床上。再过两个星期我们就要回波兰去了。我会去看望你的父母，这对我说来真是莫大的幸福。那位路德维卡会认得我吗？再见了，我亲爱的老师。现在你不要忘记德累斯顿，以后不要忘了波兰。再见，但愿能尽快见面。

马利亚

又，卡其密什对我说，斯乌热沃家里的那架钢琴破损得都无法再弹了，请你考虑一下，是否能买一架普勒耶尔的钢琴来。当然是在像今天这样愉快的时刻（这和我们大家都有关系）。我希望我能听到你在这架钢琴上的演奏。再见，再见，再见！应抱有希望。

在10月2日特蕾莎夫人给肖邦的信里责怪他没有遵守诺言，没有穿马利亚给他的便鞋，没有在11点钟睡觉，希望他好好保养自己。马利亚也附上了几笔："衷心感谢你的亲笔来信，请你多多给我们来信（这是妈妈要我这样写的）我们现在会尽快赶回华沙，我非常高兴能见到你的家人。明年能再见到

你……5月，6月，或者再晚一点，我们就能再见面。我希望你永远记得你那忠心不渝的秘书。"

尽管马利亚的信写得不长，但信中所蕴含的情感却溢于言表。肖邦在这期间，也是心系他的马利亚，她的情影时常浮现在他的面前。按照她的要求，肖邦在普勒耶尔那里订了一架钢琴，让他托寄到斯乌热沃去。他还给马利亚寄去了一个包裹，内有他赠送给她的乐谱。

10月，肖邦从安汀路5号搬到了38号，这里的房子更宽敞更明亮，而把原来的房子留给了马图辛斯基，他正准备结婚。这位年轻的医生爱上了法国姑娘泰雷兹·博凯，婚礼于12月21日在巴黎的波兰教堂举行，肖邦是他们的证婚人。10月中，李斯特和他的情人马丽·达古伯爵夫人从瑞士来到了巴黎，他们住在法兰西旅馆，和他们一起来的还有他们的好朋友乔治·桑。一到巴黎，达古夫人便恢复了她的社交活动，受到邀请的文艺界朋友有柏辽兹、梅耶贝尔、海涅、拉梅内和肖邦、密茨凯维奇、格日马瓦等波兰人。当然还有乔治·桑，这是肖邦第一次见到这位奇怪的女人。11月5日肖邦在住处设便宴为他们三人接风。12月13日肖邦在家里举行了一次人数较多的晚会，参加者除了李斯特三人外，还有皮克赛斯、弗朗肖姆、努里、屈斯蒂纳侯爵、欧仁·苏、旅行家德尼、波托斯基兄弟、格日马瓦、马图辛斯基和新从波兰来到巴黎的大提琴家作曲家尤瑟夫·布佐夫斯基等人。肖邦和李斯特四手联弹了莫谢莱斯的奏鸣曲，努里唱了舒伯特的歌曲。

到了12月，和往年一样，肖邦又投入到了圣诞节期间的义演义卖活动，为贫穷的波兰流亡者募集资金。圣诞前夜，肖邦参加了出版商艾·雅鲁什凯维奇为密茨凯维奇生日而举行的晚会。雅鲁什凯维奇是波兰在巴黎的最大出版商，他出版和发行多种波兰报刊和波兰文书籍，其中包括密茨凯维奇和斯沃瓦茨基的作品。参加这次晚会的还有80岁高龄的诗坛泰斗聂姆策维奇。肖邦兴致特高，又是弹来又是唱，还给大家表演幽默小品和模仿秀，逗得在场的人捧腹大笑。晚会一直持续到凌晨才结束。肖邦一参加社交活动就会忘记他的承诺，把早睡和少参加活动统统丢在了脑后。

1836年对于肖邦来说，是个幸福年、愉快年，又是个丰收年。他会见了他挚爱的父母，和他们一起度过了最愉快的三个星期。他还和马利亚·沃津斯卡坠入了爱河，期望着新的生活的到来。这一年，也是肖邦作品出版最多的一年，以前创作的许多作品都得到了出版，其中有《f小调协奏曲》、《波罗涅兹舞曲》（作品第26号）、《平滑的行板和大波罗涅兹舞曲》、《g小调叙事曲》、《玛祖卡舞曲》（作品第24号）、《夜曲》（作品第27号）。而且他的作品也受到了广泛的承认和高度的评价。不仅是浪漫派的音乐家们赞美了他的音乐创作，进一步肯定了他的独创性和民族特色，以及他在乐曲的内容和形式上的开拓与创新，高度评价了他对钢琴演奏和创作所作出的贡献。就连那些守旧的音乐评论家也开始改变着自己对肖邦的看法，像柏林的那位极端保守派音乐评论家雷尔斯塔布，过去他认为，应该把肖邦的作品统统扔进垃圾箱里，现在也看到了他作品中的种种优点。

除了出版作品，在这一年里，肖邦还忙里偷闲，创作了四首《玛祖卡舞曲》（c小调，b小调，降D大调，升c小调。作品第30号。是题赠给马丽亚·维尔特姆贝尔斯卡公爵夫人的）和两首《夜曲》（B大调，降A大调。作品32号。是题赠给比林伯爵夫人的）以及《谐谑曲第二首降b小调》（作品31号。是题赠给他的学生阿德尔·德·菲尔斯藤因伯爵夫人的）。这些作品表明肖邦的创作进入了一个更加成熟，更加辉煌的时期。

"我的不幸"

送走了幸福的1836年，肖邦满怀着一颗期待的心迎接1837年的到来。马图辛斯基的结婚也促使他考虑自己的终身大事，但他和马图辛斯基不同的是，尽管有不止一个的外国小姐向他表示爱慕之意，可他只想找一位波兰姑娘来做他的妻子。而马利亚·沃津斯卡就是他梦寐以求的理想人物，按照在德累斯顿的约定，他乐观地认为今年就有可能走进婚姻的殿堂。于是他为了沃津斯基一家的欢欣，尽力去满足马利亚的要求，他为她订购了普勒耶尔生产的钢琴，并很快就办好了从海上托运到波兰的事宜，他还给马利亚寄去了她所需要的乐谱和书籍。肖邦还按照特蕾莎夫人的要求，成了她和她大儿子安托尼的中转站，当时安托尼正在西班牙作战，特蕾莎夫人给儿子的书信和

钱款都是先寄到巴黎的肖邦那里,再由他转交给安托尼。

1837年1月25日在特蕾莎夫人写给肖邦的信里,谈到了许多家庭琐事,就是没有提"灰色时刻"的事,这让弗里德里克有点失望,幸好马利亚在附信中说了几句让他放心的话:

> 我衷心地、非常衷心地感谢你。当我们见面时,我会更好地感谢你的。你知道我是懒于写信的。因为我要把谢意保留到下次的相见,所以我才写了这几句话。妈妈向你描述了我们的生活情况,我也就没有什么新的消息告诉你了。也许只有冰雪融化,这是重要的消息,对吗?我们在这里过着平静的生活,这是我所需要的,因为我喜欢这种生活。不过我并不想永远如此,这是可以理解的。既然现在只能如此,那就只好在可能的范围内去适应它。为了消磨时间,我总得找点事做。眼下我手里正拿着海涅的《德国人》,我对这本书非常感兴趣。写到这里我该结束了,并把你托付给上帝。我认为,用不着重复你忠实的秘书对你的感情。
>
> 马利亚

1837年2月,肖邦又因感冒发烧而病得不轻,在床上躺了好几个星期,咳嗽时还带有血丝。他生病的消息不仅令他的父母担心,也牵动着沃津斯基一家人。短短几个月内,弗里德里克就得了两场大病。本来就担心他身体虚弱的特蕾莎夫人,在离开德累斯顿时便向他提出了许多忠告,还和帕里斯医生替他制定了保持身体健康的几条准则,现在听到他又卧床不起,心中自然会产生疑问,该不该把女儿嫁给这样一个病魔缠身而又放任自流的年轻人。特蕾莎夫人就曾把他离开德累斯顿的一年时间当成是考验他的时期,但他回到巴黎后却依然故我,而且还结交了两个名声特差的女人——达古和乔治·桑,这引起了特蕾莎夫人的不满。3月1日尤斯丁娜夫人寄给儿子的生日贺信中就曾提到:"沃津斯卡夫人对我说,你曾许诺她要早去睡觉,我为此感到高兴,因为这对你的身体很重要,但是你没有信守给她的诺言。"

尽管如此,肖邦还是期待着好消息的传来。他认为自己还是应该在巴黎等着,一有特蕾莎夫人到德累斯顿的消息,他好立即赶了过去,于是他放弃了医生让他到上莱茵的 EMS 去休养的建议。等来等去，却没有特蕾莎夫人的任何消息。到了 3 月，弗里德里克接到了马利亚的一封短信：

> 我只能写几句话以表谢意，感谢你寄给我的漂亮的皮包。我不想去描述我获得皮包时的那种喜悦的心情，因为这样做是徒劳的。请接受我对你欠下的感激之情。请相信我们全家，特别是你的最差的学生和童年时期的朋友对你的热忱。再见，妈妈最亲切地拥抱你，特蕾莎时时想起自己的肖邦。再见，请你记住我们。
>
> 马利亚

此后，肖邦就再也没有接到过马利亚的来信了。他开始感到有些不妙，很想向他们诉说自己的感情，但又觉得信里难于说清楚。于是他在安托尼托他转寄给特蕾莎夫人的信里只写了几句话："有些日子我真不知道怎么办好，今天我宁愿自己在斯乌热沃，也不愿写信到斯乌热沃，我会说的比写的多。"

马利亚和弗里德里克的书信中断，沃津斯卡夫人和女儿们的不到国外去度假，所有这些都表明，他们的"灰色时刻"之约已经中止，尽管特蕾莎夫人从未明确提出过，但是事实上他们在暗中订立的婚约也在无言中解除了。这次恋爱的失败对肖邦的打击是非常巨大的，虽然在这之前弗里德里克也爱过不止一个女人，但都没有像这次那样产生过想与其结婚的愿望。最初对康斯坦兹雅的爱，那是一种柏拉图式的爱，一种不追求回报的浪漫主义的爱，而且从来也没有向对方表达过。他对德尔菲娜·波托茨卡夫人的爱，也不过是一种对美的追求，双方从一开始就知道他们不可能结合在一起成为夫妻的。而这次对马利亚·沃津斯卡的爱，弗里德里克是动了真情的，不管这种情是深还是不深，但他确实是把马利亚定格为自己想与其结婚的第一个女人，也是唯一的女人（因为从此之后他就再也没有想过要结婚了）。而现在这第一个女人却打破了他结婚的梦想，这种打击会多大，那是不言而喻的。

不过沃津斯基夫妇中断女儿与弗里德里克的婚约，也有他们的一定道理。首先，弗里德里克的身体状况让他们十分担忧，他们害怕这会给他们的女儿过早地带来不幸，因此他们认为，不能把女儿嫁给这样一个病魔缠身的人。

其次，在他们看来，肖邦在考验期间没有实现自己的诺言，改变自己的生活习惯，依然是我行我素，任性而为，经常出入社交场所，有时狂欢到深夜才回到住处。三是这期间弗里德里克还交上了两个在巴黎闹得沸沸扬扬的女人，一个是玛丽·达古夫人，这位有夫之妇公然与李斯特同居，成了他的情妇，这件事巴黎民众的议论纷纷。另一个女人是乔治·桑夫人，她的绯闻不断，而且行为古怪大胆，也成了众矢之的。其实肖邦和这两个女人在这段期间并没有什么亲密的关系，他之所以和她们来往，主要是因为李斯特和肖邦的接触频繁，而这两个女人又和李斯特形影不离，如果肖邦要邀请李斯特，就不得不邀请他们三人，不明就里的人便认为肖邦是和这两个女人沉瀣一气的。特蕾莎·沃津斯卡夫人在巴黎还有别的消息来源，肖邦和乔治·桑交往的消息很快就传到了斯乌热沃。观念较为保守的沃津斯基夫妇听到这样的消息自然不会无动于衷，这就导致了他们最后下定决心：取消婚约。马利亚的妹妹约瑟法在回忆录中这样写道："中断——便自然而然地发生了，因为当我们回到斯乌热沃不久，就不断传来肖邦和桑夫人的消息。他和马利亚结婚的事情便因此而吹了。"

这次婚约的取消在马利亚的心中是否引起痛苦，我们不得而知，不过应该看到，马利亚对弗里得里克是有感情的，至少是喜欢他的、崇敬他的，甚至可以说是爱他的。只是在当时的波兰，女儿的婚嫁往往取决于父母的意志。虽然马利亚的父母也很喜欢弗里德里克，不然是不会允许他们交往和发展感情的。但后来考虑到弗里德里克的身体状况、财产收入以及他的社交活动便中断了他们的关系。作为一个缺少独立和主见的年轻姑娘，只有唯父母之命是从，斩断和弗里秋的联系。直到 1840 年她才与约瑟夫·斯卡尔贝克伯爵结婚，不幸的是，没过几年，他们感情破裂因而离婚。后来又和瓦迪斯瓦夫·奥尔皮舍夫斯基结婚，但好运不长，悲惨的命运又落到了她的身上，唯一的儿子夭折，丈夫也病死于佛罗伦萨。马利亚回国后，住在妹妹约瑟法的女儿家，直到逝世。据约瑟法后来写道，马利亚一谈起肖邦来还是很动情的。

与马利亚·沃津斯卡恋爱的失败，在肖邦心中留下了终身难于磨灭的烙印。那种忧伤的情绪从此萦绕在他的心间，也反映在他的乐曲中。为了减轻他的痛苦和恢复他的健康，他的一些朋友纷纷邀请他到自己的庄园去休假，或者动员他去 Ems 疗养。但他还是留在了巴黎，偶尔会到蒙莫朗西去和朋友们相聚。7月，普勒耶尔要到英国去料理自己的业务，便邀请肖邦和他一同前往。六年前，肖邦就曾想过要到英国去的，加上现在心情不佳，也想换换环境，便答应了普勒耶尔的邀请。他们于 1837 年 7 月 7 日到达伦敦。由于丰塔那的推荐，肖邦认识了住在伦敦的波兰诗人斯·艾·科兹曼（1811—1885）。这位热情好客的波兰同胞带领着肖邦游览了伦敦的名胜古迹，观看了好几场歌剧的演出以及莫谢莱斯的音乐会。莫谢莱斯也是当时最负盛名的钢琴家、作曲家之一，如果是在平常的日子里，肖邦肯定是会去拜访这位音乐家的，但现在他是来散心的，不想和任何音乐界人士接触，他只以普通旅游者的身份出现在大庭广众之中。甚至当普勒耶尔带他去参加钢琴厂主布罗德伍德举行的午宴时，他也是被当成普通的朋友来介绍的。

　　在伦敦他们停留了十多天，便于 7 月底回到了巴黎。伦敦的古老建筑和悠久文化让肖邦的痛苦得到了缓解。当他的心情平静下来之后，他便把马利亚寄给他的信件、乐曲和小礼物，以及其他有关的物品（包括她母亲的书信），统统装进一个大口袋里，用绿丝带将它捆好之后，便在口袋上面写上了"我的不幸"。

第十章

乔治·桑

"讨厌的女人"，最初的印象

肖邦从莱比锡回到巴黎时，恰好李斯特和他的情妇达古夫人以及他们的朋友乔治·桑夫人也从瑞士回到了巴黎。这三个人都住在"法兰西旅馆"，玛丽·达古伯爵夫人和乔治·桑夫人都是法国浪漫派颇有名气的女作家（玛丽·达古的笔名是丹尼尔·斯特恩）。达古夫人是个爱好交际的人，她在法兰西旅馆的住处立即成了巴黎文艺界著名人士聚会的沙龙。来此聚会的既有法国作家雨果、巴尔扎克，音乐家柏辽兹，画家德拉克鲁瓦，也有外国的作家和音乐家，如波兰的著名诗人密茨凯维奇，德国著名诗人海涅，德国音乐家希勒，当然还有李斯特的好朋友肖邦。每次集会既是心灵的交流，大家在一起交流信息和见闻，天南海北地纵谈他们感兴趣的问题，又是一次令人愉悦的音乐会，热情奔放的李斯特总是会坐在钢琴旁为大家演奏他新创作的乐曲，随后他便会邀请肖邦和他一起四手联弹，或者请他即兴演奏。肖邦的即兴演奏常常是激情四溢，充满了诗意，令在场的人无比陶醉。

在每次集会上，总是有个女人坐在靠窗边的沙发上，嘴里老是叼着一根雪茄。她的身材显得有点矮胖，而且打扮得像个男人，穿着长裤（当时的女人大都是穿裙子的）。肖邦头一次见到她，是在李斯特特意宴请他的午餐上，便觉得怪模怪样的。随后肖邦回请了他们三个人。稍后在家里举行的小型音乐会上，肖邦也邀请了乔治·桑，但只是作为李斯特的朋友来邀请她的。同时是客人的布佐夫斯基记下了他对乔治的印象："乔治·桑夫人深沉、冷漠、高傲——她的穿着奇特（显然她是有意借服装来引人注目），她穿了一件有着红色饰带的白色长礼服，外加一件牧羊女穿的白色裙子，上面饰以白色的扣子……她漫不经心地坐在靠近火炉的沙发上，轻吐着雪茄的烟雾。简洁而认真地回答身边男士问她的一些问题……肖邦和李斯特合奏了一首奏鸣曲后，分送冰点给客人们。坐在沙发上的乔治·桑，手上的雪茄一直没有停过。"

肖邦是喜欢温柔甜蜜、穿着入时的美女的，对于这样一个穿着像男人那样的怪女人，自然是不会产生什么好印象的。他曾对希勒说过："这个乔治·

第十章 乔治·桑

桑是个多么令人讨厌的女人！她真是个女人吗？我对此深表怀疑。"尽管肖邦对乔治·桑的印象并不好，但接触多了，对她的情况自然也会了解一二。他后来发现她是个有着非凡经历的之人。乔治·桑只是她的笔名，她的真名实姓是奥罗尔·杜班（Aurore, Dupin. 1804—1876）。她出生于1804年，比肖邦大六岁，她既有高贵的皇室血统，又是平民女儿的后代。她的父亲莫里斯是个军官，也是个风流公子，到处拈花惹草，后来他爱上了巴黎木工和小贩的女儿名叫索菲的女人，她原是他指挥官的情妇，为了莫里斯，她立即抛弃了那位将军而投入了他的怀抱。1804年怀孕的索菲坚持要和他结婚，莫里斯同意了，他们于6月5日秘密结婚，但莫里斯不敢告诉他母亲。7月5日便生下了女儿，取名为奥罗尔，和她祖母的名字一样。后来乔治·桑在《我的生活故事》中曾这样写道："我母亲出身于丑陋浪荡的波希米亚。她是个舞蹈家，甚至还不如一个舞蹈家；最低下的剧院——巴黎林荫道上的一个女演员，一个富有男人的爱把她拖出这可怜的处境，让她甚至遭受了更大的痛苦。我父亲遇见她时，她已经30岁了，一切都是如此的混乱！但是他有一颗伟大的心。他理解这个美丽的造物仍有能力去爱。"

当莫里斯的母亲奥罗尔得知这一情况后，十分恼怒，不承认索菲是自己的儿媳妇。起初，小奥罗尔是和母亲生活在一起，得到了母亲的爱抚，还常常给她讲神话故事和童话。后来她被送到了诺昂祖母家里。当她五岁时她的父亲莫里斯坠马而死，索菲回到了巴黎，而把女儿留在了诺昂。祖母给了索菲一大笔钱后，索菲便中断了与女儿的联系。直到祖母于1821年去世后，她才和女儿恢复了联系，却不愿和女儿住在一起。

当小奥罗尔14岁时，祖母把她送到了一所英国女修道院去学习。两年后她被祖母接回了诺昂，祖母还给她请来一位家庭教师教她的音乐和其他知识。诺昂地处法国的中部，是她祖母的一处家产。这里环境优美，风景宜人，奥罗尔在学习之余，还经常骑马，参加农村的各种活动。诺昂庄园的楼上藏有丰富的图书，奥罗尔也常常沉醉在书籍之中。她阅读了许多法国的古典文学作品，这给她后来的文学创作打下了深厚的基础。奥罗尔就是在这样的环境和气氛中长大成人的。

1821年的圣诞节——她17岁时，祖母突然去世，把自己的全部财产——

包括诺昂庄园和巴黎的一处房产都留给了奥罗尔。每年的收入2.5万里弗，这在当时也算是一笔财富了。1822年，这位18岁的独立自由的姑娘，渴望着爱情，渴望着婚姻，于是便和一位27岁的贵族青年卡西米尔·杜德旺结了婚。这个青年是一位退休的上校杜德望男爵和女仆生的私生子（但得到承认）。奥罗尔和卡西米尔的结合并不是出于爱情，而是各有所图。奥罗尔是个姑娘，无力管理好庄园，需要有男人来操持，而卡西米尔的父亲是个上校，和奥罗尔的父亲是战友，卡西米尔长得也还算英俊，奥罗尔初看之下觉得他人还不错，而卡西米尔看上的并不是她的才貌，而是她的诺昂庄园。他们在巴黎经人介绍，很快便结婚了。不过他们结婚的头二年，倒也相亲相爱，1823年6月30日便生下他们的儿子莫里斯。但是他们的婚姻并没有保持很久，便出现了问题。卡西米尔是个身强体壮的人，缺乏生活情趣，而且还喜欢拈花惹草。除了管理庄园外，卡西米尔所喜爱的是打猎、酗酒和寻欢作乐。在夫妻生活中他也不懂得怜香惜玉，而是个"自我主义者"，奥罗尔从他那里得不到乐趣，甚至产生了一种恐惧感，常常拒绝丈夫的要求。得不到满足的卡西米尔只好到外面去找野食，他们的关系迅速冷淡了下来。此外，奥罗尔是个受过良好教育的人，懂得音乐，会弹钢琴，爱好读书。刚结婚的时候，她努力去适应丈夫的要求，甚至放弃了弹琴，因为"弹琴的声音会使他离开"。当她试图让卡希米尔对阅读产生兴趣时，他一拿起书本读不了几页，"厌倦和瞌睡"使他的书本掉在了地上。奥罗尔很看重生活的情趣，追求一种性爱和情爱的结合，而她从卡西米尔身上竟难得到婚姻的快乐，也享受不到情爱的乐趣，她觉得婚姻欺骗了她，至少和她做处女时的想象大不一样。于是她也转向了外面，从别人那里寻求先是精神上的慰藉后是性爱的满足。最早是和波尔多的一位律师奥雷瑞安·德·塞兹建立了一种罗曼蒂克的爱情关系，这种关系甚至还得到了卡西米尔的认可，允许她每月给塞兹写一封情书。夫妻二人还达成了一项"契约"（八项协议），从此，奥罗尔便成了他们婚姻的主宰，角色颠倒了过来，这也成了她后来和男人关系的既定模式。

1827年是奥罗尔人生观大转变的一年，她抛弃了残存的贞洁观，而成为妇女解放运动的推动者。她和塞兹都不满足于那种柏拉图式的爱情，他们的关系中断了。奥罗尔挑选的第一个情人是她婚前的追求者——斯特凡·德·

格朗赛涅,他原是学医学的,后在巴黎博物馆工作。他常常回到家乡来疗养身体,奥罗尔主动恢复了与他的联系,很快就成了他的情妇,他们的奸情不胫而走,立即传遍了整个诺昂地区。奥罗尔也没有刻意要隐瞒她的丈夫,而且也不再和丈夫同居一室。卡西米尔也乐得自在,可以名正言顺地和他家的西班牙女仆睡在一起,甚至还和其他女仆鬼混。奥罗尔还以到巴黎看医生为名,和斯特凡住在了一起,等她回到诺昂时,她知道自己怀孕了,1828年9月13日她的女儿出生了,取名为索朗热。有传言称,斯特凡才是索朗热的真正父亲,每当斯特凡回诺昂时,他会和朋友们半开玩笑半认真地说:"我要去看我的女儿。"不过,卡西米尔依然承认索朗热是自己的女儿。

从斯特凡第一个情人开始,奥罗尔就成了男性的追逐者。1830年7月,法国爆发了革命,推翻了查理十世在法国的统治,但这并没有影响奥罗尔的个人生活。她在贝里乡下又网住了一位情人,他叫儒勒·桑多,是个在他的家乡拉法特尔度假的法律系学生。当时他才19岁,比奥罗尔小七岁。他身材高挑,卷曲的金发,一脸的秀气让人觉得他非常可爱,奥罗尔对他一见钟情。她在写给朋友的信中说:"你知道我有多么爱这个可怜的孩子吗?他富于表情的眼神,他的羞怯和笨拙,都给了我想看见他、观察他的欲望。"而这个情窦初开的男孩见一位成熟迷人的女人对他如此垂青,自然也疯狂地爱上了她。他们的欲望立即得到了满足,奥罗尔把儒勒带到诺昂庄园边上的"凉亭"内,那里成了他们通奸的巢穴。不久,儒勒要回巴黎去上学。在享受了这个男孩的狂热的性爱后,奥罗尔难于自制,决定抛家离子,要到巴黎去住半年。她告诉她的丈夫,为了发展她的文学才能,她要离开这个穷乡僻壤之地,而到人才荟萃的巴黎去。孩子们留在家里,由他照管,她每月从家产收入中得到一笔生活费。作为交换,奥罗尔答应维持婚姻的假象,不和丈夫离婚。卡西米尔同意了妻子的要求,在他看来被妻子抛弃比戴绿帽子更让人难堪。1831年1月4日,奥罗尔·杜班—杜德旺离开诺昂前往巴黎,标志着她的生活进入了一个新的罗曼蒂克时期,一个文才得到充分展示和走向辉煌的时期。

到了巴黎,奥罗尔先是住在她同父异母的兄弟伊波利特借给她的公寓里,后来便在圣·米歇尔河滨大道附近租了一套小公寓。她在巴黎可以说是如鱼得水,熟悉的街道,优美的环境,众多的朋友,迷人的夜生活。更重要的是

这里有她的情人儒勒，他现在和她公开住在了一起，还有她的另一个情人斯特凡也在巴黎。此外，巴黎还有一批来自贝里的亲朋好友，其中不少人都对她着了迷，她生活在一群追求者中间。可是她每个月250法郎的生活费难于维持她在巴黎的开销，她不得不想办法去挣钱。对她说来，写作是最好的办法，除了给报纸写文章外，她和儒勒开始写作小说。为了节省开支，她打扮成男人，穿上了灰礼服、长裤、背心，"再配上一顶灰帽子，系上一条毛料的大领带，我完全成了一个正在读一年级的小个子大学生"。她的这身打扮虽会遭到人们的非议，但她觉得她这样做并无越轨之处，因而处之泰然。

1831年12月，她和儒勒·桑多合写的小说《粉红色与白色》出版，作者署名为"于勒·桑"。写完这部小说后，儒勒病得很厉害，老是发烧，像是得了肺痨的样子。为此奥罗尔感到愧疚，因为她觉得自己性欲过度，强迫他做爱掏空了他的身子所致。冬天，奥罗尔回到了诺昂，潜心于创作自己的第一部小说《印第安娜》。本来她还想用他们两个人的署名来出版，但儒勒不同意，还是让奥罗尔独自署名好。于是儒勒提议用"乔治"来作为她的名字，因为乔治是个男人的名字，很合奥罗尔的口味，而且他们的这次谈话恰好是在圣乔治节。但保留"桑"这个姓氏（作为桑多的缩写），以纪念他们的相爱。1832年4月，当《印第安娜》出版时，一个新的名字，一位新的作家诞生了，从此人们记住了"乔治·桑"，而忘记了奥罗尔·杜班—杜德旺这个姓名了。不久，她的第二部小说《华朗丁》也相继问世，这两部小说的出版给她带来了巨大的声誉，受到了巴尔扎克、雨果等人的好评："其文字之简约，构思之美妙，可谓无与伦比。书中情节连贯、紧凑，毫无矫揉造作，如同实际生活中发生的种种阴差阳错和偶然所导致的幕幕悲剧一样，连莎士比亚都望尘莫及，这本书的成功是肯定无疑的。"

然而她和儒勒·桑多的恋情却出现了危机。当她回到诺昂忙于创作的时候，儒勒却有了别的女人。等她春天回到巴黎时竟发现自己的情人正躺在一个洗衣妇的身边，这件事对她的打击太大了。这位自尊心特强的女人，过去只有她抛弃男人，如今竟有人先背叛了她，这实在是让她难于相信，况且这个男人是她倾注了全部爱心，渴望能与之长期相守的人。

在赶走了"小儒勒"之后，乔治·桑（从此之后，我们一般都用这个名字来称呼她了）和巴黎著名女演员玛丽·多瓦尔的交往较密，看了她在大仲马的《安东尼》里的表演后，乔治便很欣赏她，随后由于趣味相投，她们成了终生要好的朋友。但无论她们的关系是如何地亲密，乔治·桑是不能没有男人的。尽管她感到孤独，渴望新男人的出现，不过她并没有放弃她的写作，而且能在几个月里写出一部小说来，这些小说都能显示出她那独特的才华，获得广泛的反响和好评。1833年初，她的第三部小说《莱莉亚》出版，反映了她个人的一些感受和体验，并得到圣·伯夫的推崇，经过他的介绍，乔治·桑认识了普罗斯珀·梅里美（1803—1870）。他是个小说家，也像乔治·桑一样，是颗正在冉冉升起的明星。两人一见，很快就坠入了热烈的性欲中，乔治·桑告诉玛丽·多瓦尔："我昨天晚上拥有了梅里美，那不是件大事。"对于乔治·桑说来，这样的婚外情确实不是什么大事，不过她的这句话立即传遍了整个巴黎。由于两人的性格不合，相处不久他们的恋情便告吹了。身强体壮的乔治·桑是不甘寂寞的，她需要男人的抚爱。1833年8月15日《世界评论》发表了缪塞的长诗《罗拉》，刊物主编设宴庆贺长诗的发表，在被邀请的客人中就有乔治·桑。主人把缪塞介绍给乔治·桑，还把他们安排在相邻的座位上。缪塞是个身材修长，仪态优雅的青年，也是个多愁善感有点神经质的诗人。在这之前，他已经出版了两部诗集《西班牙和意大利故事》、《椅中景象》表达出他对爱情、对自然风光和青春活力的向望。在这之前，乔治·桑也曾见过缪塞，觉得他"太花花公子气了"，便没有和他进一步交往。此次由于主编的故意安排，使他们坐在了一起，交谈自然也就多了起来。乔治·桑的外表和装束激起了缪塞的强烈好奇，而缪塞的风度和入时的穿着，以及幽默风趣的谈吐也改变了她对他的印象。从此两人便开始频繁地接触，不久缪塞便搬进了乔治的住处，他们的同居引起了人们的非仪，但他们对此置之不理，无所顾忌地双双出入于大庭广众之中。后来他们去了意大利，在乔治生病期间，缪塞又恢复了他的本性：嫖妓、酗酒、赌博。后来还出现了一种类似癫痫的狂病，而乔治·桑不得不担负起护士的责任。年轻的医生意大利人帕吉洛常常在晚上前来看护这个病人，从缪塞那里得不到满足的乔治·桑，立即看上了这个年轻的医生，于是他们便成了情人。缪塞病愈后，和乔治大闹了一场，便独自到威尼斯去了。而乔治·桑还在这里住了多日，

和她的小情人度过了一段美好的时光。在这段时间里，大概是爱情激起了她的创作灵感，使她写出了小说《雅克》、《安德烈》、《马蒂娅》和第一批《旅行者信札》。1834 年 7 月，乔治带着意大利医生帕吉洛回到了巴黎，不久乔治·桑便抛弃了这个医生，回到了诺昂。10 月，乔治·桑又来到了巴黎。只有失去了才知道可贵的缪塞，还是觉得她不错，又重新回到了乔治的身边。然而生性多疑而又嫉妒心强的缪塞，常常追问一些琐碎的问题，使美满的和解从一开始就产生了裂痕，两人在一起不再有过去的那种幸福感了。他们的这段经历却在缪塞的小说《一个世纪儿的忏悔》和诗歌《四夜》中得到了反映。

1835 年奥罗尔终于想结束她和卡西米尔的婚姻关系，他们达成了协议：诺昂归奥罗尔所有，卡西米尔则拥有巴黎拉阿普大街的纳博纳公馆，每年可收入 6700 法郎的租金，并由他支付莫里斯的抚养费，而女儿则归奥罗尔抚养。协议刚签完，卡西米尔便反悔了。奥罗尔只好求助于律师。她找来的律师米歇尔，是个共和派的激进分子，乔治·桑的崇拜者，相识不久他们便成了情人。她的小说《西蒙》便是以米歇尔为原型创作的。经过米歇尔的努力，1836 年初，奥罗尔和卡西米尔的离婚得到了法院的判决，孩子们由母亲照管。虽然乔治·桑和米歇尔的恋情只保持到 1837 年，但她从米歇尔那里受到的共和思想的影响却非常深远，一直保持到晚年。1848 年当第二共和国成立时，乔治·桑还在议会中担任过重要角色。米歇尔反而背叛了自己的思想，最终被人们遗忘了。

然而乔治·桑是个不甘寂寞的人，而且善于抓住机会。此时她遇上了一个瑞士人夏尔·迪狄埃，此人 31 岁，只比乔治小一岁。他是个植物学家，又是个登山爱好者，而且还是个聪明漂亮、喜欢幻想的年轻人。1830 年他来到巴黎，得到了雨果的帮助，让他参加了文社，还写了一部小说《地下罗马》，便自我陶醉起来。及至读了乔治·桑的《莱莉亚》之后，又感到自惭形秽，对乔治·桑非常崇拜，通过别人的介绍，他认识了乔治，成了她的知己。1835 年底，迪狄埃从西班牙回到巴黎后，他们的关系进一步密切，乔治·桑在迪狄埃家住了一个星期后，便回到了诺昂，随即把迪狄埃也叫到了诺昂。他们在一起度过了亲密而又愉快的五天，但他们的关系没有维持很久，夏尔便离开了她。乔治·桑也忙于旅行和打官司，对于他的离开并没有放在心上。

第十章　乔治·桑

8月，由于离婚的顺利解决，奥罗尔便带着两个孩子和一个女佣到瑞士去旅行。在瑞士，她遇见了李斯特和他的情妇达古夫人，李斯特和乔治·桑在这之前便已认识，而且两人当时是情人的闲言碎语也传遍了整个巴黎。乔治很欣赏李斯特的音乐才能和他的演奏风格，而李斯特对乔治的文学才华也很佩服，两人的关系到底达到了何种程度，我们不得而知。不久，李斯特便疯狂地爱上了有夫之妇的达古夫人。后来他们私奔到了瑞士，等待着达古夫人和丈夫的离婚。李斯特是个喜爱舞台的人，让他呆在瑞士无所事事，加上他听到他的那些同行朋友的声誉日隆，他便呆不住了。10月，李斯特便和其情妇达古夫人以及乔治·桑一起回到了巴黎。他们都住在"法兰西旅馆"的同一层楼上，达古夫人的住处立即成了宾客云集的沙龙。由于李斯特和肖邦的关系密切，一回到巴黎李斯特便设宴招待肖邦，过了两日，肖邦也设宴回请了李斯特，还在自己的住处举行了小型音乐会。这期间凡是有李斯特在的地方，就必然有乔治·桑在。就是在这次音乐会上，乔治·桑才真正感受到了肖邦音乐的魅力，对肖邦这个人也产生了浓厚的兴趣。但不久她便回到了诺昂。由于她当时还有两个情人在身边（一个是演员博卡日，另一个就是迪狄埃），便还没有对肖邦采取什么手段。

不过，通过多次的接触，肖邦却给乔治留下了非常深刻的印象。在她的眼里，肖邦是和李斯特一样的英俊漂亮，而且更具儒雅风度："他身材中等而瘦弱，两手纤细，一双小脚，灰黄的头发近乎栗色，褐色的双眼与其说有活力还不如说是忧郁，面颊正中长着一个鹰钩鼻子。他的微笑甜润，嗓音低沉，整个人显示出某种庄严的难于形容的贵族气质。"从诺昂回到巴黎后，乔治·桑很快就迷上了肖邦，开始了她猎取肖邦的行动。

一封长信诉衷肠

前面说过，初次见面，乔治·桑留给肖邦的印象是很不愉快的，甚至有些让人讨嫌，喜欢美貌温柔的这位波兰艺术家并没有把她放在眼里。李斯特曾写道："肖邦似乎是害怕这个鹤立鸡群般的妇女的，她说起话来像德尔菲的

女巫，其中有许多话是其他妇女说不出来的。他逃避，迟迟不去和她认识。"

其实，乔治·桑并不像她的穿着打扮那样令人讨嫌，照德国诗人海涅看来，"乔治·桑，最伟大的女作家，同时也是一位美女，她甚至是一位杰出的绝代佳人。她的脸庞犹如她书中表现出来的精神，与其说是有趣，毋宁说是美丽……乔治·桑的面部轮廓，正具有希腊式端正匀称的特征，线条并不粗放，而是由于多愁善感而显得柔和，这种多愁善感宛如一层痛苦的面纱蒙在脸上。额头并不高爽，栗黄色卷曲的秀发在头上分开，垂落肩上。……有一双宁静柔和的眼睛……一个平平常常的挺直的鼻子。她的嘴边通常漾起一丝和善的微笑，但并不非常吸引人；有些下垂的下嘴唇暴露了已经厌倦了的情欲。下巴丰腴多肉，但是轮廓美丽。她的双肩也很美，简直可说是光彩照人。她的双臂和双手也是如此，手很纤小和她的秀脚一样。她胸部的魅力该由其他的同时代人来描写，我承认我没有资格。她那丰满的身躯似乎微胖，至少偏矮……不错，乔治·桑和米罗的维纳斯一样美艳绝伦，她甚至由于具有某些特征还超过了维纳斯：譬如，她要年轻得多。（《海涅文集小说戏剧杂文卷》，人民文学出版社2002年版，第369—370页）

在1837年的整整一年里，乔治·桑曾多次想方设法去结交肖邦，但肖邦都不为其所动，究其原因：一是肖邦正在和马利亚·沃津斯卡谈情说爱中，而且期待着他们的婚姻能够成功。二是乔治·桑这个人，作为作家，她是个富于才华的受到人们喜爱的女作家，其名望正在蒸蒸日上。但作为女人，虽有其迷人的一面，但她的淫逸放荡也是出了名的，短短几年当中，她的情人像走马灯似的，不知换了多少个。有的时候和旧情人的关系还未中断，又搞上了新的情人，甚至同时有好几个情人，在这方面，她的名声实在让人不敢恭维。即使后来肖邦和乔治·桑相爱之后好几年，他也没有把她的姓名告诉给华沙的家里，就是害怕家里人接受不了这样一位名声不好的风流女人。

然而肖邦却成了乔治·桑特别感兴趣的对象，她千方百计想接近他，引起他对她的关注。先是想通过李斯特和玛丽邀请肖邦到诺昂来与她相聚。1837年3月28日乔治·桑写信给李斯特："亲爱的弗伦茨：请尽快到我们这儿来。玛丽告诉我说肖邦有希望会来。请你告诉他，我邀请他来，并恳请他和你一起来。"但肖邦并没有接受她的邀请到诺昂去。乔治·桑为了能让肖邦到诺昂来，又想出了一招：多邀请几个波兰人一起来诺昂，这样可以消除肖邦的顾虑。于是她在 4 月 5 日写信给玛丽："请告诉密茨凯维奇，我的笔和住所任凭他使用，并以此而感到荣幸。请告诉我所喜爱的格日马瓦，我崇拜的肖邦以及你所喜爱的人，我也喜欢他们，如果你能和他们一起来的话，我会很高兴看到他们的。"

1837 年夏天，李斯特和他的情妇达古夫人双双去了诺昂，但肖邦却没有和他们一起去，因为肖邦的一门心思都放在了马利亚·沃津斯卡小姐身上。日思夜想的是如何实现"灰色时刻"的诺言，把订婚变成结婚。他一心关注的是沃津斯卡伯爵夫人何时会和女儿们一道到国外来，他一听到消息便立即赶了过去与她们会合。可是肖邦从 4 月等到 5 月，又从 5 月等到 6 月，不仅没有等到她们离开自己庄园的消息，反而是她们的来信越来越少，信中的语气也越来越冷淡。到了最后，尽管沃津斯卡夫人没有明确提出过中止婚约的话语，但肖邦却深切感受到婚姻的无望了。他的心情是多么的悲伤、痛苦，那是可想而知的。即使在这样的处境下肖邦也没有应乔治·桑的邀请，前往诺昂去休息，反而和普勒耶尔一道去了伦敦。从伦敦回到巴黎后，他依然对桑夫人的邀请置之不理。肖邦是个意志坚强的人，虽然经受着失恋的打击，但他没有消沉，反而以更大的热忱投入到工作中去。除了教课和参加各种社交活动之外，在这期间，他修改和出版了他的《练习曲》12 首（作品第 25 号）。构思新的叙事曲和新的谐谑曲，并完成了《F 大调圆舞曲》和新的四首《玛祖卡舞曲》（升 g 小调，D 大调，C 大调，b 小调。作品第 33 号）。肖邦和往年一样，以参加一年一度的为波兰贫穷流亡者举行的义卖活动而送走了 1837 年，并在查尔托里斯基公爵组织的除夕晚会上迎来了 1838 年。

1838 年，在肖邦的生命历程中可说是一个幸运年。他和马利亚·沃津斯卡恋爱失败的痛苦，也随着时间的推移渐渐消失了。新的幸运之神又降落在他的身上。他开始了一系列的音乐演奏会。1838 年 2 月 25 日，肖邦应邀在巴黎的杜伊勒利宫，为法国的菲利普国王及其王室成员演奏。在这次演奏会上，肖邦先是演奏了自己的几首乐曲，随后是即兴演奏。一个外国音乐家能受邀为法兰西国王演奏，这在当时可以说是一种莫大的荣幸。国王还送给肖邦一

只镀金的茶杯，上面还写有"Philippe roi de France a Fr. Chopin"（菲利普罗伊法国——肖邦），这更增添了肖邦在巴黎的名望和地位。

3月3日，肖邦还参加了莫昂热·夏尔—瓦朗坦·阿尔康（1813—1888）举行的音乐会，阿尔康是一位比肖邦小三岁的法国音乐家，开始在法国音乐界走红，后与肖邦的交谊甚厚。在这次音乐会上，肖邦参加了两架钢琴八手联奏贝多芬第七交响曲的小快板和最后乐章，除肖邦和阿尔康外参加演奏的还有阿尔康的老师齐默尔曼和肖邦的得意学生古特曼。

3月12日，肖邦应老同学安托尼·奥尔沃夫斯基的邀请，前往鲁昂举行专场音乐会。奥尔沃夫斯基也是华沙音乐学院艾斯内尔教授的学生，此时应聘担任鲁昂管弦乐团的指挥，他特意邀请肖邦前来此地演出，而肖邦也为了老同学的情面，第一次违背了他不再举行个人专场音乐会的诺言。肖邦在奥尔沃夫斯基指挥的乐队伴奏下，演奏了自己的《e小调钢琴协奏曲》。这次音乐会受到热烈的欢迎，许多音乐爱好者和音乐评论家听到消息后，特意从法国各地纷纷赶到鲁昂来听肖邦的演奏。许多报刊发表了评论，高度赞扬了肖邦的演奏和作曲。

1838年4月，乔治·桑从诺昂来到巴黎，住在她的朋友——西班牙驻法国的领事夫人夏洛特·马尔利亚尼的家里。马尔利亚尼夫人对波兰人很友好，经常邀请波兰人到她的住处聚会。查尔托里斯基公爵夫妇、格日马瓦、密茨凯维奇和肖邦便成了她家的常客。4月25日马尔利亚尼夫人举行晚会，肖邦也应邀前来参加，他衣着鲜亮，风度翩翩，一出现便吸引了乔治·桑的眼球。听着他的演奏，心中更是涌起了一种强烈的欲望，非要把这个英俊的年轻人搞到手不可。在这个大胆而又果断的女人面前，只要愿望一产生，便会付诸行动。第二天，她便给肖邦送去了一张纸条，上面写着："我崇拜你，乔治。"而乔治的朋友女演员玛丽·多瓦尔也附笔写道："我也是！我也是！我也是！"这张由两个著名女人写的字条自然给喜欢接受奉承的肖邦带来一丝喜悦，于是他便把这张字条贴进了他从华沙带来的纪念册上。肖邦虽然喜欢她们的奉承，却没有采取相应的步骤去回应桑夫人的情感，尽管从他们第一次见面到现在，已经过去了15个月，但他们的感情却没有任何的进展，肖邦对她依然是若即若离，只有乔治这一头热。5月中旬，乔治·桑因儿子生病不得不离开

第十章 乔治·桑

巴黎回到诺昂。

回到诺昂后,乔治依然和儿子的教师保持着性爱关系,同时又摆脱不了对肖邦的强烈思念。她无法理解的是,别的男人只需她一个暗示就会投入她的怀抱,为何肖邦对于她的苦苦追求会无动于衷,她摸不清也搞不透肖邦对她的真实感情,她听说过肖邦和马利亚·沃津斯卡的恋爱关系,但详细情况不得而知。在她看来,即使肖邦和别人结了婚,也不妨碍他和自己的性爱关系,因为在她的情人中并非个个都是单身。她百思不得其解,因而焦虑苦恼,心情总是难于平静下来。于是她只好求助于她的波兰朋友格日马瓦,给他写了一封几十页的长信。沃伊捷赫·格日马瓦(1793—1871)曾是"波兰爱国同盟"的成员,11月起义时受起义政府的委派出使伦敦,起义失败后流亡巴黎,经常协助查尔托里斯基公爵处理波兰侨民事务。他喜爱绘画、音乐和文学。是肖邦、乔治·桑、密茨凯维奇和德拉克鲁瓦的朋友。乔治·桑常常称他为"我的丈夫",而把肖邦称作"小家伙"、"小孩子"。乔治·桑的这封信在她和肖邦的关系史上可以说是一封很重要的信,因此我们把它全译录出来,以飨读者。(原信是1838年6月于诺昂用法文写成,现根据波兰文译出。)

> 亲爱的朋友:我从不怀疑你所提劝告的诚实性。因此请你不必有任何顾虑。我相信你的主张,尽管我还不太了解它,也没有深入研究过它,但从它获得像你这样的信徒的那一刻起,它就应该成为所有信念中最崇高的一部分。你为朋友所做的一切都值得赞美。至于我的想法,你就放心好了。让我们最后一次把问题摊开说清楚吧,因为我未来的所作所为都取决于你就此事所做的最后答复。既然事情已至此,我后悔在巴黎时没有克制自己的不快而当面向你请教。我仿佛觉得,我所听到的情况会给我的这首长诗投下一道阴影。实际上,这首诗已变得暗淡了,或者变得苍白了。但这无关紧要。我信奉你的信条,因为它要求最后才想到自己。当我们所爱的人的幸福要求我们付出全部力量时,你就根本不要去想你的信条。请你听好我说的话,并给我一个明确、干脆而不含糊其辞的答复。那个他想爱,或者他应该爱,或者他认为应该爱的那个人是否能给他幸福,还是只能给他增添痛苦和悲伤?我不是要问,他是否爱她,

或者他已被她所爱。更不是要问他爱她胜过他爱我,或者不如他爱我。我根据自己的内心活动,就能判断出他的内心活动。我想要知道的是,考虑到他自己的平静、幸福和十分羸弱的身体——我觉得他是太羸弱了,以至于经受不住巨大的痛苦——他应该在我们两人之中忘记或者抛弃哪一个呢?我不想扮演一个恶鬼的角色,我不是迈耶贝尔笔下的贝特拉姆,我也不想去与他青梅竹马时的朋友进行斗争。如果这位朋友是个美丽而纯洁的艾丽丝,如果我早就知道,我们这个孩子的生活中曾与别人建立起某种联系,而在他的心灵中有过某种感情纠葛,那我就决不会俯身去接受那为别的神灵奉献的香火。同样,假如他知道当时我已是个结了婚的人,那他也会在我的第一次亲吻面前退却。我们谁也没有欺骗谁,只是把自己交给了一阵风,它把我们带到了另一个天地,度过了一段美好的短暂时光。不过,我们在愉快的拥抱和天堂般的太空飘荡一番之后,不得不又回到这人世间来。我们就像两只可怜的小鸟,虽有翅膀,但我们的巢却建筑在地上。当天使的歌声召唤我们飞向天空时,我们的亲人又把我们拉回到地上来。至于我,不愿为激情所左右,尽管我的内心深处还时时燃烧着一股邪恶的烈火,但我的孩子们会给我必要的力量,使我能摆脱一切把我和他们分开的因素,以确保他们享有良好教育、健康、生活保障等生活所必需的条件。正因为如此,再加上莫里斯生病等原因,我才不能在巴黎久留。此外,还有一个我永远也不会离开他的人,如果说到他的心地和名声,他都是一个非凡的完美的人。一年来,只有他和我在一起,他从不给我带来痛苦,即使一次、一分钟也没有。他是个既不留恋过去,又对未来毫无保留的人。他是唯一一个完完全全而又绝对地把自己奉献给我的人。此外,他的天性又是那么善良、那么聪慧,只要假以时日,他就能了解一切理解一切。这是一块软蜡,上面打上了我的烙印。如果我想改变它的形状,只需要谨慎小心,再加点耐心,我就能做到。不过今天我还不能这样做,因为他为我牺牲了自己的幸福。

至于我,几年来我都是身陷其中,作茧自缚,以致我不敢期望我们这个小家伙能摆脱束缚他的锁链。如果他将自己的命运交由我来支配,我定会惶恐不安,因为我的手中已握有另一个人的命运,而我也不能替

第十章 乔治·桑

代他为我舍弃的那个人。我认为,我们的爱情只能存在于它产生的那种条件下,也就是说,只能时断时续。当顺风把我们联系在一起时,我们就能飞向星空,然后我们就分开,再次返回大地;因为我们是大地的孩子,上帝不允许我们肩并肩地完成我们的朝圣之旅。于是我们只有在天上相会,我们在那儿度过的瞬间是如此美好,足以弥补我们在人世间度过的一生。

因此,我的职责已非常明确,在不违背它的前提下,我可以用两种截然不同的方式去实施它。第一种方式就是让我远离肖(邦),竭力不去扰乱他的心境,绝不和他单独在一起。第二种方式则相反,在不危及马(指马勒菲勒 Mallefille,1813—1868,法国作家)的安宁的条件下尽力去接近他,允许他在休息和愉快的时刻想起我。有时候当天堂之风把我们带上天穹时,我们就能像姐弟般地拥抱在一起。如果你能告诉我,那个我们都知道的女人能给他纯洁的幸福,能给他无微不至的关怀,能把他的生活安排得称心如意,舒适安宁,而我有可能成为他们的绊脚石,那我就选择第一条道路。如果他的心过于苛求,甚至严酷到发疯的程度,不愿以两种不同的方式去爱两个不同的女人。如果我偶尔和他度过的一周会搅乱他一年的幸福生活。那么,在这种情况下,我向你发誓,我会尽一切所能让他忘掉我。如果你能告诉我下列情况的一种:要么他的家庭幸福可以而且应该与短暂的纯真感情和宁静的诗意相安无事,要么他无法拥有家庭的幸福,而婚姻或者类似的某种联系会成为他艺术家灵感的坟墓,那我便会选择第二条道路。我会不惜一切代价去阻止他建立这样的联系,帮助他去战胜他的宗教顾忌。我向你承认,这是我的推测让我这样想的,请你告诉我,我的推测是否有误。我相信,那个女人一定是很迷人的,配得上得到最伟大的爱情和尊敬。因为像他这样的人,只会爱上美好而又纯洁的事物。在我看来,你是在担心他的婚姻、日常的事务、平凡的生活、家庭的琐事,一句话,你所担心的是与他本性相违背、与他的音乐灵感不相容的那些事物。一想到这些,我就会为他担心,但在这些事情上,我既不能肯定什么,也不能发表任何意见。因为我对他的许多方面都一无所知,我所看到的只是他被阳光照亮的一面。因此,

我请你帮助我确定对此问题的看法。最重要的是我要知道，他对我是什么态度，只有到那时，我才能确定自己应采取的态度。对我说来，最好是能这样来写我们的这首长诗，让我对他的实际生活情况一无所知，他对我的也是如此。让他继续按照自己的那一套宗教、社交、诗歌、艺术的原则去生活，我永远也不会去过问他的事。反之，他也不要来过问我的事。我只希望，无论是在什么地方，什么时间我们相遇，我们的精神都能达到幸福和完美的巅峰。我毫不怀疑，当两人以崇高的爱情相爱时，就会变得更完美。不仅会远离罪恶，而且相反，会更接近作为爱的源泉和发祥地的上帝。亲爱的先生，也许你应该以此为最有力的论据，把这一切去向他都解释清楚。只有在毫不伤害他的责任感、他的忠诚和宗教牺牲的条件下，你才能给他的心灵以慰藉。我最担心的和最感到痛苦的，莫过于想到自己会成为他所害怕的人，并使他受到良心的责备。不，不，我无力去和另一个人的形象和记忆作斗争（除我之外，只有她才能给他造成致命的伤害）。正因为如此，我非常尊重个性，或者说这是我尊重的唯一个性。除了狱吏看管的囚犯和刽子手中的受害者之外，我不会从别人那里掠走任何人。因此，我也不愿俄罗斯掠走波兰。先生，请你告诉我，是不是俄罗斯的形象在追逐我们的孩子，如果是，我将祈求苍天，把阿尔米德的全部诱惑借给我，以便阻止我们的孩子陷入其中而不能自拔。如果是波兰，那就让他去好了，没有任何东西能与祖国相提并论。当一个人有了自己的祖国，就不应去给自己创造另一个祖国。他可能认为，我就像意大利这个国家，人们可以到那里去游玩，去享受春天的欢乐，但他们都不会在那里久住，因为那里的阳光比睡床和餐桌要多，而舒适的生活则要到别处去找。

可怜的意大利！人们都在梦想它、渴望它、思念它，但没有人会在那里留下，因为它是不幸的，它不能给人们提供它不具备的幸福。还存在着另一种设想，那就是他有可能不再爱他的童年朋友了，他们谛结的婚约也使他感到厌恶，但责任感、家庭荣誉——又有谁知道呢？——驱使他作出自我牺牲。假如真是这样的话，那么，亲爱的朋友，就请你去做他的守护天使吧。我就不能插手这事了，但你该过问此事。请你保护

第十章 乔治·桑

他免受良心上的过分自责，免受他自己的道德上的非难。请你要不惜一切代价去阻止他做出这种牺牲，因为在这种情形下（不论是婚姻还是别的不太为人知晓的关系，都是要承担一样的义务，维持一样的长久），我认为，以牺牲自己的未来作为对过去所获得的牺牲的补偿，那是得不偿失的。过去是个有限的和可以估价的概念，而未来却是无限的，因为它是个未知数。如果那个女人想要以有限的牺牲去换取别人整个未来的一生，那么这种要求是不公正的。如果被要求作出牺牲的人正处于窘迫之中，不知如何来保护自己的权利，而又无损于自己的荣誉和正义，这时候，友谊的职责就是去拯救他，成为他权利和义务的坚定不移的捍卫者。在这些事情上，你应该态度坚决。请你相信，我憎恨那些引诱女人的男人，我永远站在被侮辱和被欺骗的妇女的一边，我被认为是女性的辩护士，我以此为荣。一旦出现这种需要，我会利用姐妹、母亲和朋友的威望，不止一次地斩断这类情缘。我一直谴责那些以男人幸福为代价去追求自己幸福的女人，我总是为男人开脱，如果女人向男人要求的自由和人的尊严超过他能付出的范围，如果口是心非，嘴上一套心里想的却是另外一套，那么，关于爱情和忠贞不贰的誓言便是罪过和卑劣。向男人可以要求一切，但不能要求罪过和卑劣。但有一种情况例外，亲爱的朋友，除非他想要做出更大的牺牲，不应去反对他的信念，也不能粗暴地对待他的志向。如果他的心和我的心一样，能容下两种不同的爱情：一种是——可以称之为——生命的躯体，另一种却是生命的灵魂，这是最好的解决办法。因为这样一来，我们之间的关系就会和我们的感情与观念相一致了。正如一个人不能每天都是高尚的一样，他也不可能每天都是幸福的。我们将来不能天天都见面，也不能天天都燃起神圣的火焰。但是我们会迎来这美好的一天，也一定会燃起这神圣的火焰。

也可以把我和马勒菲勒的关系告诉他，由于他不了解情况我担心他会臆想出要对我承担起某种义务，而这种义务会束缚他，也会和"另一个人"发生可悲的冲突。至于如何向他揭示这一秘密，我给你充分的自由和最后的决定权。如果你认为时机合适，你就告诉他。如果你觉得这会给他增添新的痛苦，那你可以推迟到以后再说。也许你已把全部情况

都告诉他了吧？不管你是说了还是准备告诉他，我都表示赞同和认可。

至于将来我会不会属于他，我认为，这与我们现在所关注的问题相比是次要的。不过，这个问题本身却是件极其重要的事，因为这是女人的生活内容，是她最珍贵的隐私，是她最深邃的智慧和最迷人的奥秘。我把你当作哥哥和朋友来看待，才对你直言不讳，倾诉出我最大的秘密。这个隐秘会让所有的人一提到我的名字就会做出种种离奇古怪的评论。这是因为我毫无隐瞒，不按任何理论和原则行事，既没有固定的观点，也不抱任何的成见，既不企求什么特殊的力量，也不玩弄唯灵论的什么鬼把戏。在我身上既没有天生的素质，也没有养成的积习。我觉得，我也没有任何虚假的原则，既不骄横自大，也不过分自卑。我在生活中常常听凭直觉行事，永远相信自己的本性高尚。我有时会看错人，但从没有看错自己。我干过许多应该自责的蠢事，但从没有作过任何下贱和卑劣的勾当。我常常听到人们对人类道德、谦虚和社会美德的高谈阔论，此时此刻这一切对我说来都不十分清楚，因此，我在任何事情上都没有得出最后的结论。

但这并不是说，我对这些事漠不关心。我可以坦诚地告诉你，想把某种理论应用到我的感情中去，这是我生活中最大的问题，也是我生命中莫大的苦恼。感情总是比理智更强烈，我竭力想在它们之间画条界线，总是徒劳无果。我常常改变信念。首先，我相信忠诚，我宣传过它，信守过它，并要求别人也信守。别人没有对我忠贞不贰，我也照此办理，但我从未感到良心有愧。因为每当我不忠时，好像是受到某种天意，受到一种寻找理想的本能的驱使，迫使我抛弃不完美的东西，而去追求那种在我看来更接近理想的境界。

我体验过各种各样的爱：有艺术家的爱，女性的爱，姐妹的爱，母亲的爱，修女的爱，诗人的爱，不一而足。谁知道还有什么爱呢？有过这样的爱，当天刚刚产生当天就消亡了，而作为被爱的那个对象，却从来也不知情。也有过这样的爱，它把我的生活变成了痛苦，它使我绝望到几乎发疯的地步。也有过这样的爱，它把我长年禁锢在某种极度的禁欲主义中，就好像被关在修道院里，而这一切都是极其真挚的。圣·伯

第十章 乔治·桑

夫说，我这个人经历了人生的不同阶段，就像太阳进入了黄道十二宫的各种征兆中。对于那些只根据表面现象来判断我的人，在他们眼里我可能是个疯子，或者是个伪善者。然而任何一个观察过我并能了解我内心隐秘的人，都能看出我是个怎样的女人。他所看到的是一个美的崇拜者，一个渴望真理、心灵敏感的女人，一个优柔寡断、想入非非，但总是抱着美好信念去从事活动的女人，一个从来不小气、不记仇的人，她脾气暴躁，感谢上帝，却是个对坏事和坏人健忘的女性。

亲爱的朋友，我的生活就是这样。你可以看出，它很平常，毫无令人欣赏之处，但却常常引起别人的同情。善良的人们在她身上很难找到可以指责的缺陷。我可以肯定，那些指责我是坏女人的人是在说谎。如果我能花些心思去回忆一下，并向他们解释，他们就能知道事情的真相，但这样做会使我厌烦，而且我忘性很大，并不把这种事放在心上。

迄今为止，我忠实于我的所爱，而且是完完全全地忠实。我从来没有欺骗过任何人，从来也没有在毫无重要理由的情况下背弃对别人的忠诚。是别人的错误才扼杀了我心中的爱情。从我的本性来说，我不是个水性杨花的女人。相反，我一贯都是深爱着爱我的人。我很难一见钟情。我习惯于和那些不把我当女人看待的男人一起相处。这个羸弱的人给我的印象确实让我感到有些惶惑，有些不知所措。我还没有从惊愕中清醒过来。我认为，我的生活从来没有这样平静和稳定。在这时刻，如果我骄傲，就会陷入于不忠不义之中，并因此而受到伤害失去尊严。如果我有先见之明作出判断，与这个突如其来的人进行斗争，那就糟了。我是突然被入侵者入侵的，当爱情占据着我的身心时，要让理智支配我自己，这不符合我的天性。但我并不责怪自己，而是要表明，我比我想象的还要软弱和敏感。这无足轻重，我的虚荣心并不强。而我对你说的，恰好证明，在勇敢和力量方面，我根本就没有什么虚荣心，从来也没有自我炫耀过。我之所以感到伤心的是，长期以来我诚心诚意地对待别人，并以此而感到自豪，如今却受到了损害和威胁。我不得不像别人那样说谎。我可以告诉你，这对我自尊心的打击，要比一部小说的失败，和一部戏剧的喝倒彩还要大。我为此感到痛苦，这痛苦也许是自尊心的残余，也

223

许是一种来自上苍的声音,她呼唤着我,要更加小心去保护我的眼睛,我的耳朵,尤其要保护好我的心。如果上苍要求我们忠实于人世间的爱情,为什么它又让天使们在我们中间徘徊,让它们出现在我们的路上呢?

于是,我的身上再次出现了爱情的重大问题。爱情必须与忠诚齐头并进——我两个月前说过。遗憾的是,我不否认,当我再次见到这个可怜的马(勒菲勒)时,我对他的感情已不再那么强烈了。不过,有一点是肯定的,自从他返回巴黎后(你也许见到过他),我都没有以迫切的心情等着他回来,也没有因他的离去而悲伤。相反,我感到不那么难受了,呼吸也更加顺畅了。如果我确信,我与肖(邦)的频繁见面会使这种感情变得更加冷淡的话,那我感到有必要放弃和他会面。

我正打算这样做。我想和你谈谈两个人彼此以身相许的问题。在许多有思想的人看来,这涉及一个忠诚的问题。但我认为,这是个错误的概念,一个人都会有或多或少的不忠。但如果听任对方夺取自己的灵魂,并允许对方最无邪的抚爱而感到是相爱的时候,就已经犯下了不忠的过错,其余的就不那么重要了;因为谁失去了心灵,谁就失去了一切。宁愿失身于人也要保住完好的灵魂。因此,我原则上认为,完全确立的新关系也只是加重了一点过错而已;但并不排除,在以身相许之后,这种依恋会变得更富人情味、更加强烈、更加紧密。这是很有可能的,甚至是肯定的。所以,如要生活在一起,就不应违背天性和生活真谛,也不能在完全结合面前退却。如果被环境所迫而不得不分开生活时,理智,以及随之而来的义务和真正的美德,就会让我们作出牺牲。我还没有认真地考虑这一切,如果他在巴黎提出这种要求,我会立即顺从他的,因为我天生的诚实使我对形形色色的谨小慎微、瞻前顾后、蝇营狗苟和投机取巧产生无比的憎恨。但是你的来信让我想到,是该一劳永逸地解决这件事了!另外,马的抚爱给我造成的惶恐和烦恼,以及为了掩饰自己的情绪而作出的努力,这对我说来都是一种警告。因此,我听从你的劝告,亲爱的先生,就让这次牺牲能部分地弥补我背弃誓言的过失。

我把它称作牺牲,是因为我看到这位天使痛苦时,我的心里也很难过。迄今为止,他一直克制着自己,但我不是孩子了,我看得出来,人的激情正在他的身上飞快增长，该是我们分手的时候了。正因为如此，在我临行前的最后一个晚上，我才不愿和他在一起，而且几乎对你们下了逐客令。

现在，当我向你讲述了这一切之后，我还想说的是，在他身上有一点让我不喜欢，那就是他的自我克制的理由是站不住脚的。迄今为止令我佩服的是，他之所以克制是出于对我的尊重，是由于胆怯，是想保持对另一个女性的忠贞。所有这一切都是牺牲，并由此而证明了他的意志力量和正确理解的谦虚。这正是他最吸引我和令我敬佩的地方。但是在你家里，当我们告别的那一瞬间，他为了克服最后的诱惑而说了几句出乎我意料的话，他好像摆出一副假道学的姿态，鄙视世人的粗鲁，为其受到的诱惑而羞愧，担心更多的激情会玷污我们的爱情，这种对待爱情的态度总是让我反感。如果这种最终的结合不能和爱情本身一样神圣，一样纯洁，一样忠诚，那么回避这种关系就不是一种美德。人们常用"肉体之爱"来表达只有在天上才能得到合乎其名的观念，这种说法让我不快。它是一个完全虚假的观念，像亵渎神圣一样令人恶心。难道高尚的人只配有单纯的肉体之爱，而忠贞的人就只能享有单纯的精神之爱吗？难道还存在着连一次接吻都没有的恋爱，连恋人的亲吻都没有感官的享受吗？如果所涉及的人只是一副躯体，那么对肉体的蔑视就是明智的有益的。如果涉及的是心爱的人，那么在拒绝感官享受的时候，就不应该使用"蔑视"这个词，而应使用"尊重"一词。他是否使用这些词，我也记不清了，好像他说过。有些事情会损害他的回忆。其实，他是在胡说，心里并不是这样想的，是吗？那个给他留下肉体之爱回忆的不幸女人是谁呢？他是否有过与他不般配的情人呢？可怜的天使！应该告诉所有的女人，如果她们把世界上最神圣最值得尊敬的事，把上帝创造生命的奥秘，把宇宙生命中最重要最高尚的行为弄得让男人反感，那就应该把这些女人统统绞死。磁吸引铁，性别不同的动物相依相恋，就连植物也要服从爱的规律。而在广袤大地上，唯有人从上帝那里得到了恩赐，秉承了上帝的意旨，能感受到动物，植物和金属所感受到的一切。在人身上，电的吸引力能变成感受到的理解到的精神吸引力。只有人能看到

在他的心灵和肉体上出现的奇迹，而把它视为低级的需要，并以鄙视嘲讽和惭愧的口吻去议论它，这真是奇怪的事情！精神和肉体分离的结果就是需要建立修道院和妓院。

我的信过于冗长，看这样的信需要花费你六个星期的时间。这是我的"最后通牒"。如果他和她在一起是幸福的，或者可能是幸福的，那你就让他自己去支配自己的命运。如果他不能得到幸福，那你就去阻止他。如果他在我身边能得到幸福，而又不停止到她那里去寻找幸福，那我也会照此办法去行事的。如果他和我在一起并不幸福，而和她在一起又不是不幸福的话，那我们就应该相互回避，让他把我忘了。除了这四种可能性外，不可能有别的出路。我向你保证，我有足够的力量来承受此事，因为这涉及他。尽管我没有什么美德可以自夸，但我还是能为自己所爱的人作出牺牲的。你会把真实情况告诉我的，拜托你了，等你回音。

你给我的回信不必写成人人都能看的那种信。这既不是 M 的，也不是我的习惯，我们彼此是过于尊重的了，以至于我们都没有想过要通过交换思想来了解彼此的生活细节……关于我去巴黎的事，并不排除这种可能性。如果此时 M 正在给我办的事情还要拖延下去，那我就有可能到巴黎去找他。关于此事请你什么也不要告诉小家伙。如果我要去巴黎，我会通知你的。到时我们给他一个惊喜。不管怎样，你是需要一定的时间才能获得外出的准许，因此，我请你现在就采取相应的行动。我希望你今年夏天来诺昂，越快越好，住得越久越好。你会看到，你会喜欢这儿的。这里没有任何让你担心的事：没有特务监视，没有流言飞语，没有外省的陈规旧习。这里是沙漠中的绿洲。在全省之内，没有人知道肖邦和格日马瓦。我这里发生的事情，一般说来是不会有人知道的。我这里只有可以信赖的朋友，只有像你这样的天使，他们对自己所爱的人从来没有什么坏念头。我尊敬的朋友，请到我这儿来吧，我们可以开心地畅谈，你忧郁的心情也会在乡下得到舒畅。至于小家伙，如果他愿意来就请他来吧。不过，我希望早点告诉我，好让我把 M 支使到巴黎或日内瓦去，借口是不会缺少的，对此他永远也不会产生疑心的。如果小家伙不愿意来，那你也不必去劝说他。他怕见人，我也不知道他怕什么。我

第十章 乔治·桑

尊重我所爱的人身上所有一切我不理解的东西。9月,在出远门之前我会来巴黎一趟。我对他的态度取决于你给我的答复。如果你也无法解决我向你提出的谜语,那就请你去找他要谜底吧——到他的心里去寻找吧。我非常想知道他心里到底发生了什么事。

现在你已彻里彻外地了解我了,在最近十年中,我还没有写过第二封这样的信。我就是这样一个懒惰而又不爱谈论自己的人,但我这样做可以避免更多地谈论自己,你现在对我是了解得一清二楚了,你有了我的签字,当你星期日和三位一体去清理账目时,你就可以付账了。

我是全心全意完完全全忠于你的。如果我在这次长谈中表面上只字未曾提到你,这是因为,我觉得这是我在和第二个我在谈论自己,而且这个我肯定比第一个的我更好、更珍贵。

乔治·桑

这封长信揭示了乔治·桑渴望得到肖邦的迫切心情,以及她所采取的策略。作为一个情场老手,她的那些计谋可以说是面面俱到。而作为中间人的格日马瓦,对双方的情况都很了解,他自然会告诉乔治,马利亚·沃津斯卡不会妨碍她了,肖邦已是个自由身。得到格日马瓦的答复后,乔治·桑便迫不及待地离开诺昂来到巴黎。她在7月初写给格日马瓦的短信中说道:"我的事务迫使我离开诺昂,星期四我会到巴黎,请你来见我,但要让小家伙一无所知,我们将给他一个惊喜。我像往常那样住在马尔利亚尼夫人那里。"

乔治·桑这一次来到巴黎后,便中断了和其他情人的关系,甚至也瞒过了马勒菲勒,让他陪自己的儿子到诺曼底去度假。她主动出击,使出浑身解数,表现出一种温柔多情而又善于体贴的姿态去追求肖邦。一般说来,女人追求男人,男人是抵挡不住的,肖邦自然也是如此,经不住乔治的示爱,便投入了她的怀抱。况且肖邦这时候正处在失恋之中,需要有人来抚慰他的心灵。再加上经过近两年的接触,肖邦消除了对乔治的反感,现在更进一步体验到在这个男人外表掩盖下的女人的温柔和体贴,使他对她产生了好感。况且作为一位懂得音乐的女作家,对肖邦音乐的入木三分的见地也常常令这位年轻的钢琴家有一种知音之感。而肖邦的爱情闸门一打开,他的感情便像滚

滚洪流直泻而下，冲破一切世俗观念，而与乔治·桑的激情相会合，于是从1838年的7月起，34岁的乔治·桑和28岁的肖邦便成了情人。他们没有结婚，但他们的感情维持了九年，直到1847年才破裂，这对乔治·桑说来实在是很不容易的，因为在这之前的几年间，她爱过的男人就有上十个，如今她能洁身自好，至少在和肖邦相爱的头几年中，她没有再去找别的新情人，这对她说来确实是难能可贵的。

在马略卡岛

在巴黎的这个夏天里，乔治·桑和肖邦相处在一起，虽不能说是如胶似漆，但也相亲相爱，出入成双。他们一起娱乐、访友，虽然非常忙碌，但还不敢在公开场合出现，不过乔治·桑已常常在肖邦的寓所里过夜。他们在爱情中得到了满足，感受到了无比的幸福，特别是乔治·桑。她为能得到肖邦而心醉神迷："我温柔地爱着他的天才和个性"，而且是在"天堂的拥抱"中度过了大量时光，她告诉朋友说："这绝对是天堂。"

法国著名画家德拉克鲁瓦在这期间为他们两个画了第一张双人素描：肖邦坐在钢琴旁，乔治站在他后面，交叉着双臂。但这幅画只画了他们的面部，最终没有完成。这个夏天，56岁的帕格尼尼访问了肖邦的寓所，在华沙时肖邦就特别佩服这位神奇的小提琴家，而他也受到了这位大师的赏识。此次相见肖邦格外高兴，他们在一起度过了愉快的一天。

为了追求肖邦，乔治·桑让她的情人马勒菲勒带着她的儿子莫里斯到诺曼底去度假。这位深爱着乔治·桑的年轻人还不明就里，他在离开巴黎时还曾给肖邦写过一封信，对他创作的叙事曲和演奏技巧赞不绝口，信里还附有一诗，对肖邦吹捧得让人肉麻。9月当马勒菲勒回到巴黎后，发现他的女主人在故意疏远他，并已移情别恋。他多次暗中跟踪乔治·桑来到肖邦的住处，才知道她爱上的竟是肖邦，于是他妒火中烧，便向肖邦提出了决斗。经过朋友们的再三劝说，马勒菲勒才放弃了决斗。这件事对肖邦的触动很大，为了摆脱那些情敌的寻衅滋事，也为了更好地隐瞒他和乔治·桑的恋情，他便产生了离开巴黎到南方去的想法。尽管乔治·桑作为一个作家，受到读者们的喜爱和赞赏，但作为一个女人却口碑不好，绯闻不断。而肖邦在上流社会和名媛淑女中间被认为是一个正派而又感情真挚的人，如果一开始就公开他们的恋情，势必会引起巴黎上流社会和名媛淑女们的议论和不满，有损于他的名声，尤其是有损于他在女学生中的声望。

恰好此时，乔治·桑的儿子莫里斯的风湿病犯了，需要到暖和的南方去疗养。经乔治·桑的朋友西班牙驻巴黎的领事夫人的推荐，她认为到风光绮丽的马略卡岛去休养是他们最好的选择。这里远离巴黎的喧闹，又可避开人们的说三道四，更可以让两个热恋中的情人能平静地度过他们的一段浪漫时光。此外，他们还可以在那优美的环境里进行他们的音乐和小说的创作。于是他们决定双双到地中海的马略卡岛上去过冬。

为了避开人们的视线，这两个恋人决定分别离开巴黎。乔治带着儿子莫里斯、女儿索朗热、女仆阿梅尼亚于10月18日离开巴黎，经里昂到达法国南部港口城市佩皮尼昂，在这里等待肖邦的到来。

在离开巴黎之前，肖邦需要筹集一笔经费供旅行之用。他先是向自己的朋友银行家列奥借了一笔不计利息的钱款，后又让普勒耶尔垫付了前奏曲的稿酬，还请他托运一架钢琴到马略卡岛去供他使用。等到这些事情都办好了，他便和几位知心朋友告别，同时还告诉学生们他要到南方去过冬，明年春天再复课。肖邦还把他在巴黎的住房和所有事务都交由尤利安·丰塔那（1810—1869）代管。丰塔那也是位波兰钢琴家、作曲家，是肖邦在华沙音乐学院的同学，丰塔那来到巴黎后便成了肖邦的挚友。肖邦离开巴黎后，丰塔那便成了他的代理人和联络人。

10月27日，肖邦离开了巴黎。他日夜兼程，在驿车上度过了四个夜晚，于10月31日赶到了佩皮尼昂，只比乔治·桑一家晚到了一天。乔治·桑在写给西班牙领事夫人的信中这样说道：肖邦这样快便来到了佩皮尼昂，真让她非常惊喜。他像玫瑰一样鲜艳，像红萝卜一样红润，而且身体健康。11月1日，他们全体五个人乘船前往巴塞罗那，他们在那里停留了五天。白天参观城市的名胜古迹，晚上去歌剧院欣赏歌剧和音乐。还有一次是在法国领事的陪同下，出席了当时正停留在巴塞罗那港口里的法国军舰上举行的宴会。11

月 7 日傍晚，他们搭乘一艘运送货物的轮船前往马略卡岛的首府帕尔马，第二天，他们便到了帕尔马。

然而当他们踏上马略卡岛，便遇到了一件很不顺心的事：帕尔马的旅馆均已住满，他们找不着住宿的地方。劳累不堪的乔治一家人最后只好在平民区的一家小旅馆住下。这里又脏又乱，蚊虫又多，习惯了舒适整洁的肖邦也只好忍受下来，他相信很快就能找到一处环境优美的住处。在后来的几天里，乔治·桑拿着西班牙朋友给她的推荐信去拜访当地的西班牙人。除了客套之外，这些西班牙人并没有表现出多大的热情。幸好有法国驻帕尔马的领事彼雷·普鲁雷的鼎力相助，他们才找到一处被遗弃的修道院。这座修道院离帕尔马有十多公里远，它依山傍水，风景十分优美，肖邦和桑看了之后都很满意。可惜这座修道院久无人住，需经修理和添置家具才能入住，一时还住不进去。于是他们在帕尔马郊外租了一座小别墅住下，待修道院装修好了再搬过去。11 月 15 日他们入住小别墅，房子不大，但环境优美，令肖邦忘掉了头几天所遇到的不快，而沉浸在大自然的美景中。他在 11 月 15 日写给丰塔那的信里反映了他刚搬入此地的心情：

我亲爱的：

我现在在帕尔马，置身于棕榈、松杉、仙人掌、橄榄树、柠檬树、柑橘树、芦荟、无花果、石榴树等等中间。它们只有在巴黎植物园的暖房里才能看到。天空像蓝宝石，大海像天青石，山岭像翡翠。空气高悬于空中，白天阳光普照，天气炎热，人们都身着夏装。晚上六弦琴和吉他彻夜响个不停，这里的晾台很大，顶上挂满葡萄藤，还有毛里塔尼亚式的围墙。这里的一切看上去都和这个城市一样具有非洲的特色。总而言之，生活是非常美妙的。钢琴还没有运到，请你去问一下普勒耶尔，是通过什么路线运过来的。不久你就会收到前奏曲。我将会住在一座极其优美的修道院里，这是世界上最美的地方。有大海、山峦、棕榈树、墓地、十字军教堂，还有清真寺遗迹和千年的橄榄树。啊！我亲爱的，我的生活显得更充实了，我也更加接近最美的东西了。我自己的景况也越来越好。请你将我的信件和你要给我的东西都交给格日马瓦，他知道

第十章 乔治·桑

我的最确切的地址。替我拥抱雅希（指马图辛斯基），如果他在这里，他的健康一定会恢复得很好。告诉普勒耶尔，他不久就会收到手稿。请少对那些熟人说我的情况。以后我会告诉你更多的事情。你给他们说，过了冬天我就会回去。这里的邮件一星期只送一次。我现在是通过这里的领事馆来给你写信的。请把我的原信转寄给我的父母，要麻烦你亲自到邮局去投递了。

你的肖邦

在初到马略卡岛的那段日子里，肖邦过着极其愉快的生活。他每天都要和桑夫人一道出去散步，俩人就像度蜜月那样，卿卿我我的，使肖邦真真切切地感受到了乔治·桑那温柔多情的一面。除了散步之外，桑夫人每天还要给儿子和女儿补习功课，此外便是创作她的小说《斯皮里迪翁》。而肖邦也以更大的热情投入到音乐创作中去。除了完成一组《前奏曲》外，还写有《c小调波罗涅兹舞曲》和四首《玛祖卡舞曲》（第41号：升c小调，a小调，B大调，降A大调）。并正在构思新的叙事曲。

有一天，他们漫步在大自然的美景里，双双沉醉在甜蜜的爱情中，忘记了时光，忘记了路程。突然狂风大作，大雨倾盆，急风骤雨把一对情人淋得像落汤鸡似的。回到住处，肖邦便身患感冒高烧不止。曾请来多位当地的医生来诊治，但他们各执一词，用药都各不相同。肖邦等到病情有所好转，便给丰塔那写去了一封信：

我亲爱的尤利安：请不要退掉我的住房，我也不能给你寄去手稿，因为我还未完成它。最近两个星期我病得像条狗。尽管气温已有18度，而且还有玫瑰花、柑橘、柠檬、棕榈树和无花果，我还是感冒了。我请来了全岛最著名的三位医生：第一个嗅了嗅我吐出来的东西，第二个敲了敲我吐的部位，第三个摸了摸，并听我说是怎么吐的。第一个说我已经死掉了，第二个说我正在断气，第三个说我就会死了……感谢苍天，我现在恢复得和从前一样，唯一受影响的是前奏曲。只有上帝知道什么时候你才能收到它了。再过几天我就要往进世界上最美的地方：有山有

海，有你想要的一切。我将住在一座大修道院里，这座修道院很古老，已被废弃，好像是门迪扎巴尔（西班牙首相）专为我而把那些修士赶走了似的。它离帕尔马不远，没有比它更美的了。有回廊，有最富于诗意的墓地。总而言之，我在那里会过得很好的。只是我还没有钢琴，我已给普勒耶尔写过信了。请帮我去打听一下，就说我前几天不舒服现在已没事了。总之，不要多提我的事和有关手稿的事。请给我写信，我还未收到过你的来信。请告诉列昂，我还未把前奏曲寄给阿尔布勒赫特。说我很爱他们，会给他们写信的。请你亲自到邮局去把我给父母的信寄出，并写信给我，拥抱马图辛斯基。

肖邦　12月3日

不要告诉别人我生病了，否则他们又会编出许多故事来

　　这次生病给肖邦和乔治·桑带来了更大的麻烦，因为请来的医生中，有一位认为肖邦害的是肺痨。而肺痨在当时的西班牙是作为无药可医的最厉害的传染病来对待的。官方文件宣称，一旦发现得肺病的病人就必须向有关当局报告，隐瞒不报者处以30天禁闭，病人使用过的所有床上用品都必须烧掉，住过的地方也必须严格消毒。消息传开后，房屋的主人便要赶他们走。可是他们此时到哪里去找住处呢？修道院那里还未收拾好，他们无法住进去。此外，房屋主人还乘机敲了他们一笔，房间里用过的用具都要他们赔偿，还要他们另出一笔粉刷墙壁的费用。这样一来他们的囊中开始羞涩起来，幸好法国领事普鲁雷伸出了援助之手，把他们接到他的办公地点去住，直到搬入瓦尔德摩萨修道院为止。

　　在12月28日写给丰塔那的信里已谈到他们搬入修道院去住的情况："这是在一座废弃的瓦尔德摩萨大修道院里，这座修道院屹立在岩石和大海之间。我住在其中的一个房间内，它的门就连巴黎的大门都比不上。你可以想象我没有卷头发、没有戴白手套的样子，还是和以前一样苍白。房间的形状像一副高大的棺材，有一个挂满尘埃的巨型拱顶。窗户很小，窗外是橘子树、棕榈树、柠檬树。面对着窗户的是我的一张摩尔式的睡床，雕有玫瑰花的精细花边。床的旁边有一张古老的四方桌，我简直无法去用它，上面摆放着铝烛

台（在这里是种奢侈品）、巴赫及我的乱涂的谱稿和不是我的废纸。……一片寂静。说真的，我是在一个奇妙的地方给你写信的。"

尽管此地风景如画，两个热恋中的情人也过着甜蜜的生活。然而多变的天气不仅使肖邦的体质更为虚弱，而且也给他们的关系投下了一丝阴影。在乔治·桑的自传中，有一段记录着他们此时的处境："早上，我教两个孩子读书，在白天余下的时间里，他们到处跑来跑去，而我则干我自己的工作。晚间我们沐浴着银色的月光在院子里散步，要不我们便留在小房间里读书。尽管此地乡风粗俗，老百姓还有些偷偷摸摸的行为，但是在这种洋溢着浪漫主义气息的孤独生活中，我们本来还会过得更加快活的，只是我们的旅伴时时表现出痛苦凄惨的病态，而且有好几天，我们着实为他的性命提心吊胆，这一切把我旅行的乐趣和享受全都一扫而空。这个可怜的、伟大的艺术家是个令人讨厌的病人，我原来所担心的事情虽然并不那么严重，但却不幸地发生了。他的精神彻底地崩溃了，他有足够的勇气来抵御病体的痛苦，但却没有力量来战胜精神上的折磨。在他的眼里，院子里到处都是幽灵，阴森恐怖，甚至在他身体很好的时候也是如此。他并没有把自己的担心说出来，但是我应该一猜就中。……就是在这段日子里，他谱写出了他那些最美妙的短小的篇章，他谦逊地把它们称之为前奏曲。这是一批不朽的杰作。其中有几首使人们在冥想中似乎看到了那些早已仙逝的僧侣，听到了弥漫在他四周的哀怨的歌声。其他还有几首显得忧郁轻柔，那是他在阳光灿烂、身体健康的情况下创作出来的，他在谱写这些曲子时，孩子们在窗下玩耍嬉戏，远处传来了吉他的演奏声，浸满露水的树叶间小鸟在啁啾歌唱，白色的玫瑰花在白雪皑皑的大地上开放出小小的花朵。

"还有一些曲子听起来凄凉忧伤，不过十分悦耳，使人心情酸楚。其中有一支是他在一个阴沉的雨夜写出来的，他的精神可怕地垮了下来。那一天，我们让他好好地休息了一整天，莫里斯和我，我们两个人赶到帕尔马去购买一些滞留此地所必需的日用品。雨下起来了，雨水如注，地面上到处都是漫漫的积水，我们在积水中趟了三里路，花了六个小时才回到家里，那时已经是深夜时分了……我们加快步子走进家门，为了减除病人的担心。他心里实际上是十分担心的，但是看上去却好像一个完全绝望的人一样不动声色，他

正在那里一边流泪一边弹奏着那支美妙绝伦的前奏曲，看到我们进来，他大叫一声站起身来，神色恍惚地对我们说了一句话，声调显得非常奇怪：'啊！我心里非常清楚，你们已经死了呀！'

"当他的神志清醒过来，看到我们站立在他的面前，便想起我们经历过的种种危险，他的心里很难受……我们在瓦尔德摩莎那幢恬静的村舍里的生活对他说来简直是一种刑罚，而对我则是一种折磨。在日常生活中表现得那么温顺、快乐而又可爱的肖邦，一旦发起病来，在唯一的知心朋友面前也是那么令人失望。没有哪一颗灵魂像他那么高尚、那么细腻、那么无私；没有哪个人的友情像他那么忠诚、那么正直；没有哪个人的思想像他在快乐的时候显得那么光彩照人；没有哪个人的智慧像他在自己的专长领域内表现得那么严谨、那么完美。可是反过来又怎么样呢？唉，没有哪个人的脾气像他那么变化无常；没有哪个人的精神像他那么疑心重重、那么狂热兴奋；没有哪个人会像他那样随时随地火冒三丈；也没有哪个人的愿望像他那样无法满足。而所有这一切没有哪一条是属于他本人的错误，这是他的疾病给他造成的苦果。"（《乔治·桑自传》，王聿蔚译，江苏文艺出版社1998年版，第318—319页）

很显然，有关肖邦的这段回忆是在他们分手之后写成的。所以才有这种怜爱之中包含着怨恨的情绪。如果从一开始肖邦就是这样一个令人生厌的人，他们的关系也不会长达八年之久。当然，无可否认肖邦的病体的确给乔治·桑带来不便和麻烦，但他也不是不通人情，尽管他的脾气有些怪。而且肖邦的这次大病，除了气候原因外，也和他们的性生活有关，一个是风流女人，一个是多情男人，两人初次同居，自然少不了情意缠绵的场面，肖邦的身体本来就不是很强壮，抵不住乔治·桑的强烈性欲，身体自然就会虚弱下来。

此外，在他们的同居生活中，还有一种因素困扰着他们，那就是肖邦和莫里斯的关系。此时的莫里斯已是个15岁的男孩了，从小就和母亲的关系密切，而乔治·桑对儿子也比对女儿更宠爱。过去乔治·桑也和许多男人同居过，但一来她和这些男人都是露水夫妻，二来莫里斯还年幼，还在学校里学习，和母亲相处的时间较少，还能容忍母亲和别的男人的相爱。如今他也长大了，看到母亲和肖邦的关系如此密切，俨然是一对住在一起的夫妻。已有羞耻之心的莫里斯，很难忍受母亲与别的男人的相亲相爱，更不愿别人来横刀夺爱，分去他母亲的爱，更不愿称呼一个陌生男人为继父。因此，打从他们来到马略卡岛之后，他们的关系就不是很好，每当母亲和肖邦单独在一起相亲相爱时，莫里斯就会心生嫉妒，就会想出一些恶作剧，或者搞些小动作来激起肖邦的不满，惹他生气。不过，在马略卡岛时，这种关系还没有达到对立的程度。

一直住到1839年2月，肖邦感到再也不能在马略卡岛上呆下去了。于是他们决定离开这个令他不愉快的地方，但是在离开之前，必须处理掉那架刚运来的钢琴，因为他们不可能再运回去。岛上虽有人想给自己的女儿买一架这样的奢侈品，但一听是肺痨病人用过的，都望而却步："我可不愿让我的孩子得肺病。"后来还是由法国领事夫人买了下来。

2月13日，正好有轮船驶向巴塞罗那，于是他们决定这一天离开帕尔马。可是从修道院到帕尔马虽然路程不远，但乔治·桑出去雇车却遭到了人们的拒绝，最后不得不出高价才雇到农民用的两辆大车。一辆装行李，一辆坐人，由于肖邦身体还未复原，道路又坎坷不平，大车颠簸得很厉害，为了照顾病人，大车只好缓慢前行，走了三个小时才到达帕尔马的法国领事家里。大家劝肖邦再留一个星期（轮船是每星期一趟），等身体好一些再走。但肖邦坚持要乘当天的轮船离开这个景色虽然美丽但气候恶劣而又人情冷漠的马略卡岛，前往巴塞罗那。从1838年的11月8日到达帕尔马，至1839年2月13日离开，他们一共在马略卡岛上住了三个月零五天。在这个三个月里，尽管肖邦病魔缠身，还遇到过许多不愉快的事情，但他依然勤奋工作，时刻忘不了他的音乐创作。短短的三个月里，他创作的成果是丰硕的，最重要的是他完成了他的杰作之——24首《前奏曲》，这24首《前奏曲》是题赠给普勒耶尔的。同时还写有《e小调玛祖卡舞曲》，后被收入作品第41号，肖邦称其为《帕尔马玛祖卡舞曲》，这是首最优美最悲伤的玛祖卡，具有强烈的表现力。与此同时，肖邦还完成了他的第二首《叙事曲》（作品第38号），肖邦把它献给了舒曼。

由于他们乘坐的是一艘装有生猪的轮船，船上臭气熏天，令肖邦难以忍受，病情有所加重，一上岸便不得不延医救治。为此他们在巴塞罗那停留了一个星期，等肖邦的身体有所好转后，他们才乘船离开巴塞罗那前往马赛。

第十一章

甜美的爱情

在马赛

　　肖邦和乔治·桑一家离开帕尔马来到巴塞罗那，在巴塞罗那停留了一个星期。在这期间，幸好当时港口还停有一艘法国的商船，船长是乔治·桑的朋友，他得到消息后，立即前来拜访他们，并派来他们的医生为肖邦治病。在这一个多星期里，肖邦足不出户，一心遵照医生的指令，服药静养，并得到乔治的精心照护，病情大有好转，能继续上路了。于是他们搭乘法国的一艘商船"Le Phenicien"离开巴塞罗那前往马赛。离开该城时，他们又遭到西班牙旅店老板的刁难。乔治·桑曾写道："当我们离开巴塞罗那的旅馆时，旅馆老板还要求我们支付肖邦睡过的那张床的床钱。理由是那张床被感染了，警方规定必须将那张床烧掉。"

　　他们于2月24日到达了马赛。头两天，他们住在当地著名医生弗朗索瓦·科维埃的家里，科维埃医生是马尔利亚尼夫妇的朋友，一位年近花甲的内科教授。他秃顶，性格开朗、是个乐天派，又是个美食家。其政治观点和乔治·桑相近，他们两人有着共同的语言，因而很快便成了朋友。两天后，乔治·桑他们找到了住处，便搬出了科维埃医生家，但医生几乎每天都要去看望他们。经过科维埃医生的精心检查，认为肖邦得的还不是肺痨。由于马赛气候温暖，再加上法国饮食的调节，肖邦的身体恢复很快。乔治·桑在到达马赛不久后写给皮埃尔·博卡热（他是巴黎的演员，也是乔治·桑的旧情人）的信中说道："感谢上帝，肖邦刚一呼吸到普罗旺斯的空气，立即便恢复了生命，现在他完全好了。他现在变得相对肥胖了，就像您和莫里斯的那样，他几乎不咳嗽了，他快活得像只鸟。"

　　按照科维埃医生的要求，肖邦应在马赛休养至少三个月，而且还对肖邦的饮食起居都做出了一些规定。肖邦在写给丰塔那的信中就曾写道："现在我很少咳嗽，只有早上才咳嗽。他们不把我当痨鬼看待了。我既不喝咖啡，也不喝酒，只喝牛奶。我穿得很暖和，看起来像个姑娘。"医生还要求他们深居简出，拒绝参加所有的社交生活，因为当地的人们一听到乔治·桑和肖邦都

第十一章 甜美的爱情

在马赛,便纷纷前来旅馆,要求和他们喜爱的这两位文艺家见面、拜访和签名。遵照医嘱,这些人都被挡在了旅馆门外。只有波兰人是例外,但在马赛的波兰人并不多,只有诗人加辛斯基和沙别哈将军常来和肖邦交谈。

马赛是座商业港口城市,缺少巴黎的那种文化氛围和气息。这里商务繁忙,港口船帆林立,环境较为脏乱。作为城市,最初留给他们的印象并不太好。肖邦在给格日马瓦的信中提到:"马赛是丑陋的……它让我有点厌嫌。"乔治·桑也对朋友说过:"每当我把鼻子伸出窗外去看外面的街道或港口时,我就觉得我是撞进了一块蔗糖、一个肥皂盒,或者一堆蜡烛里面。……幸运的是,肖邦和他的钢琴驱散了厌嫌,给我们的家庭生活带来了诗意。"不过这种印象到了5月就有所改变,此时的他们已觉得,这座城市还是具有一定的吸引力。乔治·桑后来在回忆录中还曾谈到她对马赛的赞美。

肖邦的身体有所好转之后,和丰塔那的书信来往更加频繁,他把自己的几乎所有事务都交给了这位好友去办理,丰塔那成了他在巴黎的真实代理人。在1839年1月22日写给丰塔那的信中,肖邦除了告诉他自己的病情有所好转外,便委托他处理巴黎的房子:"如果住房能停租,就把一部分家具给雅希(马图辛斯基),另一部分给格日马瓦。"除了房子的事情外,此时肖邦最关心的另一件事就是从出版商那里获得稿酬的问题,而这一切又都落在了丰塔那的身上。丰塔那是肖邦的大学同学,也是艾斯内尔的学生。大学毕业后,丰塔那曾有一段时间到了美国去寻求发展,但他在那里并不称心如意,便又回到了欧洲,先是在英国停留了一段时间,随后便来到了巴黎,立即成了肖邦最信任的挚友。每当肖邦离开巴黎,几乎所有的事情都委托他去办理,丰塔那差不多成了他的秘书。由于肖邦的谱稿往往写得很潦草,在交给出版商出版之前都要抄写一遍,肖邦自己常常懒于动手,只好请丰塔那代抄,而他从不拒绝代劳。抄好之后还要代肖邦去与出版商交涉出版和稿酬的问题,比如就在上述的同一封信中,肖邦就要丰塔那做一系列事情:"寄上我的前奏曲,你和沃夫把它抄写一遍,我想不会有什么错误,把抄的稿子交给普罗斯特,把原稿交给普勒耶尔。拿到普罗斯特的钱后,立即带着收条把钱送到列奥手里,我没有时间再给他写感谢信了。请你从普勒耶尔付给你的1500法郎当中,拿出425法郎去付房租,付到新年为止,然后客气地把房子退掉。如果

239

你只能租到 3 月就好了，要是不能，那就只好再租一季了。剩下的 1000 法郎，就替我交给诺吉，你可以从杨那里得到他的住址，但你千万不要把还钱的事告诉他，否则他就会去和诺吉大吵大闹了。而我只想，除了你和我之外，不让别人知道此事。如果住房退掉了，就把一部分家具给杨，一部分给格日马瓦。你告诉普勒耶尔，他可以通过你给我写信。我曾在新年之前把欠维赛尔的钱寄给你了，你告诉普勒耶尔，我和维赛尔之间的账目已经了结了。再过几个星期你就能收到叙事曲、波罗涅兹和诙谐曲了。你告诉普勒耶尔，我已和普罗斯特商定出版《前奏曲》的时间了。时至今日，我没有收到过父母的任何信件?！你应在信上贴邮票。不过你的第一封信都成什么样子了。拥抱你，我生活在囚室中，有时我有阿拉伯舞会、非洲的阳光、地中海的海洋。代我拥抱阿尔布雷赫特夫妇，我会给他们写信的。除了格日马瓦外，不要对任何人说起我退房的事。我不知道我能不能在 5 月或稍后回去。请你亲自将信和《前奏曲》给普勒耶尔送去。"

在 1839 年 3 月 7 日写给丰塔那的信中，肖邦依然谈到了前封信中所涉及的两个问题：退房和稿酬。在住房问题上他又写道："现在——我怀疑——如果住房不能租到下个月，那你们三个人——格日马瓦、雅希和你就把家具分掉。雅希有较大的住房，尽管不大实用。从他写给我的充满孩子气的信里可以看出，他认为我应该去当苦行僧，就让他取走骑马用的最必需的旧物品。不要让格日马瓦负担过多，你尽可能拿走你所需要的一切东西，因为我不知道夏天我能否回到巴黎（这点你应保密）……如果我的住所能保留到 6 月——如我预期的那样——那我就请你一只脚住到我的房子里，尽管你有自己的住所，因为我会向你讨取最后三个月的租金的。"

这封信里提到的第二件事就是稿酬。他告诉丰塔那："第二部分谱稿想必你已收到了。……在寄去《前奏曲》时，我曾写信给普勒耶尔，我给他的那首叙事曲（就是普罗斯特要给德国人的那首），要价 1000 法郎。至于两首波罗涅兹（是为了在法国、英国和德国发行，这在和普罗斯特签订叙事曲协议时就谈好了的），我要价 1500 法郎。我觉得要价不高，所以你在收到第二部分谱稿后，你就能从普勒耶尔那里收到 2500 法郎，从普罗斯特那里也能收到叙事曲的 500 法郎（也许是 600 法郎，我记不太清楚了），总共 3000 法郎，

第十一章 甜美的爱情

我要格日马瓦立即给我寄500法郎来，但这并不影响其他钱款的迅速寄来。"

除了这两件事，肖邦还让丰塔那做的第三件事，就是要他找出一张纸条并把它烧掉。据一些研究者推测，这张纸条有可能是肖邦在离开巴黎时写的一份遗嘱。信里是这样写的："我告诉你，在我的书桌靠门的第一个抽屉里有一张字条。只有你，或者是格日马瓦，或者是雅希，才能拆开它。现在我请求你把它拿出来，不要去读它就把它烧掉。看在我们友谊的份儿上，你照着做就是了。我请求你了，这张字条现在不需要了。"

不过从信的内容来看，很难确定它就是肖邦立下的遗嘱。因为在这之前，肖邦的身体虽然多病，但还未影响到他非立下遗嘱不可，而且他那个时候一直对生活和事业抱着很大的期望。至于在这次离开巴黎之时立下遗嘱的可能性更是微乎其微。一是因为他已经沉醉在与乔治·桑的甜蜜恋爱中，渴望能与她在一起，共度美好的爱情生活。在这种心情下，肖邦是不会想到要立下遗嘱的。二是在巴黎的时候，肖邦和乔治·桑对到南方过冬都抱有很高的期待，都想到了南方的景色宜人、气候温暖和阳光充足，对他们的休养和工作会有不小的裨益，他们是抱着乐观的态度、愉快的心情前往马略卡岛的。至于后来在马略卡岛的那些不愉快的经历也是出乎他们最初的意料的，因此在出发之前立下遗嘱也不太可能。至于字条里写的是什么内容，除了肖邦自己外就不会有别的人知道了，因为字条是封好了的，而诚实守信的丰塔那决不会违背朋友的意旨去偷看字条的内容，因此它也就成了难于破解之谜了。

由于肖邦离开巴黎后失去了教课的收入，只有靠稿费来维持生活。离开巴黎时，肖邦曾从出版商那里预支了一笔稿酬，但几个月的花费已使他的囊中羞涩。而肖邦又是个自尊心很强的人，不愿靠女友来供养自己。何况乔治·桑也不富裕，一大家子的花销也很大。因此在马赛的几个月里他特别关注自己的稿费收入问题。在多次写给丰塔那的信里，除了告诉作品的开价外，还特别谈及出版商的可恶之处。这些出版商虽已成了肖邦的熟人和朋友，但出于商人的本性，还是千方百计来克扣作者的稿酬，并采用种种办法来刁难作者，拖延出版时间。而这时的肖邦也不像初出茅庐时那样，对出版商低三下四，不计报酬，只要出版商能出版他的作品，他就感到无比的荣幸。如今他已是位著名的钢琴作曲家和演奏家，深受法国上流社会的喜爱和各国音乐

同行们的推崇以及音乐评论界的高度评价，现在是欧洲各地出版商以出版他的作品为荣了。尽管如此，这些出版商还时不时地会搞些小动作来刁难作曲家，于是肖邦在给丰塔那的信中多次告诉他应如何去应付这些出版商的狡诈，同时也表达了他对他们的不满。在3月17日写给丰塔那的信中就曾谈到：

  感谢你为我所做的一切。普勒耶尔是个混蛋，普罗斯特是个恶棍（他出版我的三部谱稿付的报酬还不到1000法郎）。你一定已收到我给施莱辛格写的那封长信了。现在我想请你把我的信交给普勒耶尔（他认为我的谱稿太贵）。如果我非要低价出售它们的话，那我更乐意卖给施莱辛格，省得再去寻找新的并不可靠的路子了。因为施莱辛格能指望英国，而我和维赛尔已经账目两清了。因此他想转卖给谁就由他自便好了。同样我的波罗涅兹舞曲在德国的出版权也照此办理。普罗斯特是个势利小人，我早就认识他。就让施莱辛格卖给他想卖的人，他并不一定非卖给普罗斯特不可，但这与我无关。他仰慕我是为了榨取我。关于钱的事务必需和他们说清楚，不给现钱就不给谱稿。我会寄收据给普勒耶尔的，这个坏蛋他是信不过你和我的。但又不得不和这些坏蛋打交道！那个普勒耶尔曾说过施莱辛格付给我的酬劳一向很低，而现在一首能在所有国家出版的乐曲只付500法郎就不嫌贵了！因此我更愿和真正的犹太人打交道。普罗斯特这个无赖，只给了我那首玛祖卡300法郎！而最近的那首玛祖卡转来转去也只给我带来800法郎的收入；普罗斯特付了300法郎，施莱辛格400法郎，而维赛尔100法郎。我宁愿像从前那样无偿出售我的曲谱，也不愿向这些蠢蛋卑躬屈膝，我宁愿受一个犹太人的欺诈也要比受三个人的好，所以你就去找施莱辛格好了。也许你已结束了和普勒耶尔的关系。关于诙谐曲，你不要向任何人谈起，我还不知道什么时候能完成，因为我的身体还很虚弱，不适宜创作……如果你想当鞋匠的话，既不要给普勒耶尔，也不要给普罗斯特做鞋，让他们光着脚走路好了……

当然，我们并不会以此而认为，肖邦是个无情无义、尖酸刻薄的人。即

第十一章　甜美的爱情

使是对于那些音乐出版商，他也常常是抱着友好的态度，像这样的抱怨、指责和咒骂是很少出现的。究其原因：一是此时的肖邦急需钱用，而他的生活来源只有稿费；二是这些出版商也太苛刻了，常常不按惯例来付稿酬；三是肖邦刚离开马略卡岛不久，身体和心情都不太好，因而容易生气。不过他的这种发泄只是在信里而不会怒形于色，他依然对朋友十分关心。当他听到好友马图辛斯基吐血的消息，便立即写信给他表示关切。4月，当肖邦和乔治·桑听到努里自杀而死的消息，俩人都感到十分震惊和悲痛。阿道夫·努里原是法国著名的男高音，在巴黎期间他就成了肖邦和桑夫人的朋友，经常参加他们组织的各种集会和音乐会，往往会高歌一曲为大家助兴。努里喜欢唱舒伯特创作的歌曲，这也是肖邦所喜欢的，因此肖邦常常为他伴奏，他们的合作引来客人们的阵阵掌声。每年12月，当巴黎的波侨界为穷苦流亡者举行募捐演出时，努里都会毫不迟疑地一口答应肖邦的邀请，在募捐音乐会上不取分文、尽情为大家演唱，可见他们的友谊之深。由于巴黎拥有众多的歌唱家，竞争异常激烈，而努里觉得自己在巴黎难有更大的发展，便离开了巴黎，应邀到那不勒斯歌剧院演唱歌剧。这位刚满37岁的音乐家不知出于何故却跳窗自杀了。肖邦听到朋友身亡的噩耗十分震惊，心情非常悲痛，竟有好几天寝食不安。乔治·桑深怕他的病情会因此加重，便安慰他说，消息不一定可信，很有可能是讹传。到了4月中旬，努里的妻子和儿女扶柩乘船北上，要把他叶落归根葬在故乡巴黎的土地上。当灵柩途经马赛时，曾在马赛演唱过的努里在这里拥有的一批歌迷，要为他举行一次弥撒以示悼念。4月24日在马赛的一座教堂里举行了祭奠他的仪式。努里的灵柩安放在教堂中央供大家祭拜。肖邦应努里夫人之邀在弥撒中间演奏了管风琴。尽管乐器很糟糕，音调不准，但肖邦还是尽心尽力去演奏。他演奏了努里生前喜爱唱的舒伯特的歌曲《星辰》。不过肖邦在演奏这首歌曲时，并未赋予其激情高昂的音调，而是采用轻轻的感伤的演奏方式，仿佛是在表达自己心中的悲痛，是在和朋友做动情的告别。

在马赛，肖邦和乔治·桑还合作做了一件很有意义的工作，那就是对密茨凯维奇的诗剧《先人祭》的阅读和评论。肖邦一生喜爱密茨凯维奇的诗歌，《先人祭》第三部出版后，肖邦对它是赞不绝口，百读不厌。刚到马赛，肖邦

便要丰塔那给他寄一本来。而此时的乔治·桑在他的影响下,也对波兰文学产生了兴趣,肖邦便让她和自己一道阅读密茨凯维奇的《先人祭》,他边读边向她翻译。乔治·桑听读后深受感动,止不住激情澎湃,短短时间内她便写出了一篇评论文章:《关于幻想戏剧的论稿:歌德、拜伦和密茨凯维奇》。文章对《先人祭》第三部做了高度的评价,称赞它在描写祖国苦难方面的独特成就。她认为"像这样的场景,无论是拜伦、歌德,还是但丁,都是无法描绘出来的……自从郇山先知们哭泣和悲叹以来,还从来没有一个声音能有如此巨大的力量去唱出一个国家灭亡这样重大的主题"。肖邦读了乔治·桑的这篇文章也止不住喊道:"棒极了!……人人必读,它能使内心充满欢乐。"随后他们还商定,鉴于《先人祭》原先的法文译本译得太差了,应重译。他们商定,先由密茨凯维奇自己译成法文,然后再由乔治·桑加工润色,在法国出版一本完整的《先人祭》的优美译本,就用乔治·桑的这篇文章做序言,让《先人祭》在法国得到更广泛的流传。肖邦在3月27日致格日马瓦的信中就曾谈及此事:"夏天我们将会见面,我告诉你,这会给我带来多大的欢乐。现在我的女友刚刚完成了一篇非常精到的关于歌德、拜伦和密茨凯维奇的文章,人人都该去读读它,这会使心灵为之振奋。我可以想象得到你会多么的高兴。所有的一切都是可信的:深刻的理解,广阔的视野,高度的需求,没有任何捏造和吹捧。请告诉我是谁翻译的?如果密茨凯维奇自己愿意译的话,那她会非常乐意去修改它,而她所写的这篇文章可以用作前言,和译文一并出版。每个人都会争相去读它,每个人都会踊跃购买好几本。她会给你或密茨凯维奇写信的。"

可惜这一计划并未付诸实施,不免是一大憾事。诗歌是很难翻译的,而作为波兰诗人的密茨凯维奇的诗歌则更难翻译。《先人祭》虽已有法文译本,但译得不好,因此肖邦和乔治·桑才有重译的打算。在马赛期间,还有消息说,肖邦的母亲尤斯丁娜因担忧儿子的身体,要到巴黎来看他、照顾他,对于这样的消息肖邦是不大相信的。他在4月12日给格日马瓦的信中写道:"马尔利亚尼写信给我们,说你依然很虚弱,放血对你的帮助也不大。从你昨天的来信来看,我们还以为你已经完全康复了。今天的消息却令人大失所望。马尔利亚尼在同一封信中还谈到我母亲因为担心我,要亲自到巴黎来照顾我,

第十一章　甜美的爱情

这让我难以置信。不过我正在给家里写信，（请你替我邮寄出去）请他们不要为我担心。这是我从马赛写的第三封信。如果你听到了什么，就请写信告诉我。能让我的母亲离开我的父亲，非要有不同寻常的理由不可。虚弱的父亲现在比以往更需要她在身边了，对于他们会这样分离我真不会相信。我的天使正在写作一部新的小说《加布里埃尔》，今天她整天在床上写作。你知道，如果你能像我现在这样了解她，你就会更喜欢她的。我能想象得到，你不能自由出门该会多么的苦闷啊。为什么我不能和你同时住在这里？那样我就能照顾你了！他们教会了我如何去照顾别人的！你一定会喜欢我的照顾的，因为你知道我对你的情意。我从来都没有为你做过什么，也许现在是我该看护你的时候了。看来我们的热那亚计划会有所改变，说不定 5 月中旬我们就能在她的庄园相见和拥抱了。"

在这封信的附笔中，乔治·桑写道："至于我，正处在灵感的热火中，我无法离开我的工作，我正在生产新的小说。"而这部小说就是《加布里埃尔》。至于肖邦，随着身体的日渐康复，也投入了他的钢琴练习和作曲中。

在马赛，肖邦和乔治·桑的爱情得到了进一步的深化，他们爱得更强烈了。虽还不能说是如胶似漆，但也可以说是形影不离了。他们都把对方称作天使。在他们看来，天使便是美的化身、善良的化身、和谐的化身、完美的化身。他们现在是谁也离不开谁了，都感受到了对方的深情厚谊，从此他们相亲相爱了八年（不算最后那一年，因为这最后一年的大部分时间他们并不住在一起）。这对当时被视为是"水性杨花"的乔治·桑来说，真可谓是十分的难能可贵。

到了 4 月底，科维埃医生认为肖邦的身体恢复得可以继续旅行了，于是乔治·桑决定在返回诺昂之前重游热那亚一次。5 月 3 日，他们一家四口人乘船离开马赛前往热那亚。这一天风和日丽，碧海蓝天，肖邦眺望辽阔的大海，沐浴着和煦的春风，顿时感到心旷神怡，仿佛他的身体完全复原了。到达热那亚后，他们都感到无比的欣喜，十分欣赏这里的优美风光。热那亚是意大利的一座古老城市，也是一个著名的海港，与东部意大利的威尼斯遥相呼应。这里不仅环境优美，名胜古迹很多，而且工业发达，商业繁荣。肖邦年幼时就对意大利非常向望，此次来到热那亚，尽管未能周游意大利全境，但总算

踏上了意大利的土地，满足了他的一部分心愿。而孩子们更是充满了好奇，对这里的一切都感到新鲜有趣。优美的风景、古老的建筑激起了莫里斯的画画兴趣，他挥笔画下了许多素描。而乔治·桑则是旧地重游，自有一番滋味在心头。五年前，她和法国诗人缪塞一道来到热那亚，在这里他们度过了一段激情的日子。由于两人的性格和气质不同，在他们的热恋中也不时出现矛盾和摩擦，导致缪塞离开了热那亚。而这次和肖邦一起来到热那亚，却使乔治·桑充满了甜美的感受。尽管肖邦和缪塞一样身体虚弱，但肖邦却比缪塞更文雅、更温顺、更真挚，也更会体贴人。他没有缪塞的那种神经质和喜怒无常，这使得乔治·桑没有沉浸在过去的回忆之中，而被时下的幸福填满了心间。于是她怀着愉快的心情，带着三个孩子（她常常把肖邦称作"我的孩子"或"我的第三个孩子"）游览了那些古老的中世纪的街道，参观了富丽堂皇的宫殿、教堂和丰富多彩的绘画。像往常那样，肖邦对历史古迹和绘画都表现出了浓厚的兴趣，他往往会在精美的展品前面驻足不前、流连忘返，有时还不得不让索朗热把他拉走。由于对绘画的共同爱好，这段日子他和莫里斯的关系也较为亲密。晚上，他们一道到歌剧院去看歌剧。这里有两座歌剧院，每日轮流上演各自的剧目。短短几天里真可以说是大饱了他们的眼福，使他们看到了原汁原味的意大利歌剧。但更令肖邦兴奋的，是他听到了许多在广场和街角上演唱的地道的意大利民歌，这不仅增进了他对意大利音乐的了解，也丰富了他自己的音乐创作元素。

12天的热那亚之行，进一步增进了肖邦和乔治·桑的相互了解和感情。离开热那亚时，他们都认为不虚此行，不仅玩得痛快，还各有所获，加深了对意大利文化的了解。可是当他们乘坐的轮船刚离开热那亚不久，便遇上了风暴。狂风掀起的层层巨浪，使本来只需20小时的航程，却颠颠簸簸地航行了40个小时，而且他们都被颠簸得呕吐不止，个个都像生了一场大病似的。5月18日，他们回到了马赛。三天后乔治·桑在致格日马瓦的信中写道："我们经历了可怕的海上风暴，小家伙（指肖邦）表现得很勇敢，我认为，应该向他颁发勋章。"

在科维埃医生家里住了四天之后，他们便于5月22日离开了马赛。按照事先商定的计划，他们要在乔治·桑的庄园度过整个夏天。这一次肖邦不再拒绝了，而是满心欣喜地接受了乔治的邀请。于是他们先乘船沿罗纳河逆流而上，至阿尔勒城上岸，他们要在这里改乘马车回家。在离开马赛之前，乔治·桑就已通知她的秘书和家庭教师朱尔·布夸朗驾驶一辆马车前来阿尔勒等候他们的到来。他们在阿尔勒停留了两天，参观了当地有名的圆形剧场和许多雕像，其中就有维纳斯的胸像，随后便乘车上路了。这次回诺昂，他们用不着像到马略卡岛那样急着赶路了。于是他们缓缓而行，沿途还多次停了下来进行参观和访问。经过一个星期的轻松旅行，他们终于于1839年6月1日到达了法国中部的贝里省（现为安德尔省），肖邦第一次踏上了他情人的庄园——诺昂。

初到诺昂

诺昂，地处法国中部安德尔省的一处村庄，距省城沙托鲁大约30公里。诺昂虽是个小村镇，但其历史可追溯到2000年以前。当时罗马人占据着高卢的这部分地区，诺昂便有了定居的人口，并开始了耕种。后来这一带建起了大量的古城堡和教堂。诺昂小教堂墙上的壁画就是12世纪的作品。乔治·桑，也就是奥罗尔·杜班的庄园，原先是她祖母的财产，奥罗尔从小由她祖母抚养成人，一直居住在诺昂庄园。祖母去世后，诺昂便由她继承，她成了庄园的主人。

诺昂地处一道大的峡谷之中，被乔治·桑形容为黑峡谷。这道深绿色的巨大深渊，被拉马什的蓝色群山勾勒在地平线上，安德尔河从诺昂南边蜿蜒穿过，而克勒兹河则从其北部流过。两河之间是一马平川，景色较为单调。诺昂庄园有一座漂亮的二层楼房，砖木结构，相当宽敞。房子前面有一座院门，房后则是一座大花园。庄院与对面的小教堂遥相对望，中间隔着一个铺着鹅卵石的小广场。回到诺昂之后，乔治·桑便安排肖邦住在楼上的一间面向花园的房间里。李斯特曾在此房间住过一段时间。里面有一架钢琴，可供肖邦练琴和作曲用。乔治·桑自己也住在楼上，按照欧洲人的习俗，同居的人大多分房而居，但这并不妨碍他们的亲密关系。乔治·桑的房间和肖邦的

房间，中间只隔着一个小小的藏书室，而且这三个房间相连，里面还有门相通，就像一套大套房似的，乔治·桑和肖邦随时都可以进入到对方的房间而不会让别人看见。二层楼上的其他房间留做客房，因为每到夏天都会有好友来此做客、度夏。儿子莫里斯和女儿索朗热则各自住在一层的小房间里。一层还有个大厅，厅内摆有一架大钢琴。餐厅也在一层，仆人们则住在阁楼上。

刚来到诺昂，肖邦显得异常的兴奋。这里宁静舒适的环境，再加上女主人的精心照拂，使他有一种温馨家庭的感觉，也让他想起了自己的故土马佐夫舍地区。那里也和诺昂一样，住着纯朴的农民和小贵族，民风也大致相似，甚至连树木和自然景色都和他的出生地热拉佐瓦·沃拉有几分相似之处。据乔治·桑说，"贝里没有天赋的显赫。这里的风景和居民都不是因为美丽和性格的锐利而招人眼目，它是宁静沉着之乡。人、植物以及那里的一切都是宁静、忍耐的，成熟得非常缓慢。不要在那里寻找伟大的印象或伟大的激情……在许多地方都存在着与进步的巨大抵触……在贝里，谨慎变成了怀疑"。（转引自塔德·肖尔茨著《肖邦在巴黎》，马永波译，新星出版社，第222页）

在诺昂，肖邦立即有了家的感觉。自从1830年离开华沙之后，九年来他一直在国外漂泊。尽管他身边有许多朋友，也得到许多名媛淑女的喜爱，但他的内心深处依然是寂寞和孤独的，时时涌起对故国家园和父母姐妹的思念。他渴望有个家，有个女人对他温存、体贴、爱抚、关心，和他共享幸福与欢乐。三年前，他曾抱着多大的期望，想与马利亚·沃津斯卡小姐结为夫妻，共享美好甜美的家庭生活。但他的梦想却落空了。后来他和乔治·桑相爱，尽管他们在马略卡岛、在马赛共同生活在一起，相亲相爱，相互照顾，但这种旅行式的生活还是缺乏家的感觉。如今他们回到了诺昂庄园，虽然肖邦不是这里的主人，但他仍然有一种宾至如归的感觉，一种飞鸟归巢的感觉。他们在这里过起了一种有着浓厚家庭氛围的事实婚姻生活。不仅乔治·桑已视他为家庭中的一员，把他当作自己的情人和孩子来看待。就连邻村的人也承认了他们的关系，把肖邦看成是他们的邻居，得到了他们的喜爱和尊敬。

在这种家庭生活的氛围中，肖邦和乔治·桑相处得十分融洽。乔治·桑对她的爱情生活感到很是惬意。她在自己房间的墙上刻下了"1939年6月19日"的字迹。对于这个日子字迹，许多肖邦的评论家曾做过种种不同的猜测

第十一章 甜美的爱情

和评判，但都莫衷一是。于是有人认为，这是乔治·桑和肖邦回到诺昂后第一次做爱的日子，但这种说法也只是一种猜测而已，并无佐证。

女主人为了使肖邦过得舒心，便想方设法让肖邦住得好吃得好玩得好。还让他随心所欲地支配自己的时间，他想什么时候起床就什么时候起床，早上不必下楼来吃早餐，有人会给他送到房间里。一直到下午5点钟他才下楼来，和大家一起吃午饭。饭后他们便会到屋外去散步，有时乔治·桑还带着肖邦骑马出去。有时他们在草原上缓缓而行，欣赏落日的余晖；有时两人也会策马飞奔，驰骋在广阔的草原上，相互开怀大笑。乔治·桑是个骑马的高手，她像男人一样骑在马鞍上，俨然有一种骑士的气概和风度。而肖邦在中学大学学习期间，每逢暑假他都会到乡下去度假，也学会了骑马和打猎，尽管他已多年没有骑过马，开始有些生疏，但早年学会的技艺是不会让人忘记的，只要一两次的恢复训练便能驾轻就熟任意驰骋了，因此骑马散步便成了他们生活中的一大乐趣。

为了让肖邦早日恢复健康，一回到诺昂，乔治·桑便找来她的朋友古斯塔夫·帕佩医生做肖邦在诺昂的全职医生，让他负责肖邦的治疗和检查。帕佩医生是个很尽职的人，当时才27岁，但他的医术已远近闻名。他非常富有，行医不是为了养家糊口，而是救死扶伤，治病救人。他住在德阿斯城堡，离诺昂只有两英里远，因此帕佩医生便成了乔治·桑家的常客。她的请求刚一提出，便立即得到了他的应承。帕佩医生对肖邦进行了全身的检查，从头到脚、从里到外都仔细地检查了一番。他欣喜地告诉乔治·桑，肖邦不是肺痨病人了，他现在的咳嗽和虚弱是由喉咙的炎症所致，经过药物治疗，肖邦的炎症会得到缓解，并能恢复到良好的程度。不过帕佩医生也下了命令，晚上不能熬夜，应与莫里斯和索朗热一样，要按时入睡。

在家庭成员中，只有莫里斯对肖邦的态度较为生硬。从一开始深得乔治·桑宠爱的莫里斯便对肖邦不太友好。这位自尊心很强而又自私的小伙子，如今看到母亲和肖邦相亲相爱，对他如此情意缠绵，心中自会产生一种妒意，怪罪肖邦从他母亲那里夺去了原本属于他的那部分爱，他不愿让别人来分享他母亲的爱。随着他年龄的增长和相处时间的加长，他的这种妒意便益加强烈。不过，因为肖邦这是头一次到诺昂，莫里斯的表现也较有礼貌，心情好

的时候还会陪肖邦一起散步。肖邦更喜欢年幼的索朗热，索朗热的性格较为顽皮和任性，再加上母亲有些偏心，喜欢儿子胜过女儿，常常为一些小事责备索朗热，这让她觉得得不到母爱。更由于她从小便和母亲生活在一起，父母离婚时她又判给了母亲，因此她一生下来也没有得到过真正的父爱，于是她便转向了肖邦，想从他那里得到一种父爱。每当她受到母亲的责怪时，她便会跑上楼去找肖邦，肖邦自会对她进行一番安慰，使她很快就忘记了心中的不快，而且这个女孩子也有一些小聪明，很能博得肖邦的欢心。久而久之，肖邦对她也是倍加呵护，把她当女儿来对待，对她百依百顺，有求必应。刚回到诺昂不久，听到肖邦弹奏的优美的琴声，索朗热便想学钢琴，肖邦自是满口答应，还让丰塔那从巴黎给他寄四手联弹的曲谱来。

乔治·桑的同父异母的弟弟伊包利特·查提罗，是她父亲和别的女人生的一个私生子，一直没有得到杜邦家族的承认。此时他住在离诺昂不远的村子里，那是他妻子的产业。伊包利特是个爱玩爱闹、喜怒无常的人。他爱喝酒，但为人热情，也不乏幽默风趣。据乔治·桑所写，他对于肖邦的才华衷心地表示赞赏，他只对他一个人表现出一副五体投地的敬重态度，甚至在他那时时发作的令人生畏的酒后失态时也是如此。这一切自然博得了这位高尚的、杰出的艺术家的好感。奇怪的是，这两个性格完全不同的人竟能在一段时期里相处得很是融洽。经常到诺昂来的人除了伊包利特和他的女儿外，就只有一个帕佩医生。幸好他们都忙于自己的创作，乔治·桑白天除了教孩子们功课外，还要处理田庄的事务，晚上她便沉醉于小说的写作中。莫里斯在旅行期间画了不少素描，现在需要整理加工，肖邦也有许多新的乐思需要付之纸上，白天他常常关在楼上的房间里，勤于创作。安静的环境正是他们所需要的。

7月，波兰诗人斯特方·维特维茨基前来诺昂拜访肖邦。这位波兰诗人此时正好也在这一地区度假，听到肖邦住在诺昂，便特意前来看望他。肖邦非常喜欢他的诗歌，在华沙时就曾为他的诗谱过曲，深受广大听众的欢迎。他们在巴黎也时常见面，这次他前来看望肖邦让肖邦十分高兴，因为有人和他说波兰话了。尽管法语也是他的母语，父亲从小就教会了他法语，法语说的和法国人一样地道，但他对波兰语却情有独钟，对乡情乡音有一种特殊的感

第十一章　甜美的爱情

情,如果一段时间没有听到波兰话,没有和人说波兰话,他就会感到心有所失。此次维特维茨基的突然到来,自然给肖邦带来莫大的惊喜。于是肖邦在欣喜之余便把自己新创作的《玛祖卡舞曲》(作品第41号)题赠给了这位诗人。在诺昂,肖邦最想见到的是格日马瓦,他到达诺昂的第二天,便给格日马瓦写了他来到诺昂后的第一封信:

  我亲爱的:经过一星期的旅程我们到达了此地,一路都很顺利。这里的村子很美,有夜莺和云雀,就是缺少你这只鸟。我希望今年不会像两年前那样,哪怕来这里呆几分钟也好!选一个大家都很健康的时刻,出于对朋友的怜惜,来这里劳累数日吧,让我们拥抱你。我会以药丸和特级牛奶来酬答你,我的钢琴也任你使用,你在这里什么也不会缺少的。你的弗里兹。

  请将我的信邮寄出去,给我们写几个字。如果马图辛斯基把我家里的来信转给了你,那就给我寄来。

乔治·桑在附笔中也请求他快到诺昂来。在肖邦后来写给格日马瓦的几封信里,除了再三邀请他到诺昂来之外,还让他托人给他带几双皮鞋和银器来。

除了等待格日马瓦的到来,肖邦还继续他的音乐创作。他在8月8日致丰塔那的信里写道:"我正在这里写一首《降b小调奏鸣曲》,里面包含有你知道的我的那首进行曲。有一段快板,然后是降e小调诙谐曲、进行曲和一首短的终曲。终曲大约有三页左右,由左右手絮语般地同音齐奏。我还有一首新的夜曲G大调,它将和那首g小调相配成对⋯⋯你知道我已有四首《玛祖卡舞曲》:一首是e小调,在帕尔马写的;三首是在这里写的,分别为B大调、降A大调和升c小调。我觉得它们都很美,就像衰老的父母对待年幼孩子的那种感觉一样。现在无事可做。我正在修订巴赫的巴黎版乐谱,不单有排版上的错误,还有那些自认为理解巴赫的人的错误(我并不是自命为很理解巴赫,但我深信有时我能猜到),你看我又在自吹自擂了。现在,如果格日

马瓦要来的话（老太婆两次卜卦显示的），请你把韦伯的四手联弹乐谱托他带来，如果你那里有它的话。否则你就把我最后那首叙事曲手稿托他带来，因为我还要看看它。还有你抄写的那些玛祖卡，如果还在你那里（我不知道我对它的念念不忘是否很失礼）。请你告诉我，你是否曾给艾塔尔小姐送去我的一首圆舞曲（如果没有，那也就算了）。普勒耶尔写信给我说，你非常尽心尽职，你已抄好了前奏曲。你知不知道维赛尔付给了他多少钱（请把他过去写给你的一切都写给我，以备将来之用）。还有普罗斯特是否已经走了（一定走了），你知道他什么时候回来。我父亲告诉我，我的那首旧的奏鸣曲已被哈斯林格出版了，受到德国人的赞扬。连你那里的算上，我已有六首乐曲了。如果他们想免费获得它们的话，那就让他们见鬼去吧。普勒耶尔的大方让我大受其害，因为这让我伤害了犹太人施莱辛格的感情。不过我希望将来会有所改善。永远爱你，快写信来。你的弗。"

在附笔中，肖邦还提醒丰塔那："不要忘了我的靴子，请格日马瓦带三双或四双来，哪怕是旧鞋也行。在乡下早上穿着它们再适合不过了。请给我写信，要像我给你写的那样多。告诉我，你住得怎么样，是在俱乐部进餐吗？等等。沃伊捷霍夫斯基来信要我写一部宗教音乐剧，我在给我双亲的信里回答说，为什么他不去开一座多米尼克修道院却要去开糖厂呢？正直的提图斯仍旧是中学时代的幻想。但这并不妨碍我也像在中学时那样去爱他。他有了第二个儿子，名字和我的一样，我为他难过。"

提图斯的要求，代表了当时大多数波兰人的愿望，他们期望他能写出更多的大型音乐作品来，如交响乐、歌剧等。他们认为，只有写出了大型音乐作品的音乐家才能名垂青史万古流芳，才能为波兰民族增光添彩。但肖邦依然不为亲朋好友所动，坚持走自己的路，而且经过十多年的实践，证明他的选择是正确的，他的钢琴乐曲越来越受到人们的喜爱和同行们的高度评价，其声望并不比任何别的音乐家逊色。因此尽管是好友的建议，他也采取了揶揄的态度，笑他为什么不去开修道院，而要开糖厂哩。

8月下旬，肖邦盼望很久的格日马瓦终于来到了诺昂，和他一起来的还有依曼努尔·阿拉果，他是乔治·桑的一位政治活动家朋友，也是位律师和文学家。他们在诺昂住了两个多星期。其间，《双月评论》的编辑和剧院导演弗

第十一章 甜美的爱情

朗索瓦·比洛和他的妻子也在诺昂住了几天。他们的到来给平静的诺昂增添了几分热闹的气氛，也给肖邦带来了不少的乐趣，这些人在一起不是谈天说地，就是散步打猎。乔治·桑和阿拉果的政治观点相近而有了交换意见、议论时政的机会。而肖邦也由于格日马瓦的到来，有了说波兰话的朋友，心里更是痛快。他们在一起仿佛有说不完的话似的，一谈就是好几个小时而不知疲倦。他们的谈话甚至激起了莫里斯和索朗热的好奇心，他们模仿格日马瓦说波兰话，由于卷舌音和齿音发不好，说着说着他们便大笑起来，觉得说波兰话很好玩。

随着格日马瓦的离去和秋天的临近，肖邦的心态开始躁动起来。正如乔治·桑所写：肖邦一直希望能在诺昂住下去，但又根本不能忍受诺昂的一切。尽管诺昂很安静，生活也很平稳，和乔治·桑的关系也很亲密，但住了三个月之后，就忍受不了乡村生活的单调和孤寂。作为艺术家，他需要有很多的听众、很多的崇拜者。况且他过惯了城市生活，习惯与名人绅士和贵妇淑女们周旋。在乡下住久了便有一种失落感。何况他已离开巴黎十个多月了，这十个月来他没有什么收入，单靠一点稿酬是不能满足他的生活需要的，他要回到巴黎去，回到他的那些学生中间去，授课才是他的主要生活来源。当9月中旬格日马瓦离开诺昂的时候，肖邦就曾拜托他替他和乔治·桑寻找新的住所。在嗣后写给格日马瓦和丰塔那的信里，谈的都是找房子的事情。他和乔治·桑商定：回到巴黎之后他们应该分开居住，至少在一段时间内。虽然他们同居已近一年，肖邦也曾向乔治·桑表白过：我将给你一切……没有你我不想活着，但他还是有所顾忌的。他不愿失去他的那些女学生，也不想招致人们的非议。也正是由于同一原因，肖邦一直瞒着他的家人，没有把他和乔治·桑相爱和同居的事告诉他们，以致过了三四年他们都不知道他爱的女人竟是法国的名作家乔治·桑，从这里也可以看出，弗里德里克是很会保密的，也有其守旧的一面。

于是，寻找新住所的重任便落在了丰塔那和格日马瓦的肩上。肖邦在9月20日写给格日马瓦的信中说："请你租下一套小的住房，但若是太迟了，就租个大的，只要能租到就好。至于她的住所，她觉得太贵了。但我认为多花些钱总比很多房客挤住在一起要好一些。你无法说服她，因此我请你不要

违背她的意旨。你可和比格内联系，这样你就不必一个人承担责任。"而在乔治·桑写的附信中提出："没有必要所有房间都又大又美，比如孩子们的房间可以小一点，只要有壁炉就行。不过，大人的房间一定要朝南的，这很重要，不仅对小家伙，也是顾及到我的风湿病。我倒用不着又大又漂亮的客厅，因为我接待的客人从来不超过12个。最重要的是能好安排。你知道，就是要一切都干净、清新，能立即住进去而不需要增加额外的开支，比如家具。"她还要格日马瓦不要听肖邦的，认为他对住所的节省是毫无意义的，如果你觉得找的住房太小，你就说话。他决不会没有钱去付房租的。

肖邦在9月25日写给丰塔那的信中详细告诉他如何装饰他新租的住房："两个房间都选用我以前常用的珍珠色的壁纸，光泽而又明亮，要有深绿色细条镶边。走廊可选用不同的但要光洁的壁纸。不过，若是有更漂亮更时尚的壁纸，你喜欢而又能让我喜欢的，也可以选用。我喜欢平滑、非常朴素洁净的，而不喜欢时下流行的那种粗俗类型，这就是我喜欢珍珠色的理由，它既不张扬又不俗气。感谢你为仆人找了间房间。现在来谈谈家具，如果你能来办这件事，那就再好不过了。因为我爱你，本来我不敢再麻烦你的，但你那么心慈，就请你挑选和安排吧。我要请格日马瓦筹钱来付搬家费的，我自己会写信给他。至于那张床和写字桌，需要送到木匠那里去修理和油漆一下。请你把抽柜里的文具都拿出来存放在别的地方，我用不着告诉你该怎样去做。随你喜欢的去做吧。反正你做的，你都会做得很好，我完全信任你，这是第一件事。现在是第二件事：你必须写信给维赛尔（你是否写过一封有关前奏曲的信）告诉他我手里有六首新的曲谱，每首我想要300法郎（折合英镑是多少呢）请你马上给他写信，并得到他的回信（如果你认为他不会付这个价钱，就先写信告诉我）。请在信里告诉我，普罗斯特是否在巴黎。请你为我物色一个男仆，如果能找到一个诚实勤快的波兰人最好（请把此事告诉格日马瓦）。他得同意自己单独开伙，每月薪金不超过80法郎。我最快10月底回到巴黎，请别告诉别人。"而肖邦在9月29日写给格日乌瓦的信里又提到了给乔治·桑找房子的事："她昨晚整夜胃不舒服，人很虚弱，现在还躺在床上。她今天接到了第二封信，她的剧本已被接受。比洛希望10月15日左右能见到她……可有关她住房的事你一句也没有提到，她为此担心。她认为你忙于

第十一章 甜美的爱情

自己的事,而把替她找房子的事给忘了。丰塔那可以帮你跑腿,协助你去找房子,你可以使用他,他愿意为我做任何事。……我想请你替我垫付一下搬运费,对你的钱袋我感到伤心,但我必须这样做,如果你不想看到我回到巴黎的第一天就流浪街头。"在同日写给丰塔那的信里,肖邦还详细地告诉他的朋友,什么地方该挂什么样的窗帘,柜子该放在什么地方,沙发最好做一个白色罩单,等等。最后他还非常风趣地建议他:"你自己应该在鲸鱼的洗澡水里好好洗个澡,从我加给你的种种劳累中恢复过来。因为我知道,如果时间允许,你会为我做一切事情,正如我在你结婚的时候也会非常高兴为你做任何事情一样。"而他在10月1日的信里又提出,希望乔治·桑的住所离他不远,而且还要面向花园,环境要安静,邻近没有铁匠铺。但必须有三个卧室、一个客厅、一个餐厅、两间佣人房和地下室。肖邦还在信里附了一张图表,标明房子的布局。10月3日,肖邦写信告知丰塔那:"再过五天、六天或者七天,我就在巴黎了……今天是星期四,下星期三或星期四我们就能见面了。"肖邦还托这位朋友到杜邦那里给他订作一顶帽子:"他知道我的尺寸,也知道我要多轻的帽子……让他根据今年的款式去做,因为我不知道你们现在都穿些什么。此外,请你到林荫大道我的裁缝多特勒蒙那里,让他立即给我做一条灰色长裤,你可选深灰色的冬季长裤,质料要好,光滑而又有伸缩性,不要腰带。你是英国人,你知道我要的是什么。他听到我回来定会非常高兴。再给我订作一件纯黑色的丝绒背心,但要有不很显眼的花样,要纯朴,但又显得很高雅。如果他没有合适的,就做一件黑色的、质地好又美观的丝绸背心。一切都交给你了,只要你不去公开说就行了。如果你能找到一个仆人,最好能低于80法郎,因为我透支太多。如果你已经找好了,那就无所谓了,我原本只想付60法郎的。我最最亲爱的,请原谅我再一次来麻烦你,我也是没有法子呀,再过几天我们便能见面了,我会为这一切而拥抱你的。"丰塔那确实是个办事的好手。他按照肖邦的要求,为乔治·桑找到了一处又安静又便宜的公寓,便宜得都让肖邦不敢相信。他把丰塔那称作"你真是个无价之宝"。要他尽快把房子租下来,先订一年租约,如果不行,最多订三年。

10月8日肖邦告诉格日马瓦,"我们预计星期四早上离开这里,马车已经租好了,大约星期五下午5点钟便能到达巴黎"。同时他也告知丰塔那:"后

天星期四，早上 5 点钟我们出发，星期五下午 3—4 点最迟 5 点到达托朗切街 5 号。请你通知所有的人。今天我已给马图辛斯基写了信，让他告诉男仆，要他星期五中午在托朗切街 5 号等我。"肖邦还让丰塔那告诉他的裁缝，要他把长裤和背心星期五送到他的住处去，好让他一回到巴黎就能穿上。在这封信里他还告诉丰塔那："为了表示谢意，我定会为你修改波罗涅兹的第二部分，直到生命终结。你可能不喜欢昨天的版本，尽管我已绞尽脑汁，苦思了 80 秒钟。我的曲稿已经整理好了，并做了很好的抄改，连同给你的波罗涅兹，一共六首，还不包括那第七首《即兴曲》，也许它要差一点，我自己也不知道，因为它太新了。不过好在它不是奥尔多夫的……或者是索温斯基的，或者是猪的，其他动物的。这些曲谱，照我的估计，至少能给我带来 800 法郎。"

10 月 10 日清晨，肖邦、乔治·桑和她的儿女莫里斯、索朗热一起乘坐马车离开了诺昂。他们在奥尔良住了一晚。第二天，10 月 11 日下午 4 时左右便到了巴黎。肖邦住进了新租的托朗切街 5 号的住所，他的朋友丰塔那、马图辛斯基和格日马瓦早就等候在那里，热烈欢迎他的回来。肖邦也动情地和他们拥抱相吻。乔治·桑因为新租的房子还未装修好，便和女儿索朗热住在马尔利亚尼夫人的家里，让莫里斯住在肖邦那里。直到过了 1840 年的新年，乔治·桑一家才住入皮加列街的公寓里。

和莫谢莱斯的相见

肖邦和乔治·桑的爱情刚开始时，曾一度遭到人们的纷纷议论，特别是引起了那些名门淑女的不满和气愤，认为是乔治·桑这个名声不好的女人夺走了她们心中的偶像。有的人还为肖邦感到惋惜，认为他把自己高贵的心灵奉献给了乔治·桑这样一个风流女人很不值得。尤其是一些思想比较保守的波兰流亡者更是难于接受，甚至认为他损害了波兰人的名声，对他耿耿于怀。因此他刚一回到巴黎，人们也不是一下子便能欣然接受。有的学生听到肖邦回来了，便来找他教琴，但拒绝到他的住处来上课，就是因为他和乔治·桑的关系。但肖邦也自有对付她们的办法。据乔治·桑回忆，肖邦对这些学生

第十一章 甜美的爱情

说:"女士们,我在我的住所用我自己的钢琴来上课,只需 20 法郎。总要比花 30 法郎在我的学生家里上课好得多,而且,你们还必须派你们的马车来接我,你们自己选择吧。"这些学生最后还是按照老师的要求,一个个都到肖邦的住处来上课了。

回到巴黎之后,肖邦立即恢复了他的社交生活。白天他给学生上钢琴课,傍晚时分他就到乔治·桑家里去吃饭。随后他不是和乔治·桑一起度过美好的夜晚,就是受邀到其他友人家里共进晚餐。在回到巴黎后不久的一个晚上,肖邦应银行家列奥之邀,出席在他家里举行的晚宴。经主人介绍,肖邦结识了正在巴黎访问的钢琴家莫谢莱斯。伊格纳茨·莫谢莱斯(1794 年生于捷克的布拉格,1870 年死于柏林)是位捷克—德国钢琴家、作曲家、指挥家和音乐教育家。曾受过贝多芬的指导,编写过歌剧《菲岱里奥》的钢琴曲谱。1825 年他的《变奏曲》(Op35)获得成功。他被认为是从古典主义到青年浪漫派这个过渡时期的最重要的钢琴家之一。早年曾在欧洲巡回演出达十年之久,并定居在英国的伦敦,还在那里开创了钢琴独奏音乐会的先河。(在这之前的钢琴音乐会往往和歌唱或其他节目交织在一起。)1837 年和 1838 年曾两次指挥爱乐协会演出贝多芬的第九交响曲,受到音乐界的高度评价。1840—1870 年担任新莱比锡音乐学院的教授。莫谢莱斯一生创作了 8 部钢琴协奏曲和大量的其他作品,他的为人和艺术都曾受到同时代人的推崇和尊敬。肖邦对他也不例外。1837 年肖邦随普勒耶尔到伦敦旅游时,曾在音乐会上听过他的钢琴演奏,但当时因心情不好而低调出游的肖邦,并没有打算和这位声名鹊起的钢琴家见面,而莫谢莱斯也不知道这位波兰钢琴家正在音乐会上听他的演奏。其实莫谢莱斯早就知道肖邦的名字,而且对他的乐曲并不那么推崇,甚至带有贬义。1833 年他在笔记里曾这样写道:"我乐意在晚上闲暇时刻弹奏肖邦的练习曲和他的其他乐曲,我在其中找到了作品的新颖独特和主题的民族特性的魄力。但他的那些粗硬而缺乏艺术性的转调,对我说来是很难理解的。我的思想、随之我的手指都难以驾驭。总的说来,他的音乐使我觉得听后让人发腻,不合乎男人和受过教育的音乐家的口味。"

两年之后,1835 年莫谢莱斯依然抱怨肖邦音乐的难以演奏,但对他的乐曲的优点则有了更高的评价:"我是肖邦独创性的推崇者。他给予钢琴家以最

新的方向和最令人陶醉的音乐。但就个人来说我不喜欢他的矫揉造作和常常是生硬别扭的转调。我的手指在这些地方无法流畅地弹下来。我现在能弹奏当代英雄们——塔尔贝格、肖邦、亨泽尔特和李斯特的所有新作品……现在新的演奏方法获得越来越多的信徒。我则取中间路线，我已不惧任何困难，也不再拒绝接受新的方法，但我努力保持过去时代的优秀成果。"

这次在列奥家的相见，可以说完全消除了莫谢莱斯对肖邦的成见，而且两人都有"相见恨晚"的感觉。相见的第二天，莫谢莱斯在写给家里的信中谈到他对肖邦的印象："在列奥家里，完全出乎意料地遇见了肖邦。他刚刚从乡下回来，他的外表形象和他的音乐一样：文雅而富于想象。他在我的请求下演奏了他的作品。现在我终于理解了他的音乐，明白了他的音乐为什么会让女士们听得如痴如醉……当我演奏他的作品时，始终掌握不好那些生硬而又缺乏艺术性的转调，可是他演奏起来却一点也不令人讨厌，因为他的一双精巧的手指就像是精灵的轻盈脚步，流畅地弹了出来……在众多的钢琴家中，他是独一无二的。……他说他非常喜欢我的音乐，至少我看得出来，他对我的音乐是非常了解的。他在我的面前弹奏了他的练习曲和最新的作品——前奏曲。我也弹奏了许多我自己的作品。然而谁也没有想到，除了感情炽热外，他还是个天生的喜剧角色。他模仿起皮克赛斯、李斯特和某个驼背音乐人来，真是惟妙惟肖、无与伦比而又温和适中。"在稍后的一则日记中，莫谢莱斯曾写道，他按照预约，到肖邦家里去参加他组织的小型音乐会，当时在场的都是艺术家。肖邦的学生古特曼演奏了他的《升 c 小调谐谑曲》，随后肖邦自己也演奏了《b 小调奏鸣曲》。

经过多次的接触和交谈，莫谢莱斯和比他小 16 岁的肖邦结成了忘年之交。他们多次在贵族的沙龙中，一起四手联弹了莫谢莱斯的《降 E 大调奏鸣曲》。他们的联弹受到巴黎上流社会的热烈欢迎，并激起了音乐爱好者的广泛兴趣，纷纷邀请他们去演奏。

他们四手联弹的消息也由宫廷副官裴杜斯伯爵带到了法国王宫。有一天中午，莫谢莱斯和肖邦接到了王宫送来的请柬，特邀他们为王室演奏。10 月 29 日晚，一辆豪华马车前来接走莫谢莱斯和肖邦，前往国王卢德维克·菲利普在巴黎郊区的圣克劳宫，为王室成员演奏他们自己的作品。莫谢莱斯在 10

第十一章 甜美的爱情

月 30 日的日记中写道:"晚上 9 点钟,裴杜斯伯爵和他的妻子一道前来把我和肖邦接去。大雨倾盆而下,这使我们的心情不好。我们终于到达了灯火辉煌的王宫。他们引导我们经过许多厅室的走廊,来到了一个四方形的大厅。我们看到围坐在一起的国王一家,王后坐在一张小圆桌旁,她的面前摆放着一个装有女红的精巧篮子(她是不是要给我们缝一个钱袋),在她旁边是奥尔良公爵夫人阿德尔拉德和其他宫廷女官。高贵的夫人们非常慈和、非常亲切,仿佛我们早就认识似的。王后和公爵夫人还亲切地回忆起了我曾在杜勒里宫给他们演奏的情形。国王也朝我走来,告诉我同样的话,还说这事已过去十五六年了(我表示了肯定)。接着王后又问道:钢琴(普勒耶尔厂的)是否合适,是否是按照我们的要求摆放,凳子是不是高了,是否需要特别的照明和许多其他的事……先是肖邦坐在钢琴前面,弹奏了几首他自己的练习曲和夜曲,在听众中引起惊叹,他们都把他当成自己的宠儿。接着是我弹奏了自己的几首练习曲,包括新的和旧的,得到了和前者一样的热烈掌声。随后我们两人坐在钢琴前,肖邦像往常一样,弹的是低音部。《降 E 大调奏鸣曲》吸引了听众的全部注意力,只听到这样的惊讶声:'太神了!''太好听了!'行板结束时,王后对她的一位女官轻声说:'如果我们请他们再重弹一遍,是不是不礼貌?'她的这句话在我们看来就是命令,于是我们又以更大的热情重弹了这一段,弹奏结束时我们引起了一片狂呼喊叫声。肖邦那充满火一样激情的弹奏感染了在场的听众,使他们发出了许多赞美之辞。随后,又是肖邦单独弹奏,得到了同样的欢迎和赞美。接着是我根据莫扎特的主题即兴演奏,并以《魔笛》的序曲结束。对我们说来,比所有的赞美,比统治者用钱币来赏赐艺术家都要更加珍贵的,就是国王在整个晚会上都在聚精会神地倾听我们的演奏。肖邦和我就像亲兄弟一样为我们的胜利而感到自豪。两个人都没有故意在炫耀自己,也没有丝毫的妒意。……从此肖邦和我几乎每天都要在社交集会上演奏这首奏鸣曲,这成了一种时髦的风气,他们都统称它为'奏鸣曲'。"

演出结束后,两位艺术家都受到国王的奖赏。莫谢莱斯得到国王赠予的旅行锦盒,而奖给肖邦的则是一只漂亮的花瓶。像这样在王宫的演出,肖邦有过好几次,每次都能得到国王的礼物。如 1835 年 4 月 11 日的那次演奏,肖

邦得到的是一套咖啡器皿。不过肖邦并不是为了奖品才去王宫演奏的，但在那个年代，能被邀请到王宫去为王室成员演出，对于一个艺术家说来，的确是一种荣誉、一种名望。

莫谢莱斯在巴黎停留了几个星期之后，便又回到了英国。他对肖邦的为人和才华都是十分钦佩的，但对作为作曲家的肖邦却始终抱有偏见，这主要是音乐理念上的原因，莫谢莱斯受的是古典派的教育，无法接受肖邦音乐中那些新颖独特的东西。同时也有心理上的某种不平衡，觉得肖邦这么年轻便取得了这样辉煌的成就，心中不免会产生一丝妒意。这种既敬佩又妒忌的矛盾心理，在他后来的言行举止中时有表露。好的方面：如1848年肖邦到英国演出时，莫谢莱斯听说后，特意从莱比锡给肖邦去信，请他去教教他的女儿，"如果他的女儿能得到他的指导，那她将会无比幸福"。又如1849年秋，莫谢莱斯来到巴黎后，听到肖邦病重的消息也深感悲伤，他在日记中写道："很不幸，我们得知肖邦已岌岌可危……从他卧床不起之后，他的姐姐便在看护他。他的日子已是屈指可数了。巨大的痛苦，可悲的命运！"肖邦死后他又写道："艺术随着肖邦的去世损失了许多。的确，他算不上经典音乐家，身后也没有留下什么伟大的作品，但是他具有最为独特的个性：激情、敏锐和独创性。"他也还说过："一个作曲家的作品，每个人都可以弹奏得不同，但又都能弹奏得很好，这是任何一个别的作曲家所不能做到的。"不过莫谢莱斯也会说说怪话，表示出他对肖邦的不满；据波兰钢琴家赫尔兹所说，他的一位从美国来的同学前来上莫谢莱斯的钢琴课，这个学生的书夹里装的尽是肖邦的曲谱，莫谢莱斯像往常一样好奇，便翻了翻他的书夹，随之他的脸色一沉，哼了一声，便把书夹朝钢琴上一扔。不过总的说来，肖邦和莫谢莱斯的关系还是不错的。在巴黎相处的几个星期里，肖邦对莫谢莱斯一直是怀着晚辈对待长辈的尊敬之情来对待他的。在两人弹奏乐曲时，肖邦也没有年轻人的那股傲气，甘愿当他的副手，弹奏乐曲的低音部分，这表现出了肖邦的谦虚态度和对莫谢莱斯的敬重之情。他们在一起相互交流、相互切磋对增进相互的了解大有神益，同时也消除了莫谢莱斯对肖邦音乐的某些误解，进一步肯定了肖邦音乐的独创性和他演奏方法的新颖性。

第十二章
鼎盛时期的肖邦

平静的 1840 年

　　肖邦回到巴黎之后，教课成了他的主要工作，这是他生活的主要来源。他每天都要教六七个课时的钢琴，从早上一直教到下午 4 点钟。随后他便穿戴整齐，打扮得像个绅士一样，这是他一贯的作风，很注意自己的外表形象。然后出门前往乔治·桑的住处——皮加列街 16 号。从他的住处到乔治·桑的公寓，距离并不很远，通常是步行前去，只有身体不适时他才会坐马车前往。当他到皮加列街 16 号时，乔治·桑也才刚刚梳洗完毕。这段时间，这位女作家除了写小说外正忙于写作她的剧本《卡西莫》。她希望在这个新的领域里有所建树，以展现她的戏剧创作才能。而且她也养成了一种习惯——晚上写作，要写到晨曦初露她才上床睡觉，一直睡到下午 4 点左右才起床。等她装扮完毕，肖邦也正好来到了她的身边，和她共进午餐。餐后是他们最亲密最愉快的时刻。随着夜幕的降临，他们不是去听歌剧或者音乐会，就是到朋友家去参加晚会。有的时候，乔治·桑也会在家里招待她的那些亲密朋友。乔治·桑在皮加列街 16 号的住房虽不宽大豪华，但布置得很有特色。巴尔扎克在写给他的情人汉斯卡的信中谈道："乔治·桑的餐厅都是雕刻的橡木家具，墙壁是牛奶咖啡色的。在接待客人的厅堂里摆放着一只中国出产的大花瓶，瓶里插满了鲜花。一切陈设都是绿色的。墙上挂着由德拉克鲁瓦画的画和由卡拉马塔画的乔治·桑像。厅里有一架大钢琴，而肖邦永远是这里的常客。她自己直到下午 4 点才起床，此时肖邦也正好结束了他的教课……乔治·桑的卧室是灰褐色的，她的床是土耳其式的，由两块床垫放在地板上构成。她的餐厅里挂有穿着波兰军服的格日马瓦的肖像。"

　　乔治·桑的客厅虽不很大，但足以让她能够招待她的一些亲密朋友。经常被邀请来的客人，每次都不会超过十二三个，大多是文艺界的朋友，其中有画家德拉克鲁瓦、律师阿拉果、女演员多尔瓦、歌坛新星 19 岁的加西亚—维亚尔多——乔治·桑以她为原型，写出了她最著名的小说《康苏爱萝》，还有德国诗人海涅，法国作家雨果和巴尔扎克。在波兰人中间，除了肖邦外，

第十二章 鼎盛时期的肖邦

常被邀请的有著名诗人密茨凯维奇和格日马瓦等人,她的客厅便成了巴黎闻名的一处高雅的沙龙。每次朋友们聚在一起,不是谈天说地,弹琴唱歌,就是朗读自己的作品,他们过得愉快而又温馨。这种愉快而美好的生活对肖邦说来特富吸引力,以致他回到巴黎几个月后,便干脆住到了乔治·桑的家里。这样一来,他既可免除每日来回奔波于两家之苦,又能有更多时间和乔治·桑亲密相处。现在他们的关系得到进一步的发展,可以说密切得谁也离不开谁了。

1840年3月1日,肖邦迎来了他30岁的生日。30岁,对于一个艺术家说来,意味着青年时代的结束,也标志着更加成熟、更富成果的时代的开始。三十而立,但对肖邦说来,早已达到了而立的程度。回顾过去的峥嵘岁月,他感到自豪、感到欣慰。他从华沙的钢琴神童已经成长为一个受到各界人士喜爱和享有盛誉的钢琴演奏家和钢琴作曲家。作为钢琴演奏家,他的精致轻巧的演奏方法已是自成一家,跻身于世界一流钢琴家的行列中,受到音乐界的推崇和巴黎听众的喜爱。而在作曲方面,尽管依然有仁者见仁、智者见智的不同评论,但他在独创性、表现民族特点和爱国激情方面均受到一致的肯定和高度评价,而且他没有故步自封,依然在不断创新,精益求精。他成了世界上独一无二的钢琴作曲家,单靠一种乐器的作曲就让他成为名扬四海、流传千古的钢琴作曲家。在生活道路上,30年的风风雨雨并没有摧垮他的坚强意志,体弱多病的身体也没有阻止他攀登音乐的高峰,10年来的漂泊生活也没有让他消沉,反而使得他的意志更加坚定,人生更加丰富多彩。在个人情感方面,他曾默默地经历过他的初恋,也曾萌生过强烈的结婚愿望而最终梦想破灭。他也曾经历过多次爱与被爱的喜悦和痛苦。如今可以说是苦尽甘来,虽然他和乔治·桑并没有正式结婚,他也没有成立自己的真正的家,但他却得到了一位有着炽热情感的成熟女人的爱,已经在一起过上了事实上的夫妻生活,因为从年初开始,肖邦就完全和乔治·桑住在了一起,组成了一个共同的家,享受到了家庭的乐趣和女人的温柔体贴与照顾。从此开始了他长达七年的平静安逸的生活。

按照波兰人的习俗,他们一般是不过生日的,过的是命名日。3月5日是弗里德里克·肖邦的命名日。这一天,亲朋好友聚在一起向肖邦祝贺,并期

望他今后能取得更辉煌的成就。晚宴后，按照他们的惯例，大家尽情地歌唱和演奏。肖邦应客人们的请求，演奏了他新创作的多首乐曲，最后是他的即兴演奏。晚会直到深夜大家才尽兴离去。

30岁之后的肖邦，各个方面都显得更加成熟，可是他的身体也开始走下坡路了，肺痨的迹象越来越明显。在作曲方面，他的乐曲达到了一个新的高度，不仅艺术性更加完美，而且思想内容也更为深邃。在政治思想方面，他也表现得更为坚定、更富主见。过去有些音乐评论家一向对肖邦抱有成见，认为肖邦缺乏自己的政治和思想观点，这是不符合事实的。实际上，肖邦是具有坚定的政治立场和思想观点的。首先他在大是大非问题上从不含糊，而当时摆在波兰人面前的大是大非问题就是如何对待外国侵略者，是俯首帖耳甘当外国侵略者的顺民，还是与爱国者站在一起，同仇敌忾，誓死不与外国侵略者同流合污。肖邦虽然没有参加1830年11月的华沙起义，但他甘愿做一个政治流亡者，拒绝回到他热爱的但还在俄国占领下的华沙；拒绝到莫斯科和彼得堡去演出，甚至连沙皇要授予他"宫廷钢琴家"这样的荣誉他都嗤之以鼻，置之不理。在思想方面，他是个温和的革命者，他既不赞成过激的社会运动，也反对那些神秘的政治宗教派别，例如在1830年代末1840年代初曾一度流行于波兰侨民界的宗教神秘主义——托维安斯基的宗教活动，当时在巴黎的一些波兰著名诗人如密茨凯维奇、斯沃瓦茨基和戈什钦斯基等人，都曾受到它的影响而参加了杜维安斯基组织的小组。但是肖邦却态度坚决、思想明确，不仅反对杜维安斯基的神秘主义的异端邪说，同时也为密茨凯维奇等人的受骗而感到惋惜。单就这一点可以看出，肖邦是有自己的信念、自己的思想观点，自己的有所为和有所不为的。

在1840年冬去春来的3月末4月初，肖邦又突然感到胸痛和头痛，但没有咳嗽和吐血，不过也痛得他不得不卧床休息。乔治·桑见此情景十分焦急，便求助于她所认识的医生。马图辛斯基是肖邦的好友，又是一位医生，而且他自己正害着肺痨。因此他认为肖邦和他一样，患的是肺痨。但乔治·桑却不相信他的诊断，而认为肖邦得的不过是风湿病。她在4月21日写给戈贝特医生的信中说："我推测，这是风湿病。我希望他害的不是肺病，像他的那位波兰人说的那样。"她甚至把熟悉肖邦病况的帕佩医生从贝里请来。由于病痛

第十二章 鼎盛时期的肖邦

的折磨，肖邦都未能参加李斯特在4月20日举行的音乐会。此时的李斯特和他的情妇马丽·达古已从欧洲巡回演出回到了巴黎。乔治·桑和马丽·达古原本是两个很要好的朋友，最近两年来，由于种种原因，其中包括女人之间的嫉妒心，他们的关系并不和睦，背后还相互说长道短，散布种种流言飞语，甚至还造成肖邦和李斯特两人关系的疏远。这次达古夫人回到巴黎后，乔治·桑和她也常常在各种集会上见面，后来两人还做过一次长谈，消除了一些误会，两人的关系有所改善，但依然是貌合神离。达古夫人后来依然是秉性难改，常常在背后说乔治·桑的怪话。肖邦和李斯特虽还保持着友好的关系，但后来由于两位女人的干扰，再加上他们性格上的差异，李斯特的长久离开巴黎，他们的友谊就不及最初结交时那么亲密了。

1840年4月29日，乔治·桑的第一个剧本在法兰西剧院上演。尽管这个剧本是应剧院之约而写成的，但它的上演却经历了一番周折，剧院一再推迟上演的时间。由于乔治·桑特别看重她的第一个剧本，写作时又费了一番心思，因此剧本交给剧院后她不愿再做修改，还否定了剧院安排的女主角的扮演者，坚持要让她的好友马丽·多瓦尔出演这个角色，这引起剧院方面的不满，便借口推迟了排练的时间。剧院的举动让乔治·桑气得火冒三丈，和剧院经理大吵了一番，并说要抽回剧本交给别的剧院去演出。为了平息乔治·桑的怒气，肖邦千方百计去开导她、安慰她，有时候乔治·桑还把怨气发泄到肖邦身上来，抱怨说："我那该死的小肖邦真惹我生气！"好不容易才让乔治·桑的怒气平息了下来。可是一波未平一波又起，等到剧本上演的那一天，原本对这次演出抱有很大期望的桑夫人，以为一炮就能打响，而让她名满天下。孰料该剧在演出过程中却屡屡遭到观众的嘘声。由于这个剧本所描写的内容与传统的婚姻道德观大相径庭，伤害了许多观众的情感和自尊心，再加上演员念错台词，单靠多瓦尔一人难以支撑局面，演出以失败告终。这给乔治·桑以莫大的打击，回到家里她又气又急，甚至流下了悲伤的泪水，这在她身上是很少发生的。经过肖邦的百般劝解安慰，她才逐渐走出了失败的阴影。过后乔治·桑回想起这段日子时，内心充满了对肖邦的感激："他善良得像个天使……如果没有他那深沉细腻的爱情的关怀，我早就失去信心了。"

《卡西莫》演出的失败，使乔治·桑原先想从演出中得到一笔稿酬的愿望

落空了,她不得不放弃回诺昂度假的打算,因为在诺昂的花费要比在巴黎多一倍。因为夏天在诺昂,乔治·桑都要邀请许多朋友来她这里度假,现在又得加上肖邦和他的那些朋友,同时还要多雇用几个仆人,客人多而收入少,她只好放弃回诺昂的计划,决定留在巴黎度过1840年的夏天。然而他们并没有死呆在巴黎城里,有时也离开巴黎到外面去旅游或者去探亲访友。6月11日,乔治·桑和肖邦就带着两个孩子同戈贝尔夫妇一起乘火车到巴黎西郊的森林里度过了愉快的一天。7月1日,肖邦和格日马瓦、德拉克鲁瓦应屈斯蒂纳侯爵的邀请,到他在圣格拉蒂安的别墅做了好几天客。随后他们又去拜访了住在这一区的安娜·查尔托里斯基公爵夫人。本来8月初,肖邦和乔治·桑、夏洛特·马尔利亚尼,以及女歌唱演员波利娜·加西亚—维亚尔多一起,到离比利时边境不远的康布雷去玩几天的,因为波利娜要在那里举行两场音乐会。波利娜是个非常有天赋的女歌唱演员,刚满19岁便已崭露头角,她的歌唱受到各方好评,甚至认为她的才华和演唱水平已超过她已故的姐姐,著名女歌唱家马丽·加西亚—马利布朗。这位年轻的女演员,还是个钢琴演奏者和作曲家。为了自己的发展,她特愿意去结交当时的许多名人,尤其是文艺界的人士。她经常参加巴黎的沙龙集会,很快就结识了乔治·桑和肖邦,并得到他们的喜爱,和他们结下了深厚的友谊。可是8月12日陪同波利娜去康布雷的只有乔治·桑一人。乔治·桑把女儿托付给夏洛特照看,儿子莫里斯由肖邦照顾。在康布雷的六天时间里,乔治·桑非常挂念儿女和肖邦,几乎每天一信。

由于肖邦每天忙于教课和应酬,无法静下心来去进行音乐创作,因此1840年他只写了几首乐曲。最重要的有《降A大调圆舞曲》(作品第42号)。这首圆舞曲与在华沙写成的《降D大调圆舞曲》,都是反映了他的爱情的心声。降D大调是在暗恋格瓦德科夫斯卡小姐时写成的,而降A大调则是肖邦和乔治·桑热烈相爱和同居两年时创作的。两首乐曲都让人感受到了肖邦对爱情的向往、期待和愉快心情。不过降A大调写得更美更富于激情。此外,他还写有《a小调玛祖卡舞曲》,以及为查列斯基的诗篇《杜马》而谱成的歌曲。博格丹·查列斯基(1802—1886)是波兰乌克兰派的著名诗人。曾参加11月华沙起义,起义失败后流亡法国巴黎。早在华沙时肖邦就认识查列斯基,来到巴黎后他们的交往频繁，特别是他的未婚妻拜在肖邦的门下之后，他们的关系更为密切。但肖邦为他的诗歌谱曲这还是唯一的一次，曲谱是按照乌克兰民歌的曲调谱成的，恰好与诗歌的内涵和情调相吻合，因而反响不错。

这一年肖邦最为关心的是他的作品的出版。前一年，他在马略卡岛和在马赛、诺昂创作的一批乐曲急需出版。这不仅可以发挥这些新作品的效应，还能增加他的收入，弥补他生活来源的不足。于是他除了和那些老出版商打交道之外，还特别和巴黎的另一出版商欧仁·特鲁佩纳签订了协定，由他出版了《b小调奏鸣曲》（作品第35号）、《升F大调即兴曲》（作品第36号）、《夜曲》（作品第37号）、《F大调叙事曲》（作品第38号，题赠给舒曼的）、《升c小调诙谐曲》（作品第39号，题赠给古特曼的）、《A大调和c小调波罗涅兹》（作品第40号，题赠给丰塔那的）、《玛祖卡舞曲》（作品第41号，题赠给维特维茨基的）。上述作品同时还在莱比锡的布莱特科普夫和伦敦的维赛斯的出版商那里出版。而《降A大调圆舞曲》（作品第42号）则发表在帕齐尼的期刊《一百零一》1840年6月号上。

这年10月的一天，肖邦从自己的住处前往乔治·桑的公寓，途中突然遇见一只小狗。这只小狗仿佛早就认识肖邦似的，一直跟着他不离左右，还对他摇头摆尾、十分亲热的样子。于是肖邦便把它带回了家里。乔治·桑在10月20日写给儿子的信中称："这只小狗只有拳头大，它在街上紧跟着肖邦。终于让人无法相信，肖邦竟喜欢上了这只小狗，整天都在逗着它玩，尽管它在家里拉屎拉尿，肖邦都不以为意，反而觉得这一切都很迷人。因为它很会讨他喜欢，但它不喜欢索朗热，为此，索朗热对它深表嫉妒。现在小狗就躺在我们的脚边，名叫莫普斯，波兰语就是杂毛狗。"

经过了两年的同居，肖邦和乔治·桑的爱情关系得到了进一步的巩固和深化。他们相处在一起，加深了相互的了解，同时也感受到了对方的可爱和不可或缺。弗里德里克对于乔治·桑像慈母般地关爱他、照顾他，心中更是充满了对她的感激之情。而乔治·桑对于肖邦的音乐才华和儒雅举止更是敬佩不已。在肖邦的影响下，乔治·桑的性情也有不小的改变，她的穿着打扮也不像以前那样怪异，而是更富于女人味了。于是她发出了这样的感叹和评议："在所有天才人物中，还是他最温柔、最谦逊、最有涵养。"

1840年秋，密茨凯维奇回到了巴黎。在这之前，他应聘到瑞士的洛桑大学担任拉丁语言文学的教授，在那里任教了一年。此次回到巴黎是应法兰西大学之聘，担任斯拉夫文学讲座的教授。诗人的回来和应聘，受到波兰侨界的热烈关注，同时也让肖邦有了可以交谈的朋友。他们常常在一起集会，不是肖邦和乔治·桑到住在阿姆斯特丹街的密茨凯维奇家，就是密茨凯维奇到肖邦或者乔治·桑的住处。当1840年12月22日密茨凯维奇的斯拉夫文学讲座开讲时，肖邦和乔治·桑都前去听讲了，嗣后只要他们能抽出时间，讲座上就少不了他们，几乎是每次讲座他们必到。关于肖邦和密茨凯维奇这两位波兰伟大人物的文艺情结和友谊，下一节将作进一步述评。

波兰文化史上的两大伟人

我们在第四章的《不平静的六年级》中曾论及密茨凯维奇及其第一部诗集对肖邦的启迪和影响。早在六年级的时候，肖邦就读到了密茨凯维奇的第一部和第二部诗集。密茨凯维奇诗集的出版（1822），标志着波兰浪漫主义文学的诞生，从而使波兰文学的发展进入了一个新的时期。尽管肖邦当时年纪尚轻，对许多文艺观点和文学作品还不能完全理解，但密茨凯维奇的诗歌却给他带来了惊喜，留下了终生难忘的印象和巨大的影响。可以这样说，肖邦后来的音乐创作正是沿着密茨凯维奇所开创的道路前进的。他们的创作都富于浓郁的民族特点，都突破了传统的规律法则，都植根于波兰的土壤之中，而且都具有丰富的想象力和浓厚的民歌风格。从个人创作特点和个性来看，在众多的波兰浪漫派诗人中，肖邦也更接近于密茨凯维奇，他和密茨凯维奇的关系也最为密切，特别是两人来到巴黎之后，他们更是成了志同道合、交往密切的朋友。

肖邦和密茨凯维奇的生活道路虽有较大的不同，但也有许多共同点：首先他们都富有强烈的爱国主义思想和情感，都有不与沙俄侵占者妥协的立场和态度。密茨凯维奇出生在俄占区的诺伏格罗德克，是在波兰第三次被瓜分灭亡后的第三年出生的，因此诗人曾这样哀叹自己："我一出娘胎就受着奴役的煎熬，在襁褓之中就被人钉上了锁链。"在中学学习时，密茨凯维奇曾和他哥哥等同学偷袭过俄国士兵。到了大学，他积极参加爱国学生运动，是"爱学社"的发起人和组织者之一。1824年被流放到俄国内地，1829年才逃离俄国流亡西欧。在罗马听到华沙起义的消息后便整装回国参加起义。等他克服种种阻碍到达波兹南时，起义遭到镇压而失败。他从流亡战士的口中听到许多俄军镇压起义和屠杀波兰人民的暴行，使他义愤填膺，写出了震撼人心的《先人祭》第三部和一组反映起义战士英勇斗争的诗歌。密茨凯维奇是在1832年7月到达巴黎的，并在那里定居。他积极参加了波兰侨民界的各种活动，同国内与西欧的专制压迫制度进行斗争。

肖邦要比密茨凯维奇幸运。因为他生长在华沙，当时的华沙是处在拿破仑的"解放"下，成立了华沙公国，名义上是个独立自由的国家。然而好景不长，1812年拿破仑东征俄国失败后，波兰遭到第四次瓜分，俄国军队又占领了华沙。密茨凯维奇是在波兰被灭亡之后第三年出生的，而肖邦则是波兰失去独立和自由之前三年出生的。由于华沙是波兰的政治文化中心，它既是沙俄统治权力最集中的地方，又是波兰秘密爱国运动最活跃的城市。肖邦从小就目睹沙俄军警对华沙人民的镇压，同时也受到波兰民众的爱国热情的感染。因此他和密茨凯维奇一样，从小就产生了对民族敌人的仇恨和对波兰祖国的挚爱。肖邦虽然没有参加爱国学生组织，但他经常参加他们的活动，并与当时的爱国学生运动的领袖交往密切。后来他在朋友们的劝说下，为了事业，为了艺术，离开了窒息的华沙和风雨飘摇的波兰。而当他在维也纳听到华沙起义的消息，便想回国投笔从戎，但未能如愿，使他遗恨不已。后来听到起义被沙俄军队残酷镇压而失败，他像密茨凯维奇一样义愤填膺，写出了充满悲愤忧虑的日记和《革命练习曲》等慷慨激昂、气贯山河的乐曲。随后他于1831年秋来到了巴黎。

其次，他们的文艺观点相近，或者不如说，肖邦是受密茨凯维奇的浪漫主义文艺观的影响而形成了自己的文艺观。因而他们的创作都具有以下的特点：

一是他们的作品都具有强烈的民歌色彩和波兰的民族特点。密茨凯维奇早在中学学习时，每逢暑假便会受同学之邀，到乡下去旅行和度假，在乡下，

他喜欢听乡村老人讲述的神话故事和农妇们的民歌演唱。特别是大学期间，他有两个暑假是在希维特什湖畔度过的。他和猎人们到林中去打猎，和渔民们放舟湖上捕鱼，晚上他们在湖边燃起篝火围坐在一起，听当地居民讲述希维特什湖的种种传说，后来密茨凯维奇便根据这些传说创作出了一组脍炙人口的歌谣（Ballada）。这些诗歌都是在民间歌谣的基础上，发挥了诗人的想象力和创造力，从而使这些诗歌既富于浓郁的民歌风和地方特色，又更具强烈的艺术感染力。肖邦也有和密茨凯维奇类似的经历，他从中学起，几乎每年暑假都要到农村去度假。而马佐夫舍地区的玛祖卡歌舞曲，奥别列克歌舞曲都给他留下了终身难忘的印象，也使他的乐曲打上了深深的民间歌舞乐曲的烙印。

二是他们的创作都具有丰富的想象力，而想象力则是浪漫主义文艺的精髓。密茨凯维奇在自己的诗歌中打破了古典主义的清规戒律，而把无穷的想象力引进他的创作中。如他的歌谣就充分发挥了他的想象力，把希维特什湖的形成，从教诲诗写成了爱国诗。他在《先人祭》第三部中，更是把想象力发挥到了极致，它突破了时间和空间的限制，往复纵横，天地相连，构成了一幅宏大的立体画面。肖邦的音乐创作，也是在原有的波兰民间音乐的基础上，充分发挥了他的想象力和创造性，任凭自己的想象纵横驰骋。无论是他的玛祖卡、幻想曲，还是其他乐曲，他都突破了传统的格调而加以大胆地创造，使其既有原先那种乐曲的元素，又具有无比的创造力和独特的风格。

三是他们的创作都蕴含着强烈的感情和情感。感情和情感是一切文艺创作的重要因素，没有感情就没有文学艺术的感染力。密茨凯维奇和肖邦都是把自己的感情倾注到自己的创作中的诗人和艺术家，或爱或恨、或欣喜或愤怒、或同情或憎恶、或快乐或悲伤，都有强烈的表现。在密茨凯维奇的诗歌中，我们可以处处感受到他对民族敌人和民族败类的莫大仇恨，以及他对苦难祖国的无限热爱和对爱国战士的热情赞美。比如他的《克里米亚十四行诗》，在描绘克里米亚的绮丽风光时，常常会勾起他对故国家园的思念之情。而他的《先人祭》第三部则是在华沙起义失败后写成的一部诗剧，通篇燃烧着炽热的复仇和斗争的烈火，表达了诗人对民族敌人的深仇大恨和对祖国、对爱国志士的热爱与敬佩。而肖邦在自己的乐曲中也倾注了自己的全部情感，既有快乐、乐观的情绪，也有悲伤痛苦的反映，由于波兰所处的特殊政治社会环境和音乐家本人的性格特征，悲情的成分占有较大的分量。肖邦也曾把这种悲情定位在 Żal 这个词上。Żal 是波兰语中特有的一个多义词，既包含有惋惜、哀叹、难受之意，又有悲伤、悲愤、愤懑、伤心、痛苦之意。在肖邦的乐曲中既有慷慨激昂、震撼心灵的悲愤之音，也有从心底里流淌出来的忧虑和悲伤。应该指出的是，肖邦的这种悲伤与西欧国家的许多浪漫主义文艺家的玩物丧志无病呻吟的特点大不相同，它是与祖国的命运、人民的呼声相联系在一起的。祖国的灭亡，人民的惨遭欺压总是像大山一样重重压在波兰浪漫主义文艺家的头上，因此，悲伤、痛苦、愤恨是这一代文艺家通常所要表现的主要情感。当然不能否认，它与肖邦的体弱多病和坎坷经历也有一定的关系。

四是他们都是新精神、新形式、新风格的创新者。密茨凯维奇从开始的歌谣到后来的《塔杜施先生》，都突破了前人的框框，把新的爱国内容、新的普通人物的形象、新的形式和风格引入自己的作品中。他的创作独树一帜，成为波兰浪漫主义文学的开拓者和旗手。而肖邦更是把钢琴音乐发挥到了极致，他在玛祖卡舞曲、练习曲、前奏曲、夜曲、叙事曲和波罗涅兹等乐曲创作中都有不同凡响的创新，使这些乐曲出现了新的面貌，开创了新的音调、新的旋律，奠定了他在音乐史上，特别是钢琴乐曲创作上的独一无二的地位。

经过多年的神交，肖邦和密茨凯维奇终于在巴黎会面了。他们第一次见面的具体日子我们不得而知。但波兰诗人斯沃瓦茨基在给母亲的信里曾这样写道："8 月 7 日（1832），密茨凯维奇来到这里已有好几天了，但我们两人都没有踏出会面的第一步。于是有好几个人告诉我，他很想见到我。于是他们设法安排时间和地点，让我们认识。今天我们都去参加了一次午宴……在这次午宴上策扎里邀请我们参加在他家里举行的艺术家晚会。完全是男人们的集会，肖邦这位著名钢琴家，为我们弹奏了钢琴……我们谈了许多诗歌的问题，这个晚上我们过得很愉快。"据此可以断定，这天的午宴和晚会便是波兰这三位文化巨擘第一次相见的时刻。至于肖邦和密茨凯维奇初见的情况以及他们谈话的内容，双方都没有留下任何的记载。不过可以肯定的是，从此以后，肖邦和密茨凯维奇经常在各种场合见面，这些见面加深了他们之间的

相互了解,友谊也得到进一步的加深。肖邦把密茨凯维奇看成是自己的良师益友,密茨凯维奇也把肖邦看成是志同道合的挚友。他们两位都是出了名的即兴创作的高手,在文人相聚的沙龙里,他们往往会被邀请作即兴表演,一个会即兴朗诵他的脱口而出的诗歌,一个会根据朋友们的要求,即兴发挥,弹奏出动人的乐曲来。他们两人的即兴创作往往是灵感的爆发而成为佳作,受到在场听众的热烈欢迎和赞赏,可惜这些即兴创作大多没有记录和保留下来。

密茨凯维奇到达巴黎后,相继发表、出版了他的两部杰作:《先人祭》第三部和史诗式长诗《塔杜施先生》,并被立即翻译成法文和德文等西欧国家的文字出版,受到各国读者的喜爱。肖邦初到巴黎不久,便举行了多次公开的音乐会,受到巴黎各界人士的热情赞扬,声名大震,成了巴黎上流社会的宠儿。不久他们都被吸收为"波兰文学协会"的会员,后来密茨凯维奇还成了它的副主席。1834年密茨凯维奇和塞林娜·希曼诺夫斯卡小姐(波兰著名钢琴家马利亚·希曼诺夫斯卡的次女)结婚后,肖邦常被邀请到他家去做客,他们都有相同的志向和情趣,因而很是谈得来。肖邦一生当中读得最多最认真的文学作品就是密茨凯维奇的诗歌,而密茨凯维奇也非常喜欢音乐,他自己就说过:如果任他选的话,他宁愿做个音乐家,也不想当个诗人。而他听得最入迷的便是肖邦的音乐和即兴演奏,乔治·桑后来写道:有一年夏天,密茨凯维奇应邀来到诺昂的她家里休养。有一次密茨凯维奇坐在大厅的角落里听肖邦的即兴演奏。当时两人都入了迷,一个陶醉在自己的演奏中,一个听得如痴如醉。就在这时,她家后院发生了火灾,家里的人(包括其他客人)都赶去救火了,他们两个都毫不知晓,依然沉醉在音乐中。后来肖邦停止了演奏,密茨凯维奇才清醒了过来。看到人们回到大厅,他们才问起来到底发生了什么事情,引起大家一阵哄笑。

谈到密茨凯维奇和乔治·桑的关系我们不得不多说两句。他们的相识要早于肖邦和乔治·桑的相识,正如肖邦刚到巴黎时结交的都是音乐家,而密茨凯维奇结交的第一批法国人都是作家和诗人,他通过各种场合认识了不少的法国作家。经过几次的接触,有的由于政治原因,发表亲沙皇的言论,密茨凯维奇不屑与他们为伍,有些则骄奢淫逸,密茨凯维奇看不惯他们的生活作风而和他们疏远。他有自知之明，作为一个流亡者，一个穷诗人，仅仅靠写作来维持生活是很困难的，再加上他的作品受到俄国和奥国统治当局的查禁，无法公开进入波兰国内，单靠在波侨中销售，数量不会很多，因此所得的报酬很少，他哪里有钱去回请那些阔佬，因而只好退避三舍。后来他结了婚，再加上儿女相继来到世上，他的经济更是捉襟见肘。为了增加一点收入，密茨凯维奇便想在戏剧方面试试自己的运气。他在 1836—1837 年期间用法文写作了两个剧本《巴尔同盟》和《雅库布·雅辛斯基》。密茨凯维奇曾将写好的《巴尔同盟》送给乔治·桑和维尼，征求他们的意见。他们提出意见后建议他交"圣马丁剧院"去演出，但剧院以剧本缺少戏剧性而被否决。乔治·桑虽然没有帮上什么忙，但她很器重密茨凯维奇，也很关心波兰的问题，喜欢和波兰人交朋友。与肖邦相爱后，她特别乐意在自己家里接待那些波兰友人。其中像格日马瓦和密茨凯维奇更成了她的密友。他们都曾多次应邀到诺昂去度假，这样才发生了上面提到的那一幕。肖邦自己在写给波托茨卡伯爵夫人的信里曾谈到他在为密茨凯维奇演奏自己的作品时，曾多次让这位诗人感动得热泪盈眶。从这些事例可以看出，肖邦的音乐和密茨凯维奇的诗歌同出一源，都是植根于波兰民族的土壤之中，都是具有强烈的爱国主义内涵。肖邦的音乐从密茨凯维奇的诗歌中吸取过营养，反过来又感动着这位忘年之交的诗人朋友。

在各国音乐家评论肖邦的四首叙事曲时，总是会谈到它们与密茨凯维奇的歌谣的关系，他们都认为这些叙事曲是直接受到密茨凯维奇诗歌的影响而写成的。舒曼曾在文章中提到：肖邦自己曾对他说过，他的叙事曲是受密茨凯维奇诗歌的激发而写就的。于是就出现了许多有关这方面的评述和论著，作为不懂音乐创作的笔者是难于具体评述这些叙事曲与密茨凯维奇诗歌的关联。但作为密茨凯维奇诗歌的研究者和翻译者，也许还能提供一点想法来供肖邦音乐评论家们参考。

对于 Ballada 一词，在音乐方面的译法较为统一，多译为叙事曲。但在文学方面的译法则很不一致，有的译成民歌、民谣，有的译成歌谣、叙事歌谣、叙事歌曲，有的甚至译成短篇故事诗，等等。我则沿用密茨凯维奇诗歌的老一代翻译家孙用前辈的译法，译为"歌谣"。波兰的歌谣起源较早，文艺复兴

时期受到英格兰、苏格兰的这种体裁的影响，又吸收了民间叙事性的"杜马"的元素，而把叙事性、抒情性和戏剧性融为一体，形成了波兰浪漫主义歌谣这一独特的体裁。密茨凯维奇的第一部诗集《歌谣与传奇》成为波兰浪漫主义文学的开山作，随后歌谣便成了波兰诗人们爱用的体裁，其中如阿·霍奇科、斯·维特维茨基、阿·奥迪涅茨都写过许多歌谣，把歌谣这一体裁的创作推向了繁荣发展的阶段。按照当时的论点，歌谣是一种叙事性作品，以不平常的事件为主题，并具有丰富的抒情色彩和戏剧性。在密茨凯维奇出版的第一部诗集中，收有序诗《迎春花》、歌谣《浪漫性》、《希维特什》、《湖中水仙女》、《小鱼》、《父亲的归来》、《手套》、《托瓦尔多夫斯卡夫人》、《百合花》和传奇《马丽娜之墓》、《风笛手》等诗。1829年在彼得堡出版诗选时，又加进了土耳其歌谣《背叛者》、乌克兰歌谣《监视》、立陶宛歌谣《三个布德雷斯》。除了这些歌谣外，我们还必须提到密茨凯维奇的叙事长诗《格拉齐娜》和《康拉德·华伦洛德》以及诗剧《先人祭》，特别是它的第三部。

诚如肖邦自己所说，他的叙事曲是受密茨凯维奇的歌谣的启迪和影响而写成的，但具体到哪一首叙事曲受到密茨凯维奇的哪一首歌谣的影响，则很难确定。尽管有许多评论家作过多方的考证和论证，但依然是仁者见仁、智者见智，各执一词，未有定论。其主要原因是肖邦的叙事曲不是标题音乐，而他自己也没有作过进一步的说明，再加上音乐中的叙事曲和文学中的歌谣毕竟有所不同。不过有一点可以肯定的是，肖邦的叙事曲和密茨凯维奇的歌谣都是融合了叙事性、抒情性和戏剧性的作品。

许多评论家认为肖邦的第一首叙事曲是受密茨凯维奇的长诗《康拉德·华伦洛德》的影响而写成的，但长诗并不是歌谣（Ballada），而是一部历史叙事长诗。它的故事情节富于传奇性：在战乱频繁的年代里，一个立陶宛孩子被十字军骑士团掳去，他被带到大团长温立赫·克里普洛德的宫中，让他接受了基督教的洗礼，并给他取名为瓦尔特·阿尔夫。这个孩子在立陶宛祭师兼大团长的翻译和歌手瓦依德洛特的影响下，逐渐明白了自己的身世，立志要学好武艺，以便将来能报效祖国。后来有一次在骑士团和立陶宛的战争中，他和瓦依德洛特乘两军混战之时逃回到立陶宛，被凯斯杜特大公收留。由于他武艺超群，胆识过人，深得大公的赏识。他那坎坷的身世也深深打动了大

第十二章 鼎盛时期的肖邦

公的女儿阿尔多娜的心,对他萌生了爱情。在大公的主持下,这对有情人结成了幸福的眷属。然而他们的幸福并没有持续很久,十字军骑士团又向立陶宛发动了侵略战争。立陶宛抵挡不住,节节败退,一直退到边界上的荒泽深林中。阿尔夫目睹祖国山河破碎,人民惨遭杀戮,思来想去,觉得只有一条计谋才能置敌人于死命——打进敌人内部去,从敌人内部去摧毁敌人,这样才能拯救自己的祖国。于是他毅然决然地告别了自己的年轻美貌的爱妻,悄然离开了立陶宛前往国外。他改名换姓,冒用被杀死的康拉德·华伦洛德的名字。他和已改名为阿尔班的瓦依德洛特—加龙省一道来到西班牙,在和摩尔人的作战中屡立战功,成为声名显赫的一位骑士。后来他奔走于西欧各国,在各种比武场上屡挫群雄,更使他威名大震。于是他们来到了十字军骑士团,经过多年的努力,他终于得到了骑士团上下一致的信任,被选为大团长,实现了他复仇的第一步。

与此同时,一个女隐士也来到了骑士团的首府马尔堡,隐居在城堡外的一座尖塔上,这个女隐士就是阿尔多娜。康拉德从塔上传来的歌声中听出了那是他妻子的声音。于是他常常在夜深人静时偷偷来到这荒野的尖塔下,同看不见身影的阿尔多娜谈心。复苏的爱情使他一再延宕复仇的计划。最后在阿尔班的规劝和骑士团骑士们的催促下,他才率领大军前去攻打立陶宛。但他到达立陶宛境内后,并不急于发动进攻,而是沉浸在饮酒和狩猎中。他独住营中,不问军事,致使骑士团的士气一落千丈。立陶宛方面却赢得了时间,积聚了力量,乘冬天冰雪纷飞之际,向骑士团展开了反攻。此时的大团长不但不调兵遣将,全力抵抗,反而带头逃跑,致使骑士团遭到了可怕的惨败。这次战争的结果使骑士团一蹶不振,国库空虚,军力受到彻底的摧毁,"百年都难于复原"。康拉德终于完成了他的复仇计划,使自己的祖国再也不会遭到骑士团的侵略了。但是康拉德的计谋终于被骑士团的有关组织发现而被秘密法庭判处极刑。康拉德自知计谋败露难以逃脱,便饮鸩自尽,阿尔多娜也含恨死去。只留下阿尔班在世,他要用歌声把他们的英雄事迹传遍全国,流传千秋万代。密茨凯维奇就是想通过这首长诗激发波兰人民的爱国激情,号召他们起来为反抗沙俄的残暴统治、为争取民族独立和解放而斗争。应该承认,肖邦的第一首叙事曲在思想内容和描写氛围上是和《康拉德·华伦洛德》相

一致的。尽管《康拉德·华伦洛德》是一首历史叙事长诗，在体裁上与肖邦的叙事曲不一致，但长诗中有一首歌谣——阿尔普拉哈，其内容也和整首长诗一样，讲的是复仇的故事，采用的也是诈降的计谋。现抄译如下：

摩尔人的城镇已被占领，
　　他们的人民身陷苦难之中，
格拉纳达城堡还在抵抗敌人，
　　可是瘟疫却在城里肆虐横行。

阿尔曼佐带着残兵败将，
　　还在阿尔普拉哈顽强抵抗，
西班牙人已在城外竖起了旗帜，
　　明天清晨，他们要向高地进攻。

太阳升起时，火炮轰鸣不停，
　　炮弹穿过壕沟摧毁了城垣，
十字架在高塔上闪闪发亮，
　　西班牙人已经把城堡占领。

阿尔曼佐眼看着自己的部下
　　被打得七零八落、支持不住，
便在弹雨枪丛中杀出一条血路，
　　他冲出重围，躲过敌人的追捕。

西班牙人在刚刚夺取的城堡废墟中，
　　四面八方都是残垣断壁和死人。
他们大张宴席，沉浸在觥筹交错里，
　　同时还分配着他们掠来的战利品。

第十二章　鼎盛时期的肖邦

有个放哨的卫兵前来报告：
　有位来自外地的骑士，
他请求立即拜见首领，
　还带来许多重要的消息。

原来是阿尔曼佐，摩尔的王公，
　曾领导过摩尔人的英勇抗战，
现在他不再抵抗，前来投降，
　只求西班牙人饶了他的性命。

"西班牙人，在你们的门槛前，
　他喊道——我向你们跪拜叩头，
我来是为了尊崇你们的先知，
　我来是要信奉你们的上帝。

让你们的声名远播传遍世界，
　一个阿拉伯王前来俯首称臣，
他想成为原先是敌人的兄弟，
　做一个外国帝王的忠诚仆人。"

西班牙人原本就很喜欢勇士，
　见来人是阿尔曼佐这位头领，
他们的首领便将他拥抱亲吻，
　其他骑士也给予伙伴般的欢迎。

阿尔曼佐也问候了所有在场的人，
　热烈地拥抱了西班牙将军，
他抱住他的脖子，握着他的手，
　非常热情地吻着将军的嘴唇。

随后他软弱无力地跪了下去，
　　用他那抖得很厉害的双手，
把自己的头巾系在西班牙人的脚上，
　　然后拉着它在地上转了一转。

他四下一望，大家都很吃惊，
　　他的脸色先是苍白，接着发青，
他两眼充血，目不转睛地望着，
　　他张着嘴，发出了可怕的笑声。

"看吧，你们这班邪教徒，我脸发青，
　　你们能否猜到是谁派我到这儿来？
我蒙骗了你们，我肩负格拉纳达的使命，
　　给你们带来了致命的瘟疫病菌。

我的一吻在你们的灵魂上，
　　注入的毒液会把你们吞噬，
过来吧，看看我所受到的痛苦，
　　不久你们就会像我一样死去。"

他大喊大叫，张开着双手，
　　他笑着，一副诚实的笑容，
好像要把所有的西班牙人，
　　永远地紧紧抱在他的怀中。

他还笑着，已是奄奄一息，
　　但他的眼睛和嘴还未紧闭，
直到最后，他那冰冷的脸上，

还凝结着一副狰狞的笑容。

西班牙人惊恐万状,各自逃生,
  可是瘟疫已赶上他们的逃亡。
剩下的军队也都染上了瘟病,
  死在了阿尔普哈拉的高地上。

这首歌谣讲的是摩尔人同西班牙侵略者斗争的故事,和《康拉德·华伦洛德》整首长诗的内容和精神相一致,而且采取的手段也都相似——从内部去摧毁敌人。主人公都是为了祖国和人民的安危与利益而甘愿牺牲自己一切的英雄。长诗充满了悲壮的气氛,肖邦的第一叙事曲也有着这样的爱国精神和悲壮情绪。

不少评论家认为肖邦的第二首叙事曲是根据密茨凯维奇的歌谣《希维特什》而写成的。希维特什是密茨凯维奇故乡的一座湖泊。诗人数次在暑假期间来到那里,听到许多有关这座湖泊的传说和故事,《希维特什》、《湖中水仙女》和《小鱼》都是根据这个湖的传说而写成的歌谣。密茨凯维奇的《希维特什》和同时代的其他诗人的同名诗有所不同。据称,他们的歌谣较忠实于原来的传说。写一个青年为了娶到富家女为妻不惜求助于魔鬼,魔鬼帮助他抢劫和杀害了富商及其仆从,富商临死前发誓要报仇。青年娶到了那位富家小姐,富商的誓言也应验了,青年居住的小城陷了下去,变成了一个大湖,这就是希维特什。由城变成湖是这些诗人所写歌谣的共同点,但在如何变成湖这个问题上,密茨凯维奇的歌谣则和他们的不同。他把劝人安贫乐道的教谕诗升华为反抗侵略的爱国诗。歌谣一开始便道出了希维特什的历史:

希维特什,以勇敢扬名于世,
  无数财物堆满了库房。
以前在土汗公爵的管辖下
  一直是繁荣而富强。

13世纪时，俄国侵略立陶宛，其军队已逼近立陶宛首都。立陶宛大公命令土汗公爵率军前去救援，土汗公爵立即召集军队，准备开赴京城。可他又心事重重地回到宫中，向女儿说出了他的忧虑：

> 如果把这小城的军队一分为二，
> 　那又怎能去保卫可爱的首都，
> 如果把整个军队都调往京城，
> 　这城中的妻女又有谁来保护？

深明大义而又勇敢的土汗公爵的女儿宽慰着父亲，让他放心去救京城。可是土汗刚走不久，俄国军队便前来偷袭希维特什。城里只剩下老弱妇孺，无法抵抗俄国军队的进攻。城里的人都齐集在宫前的广场上，他们宁死也不受敌人的蹂躏和杀戮。于是他们焚烧了房屋和财物，又相互杀死自己，出现了一幅悲壮的情景。然而这种自杀的举动是与当时他们信奉的教规相违背的，因而受到了天谴，小城沉陷为湖泊，死去的居民们也变成了青草和水妖。肖邦的第二首叙事曲的意境和这首歌谣的较为接近，主题前后呼应像一问一答似的，和诗中的情景很相似，而强烈的爱国精神则是它们的共同特点。

第三首《降A大调叙事曲》，许多评论家认为它是取自密茨凯维奇的歌谣《湖中水仙女》（即《希维特扬卡》）。也有人认为它是受德国诗人海涅的《罗莱诺》的启迪而写成的。不过，我觉得海涅的《罗莱诺》是一首只有六节各四行的短诗，缺少叙事性和戏剧性。而密茨凯维奇的《湖中水仙女》则富于叙事性和戏剧性，它描写一个年轻的猎人爱上了一个由水仙女变成的姑娘，他们每天相会在湖畔的林中。年轻的猎人向姑娘表达了自己的爱意，希望和她结为秦晋之好，可是姑娘却不相信他的爱情：

> 我不相信你那变化无常的爱情，
> 我十分害怕你诡计多端，三心二意。
> 如果我听从了你的甜言蜜语，
> 你究竟能不能对我始终不渝。

猎人立即跪下向她发誓。姑娘警告他,如果违背誓言必将受到惩处,说完便离开了青年隐身而去。猎人心神不安,在湖边徘徊游荡。突然在湖的另一边又出现了一位美丽的姑娘,她向猎人召唤、调情。被美女弄得神魂颠倒的猎人忘记了自己的誓言,跟着她朝湖中走去。正当他沉浸在热吻之中,美女现出了她的真实面貌,原来她就是他在林中爱上的那位姑娘。姑娘指责他违背誓言,定要遭到报应,于是这个猎人便被湖浪卷入了湖底。

> 直到现在,每当月色朦胧,
> 湖水奔腾,发出呜呜的声浪,
> 就能看到两个忽隐忽现的人影,
> 正是那猎人和那美丽的姑娘。

> 她在那银波荡漾的湖面上嬉玩,
> 他却在那棵老落叶松下叹息悲伤,
> 那小伙子是谁?他是林中的猎人,
> 而那位姑娘呢?我对她很是陌生。

我们指出肖邦的第三首叙事曲和密茨凯维奇的《湖中水仙女》有其共同之处,但并不意味着肖邦是在照搬照抄密茨凯维奇的诗歌内容。正如密茨凯维奇在创作这些歌谣时也不是完全忠实于民间传说,而是根据自己的理解和需要加以发挥和创造。肖邦的叙事曲也只是在密氏诗歌的启示下写成的,他加入了自己的思想和情绪,其结尾处显得更为乐观,而这种乐观的情绪也正是肖邦在1841年前后生活安定、幸福快乐的反映。

许多评论家谈到了肖邦的第四首叙事曲和密茨凯维奇的《三个布德雷斯》的关系。密茨凯维奇的这首歌谣是1827年写于俄国的莫斯科,收入他在彼得堡1829出版的二卷本诗选中。《三个布德雷斯》是一首立陶宛歌谣,写老布德雷斯响应立陶宛大公的号令派遣三个儿子分别去参加立陶宛人同俄罗斯人、普鲁士人与波兰人的战争,要他们凯旋回来时都带回战利品。但当他们回来时带回来的都是波兰姑娘,正如老布德雷斯所说:

世上的公主也比不上可爱的波兰姑娘，
她们活泼健康，像只逗人的小猫，
她们的脸像牛奶一样白嫩，眉毛很浓，
一双眼睛宛如两颗星星在炯炯发亮。

半个世纪以前，我还是个勇敢的青年，
便娶了个波兰姑娘做我的结发妻子，
尽管她进了坟墓，只要我望着那边，
我心里依然保持着对她的深切思念。

这首诗写得含蓄简练，充分表现出立陶宛歌谣风趣幽默的特点。不过肖邦的第四首叙事曲所包含的内容却比这首歌谣要丰富得多。我觉得还可以从《先人祭》第三部中去发掘和探求密茨凯维奇诗歌对他的启迪和影响。《先人祭》第三部是部诗剧，但它包含的内容、形式和风格都是非常的丰富。这部诗剧也是肖邦最喜欢的密氏作品。我们前面曾提到肖邦和乔治·桑对它的喜爱，甚至想把它重译成法文。文学作品是靠具体的文字来表达的，而音乐作品则显得抽象一些，包含的内容要更丰富，往往只能让人意会，而不像文学作品那么具体。

我们前面已经谈到，1840年12月22日是密茨凯维奇在法兰西大学斯拉夫文学讲座开讲的日子。讲座不仅受到波侨界的关注和重视，也得到法国知识界的欢迎。讲座是开放性的，前来听讲的除了波兰人，还有众多的法国人和其他外国人。肖邦、乔治·桑、雨果、海涅等文艺界人士也纷纷前来捧场，讲座可谓是盛况空前。第二天巴黎的各家报刊都发表了消息和文章，对密茨凯维奇本人和讲座都作了介绍和评论。巴黎的波兰报纸更是把密茨凯维奇的讲座看成是波兰人的重大的政治文化事件，对提高波兰的民族威望和推广斯拉夫文化都大有裨益。密茨凯维奇的斯拉夫文学讲座持续了四年，这在当时的法国是很少有的事情。

在讲座的头一年半中，肖邦、乔治·桑和其他朋友都是他讲座的热心听众。但是到了 1842 年夏天，密茨凯维奇在接受了托维安斯基的神秘主义宗教学说，并在他的讲座中开始宣扬这种宗教学说之后，肖邦他们才不去听讲了。

安·托维安斯基（1799—1878）生于立陶宛，和密茨凯维奇先后相差一年进入维尔诺大学，不过他是法律系的学生，而且参加了与"爱学社"相对立的保守组织"文学社"，毕业后曾做过法院书记和巡官。后来他从瑞典神学家斯维登堡等人的学说中东拼西凑，形成他的一套所谓宗教道德体系，开始在立陶宛推行，但遭到抵制，被视为异端邪说。1835—1837 年他到法国、捷克和奥地利的波兰侨民中间进行活动，收效甚微。后来他看到拿破仑在法国和波兰侨民中间受到热烈的崇拜和喜爱，便在他的学说中加入了拿破仑的内容。1841 年夏天，他再次来到巴黎。他深知要在波兰流亡的政界人士中间宣扬他的宗教学说定会是徒劳无功的，于是他改变策略，向文化界人士展开攻势。他选择了密茨凯维奇、斯沃瓦茨基等著名诗人作为突破口。他知道这些诗人都有其思想和精神上的弱点，其作品都具有某种神秘主义的色彩可以利用。在得到他们的信任后，便大力进行他的组织活动并让密茨凯维奇担任他的小组的实际负责人。尽管他费尽心机，在巴黎信奉他的人最终也未能超过 80 人，要不是有密茨凯维奇和斯沃瓦茨基等几位波兰著名诗人加入其中，他的所谓学说早就被扔进历史垃圾堆里去了。有些评论家常常认为肖邦缺乏坚定的政治信念，生性优柔寡断，缺少主见。事实上肖邦在大是大非问题上是立场坚定爱憎分明的，比如他在对待侵略者沙皇俄国的态度就是如此。任凭俄国当局如何利诱威逼，他就是不去延长俄国护照，不接受俄国的邀请去莫斯科演奏，更不接受沙俄统治当局让他担任宫廷钢琴师的委任，甚至也拒绝亲朋好友的劝说，回到华沙去当俄国的顺民。这次对于密茨凯维奇等人的举动，肖邦也是抱否定态度的。他认为托维安斯基是神经错乱，密茨凯维奇的结果会很糟糕。事实也是如此，由于他在讲座上公开宣扬托维安斯基的异端邪说（当时的罗马基督教廷视其为邪教而加以取缔），1844 年密茨凯维奇的斯拉夫文学讲座被法国行政当局撤销，他被降格为只能领取半薪的赋闲人员。这使他的经济陷入困难之中，后来还指派他去担任图书馆的一名普通馆员，而他的斗争精神也大大削弱了，他与沙俄的不妥协态度也有所动摇，直到 1846 年波兰国内爆发了克拉科夫起义之后，他才如梦初醒。1848 年他又积极投身到

民族解放斗争中，组织志愿兵团，参加了意大利的民族解放战争。虽然在密茨凯维奇的这一段迷失方向的时间里，肖邦和密茨凯维奇的交往没有像过去那样密切，但他们之间的友谊依然牢不可破，肖邦仍旧非常尊敬这位波兰的伟大诗人。

生活安宁，事业辉煌

　　1840年底，肖邦参加了密茨凯维奇的斯拉夫文学讲座的第一次开讲和巴黎波侨界为此而举行的庆贺晚宴，接着又是一年一度的义卖义演活动。随即便迎来了新的一年——光辉灿烂的1841年，肖邦的生活和事业又登上了一个新的台阶。他和乔治·桑的爱情得到进一步的深化，他们原先分居在两处公寓内，如今也搬到了一处，乔治·桑在自己的公寓里给肖邦安排了舒适的房间，供他创作和弹琴用。可以说，他们的同居已度过了"磨合"期，尽管双方还不免有些小的摩擦，但双方都已习惯了对方的秉性和情趣，都感受到了对方对自己的深情。他们的关系已进入一个平稳发展的时期，一个双方都感到无比幸福的时期。肖邦的身体虽然病根未除，时好时差，但也没有出现大的病情，也可以说是进入了一个较为健康安宁的时期。在事业上，嗣后的几年，肖邦可谓是达到了他的巅峰阶段，他的演奏、他的音乐创作都取得了辉煌的成就。

　　进入1841年，朋友们看到李斯特在欧洲巡回演出所获得的巨大成功（此时他已回到巴黎，又和柏辽兹等音乐家举行了一次成功的音乐会），便纷纷前来劝说肖邦举行音乐会。他们看不惯李斯特那趾高气扬的样子，就连他们的共同朋友德国诗人海涅也发出了这样的感叹："哦，有多少花朵掉在李斯特先生的脚下！他以坚定不移的自信和强大征服者的傲慢，容忍花雨落在他身上。这种情景是令人难忘的……最后他带着慈善的微笑弯下腰去，选了一朵红色茶花插在他的燕尾服的小口袋上，这种情景让人难忘。所有这一切都发生在刚刚从非洲前线归来的青年士兵面前。在非洲，洒在他们头上的不是花朵而是铅弹。他们也插上过红色茶花，但这是用自己鲜血染红的茶花。他们得不

第十二章 鼎盛时期的肖邦

到任何人的赞扬。我在观察人们为何欢呼的时候,一直在想这些曾经见过拿破仑的巴黎人现在这样为李斯特、费朗茨先生捧场,真叫人奇怪,这种疯狂的欢呼在历史上是少有的。"(转引自加尔·山道尔《李斯特》,上海文艺出版社 1985 年版,第 376 页。)

在亲朋好友的再三劝说和策划筹备下,肖邦终于答应举行音乐会。我们知道,肖邦不是舞台的宠儿,而是相反,他对舞台演出似乎有一种恐惧感,他习惯于在小型的沙龙里为熟悉的听众演奏自己的作品或即兴弹奏。因此他已多年没有举行过公开的音乐会了。这一次尽管他答应了要举行音乐会,但直到演出前两天,他还在迟疑着。由于同台演出的一位女歌唱家借故退出演出,肖邦便想取消音乐会。后经乔治·桑的努力,为他找来了另一位著名女歌唱家和大提琴家,替肖邦争回了面子。这样肖邦才于 1841 年 4 月 26 日举行了他六年来的第一次音乐会。出席这场音乐会的有乔治·桑、李斯特、柏辽兹、卡尔克布雷纳、海涅、德拉克鲁瓦、密茨凯维奇、查尔托里斯基公爵夫妇和列奥等亲朋好友,以及文艺界、政经界的其他头面人物。

关于这场音乐会,《音乐报》特邀李斯特写了一篇报道文章:

上周一,晚 8 点,普勒耶尔先生的大厅里灯火辉煌。许多马车停在了台阶下,台阶上铺着地毯,芬芳的鲜花置于各个角落。雍容华贵的妇女,时髦年轻的绅士,最著名的艺术家,最富有的金融家,还有显赫的贵族和社会的精英,齐聚一堂,全都是上流社会的名门望族、富绅和才子佳人。

表演台上摆放着一架大钢琴,人们争先恐后都想要占据前排的位置。所有的听众都聚精会神、全神贯注,生怕漏掉那个即将坐在钢琴旁的人所弹出的每一个和声、每一个音符,和他所表达的每一个意念和思绪。听众是如此的殷切、神往,充满宗教般的崇敬。因为他们想要目睹、倾听、赞美和喝彩的这个人,不仅是一位技艺娴熟的钢琴演奏家和高明的作曲家,也不仅仅是位声名卓著的艺术家,而是集这一切于一身的人,甚至超越了这一切,他就是肖邦……周一的演奏会上,肖邦根据个人的偏爱,从他自己的作曲中选择了与传统曲风迥异的乐曲。他弹奏的不是

协奏曲、奏鸣曲，也不是幻想曲、变奏曲，而是前奏曲、练习曲、夜曲和玛祖卡舞曲。欣赏演奏的听众不是一般的平民大众，而是社交圈里的人士。因而肖邦可以尽情地来表现真正的自我：一个悲情的深沉的爱梦幻的钢琴诗人。肖邦不需要去惊醒或者撼动听众，他所追求的是聚精会神地倾听，而非大声鼓噪的喝彩。从弹出的第一个和弦，肖邦与听众之间就像是展开了亲切的交谈。两首练习曲和一首叙事曲在观众的要求下再度重奏了一遍。如果不是担心脸色苍白的肖邦会感到更加的劳累，观众一定会要求他弹的每首乐曲都要再重弹一遍。

在这次音乐会上，肖邦首先演奏了几首他自己创作的《玛祖卡舞曲》和《前奏曲》，接着是女歌唱家唱了两首歌剧插曲。随后是肖邦和大提琴家埃斯特的二重奏。最后又是肖邦的独奏，他演奏了多首《玛祖卡舞曲》、《夜曲》和《练习曲》。音乐会受到了观众的热烈欢迎，每曲一完便是掌声雷动，"布拉沃"的喊声响彻整个大厅，有时肖邦不得不重奏一遍才能过关。音乐会也得到了评论界的热情推崇，盛赞他在钢琴演奏上和作曲上的独一无二的地位。《法国音乐报》称赞他是钢琴演奏新学派和作曲新学派的创造者，海涅把他称作"钢琴上的拉斐尔"。据乔治·桑透露，这次音乐会给肖邦带来了6000多法郎的收益，"现在他不用教课就能安安稳稳度过一个夏天了，也可静下心来创作他的新乐曲了"。

6月18日，肖邦、乔治·桑和莫里斯一起离开巴黎前往诺昂度夏。（索朗热留在巴黎，要等学校放假后才能回去与他们相聚。）这是他们相隔20个月后才又回到这座宁静的庄园。为了这次度假，乔治·桑特意添置了多套适合乡下穿的衣裙，肖邦也让普勒耶尔给他运一架钢琴到诺昂来。经过丰塔那的努力，钢琴很快便到了肖邦的手中。

肖邦和乔治·桑都是过惯了热闹生活的人，尽管是蛰居乡下，没有朋友来访他们还是会倍感寂寞的。于是好客的乔治·桑便会发出邀请，让一些朋友前来诺昂休息度假。最先来到诺昂的是他们都喜欢的维亚尔多夫妇。39岁的路易·维亚尔多是巴黎的意大利歌剧院的一位导演，很早就和他们认识，并成为他们的朋友，而他的新婚不久的妻子、19岁波利娜·维亚尔多——加

第十二章 鼎盛时期的肖邦

西亚则是位正在冉冉升起的女高音歌唱明星。年龄不大，便已享誉全欧洲了。她曾于 1839 弄 5 月在伦敦的皇后剧院演出罗西尼的歌剧《奥瑟罗》，一炮打响。嗣后她又相继出演罗西尼多部歌剧中的主角，这使她的声名更加远扬。波利娜是著名歌剧女明星玛丽·马利布朗（已逝世）的妹妹，也是肖邦特别喜欢的一位学生，她不仅歌唱得好，钢琴也弹得不错，曾拜在肖邦名下学习钢琴。早在巴黎时他们便成了亲密的朋友，经常出入乔治·桑家的沙龙。这时他们夫妇来到诺昂，给这里的宁静生活增添了歌声和琴声的无限乐趣。波利娜来到诺昂后，又得到肖邦的精心指导，不是她单独弹奏，就是和老师一起四手联弹。他们弹得最多的是莫扎特的歌剧《唐璜》中的音乐和亨德尔、格鲁克、海顿的作品。尽管波利娜已有身孕，但生性活泼开朗的她也特乐意在肖邦的伴奏下放声歌唱，她那甜美的歌喉也常常令乔治·桑赞叹不已。后来波利娜便成了乔治·桑的著名小说《康苏爱萝》的女主人公的原型，这部小说被公认为乔治·桑的最富创造性的代表作之一。

在风光优美、环境幽静的诺昂庄院里，肖邦可以静下心来，集中精力去进行他的音乐创作。像第一次来到诺昂的时候一样，今次的肖邦也取得了丰硕的创作成果，写出了一批优美动听的乐曲。当然，其中的有些乐曲在来诺昂之前就已写出初稿，或者已构思成熟，只是到了诺昂之后才最后修改完成。在 1841 年的这个夏日里，肖邦写出了《f 小调圆舞曲》（作品第 70 号之二），这是一首精巧的小圆舞曲。还为查列斯基谱写了他的第二首诗歌《英俊少年》。他创作的《升 f 小调波罗涅兹舞曲》（作品第 44 号），是一首最为独特的乐曲，"更多的是幻想"，肖邦将这首乐曲题赠给德尔菲娜·波托茨卡夫人的妹妹卢德米娃·科马卢夫娜。《塔兰泰拉舞曲》（作品第 43 号）是肖邦根据意大利民间舞曲而创造出来的一首独创性作品。《第三首叙事曲，降 A 大调》（作品第 47 号）也是此时在诺昂完成的。（题赠给他的学生波利娜·诺瓦耶的）。另外他还写有《升 c 小调前奏曲》（作品第 45 号）、《夜曲》二首 c 小调和升 f 小调（作品第 48 号）。肖邦本想再创作一首 A 大调协奏曲，但可惜没有完成，现只留下快板 Allegro 的手稿。

维亚尔多夫妇住了两个星期之后便离开了诺昂，这里又归于寂静了。于是乔治·桑和肖邦便多次写信给德拉克鲁瓦，邀请他来诺昂与他们共度夏日

的美好时光。但这位忙碌的画家直到 9 月才来到诺昂。不过在他来之前，诺昂还接待了一位客人皮埃尔·勒鲁，他是位哲学家和政治活动家，对乔治·桑的政治思想影响不小，可以说是她思想上的引路人，而且和乔治·桑的私人关系也较密切。他是不请自来的，他的到来引起肖邦的不快，因为他不喜欢勒鲁的激进思想和政治活动，同时对于乔治·桑和勒鲁的亲密关系肖邦也心存芥蒂。人们常说，爱情是自私的。这在肖邦也不例外，尽管他对乔治·桑的过去并不放在心上，但在他的鼻子底下，看到她和别的男人卿卿我我的，他的心里自会产生一种醋意、一种嫉妒和不快。而生性风流的乔治·桑对于肖邦的这种嫉妒和不快也很不理解，因而常常会感到莫名其妙。英国女诗人伊丽莎白·勃朗宁曾这样描述过乔治·桑："成群没有教养的男人跪着崇拜她，在烟雾腾腾和唾液四溅之间……一个希腊人称呼她的名字拥抱她……剧院的另一个男人，粗俗得不可思议，扑倒在她的脚下，称呼她为至高无上的。"

另一件令肖邦不快的事是索朗热放假回来时带回了她的音乐教师玛丽·德·罗齐埃伯爵夫人。罗齐埃是个喜欢搬弄是非的人。此时她正和安东尼·沃津斯基开始了一场复杂的恋爱关系。安东尼是马利亚的哥哥，也是肖邦童年时代的朋友，常常得到肖邦的照顾和帮助。肖邦觉得罗齐埃这个女人爱卖弄自己，咋咋呼呼，爱耍花招。她总是奢谈友情，却又喜欢挖空心思去探听乔治·桑的隐私，因此肖邦很不喜欢她的为人。在巴黎时，肖邦曾让雕塑家丹坦（1798—1878）给他自己制作一尊半身雕像，丰塔那把这尊雕像的复制品给了安东尼。而安东尼又在罗齐埃的怂恿下把它寄回了他的波兰老家。肖邦知道后很不乐意，担心这种举动会引起马利亚及其父母的疑心。因为马利亚正要和约瑟夫·斯卡尔贝克结婚，而约瑟夫又是肖邦教父的儿子，热拉佐瓦·沃拉领地的主人。怏怏不快的肖邦抱怨丰塔那，不该把这尊雕像当作礼物送给安东尼，他在给丰塔那的信里这样写道："唯有今天你信中提到的一件事令我不快，你是猜不到的，那就是你把我的小雕像给了安东尼。我并不介意他得到它，也不是我需要它或者珍惜它……如果安东尼把它寄回波兹南，那么闲话就会满天飞，我已听得厌倦了。我没有委托安东尼去办什么事，就是出于这个原因，两位老人会觉得这件事很蹊跷，他们永远也不会相信这不

第十二章　鼎盛时期的肖邦

是我寄去的……这件事非常微妙，最好再也不要去触它了……安东尼会把一切都告诉罗齐埃小姐的。当然他是好心，但却很愚蠢。而她是个长舌妇，喜欢向别人袒露自己的私情，热衷于招惹是非。她总是无中生有，夸大其词，把青蛙说成是一头牛，她已经不是第一次这样干了。她是一头令人无法忍受的猪猡（只在我们之间这样说说），在我们这块土地上刨来翻去的，想挖出一条通道通向我的私人花园，还在玫瑰花中寻找蘑菇。这是个不能与之打交道的人，因为一旦和她有了接触，就会闹得满城风雨。"

而在1841年9月11日肖邦写给丰塔那的那封信里，进一步谈到了罗齐埃伯爵小姐和他们的关系。"我在不太了解这个女人的情况下，就把这个扫帚星介绍给了乔治·桑夫人的女儿做钢琴教师。她以爱情受害者自居，不断得寸进尺。她从波兰侨民中间打听到我过去的一些私情，也在不同场合中见过面，她便竭力挤了进来，想成为乔治·桑的好友。你很难相信，她是多么狡黠、多么诡诈，多么善于利用我和安东尼的关系。你可以想象得到，这对我有多么开心！尤其是（你也许已注意到了）安托尼并不爱她，只把她当作个老是纠缠他而又不用花费的女人来对待……安托尼天性善良，却不懂感情，他让别人牵着鼻子走，特别是这样狡猾的阴谋者……你也许会认为她对他有某种胃口。她到处追逐他，间接也涉及我，更糟糕的是，连累到了乔治·桑夫人，她认为我和安东尼从小就是好朋友。"

现在这个令肖邦讨厌的罗齐埃来到了诺昂，由于她很会讨好女主人，把乔治·桑哄得一味相信她是个大好人，反而觉得肖邦的反常态度不合情理。因此他们中间常常会出现一些小的争执，乔治·桑曾这样写道："三年来，如果我没有看到他这种病态的迷恋和厌恶，我会一点也不明白。但不幸的是，我对此已熟视无睹了。我曾试图告诫他，告诉他沃津斯基不会来了，他耿耿于怀，一下子跳了起来，声言如果我肯定他不会再来了，那显然是我已把真实情况告诉了沃津斯基。我回答说：是的，我确实告诉了他。我以为肖邦会发疯的。他打算离开诺昂，说我把他当成了疯子，当成了嫉妒人的人，当成了笑料，说我在他和他朋友之间搬弄是非，说这一切都是因为你和我一起无事生非的结果等等。最后他又和往常一样表示，除了我以外，任何人都不要因为他的嫉妒而伤心。"

后来她又写道:"我从来没有休息过。和他在一起,我永远也得不到休息。在这种令人失望的相互关系中,人们永远也无法沟通。前天,肖邦一整天没有和任何人讲过一句话。我不愿意他以主人自居,这会让他将来更加疑神疑鬼。即使他这次得胜了,他也会大失所望,因为他不知道自己想干什么和不想干什么。"

毋庸置疑,像许多男人一样,肖邦也有嫉妒心。他当初不顾一切地爱上了乔治·桑,而乔治·桑也确实倾心于他,对他可以说是百般呵护,用情人、用母爱去温暖他、安慰他,使他感受到了她的情爱。但肖邦是个很重感情的人,对他所爱的人坚贞不二,从不移情别恋,不会同时和几个女人相爱,他也要求他所爱的人对他忠诚、温柔、包容和体贴。他能谅解乔治·桑过去的所作所为,也不限制她和别的男人交往,对于别的男人向她大献殷勤他也能理解,但他很难容忍乔治·桑超越朋友礼仪之外的亲热表示。这位大胆的女作家,大概是出于以往的习惯,见到过去她所喜欢的人总会做出一些举动让肖邦感到不快。也许乔治·桑会认为,这只是一些"情感游戏"。但在肖邦看来,这是有悖于他的爱情准则。当然,肖邦也知道这是她的秉性所致,他不会当面对她说什么,但每当他看到这种场面,心里便会感到不是滋味,这种时候他便会躲进他的房间,用音乐来舒缓自己的心情。过后他又会和乔治·桑和好如初,好像什么事情也没有发生过似的。

还有一件事也增添了肖邦的烦恼,那就是他的波兰仆人。这个仆人随肖邦来到诺昂后无所事事,显得很是慵懒,把自己也当成了客人,而且还不老实,常常去勾引或调戏别的女人,招致乔治·桑家的仆人的不满,甚至厌恶。他们便在女主人面前说他的坏话,甚至提出有他没有我的威胁。在这种形势下肖邦只好把他送回巴黎,让丰塔那给他一笔钱,把他辞掉,以免他一个人在肖邦的居所里再去惹是生非。虽然这是件小事,但对敏感的肖邦来说,这是不给他面子、有损于他的自尊心。而且仆人的离开连和他说说波兰话的人都没有了,这也让他不愉快。幸好格日马瓦和德拉克鲁瓦的先后来到诺昂,才给他们的生活增添了不小的乐趣。

在肖邦离开巴黎之后,丰塔那便成了他在巴黎的代理人和秘书。先是替肖邦托运一架钢琴到诺昂,继之是替他采购日需的物品。再后来是替他抄写

第十二章 鼎盛时期的肖邦

曲谱,并和出版商商谈出版和稿酬的问题。而这位忠诚的朋友总是有求必应,而且会把事情办得妥妥当当的,让肖邦感激不尽,有时肖邦在信里除了感谢之外,还会说一两句俏皮话:"再一次请你原谅我又来麻烦你,不过这还不是最后一次啊。""你是好人,你就把好事做到底吧!"

11月2日,肖邦和乔治·桑母女及其仆人一起回到了巴黎,住在皮加列街16号。一回到巴黎,肖邦便投入了紧张而又忙碌的教学工作。原有的学生一听到老师回来了,都纷纷赶来复课。还有一些新学生也相继前来请求肖邦教他们钢琴,而且态度非常坚决,非要拜在肖邦名下不可。其中就有一个匈牙利出生的德国人卡尔·费茨。这个11岁的男孩被人誉为"神童"。肖邦一开始并不想接受他,觉得这个乳臭未干的孩子不可能有什么长处。肖邦又不好简单地拒绝他,于是他便拿出自己的夜曲让这孩子去试弹试弹,这一弹却让这位爱才的老师欣喜不已,当即便收下了他。费茨的弹奏像个成熟的艺术家一样,不仅技艺娴熟,而且理解力极强。在以后的日子里,肖邦对他可以说是倾囊相授,不仅精心指导他的演奏方法和技巧,更把自己的音乐理念和思想毫无保留地灌输给他,使他很快便成了一个有个性有特点的小钢琴演奏家。肖邦对他的发展寄予了很高的期望,可惜这位天才的神童不久便夭折了,死时还不到15岁。

12月2日,肖邦又应皇室邀请到杜勒里宫去演出,这次演出又受到热情的赞美。随后他照例又参加了一年一度的义捐义演活动。热闹的除夕晚会把1841年送走了,迎来了更为美好的新的一年——1842年。在1841的这一年里,可以说是肖邦生活稳定、身体健康、创作丰收、事业有成的一年。在他事业的发展道路上可谓是一帆风顺,取得了丰硕的成果,受到普遍的赞扬。当然,也免不了出现批评甚至攻击之声。例如过去一直推崇肖邦音乐的舒曼,在《新音乐杂志》上发表的一篇评论肖邦两首夜曲(作品第48号)的文章中称:"肖邦现在可以不用在他出版的作品上署名了,因为他的作品风格一听便能分辨出来。这种说法亦褒亦贬,褒的是肖邦的天分,贬的是他的努力不够……虽然他的作品在形式上一直有更新和创意,但是他的音乐内涵却未有改变,即使在现代艺术史上他已称得上名垂青史,我们却开始担心他的音乐成就无法进一步提升。目前他仅将他的视野局限在钢琴音乐上,但凭着他的才

华,肖邦一定能跃登上艺术殿堂之巅,为我们整个时代的艺术发挥出无与伦比的影响。"(转引自[英]埃蒂斯·奥加《肖邦》,江苏人民出版社1995年版,第158—159页)

  与舒曼的评论相比,1841年10月28日发表在《音乐世界》上的文章则更加粗暴,其作者J. W. 达维森站在极端保守的立场上,完全否定了肖邦音乐的创新性和独特性,认为肖邦缺乏才华,而且名不符实。为此,肖邦在英国的出版商维赛斯及其同伴斯达普列顿联名写信给《音乐世界》,反驳那篇文章的恶意中伤,并援引了一系列著名音乐家对肖邦的肯定和赞扬,其中有莫谢莱斯、门德尔松、李斯特、柏辽兹、希勒、卡尔克布雷纳、车尔尼、赫尔兹等音乐家,和乔治·桑、巴尔扎克等作家的言论。尽管《音乐世界》发表了这封信,但却加上了编辑部的不同观点的按语。早已习惯了各种不同评论的肖邦,现在均能以平常心对待。他按照自己既定的方针,继续走着自己的路。

第十三章
美好生活在继续

1842—1843 年的肖邦

在欢庆 1842 年到来的时候，朋友们一致建议肖邦能像去年那样，举行一场公开音乐会。经他们的一再请求，肖邦不好辜负朋友们的期望，同意举行这场音乐会。音乐会于 1842 年 2 月 21 日在普勒耶尔的音乐大厅举行，还特邀年轻女歌唱家波利娜和大提琴家弗朗肖姆参加演出。波利娜演唱了亨德尔和她自己创作的歌曲。肖邦演奏了《大波罗涅兹舞曲》中的行板，作品第 25 号中的三首练习曲、四首夜曲、三首玛祖卡舞曲。演出大厅座无虚席，掌声经久不息，音乐会获得极大成功。这次音乐会给肖邦带来了 5000 多法郎的进益，而且好评如潮。《法兰西音乐》的报道就像上次李斯特的评述文章一样，用众多的社会名流和贵妇人、小姐们的装扮和容貌，以及音乐会的典雅高贵来烘托这场音乐会的伟大。《音乐报》的评论以充满感情的口气写道："在弗里德里克的手指下，钢琴变得那么驯服那么新颖，完全听从于一位温柔多情的天才的炽热情感的调遣，""肖邦的音乐是纯粹的诗，是妙手化成音响的美妙诗歌。"

就在他欢庆成功的同一时间，他在华沙的启蒙老师伏伊捷赫·齐夫内溘然长逝了。这消息是他姐姐告诉他的，尽管这位恩师已是耄耋之年，八十有六，可谓是高寿而逝，但弗里德里克听到这个噩耗依然很是悲伤。过了不久，4 月 20 日，他的最亲密的朋友之一，杨·马图辛斯基也因肺痨而离开了人世。杨是弗里德里克的中学同学，后进入华沙大学医学院学习。1830 年代中，他来到巴黎，先是和弗里德里克住在一起，后来自己独立了，有了工作，还和一位法国姑娘结了婚。但肺痨一直在追逐着他，使他刚刚 32 岁便夭折了。杨逝世时，弗里德里克和乔治·桑都在他的身边，甚至是死在肖邦的怀中。杨的去世，对弗里德里克是个沉重的打击。据乔治·桑回忆："马图辛斯基经受了漫长可怕的痛苦折磨，可怜的肖邦几乎就像自己在受苦一样……他惊人地坚强勇敢，对脆弱垂死的朋友充满了怜爱，但是随后他就崩溃了。"

尼古拉在 1841 年 12 月 30 日写给儿子的信里曾问及弗里德里克："有一

第十三章　美好生活在继续

件事我感到好奇，你在那篇文章之后见过李斯特没有？你们是否和过去一样相处得很好。如果你们的友谊出现冷淡，那是件遗憾的事。现在既然提到了他，人们常常问我，这是不是事实：听说他和桑夫人要一起到这里来。对此我只能这样回答，你的信里没有提到这件事。"姐姐在附信中也曾写道：据说弗里德里克也要回到华沙来，姐姐说她听了特别高兴，问是不是真的。对于这些问题，弗里德里克如何回答，我们无从了解，因为他写给家里的许多信都遗失了。不过可以肯定的是，弗里德里克是不会回到华沙去的。尼古拉在1842年3月21日写给儿子的信里谈道："你上月25日的来信给了我们双重的快乐：首先，你整整三个月没有来过信，这让我们放了心。其次，是你举行音乐会的消息。从你寄来的剪报可以看出，音乐会令你的观众非常满意，我们衷心祝贺你的成功。"姐姐在附信中也祝贺弟弟的成功。他们在信里都谈到3月1日和5日是弗里德里克的生日和命名日，在5日的那一天，艾斯内尔老教授还亲自来到肖邦家，和他们一起庆贺弗里德里克的生日和命名日。尽管弗里德里克不在华沙家里，但每逢他的命名日，这位老教授都会来到肖邦家，可见这位恩师对弗里德里克的感情之深。尼古拉还在信里问儿子："夏天快到了，你有何打算？是留在巴黎，还是去旅行？"从这些来信可以看出，弗里德里克的父母和姐妹都还不知道他和乔治·桑相爱和同居的事。尽管他们俩已相爱三年了，但到现在都还没有告诉家里，这使我们感到很难理解。但更让我们惊奇的是华沙和巴黎来往的人员不少，两地消息的传播也很快，但弗里德里克和乔治·桑相爱的消息竟没有传到父母的耳中。而更让我们无法理解的是，在巴黎，也不乏波兰的记者和通讯员，他们三年来竟也没有把这样重大的绯闻传回国内，刊登在华沙的报纸上，致使华沙的亲友们都还以为乔治·桑是和李斯特相好。据现存的书信来看，弗里德里克的家里是在他父亲尼古拉逝世时1844年才得知他和乔治·桑相爱的信息的。

　　5月5日，肖邦和乔治·桑动身前往诺昂，让平和与宁静的乡村生活来冲淡弗里德里克失去师友的悲痛，来抚平他心中的创伤。这次和他们一起回去的还有莫里斯和索朗热。为了使心情不好的肖邦过得舒服一些，乔治·桑事先就吩咐家里的仆役将二楼上的房间收拾干净。在这平静祥和的环境里，肖邦便渐渐恢复了生机。宽敞的房间，五月鲜花的芬芳，使身处在花香鸟语之

295

中的肖邦，悲伤的心情得到了缓解。每天早上，肖邦在喝完仆人给他送来的热巧克力后，便起身在房间里来回走动，或是站在窗前，眺望花园里和原野上的花草。不久他便可以弹奏钢琴和作曲了。经帕佩医生的仔细检查，他的肺部情况良好，虽然肖邦仍然觉得胸部有窒息之感。到了5月下旬，肖邦恢复得能自动下楼来和乔治·桑、莫里斯、索朗热一起玩了。他和两个孩子、特别是和莫里斯的关系有了改善。乔治·桑对两个孩子有所偏心，她更喜欢儿子，视他为善解母意的心肝宝贝；对于索朗热这位大胆任性的姑娘，则批评指责多于褒扬宠爱，使她幼小的心灵产生逆反的心理，有时还故意做些小动作让母亲生气，这更招致母亲对她的疏远。索朗热在母亲和哥哥那里找不到怜爱，便转向肖邦，想从他那里得到抚爱。这位14岁的女孩儿很会奉承人，也开始懂得卖弄风情。为了得到肖邦的怜爱，她每天都到外面去采摘一些鲜花送到肖邦的房间里，令一贯喜欢鲜花的肖邦十分高兴。每当她受到母亲的责怪之后，她都会上楼来向肖邦诉说自己的苦恼，肖邦自然会对她安慰一番。她还请肖邦教她钢琴，要是不答应她，她就会想方设法缠着他，非要他答应不可，肖邦也只好答应她了。这样一来，他们的接触就更频繁更密切了，后来有些评论家认为，索朗热爱上了肖邦，肖邦也对她有情有义，这招致了乔治·桑的妒意，也是造成他们关系破裂的原因之一。事实并非如此，索朗热要在肖邦身上寻找的是一种她一直没有得到过的父爱，而肖邦对待她也像对自己的女儿那样，而且从种种迹象可以看出，他也确实是把索朗热当继女来对待的，尽管他不是她的继父。

　　5月底，波兰诗人维特维茨基前来诺昂拜访肖邦，这让肖邦欣喜不已，因为又有人可以和他说波兰话了。6月，罗齐埃小姐也来到了诺昂。上一年夏天，肖邦曾私下称她为"令人难受的猪猡"，现在却对她的态度有所改变，原谅了她的一些行为，因为这个年已37岁的小姐确实想跟安东尼·沃津斯基结婚，在经历了一段恋情之后，却被安东尼抛弃了。大概是由于同是天涯沦落人，都受过沃津斯基家的拒绝，同病相怜，现在肖邦对她的遭遇深表同情，欢迎她来到诺昂。在她来诺昂之前，肖邦还请她代他买一条好围巾，以便他送给乔治·桑家的一个老仆人弗朗索瓦·卡约，他对这个老人有很深的友情。乔治·桑也请她去咨询一下建座温室花房的价格，还要她代买4个台球（要2

白1红1蓝的），以替换被老鼠咬坏的台球。罗齐埃小姐来到诺昂后，也竭力讨好肖邦。她自己曾这样写道："我和肖邦一起长时间地沿着林中最长的一条小路漫步，闲聊着有关波兰的话题。"她还和肖邦一起四手联弹。最初她很想成为肖邦的学生，但因当时她付不起每节课20法郎的学费，只好作罢。后来肖邦觉得她的钢琴弹得不错，便答应免费教她，不过有个条件，他教她一节课，她就要去教索朗热一节课，这是他们达成的协议。

乔治·桑回到诺昂之后，除了田庄事务和安排儿女的学习之外，便忙于写作。她答应勒鲁在5月22日之前完成《康苏爱萝》的最后部分，十天之内完成11章，这期间她还忍受着剧烈的偏头痛和眼睛疲劳的折磨。她在信中告诉巴尔扎克："我夜里写小说，白天骑马，傍晚打台球。"她的生活虽有规律，但有时也因劳累过度而不得不躺在床上休息一两天。罗齐埃小姐在给朋友的信中写道："昨天她在床上躺到傍晚时分……你定会看到肖邦扮演着护士的角色，忠诚、奉献、小心翼翼。"

乔治·桑和肖邦在诺昂的这个夏天，可以说是他们最愉快、最幸福的时期。他们在一起相亲相爱，还和孩子们一起享受着天伦之乐。白天他们俩不是徒步便是肖邦骑驴、桑骑马到旷野去漫游。晚上是全家最愉快的时刻，不是钢琴演奏会，便是业余戏剧表演。这个夏天她们准备了120个木偶，都是她们亲手做的。乔治·桑回忆道："这些演出类似于所谓的打哑巴谜，一切都是从哑戏开始，那是肖邦的发明。他还在钢琴上即兴演奏。年轻人则用喜剧性的舞蹈来表演不同的场景……艺术家用幻想之翼把人们带到他们所希望的地方，从玩笑到严肃，从滑稽模仿到庄严，从快乐到激情……肖邦一旦注意到一个表演者，他就能立即以难于置信的技巧，把他的音乐的内容和形式调整到恰当的角色。"有时肖邦的兴致很高，会表演他的拿手好戏——模仿秀。他幽默风趣地或者夸张地模仿别人，他的表演惟妙惟肖，常常令在场的人开怀大笑，甚至笑得前仰后合。他的这种才能从小就显露了出来，在华沙时就曾受到亲友和同学们的一致称赞。后来在巴黎也曾给李斯特和巴尔扎克等人留下深刻的印象。巴尔扎克在他的小说《商人》中曾这样描写他书中的人物："他拥有肖邦那样发达的模仿人物的天才，他马上就能表现一个人，真实得让人震惊。"

在诺昂，被邀请来的客人先后有画家德拉克鲁瓦、律师迈克尔·德·布尔热（6月），演员皮埃尔·博卡热（7月）。在这些客人中，只有德拉克鲁瓦与肖邦的交情最深，而布尔热和博卡热则是乔治·桑的旧情人，他们的到来反而给肖邦带来不愉快，他们对肖邦也往往充满了妒意，认为他能被乔治·桑爱得这样长久实在是太幸福了。也许乔治·桑邀请他们来诺昂，既是想与他们分享她的生活，又可让肖邦更加珍惜她对他的爱情。不过有时会适得其反，让肖邦感到不快而躲进自己的房间，一天都不说一句话，幸好这两个人在诺昂呆的时间都不长。但德拉克鲁瓦的到来却给肖邦带来无比的欢乐。为了迎接德拉克鲁瓦的到来，乔治·桑特意给他布置了一间画室，好让他在休息之余也能从事他的绘画，同时还能让莫里斯跟着这位著名画家学画。

肖邦在诺昂的这个夏天，除了休息之外，还勤奋创作。刚到诺昂不久，他就创作了两首《玛祖卡舞曲》。据乔治·桑在5月28日写给德拉克鲁瓦的信里谈到，"肖邦谱写了两首非常美的玛祖卡，其价值超过40部浪漫史和整个世纪文学所要表达的内容"。此后他又相继创作了《f小调叙事曲》、《E大调谐谑曲》、《降A大调波罗涅兹舞曲》。

在他们来诺昂之前，乔治·桑认为她在皮加列街的住所由于肖邦搬来共住而显得有些狭小了，她想找一处较为宽敞的公寓，于是她恳请夏洛特·马尔利亚尼替他们俩物色一处这样的公寓。马尔利亚尼很快就在她居住的奥尔良广场上替他们俩找好了一处房子，但需要等他们看过后才能租下。为此乔治·桑和肖邦便于7月29日专门回了一趟巴黎，看过之后，他们觉得奥尔良广场环境优美，虽处闹市而安静。而且广场上住的多是社会名流和上层人士，文化氛围较浓，租金也适中。乔治·桑为自己租下了5号楼的两套公寓：一层是一套较大的公寓，而四楼的那套较小，只有莫里斯和索朗热的两间卧室，以及一间莫里斯的画室。两套公寓的年租金是3000法郎。肖邦则在9号楼选了一套公寓，有门廊、卧室和一间大厅，面对着花园和喷泉，年租金是600法郎，相当于肖邦教30节课的收入。乔治·桑和肖邦虽是各租有自己的住房，但相隔只有几步路，仍然像一家人一样，但又保持各自的空间。于是他们俩都签下了租约，便于8月9日回到了诺昂。这期间，肖邦创作的《升c小调玛祖卡舞曲》，被认为是最具特色的乐曲之一。

第十三章 美好生活在继续

9月初,维亚尔多夫妇带着他们的女儿路易塞特来到诺昂,可爱的婴儿给诺昂带来无比的乐趣和生机,大家都争着去抱她、逗她。9月13日是索朗热14岁的生日,庆贺她的晚会热闹非凡,肖邦以即兴演奏来助兴,波利娜也舒展歌喉,为索朗热唱了好几首歌,晚会直到凌晨1点才结束。也就是在这期间,早就迷上了波利娜的莫里斯,第一次大胆地向波利娜求爱,自然遭到了对方的拒绝。9月下旬,乔治·桑吩咐她的新仆人,要在9月28日早晨在巴黎的新寓所里准备好"咖啡、肉汤、鸡蛋、奶油和黄油"。这一天,他们返回了巴黎,住进了新租下的奥尔良广场上的公寓。

奥尔良广场,也可以说是一座半封闭式的庭院。里面有九座四层楼的白色石头建筑物,每座楼里有两三套宽敞的住房。庭院里面是一座绿树成荫、干净整洁的花园。住在这座庭院里的除了马尔利亚尼一家外,还有音乐学院的教授皮埃尔·约瑟夫·齐默尔曼及其女儿女婿,有路易和波利娜·维亚尔多夫妇,钢琴家卡尔克布雷纳,作家大仲马和路易埃诺,雕塑家当唐,喜剧家安托宁·马蒙泰尔,作曲家阿尔坎等一大批文化名人。这样的环境非常适合乔治·桑喜爱交际的个性。乔治·桑很喜欢她的新住所。她在10月10日致朋友的信中写道:"公寓非常漂亮,非常舒适。在他那边,大师准备了一个出色的沙龙来接待他那些出色的伯爵夫人们和尊贵的侯爵们……索朗热星期天回到她的寄宿学校去了,没有流眼泪,也没有哭闹……莫里斯在钉钉子,把他的石膏灰泥板粘在墙上。我们都像黑奴一样在工作。"

在奥尔良广场,乔治·桑、肖邦和马尔利亚尼组成了一个共同体。午饭和晚饭一起在马尔利亚尼家吃,由大家摊派伙食费,厨师由乔治·桑的女仆担任,休息和娱乐则到乔治·桑的客厅里,要听音乐都去肖邦的住所。有一段时间他们在一起过得都很快活、很和睦融洽。

回到巴黎不久,肖邦就接受了一名新的学生——威廉·冯·伦茨。他已是沙皇宫廷钢琴师的顾问了,曾跟李斯特学过钢琴,并由李斯特推荐给肖邦的。伦茨在回忆录中曾这样谈到他第一次见到肖邦时的印象:"肖邦前来迎接我,一个年轻男人,中等身材、瘦弱,他的面容疲惫,但富于表情,穿着巴黎最精致的衣服。我从来没有遇见一个这么自然、优雅、诱人的人。肖邦没有请我坐下,我就继续站着,仿佛站在一个君主面前。随后肖邦说话:'我能

为你做什么？你是李斯特的学生，一个艺术家？'伦茨回答说：'我是李斯特的朋友，我是否有幸能在你的指导下研究你的玛祖卡，我把它当作了圣经。我和李斯特一起研究过其中的几首。我迟迟才意识到，我犯了大错。'"随即肖邦要他弹弹他和李斯特研究过的那几首乐曲。听过之后，肖邦便答应他："我会给你上课的，但一周只能两次，那是我最大的极限了，我很难找到三刻钟的空闲时间。"伦茨后来成了肖邦最优秀的学生之一，并写有《大师》一书，那是他研究肖邦和李斯特音乐的一部专著。

肖邦回到巴黎后，身体状况较为稳定。于是他经常在自己的住处举行小型音乐会。除了他自己演奏外，还邀请朋友们来演唱。11月底，他为之骄傲的学生、13岁的费茨，第一次在他的公寓里当众演奏。肖邦还在另一架钢琴上和他合奏了《f小调协奏曲》。次年1月，费茨又在银行家罗特席尔德的豪宅里为上百名客人公开演奏。4月他又在埃拉德音乐厅举行了首场公开音乐会。所有这些演出，都是肖邦亲自安排的。为了自己的学生，肖邦可以说是呕心沥血，千方百计地把他们推向公众，以便他们更快地成长。

这期间，肖邦还为波兰同胞舞蹈家杜尔齐诺维奇夫妇在巴黎的意大利剧院的演出费了一番周折，早在6月，艾斯内尔便给肖邦来信请他帮忙安排这对夫妇在巴黎演出的事宜，回到巴黎后，肖邦便多方联系，最终他们在意大利剧院演出了波兰的芭蕾舞剧，演出获得很大成功。此外，肖邦还参加了波利娜·维亚尔多在意大利剧院的首场演出，她在罗西尼的歌剧《赛密拉米德》中担任主角。同时肖邦还参加了好友尤利安·丰塔那的晨间音乐会。凡是朋友举行的任何演出，只要他的身体允许，他是每场必到，因为肖邦是个非常讲义气、非常看重友情的人。

1843年的到来，肖邦依然在忙于创作、教学和社交生活。他和乔治·桑的住所很快便成了巴黎最具特色的沙龙，能把不同阶层不同观点的人士聚合在一起。在肖邦的客人中，有当时巴黎最富裕的金融家罗特席尔德、银行家列奥和韦尔斯。肖邦是通过海涅认识罗特席尔德一家的，罗特席尔德原是德国的银行家，后到法国来发展，夏洛特是罗特席尔德家族在巴黎的开拓者，经过他的经营，成了法国最大的金融家。肖邦刚到巴黎不久，他的妻子贝蒂便拜肖邦为师，学习钢琴。随后肖邦和夏洛特的儿子纳塔涅尔成了很要好的朋友，纳塔涅尔的妻子夏洛蒂也对肖邦怀有"一份感人的记忆"。肖邦曾把他的两部作品题赠给这位夏洛蒂夫人。作为肖邦的常客的有波兰大贵族查尔托里斯基公爵一家、拉吉维乌公爵一家，有法国皇家副官佩尔蒂伯爵，屈斯蒂纳侯爵等法国贵族，以及密茨凯维奇、丰塔那、格日马瓦、弗朗肖姆、希勒、阿尔坎等文艺界朋友。此外，经常来集会的还有乔治·桑的左翼政治思想界的朋友勒鲁、勃朗、阿拉果和拉门奈斯。文学界的朋友雨果、巴尔扎克、圣伯夫、拉马丁，以及他们共同的朋友：德拉克鲁瓦、海涅、多瓦尔、维亚尔多夫妇和马尔利亚尼一家。在巴黎能把这许多出身不同、信仰不同、政治观点不同、民族不同的社会精英云集在一起的沙龙，可谓是独此一家，他们的到来并不单纯是为了听音乐，也有一些对时势的交流，观点虽有不同，但还能相互容忍，气氛较为融洽，而且这种交流对双方都是有益的。据说，1843年卡尔·马克思来到巴黎的时候，海涅曾把乔治·桑介绍给当时只有25岁的马克思。马克思当时对圣西门的学说和法国的左翼运动也很感兴趣。但马克思有没有参加乔治·桑家的集会就不得而知了。不过他们都曾为由勒鲁瓦和阿拉戈主办的报纸《改革者》写过文章。直到1845年马克思被驱逐出法国，他都还在为巴黎的报刊写稿，后来乔治·桑和马克思还有通信的联系。也就在此时，马克思和恩格斯结识，开始酝酿《共产党宣言》的撰写工作。至于肖邦有没有见过马克思，不得而知，因为没有留下任何资料谈及此事。即使在大庭广众之中见过，由于马克思当时还很年轻，名气不大，也不会留下深刻的印象。

1843年春天，李斯特前往波兰进行巡回演出。2月他先到波兹南，并在这里遇见了柏林的音乐评论家卢·列尔斯达布，这个保守主义者曾撰文尖锐批评肖邦的作曲。后来他的观点有所改变，此次与李斯特相见，便请他写封介绍信，打算到了巴黎之后他好去拜访肖邦。李斯特便立即给他写了信，信中写道："在列尔斯达布和你中间不需要中间人，我亲爱的老朋友，列尔斯达布是个具有高度文化的人，你也受过很好的教育。虽然你们过去并未很好地相互了解，但你们会立即了解的（尽管艺术家和评论家不易相互了解）……我想利用这次机会再次向你重申，即使你会觉得无聊，我对你的友谊和崇敬

是永远不变的。任何情况下作为朋友你都可以信任我……李斯特。"由于肖邦和李斯特的关系已不像从前那样亲密，对于李斯特到波兰的演出行程，肖邦并不十分了解，李斯特也没有告诉过肖邦。

1843年3月末，李斯特来到波兰古都克拉科夫，并在那里举行了他访问波兰的第一场音乐会，受到热烈欢迎。在为他举行的午宴上，李斯特发表了热情洋溢的讲话。他讲到了波兰和匈牙利受到外族侵略的共同命运，并举杯为他的波兰朋友密茨凯维奇和肖邦祝福干杯。4月1日，李斯特到了华沙。随即他便去拜访了弗里德里克·肖邦的父母和艾斯内尔教授，还给他们送去了音乐会的门票。在华沙，李斯特举行了三场音乐会，在第二场音乐会上，他演奏了肖邦的练习曲和玛祖卡舞曲，在第三场音乐会上他又演奏了肖邦的《莫扎特主题变奏曲》。《华沙报》4月10日曾写道："李斯特在肖邦的玛祖卡中，用我们的语言、我们的感情向我们说话。令我们惊讶的是，充满整个演奏大厅的一切都变成为赞美的喊叫声，欢乐与激情的泪水。"由于这一时期弗里德里克和家中的来往书信均已遗失，我们无从了解尼古拉夫妇的反应。

1843年5月22日，肖邦带着自己的仆人——波兰人杨，随乔治·桑一道来到诺昂。这一次她的儿女没有同行，因为索朗热还留在寄宿学校学习，莫里斯到他父亲那里去了，要到6月才能回来。不过和他们一起来的还有路易·维亚尔多和他的一岁半女儿及其保姆。孩子的母亲波利娜到维也纳演出去了，把女儿托付给乔治·桑照顾。孩子带给他们许多欢乐："这个世界上最好玩的孩子叫我'妈妈'，在我儿子不在的期间，他是我们的幸福和唯一的欢乐。"路易只呆了几天便回巴黎去了。于是诺昂只剩下肖邦和乔治·桑俩人了，他们在一起度过了一段非常幸福的时光。他们依旧是像在度蜜月那样，你恩我爱的，常常一起出外散步，有时还走得很远。为了使体弱的肖邦不至于过分疲劳，乔治·桑便找来一匹名叫马戈特的母驴供肖邦乘骑，她自己则有时徒步，有时骑马和他并辔而行。有一次，乔治·桑在给儿子的信中写道："当一头种驴追求马戈特的贞操时，它用力踢过去，像一个真正的烈女。肖邦又叫又笑，我用伞招待了那头公驴。最后我们都安然无恙地度过了这次可怕的冒险，马戈特也用不着自杀了。"

7月17日，德拉克鲁瓦来到诺昂。这次他是乘火车从巴黎到奥尔良，再

第十三章 美好生活在继续

从那里换乘马车到达诺昂的。从巴黎到奥尔良的铁路是法国最早修建的铁路之一，它的开通大大方便了法国中部的居民。对于患有风湿病的德拉克鲁瓦来说，更是一件喜事，免除了他长途乘坐马车的颠簸之苦。不过他只在诺昂住了十天便回巴黎去了。8月13日，肖邦独自回到巴黎，以便和施莱辛格商谈乐曲的出版问题，同时把放假的索朗热接回诺昂。在肖邦离开诺昂前，乔治·桑便写信给夏洛特·马尔利亚尼："我的小肖邦还在这里。我信任地把他交给你，照顾好他。我不在的时候，他不太会照顾自己。他有个好心但很笨的仆人，我不担心他的晚饭，因为各方面都会邀请他……不过早晨，我担心他会忘记喝巧克力或肉汤，我在的时候会强迫他喝这些的……肖邦现在很好，他只需要像其他地方一样的饮食和睡眠。"肖邦一到巴黎便去拜访了夏洛特，随后几天他去看了歌剧和几位亲密朋友，并于8月16日和索朗热一道乘火车回到诺昂。

9月1日，维亚尔多夫妇和波利娜的母亲来到诺昂，这给诺昂带来了欢乐的氛围。波利娜是肖邦特别喜爱的一位歌唱演员，又是他的得意学生。而乔治·桑对她也很是疼爱，称她为"我的女儿"。莫里斯更是开心，因为他早就爱上了波利娜。只有索朗热觉得自己被冷落在一边，不过令她高兴的是，她母亲因专注于波利娜一家人而很少管她，她落得自在。路易只能呆到9月8日便要回到巴黎，但他的那些女眷们却可以再住一个星期，这令莫里斯高兴极了。因为波利娜的丈夫不在，他可以向她大献殷勤，每天都围着她转，以博得她的欢心。

这期间，诺昂庄园还举行了一场婚礼，那是乔治·桑家的女仆、年轻寡妇弗朗索瓦·卡约和本村农民让·奥康特的婚礼。婚礼是由乔治·桑亲自主持和操办的，在诺昂庄园举行了三天，还邀请了村里60多位农民参加，他们在广场上大摆婚宴，还连续三天晚上举行舞会。索朗热的生日正好与婚礼巧合在一起，年轻活泼的索朗热不放过一支舞曲，直到她跳到尽兴疲累为止。莫里斯也缠着波利娜不放，跳了一曲又一曲。舞会由当地的乐队伴奏，肖邦第一次听到由风笛演奏的一种贝里的古老舞曲。婚礼结束后的第二天，莫里斯便把波利娜母女和她的母亲护送到奥尔良火车站，从那里她们乘火车回巴黎。

波利娜一家离开后，诺昂又归于平静。为了使生活过得更加丰富多彩，

303

乔治·桑便在9月底组织了一次三天的外出旅游，去参观克罗桑特的城堡废墟。他们一共九个人：乔治·桑、肖邦、莫里斯、索朗热、伊利波特和他的妻子，加上三个仆人——他们负责装有食物、饮料、衣服和被褥的马车。肖邦骑驴，伊利波特的妻子骑马，其他人步行。他们沿着克鲁塞河缓慢行进，穿过山丘峡谷，晚上便睡在铺在地上的干草上，白天在河里游泳、晒太阳，这一路，他们过得非常惬意，有一种特别的情趣。到达克罗桑特后，莫里斯画了好多幅城堡的速写，随后他们便愉快地返回了诺昂。

10月28日，肖邦和莫里斯回到巴黎，乔治·桑和女儿索朗热留在诺昂，以便静下心来赶写她的小说《让娜》，直到11月29日她才回到巴黎。尽管分开只有一个月，但乔治·桑总是放心不下肖邦，不是要她儿子写信告诉肖邦的身体状况，还要他照顾好肖邦，就是写信给格日马瓦，要他随时向她报告肖邦的情况："11月底我就可能回巴黎，但是如果我的小家伙生病了，我一接到通知就会马上回去。"一会儿又吩咐罗齐埃小姐，要她下令给肖邦的仆人，让他给肖邦准备好肉汤供他早上喝。总之，她对肖邦又是关切又是体贴，而肖邦也像个初恋的情人一样，给乔治·桑是一天一封信，字里行间都充满了对她的爱意。11月10日肖邦突然生病，他胸痛、咳嗽、吐血。莫林医生在照顾他，几天后他的病情有了好转。莫里斯曾将肖邦的病况告知母亲，但乔治·桑并没有像她许诺的那样，立即赶回巴黎，也许是肖邦自己劝她不要担心，还是留在诺昂写完她的小说为好。

11月29日，乔治·桑和索朗热回到了奥尔良广场上的公寓里，和她的"两个儿子"会合。在这个夏天，肖邦主要是休息，保养身体，因而他的音乐创作不像往年在诺昂时那样多，只写出了两首《夜曲》（作品第55号：f小调，降E大调），三首《玛祖卡舞曲》（作品第56号：B大调，C大调，c小调）。这些乐曲依然保持着很高的水平，体现出他一贯的创作特色。

悲喜交集的1844年

1843—1844年的这个冬天，对于肖邦说来是个难熬的冬天。从诺昂回来之后，疾病便不断纠缠着他。尽管这些疾病还不至于夺去他的性命，但也给他带来难以忍受的痛苦，使他不得不卧床休息，无法正常工作和活动，甚至连好友举行的音乐会都不能去参加。例如1844年1月初，他的20岁的波兰女学生索菲亚·罗赞加德（她是波兰诗人博格丹·查列斯基的未婚妻），特邀他去参加她的首场音乐会。他因为"不能呼吸"而"不能有幸聆听你明天早晨的音乐会"。过了几天，肖邦向她提议："如果差一刻一点钟适合你，我愿听你的演奏，祝一切顺利。"

2月2日下午，肖邦在他的寓所专为波兰朋友举行了一次聚会。参加的客人当中，有波兰著名的儿童文学作家克·霍夫曼（肖邦小时候就爱读她的作品），诗人维特维茨基、查列斯基、曾当过议员的约瑟夫·托马舍夫斯基夫妇和塔尔诺夫斯卡小姐。事后查列斯基曾在日记中这样写道："肖邦出来了，他脸色苍白、憔悴，但精神很好、兴致很高，热情和我们相迎。他坐到了钢琴前……先是弹奏了美妙的前奏曲，随后是摇篮曲，接着是玛祖卡舞曲，随后又是摇篮曲。关于这首摇篮曲霍夫曼夫人对我们说：伯特利的天使们就是这样唱的。接着是优美的波罗涅兹。随后是对我的即兴诗的回敬，在即兴演奏中反映出对过去的痛苦而又亲切的一切声音，引起哭泣的杜马诗，最后以'波兰没有灭亡'的所有音调而结束：从战斗的音调到儿童和天使的音调。关于即兴曲可以写成一部书。"

3月初，肖邦还参加了出版商普勒耶尔的母亲的葬礼。这期间，肖邦还接受了一位新的学生简·威廉明娜·斯特林。她原是爱丁堡一位银行家和基朋达维庄园主的女儿，和姐姐凯瑟琳·厄斯金一起，经常是在一年当中巴黎住半年、在苏格兰住半年。斯特林的年龄和乔治·桑一样，都要比肖邦大六岁。1832年，斯特林就曾听到过肖邦的演奏，给她留下了深刻的印象。后来她经过多年的观察和考虑，决定投到肖邦的门下，拜他为师。尽管她的天分不是很高，但还是有相当的演奏水平。她对肖邦的音乐、甚至对他本人都非常着迷，而且还渐渐爱上了这位声名日隆的青年音乐家。尽管她的爱情没有得到对方的回应，但应该承认，她对肖邦的后几年生活帮助很大，在他经济拮据甚至穷困潦倒的时候，就是她无私地暗中接济了他，使他安宁地而又体面地走完了人生之路。像其他女性一样，她也免不了因爱而生的嫉妒之心。她怀

疑乔治·桑对肖邦的忠诚，甚至认为乔治·桑对肖邦的爱也是有害的，他们并不适合在一起。虽然后来在肖邦与乔治·桑决裂之后，斯特林很想取代她的位置，但深受打击的肖邦再也没有爱上过别的女人，不过对于斯特林的友情他还是很看重的，曾把自己新创作的夜曲题赠给她。

然而肖邦和乔治·桑依然处在亲密的关系中，但也免不了一些小的摩擦。罗齐埃小姐此时认为，他们之间"很温柔很尊敬"，但"爱情不再存在了，至少乔治·桑这方面是如此……存在的是温柔和奉献、混合着遗憾、悲哀、厌倦"。当时是肖邦学生的索菲亚·罗赞加德在写给自己父亲的信中曾提到肖邦的情况："他像一个宠坏了的孩子一样反复无常，斥责他的学生，冷漠地对待他的朋友。这种情况大多发生在他生病的时候，或者是和乔治·桑夫人发生争吵的时候。"尽管肖邦和乔治·桑时有争吵，但在客人面前和社交活动时，他们依然是亲亲密密，像一对恩爱的夫妻一样出现在各种集会和音乐会上。4月28日，在李斯特和大仲马的陪伴下肖邦出席了阿尔坎的音乐会。5月25日他们又一起参加了由门德尔松作曲的索福克列斯《安提戈涅》在奥德安剧院的首场演出，并和雨果等作家相遇。

从剧院回到住所，肖邦看到了一封家中来信，说他的父亲尼古拉已于5月3日在华沙逝世。听到这个噩耗，弗里德里克悲恸欲绝，陷入深深的痛苦之中。他立即把自己关在房间里，不吃不喝，不愿和任何人说话，包括乔治·桑在内。见此情景，乔治·桑第二天便写信给弗朗肖姆，要他前来劝慰肖邦，因为他是能影响肖邦的少数几个朋友之一。她还捎信给莫林医生，要他下午1点钟前来看看肖邦："因为得知父亲的去世，他崩溃了。"73岁的尼古拉得的也是心肺之病，晚年经常咳嗽。他是死在次女伊莎贝拉的家里，伊莎贝拉夫妇为了照顾年老体弱的父母，便把他们接到自己在新世界大街1255号（今47号）的住所。葬礼于5月6日举行，华沙教育界和文艺界的许多知名人士和朋友，以及他的众多学生都前来送殡。这位受人尊敬的老师被安葬在华沙最大的波旺基墓地。神父在致悼词时盛赞了尼古拉的高尚品德，同时还提到了他那"欧洲声望"的儿子。5月12日，《华沙信使报》还发表了一首短诗："善良的肖邦去了，他给我们留下了一个儿子，以伟大天才而闻名。他那崇高的声望，给我们祖国带来骄傲，在他的家庭里，父亲的高风亮节放

第十三章 美好生活在继续

射出光芒。"

为了让弗里德里克尽早摆脱丧父的痛苦,乔治·桑决定变换环境,也许诺昂的乡村氛围有助于缓解他的悲痛,于是他们便于 5 月 29 日离开巴黎前往诺昂。大概是出于女性的直觉,乔治·桑认为这是她与肖邦家庭取得直接联系的最佳时机,于是在出发之前,她给弗里德里克的母亲寄去了一封信,信是用法文写成的。在这封信之前,弗里德里克有没有把自己和乔治·桑的关系告诉家里,我们难以判定,因为弗里德里克写给家里的大量书信都已散失,我们姑且把乔治·桑的这封信当成是她和肖邦家直接联系的开始。乔治·桑的信是这样写的:

尊敬的夫人:

我想没有什么比这个令人钦佩的孩子的勇气和自持,更能让我亲爱的弗里德里克的最好的母亲感到宽慰的了。您知道,他的这种痛苦是多么深沉,他的心情又是多么悲伤。但要感谢上帝,他没有病倒,再过几个小时我们便要到乡下去了。在经受了这样沉重打击之后,最终可以得到休养了。

他只想您,想他的姐妹们。他如此热烈地爱着你们,你们的悲伤使他不安,像对待自己的悲伤那样揪心。从您这方面来说,请您至少不用担心他得不到照护。我不能解除他的悲痛,因为它是那样的合情合理,那样的深沉、持久,但是我能关心他的身体健康,并能给他以热忱和无微不至的关心,就像您本人所做的那样。这是一种最令人愉快的义务,我为自己能承担这一义务并永不失职而感到幸福。我向您保证、并希望您能相信我对他的奉献精神。我不是说,您的不幸令我感同身受,就像我认识这个您们悲哭的高尚的人一样,尽管我的同样是如此诚挚,但也无法缓解这一可怕的打击。但我可以告诉您,我会把自己的时间花在您儿子的身上,并把他当作自己儿子一样看待。我知道,我只能在这方面对您的心灵略表安慰,为此请允许我给您写信,以便告诉您——我最亲爱的朋友所崇敬的母亲——我是深切忠于您的。

乔治·桑

6月13日，弗里德里克的母亲也用法文给乔治·桑写了回信。

> 我衷心感谢您对我说的那些感人话语，它使我那可怜的受到悲伤和不幸折磨的心灵得到一些安慰。在我的不幸中，除了泪水和对我的益友堪称典范的一生怀有不可磨灭的回忆之外，便再也找不到别的慰藉了。至于我对弗里德里克的担心，那是无边无际的。在我经受的这场打击之后，我所想念的只有这个可爱的孩子了。他孤身一人漂泊在异国他乡，身体又是如此的虚弱，拥有一颗如此挚爱的心，肯定会被这残酷的噩耗打倒。我的其他孩子虽然都在我身边，但我感到痛苦的是我不能在这可怕的时刻去拥抱我最心爱的儿子，并帮助他从绝望中摆脱出来。我为他担心，我的灵魂没有片刻的安宁。您很理解我身上在发生什么，只有母亲的心才能真正感受到这一点，并使我的心灵得到真正的安慰。为此，弗里德里克的母亲衷心向您表示感谢，并把自己疼爱的孩子交托给您慈母般的呵护。请您做他的护卫天使，就像您做我的安慰天使一样。请您相信，我们对您这种无法估量的奉献精神是深表敬意和感激的。
>
> 尤斯丁娜·肖邦

与此同时，弗里德里克也收到了妹夫巴尔钦斯基和妹妹伊莎贝拉的来信。在妹夫写来的长信中，把父亲尼古拉逝世前后的详细情况告诉了弗里德里克。临死前，这位父亲还紧紧盯着弗里德里克的肖像，并要巴尔钦斯基转告弗里德里克：人都不免一死，他已是高龄了，要儿子不要为他悲伤，他嘱咐儿子要注意身体，他健康就是父亲的最大安慰。妹妹的信较短，但他们夫妇都对乔治·桑表示了深深的感谢之情。巴尔钦斯基甚至在信中这样写道："要听从你的护卫天使以理智和心灵发出的忠告，我只是从她的文字中认识了她。我敬重她、尊敬她、崇拜她。如果我能见到你，我会跪在她的脚下，用感谢的泪水淹没她，感谢她提供给你的温柔和母亲般的照拂。妹妹也为了她对你的温柔和对我们的感情而向她表示感激，她的话让母亲和我们对你的健康放心了，但母亲不知道诺昂在哪里，别人问我，我也不知道，查地图也没有查到。"从弗里德里克的母亲和妹妹、妹夫的来信可以看出，乔治·桑的这封信写得正是时候,达到了她预期的效果,博得了肖邦一家对她的承认、尊敬和喜爱。

1844年5月30日,肖邦、乔治·桑、莫里斯、索朗热和仆人们回到了诺昂。可惜天公不作美,一到诺昂,大雨便下个不停,本来心情就不好的肖邦遇到这样的天气,更是增添了郁闷。悲伤苦闷的心情还没有缓解,病魔又来袭击他。他牙痛,还发起了高烧,不得不在床上躺了一个星期。在发烧期间,肖邦常常出现幻觉,看见父亲和马图辛斯基的幻影老是在他面前晃来晃去、忽隐忽现,仿佛死神前来纠缠他。多亏了乔治·桑的悉心照护和波佩医生的精心医治,他的病情才渐渐好转。

6月,维亚尔多夫妇前来诺昂访问休息,给这里的生活增添了不少乐趣。尤其令弗里德里克无比欣喜的是,他的姐姐路德维卡和姐夫卡拉桑提·英德热耶维奇将于7月份前来巴黎旅行,并看望自己的弟弟,同时也可借此机会认识他的那位恋人和保护人。听到这样的好消息,真如灵丹妙药,弗里德里克的病情顿时大为好转,心情也更加舒畅。打从1830年离开华沙以来,弗里德里克便再也没有见到过姐姐。姐夫他虽然认识,那也还是在华沙学习的时候,卡拉桑提曾寄宿在他家里,如今也过去了十多年。听到这个消息,乔治·桑便立即写信给路德维卡,热情欢迎他们夫妇前来巴黎,并邀请他们俩到达巴黎后便住在她的奥尔良广场的公寓里,同时还希望他们前来诺昂做客。

7月13日,肖邦独自回到巴黎,以便迎接姐姐的到来。过了两天,弗里德里克终于迎来了阔别14年的姐姐,姐弟相见,拥抱亲吻,他们两人都是泪水横流,既激动又高兴。回想起当年,弗里德里克还是个20岁的毛头小伙子,如今已是个过了而立之年的事业有成的音乐家了,而姐姐路德维卡当时还是个待字闺中的窈窕淑女,现在已是个为人妻、为人母的妇人了。姐弟俩人都有了较大变化。弗里德里克把他们安置在奥尔良广场的乔治·桑的公寓里,因为那里更为宽敞,可以让姐姐他们住得舒服一些。在随后的十多天里,弗里德里克一直陪伴着姐姐和姐夫,他们一起去博物馆参观,到剧院去看歌剧和听音乐会,他们还游览了植物园和巴黎圣母院、卢浮宫等名胜古迹。弗里德里克还和他们一起去拜访了在巴黎的一些波兰人,其中就有早已熟知的女作家霍夫曼夫人、格日马瓦等人。遗憾的是,他们没有见到童年时代的朋友维特维茨基和丰塔那,前者在维也纳,后者去了美国。他们还参加了波兰

侨民的活动,亲身感受了波兰流亡者的生活,还看到了在波兰国内禁止出版和销售的波兰书籍,如密茨凯维奇的《先人祭》第三部和《塔杜施先生》等。

乔治·桑因赶写小说《磨房主》而未能到巴黎去会见英德热耶维奇夫妇。7月26日弗里德里克回到了诺昂,而让姐姐和姐夫留在巴黎,以便他们能单独处理自己的一些事务,卡拉桑提是位工程师,对于法国的工业技术颇感兴趣,想多了解一些这方面的情况,以便回国后对自己的工作有所帮助。弗里德里克的单独回到诺昂,是经过他和姐姐商量之后才决定的。他当时的理由是:一是要赶写完《b小调奏鸣曲》,二是多日陪伴姐姐他们,深感身体疲劳,有些不支,想先回到乡下去休息一下。

8月9日,路德维卡和卡拉桑提夫妇来到诺昂,自然受到了乔治·桑的热情欢迎和殷勤招待。面对着自己情人的亲姐姐,乔治·桑自然会百般迎合她的愿望,获得她的欢心,表现出她的亲和力的一面。相处不几天,乔治·桑就博得了路德维卡对她的喜爱,建立起了亲密的友谊。他们在诺昂住了三个星期,乔治·桑后来写道:"这短暂的相聚是她和肖邦生活中最幸福的一段时光。"她把路德维卡形容为"完全优越于她的时代和她的国家,有着天使的特性"。在他们访问诺昂期间,乔治·桑想方设法让他们过得舒心,她组织了几次到附近城镇去参观旅游的活动,让他们更多地了解法国和接触法国农民。其他时间则让他们自由支配。白天卡拉桑提和波佩医生出去打猎,弗里德里克则和姐姐一起散步,带着她参观诺昂庄园的花园,向她介绍乔治·桑要建花房的地点。兴致好的时候他们便会沿着小路,一直漫步到树林深处。姐弟俩在一起老是有说不完的话,路德维卡把她结婚后的情况都一一告诉了弟弟,同时还把父母最近几年的状态和父亲临死前对儿子的思念与叮嘱都向弗里德里克讲述了一番。她还告诉弟弟,母亲已和妹妹伊莎贝拉一家住在一起,他们在新世界大街有一套六个房间的公寓,住房宽敞,又有人照顾,她要弟弟放心,不用为母亲担心。更令弗里德里克欣喜的是,姐姐的到来又把他带回到了童年时代,那时候姐弟俩在一起嬉闹游玩,常常是四手联弹,双双沉浸在美妙的琴声中,往往忘记了时间。如今在这宁静的异国乡村中,姐弟俩又开始了四手联弹。和过去相比,虽然缺少了一些童年的稚趣,但却显得更加的成熟,对乐曲的理解更深入,弹奏技巧更完美,两人弹奏起来更得心应手,

第十三章　美好生活在继续

更合节拍。两人又像童年一样，双双沉醉在联弹的美妙琴声中，心里顿时充满了快乐。在这种气氛的感染下，连乔治·桑也显得格外的高兴，有好几个晚上，她止不住也来朗读一下她新创作的小说《磨房主》。喜爱文学的路德维卡对于这位著名的法国女作家早就崇敬不已，在未得知她和弟弟是情人之前就听到过她的名字，读过她的作品，如今能听到这位女作家的朗读，而且说是专为她朗读的，这使路德维卡倍感荣幸。有的晚上，弗里德里克为了让姐姐更好地了解自己的音乐，还单独演奏了自己以前创作的乐曲，兴之所至，他往往会即兴发挥，让在场的人都陶醉在他的琴声中。有时他还让索朗热弹奏贝多芬的奏鸣曲，或者他们两人联弹他新创作的贝里舞曲。这个已长成亭亭玉立的美少女，在这段时间里也表现得循规蹈矩，温文尔雅，更懂礼貌，也更会讨好人了，因而也博得了路德维卡对她的喜爱。

8月28日，路德维卡和卡拉桑提·英德热耶维奇夫妇告别了乔治·桑一家，离开诺昂经奥尔良乘火车回到巴黎。弗里德里克是和他们一起回到巴黎的，他们在巴黎又停留了五天。这期间，弗里德里克又带他们去了法兰西剧院和沃德维尔剧院观看演出。离开巴黎前的那个晚上，他们是在弗朗肖姆家度过的。这位大提琴家热情款待了这对远方来的夫妇。饭后他还和肖邦一起演奏了他们共同创作的大提琴和钢琴二重奏曲，以及其他的乐曲，演奏直到深夜才结束。好客的主人，丰盛的晚餐，再加上两人天衣无缝的合奏，都给英德热耶维奇夫妇留下了难忘的印象。于是他们怀着对法国、对巴黎的美好印象，于9月3日离开巴黎返回波兰。在离别的时刻，姐弟俩又是一番动情的叮嘱和祝愿，免不了热泪盈眶。送走了姐姐和姐夫，弗里德里克便于次日返回诺昂。

在肖邦离开巴黎的这个夏天，由于丰塔那移居美国，弗朗肖姆便成了他在巴黎的代理人。肖邦在8月1日给弗朗肖姆的信中既表达了他打扰他的歉意，又对他说："我爱你，我把你当作兄弟，吻你的孩子，向你的妻子致以热情的问候。"随即便请他去与出版商打交道，解决乐曲的稿酬问题。弗朗肖姆也和丰塔那一样办事认真负责，而且精明能干，委托给他办的事都能让肖邦满意。此外，玛丽·德·罗齐埃也成了他的另一位代理人，许多事务性的事情都是请她办理的。比如，在姐姐离开巴黎之后，肖邦就让罗齐埃给他姐姐

邮寄一封信，信里还装有路德维卡在诺昂听过的歌曲，有他自己抄写的乐曲和索朗热的抒情诗。信中还附有乔治·桑写给路德维卡的短信。在弗里德里克写给姐姐的信里表示出他对姐姐的关切之情："今天我梦见了你们。但愿这次旅行没有累坏你们的身体，请给我写信。每当我走进你们住过的房间我常常会再去搜找一番，看看有没有你们留下的东西。目光所及，那里只有我们喝咖啡时坐过的沙发，还有卡拉桑提临摹的画稿。在我的房间里你留下的东西就更多了：桌上放着你的刺绣，一双用英国绵纸包着的拖鞋，钢琴上面有一支曾在你小提包里呆过的小铅笔，现在它正好为我所用。我就写到这里，因为我们要出门了。最亲切地拥抱你，请代我拥抱卡拉桑提，告诉他，希波利特向他致意，代我拥抱孩子们。"而在乔治·桑写给路德维卡的信里也表达了她的绵绵情意："亲爱的路德维卡：自你们走后，我们心里只想着你。你能想象得到，由于和你的离别，弗里德里克经受了多大的痛苦，不过他的健康却经受了很好的考验。你们做出的来看望他的善良和忠诚的决定最终有了结果：消除了他心中的一切烦恼，给他增添了活力和勇气。在一个月里享受到如此多的幸福，这就不能不留下些什么，不能不愈合许多伤痕，不能不产生新的希望和对上帝的信任。我可以向你保证，你是弗里德里克迄今遇到的最好的医生，因为只要一提起你，便可恢复他对生活的向往。"在信里她还表示出，希望有一天她全家人都能和他一起聚集在她的屋檐下。

和姐姐的相聚，的确给弗里德里克带来了无比的快乐和幸福，也使他的健康得到了一定的恢复。正如人们常说的，心情好病痛少，这一年的后几个月，肖邦就没有犯过什么大病。不过有一件事困扰着他，那就是和出版商施莱辛格谈出版乐曲的事。在这之前他曾写信给弗朗肖姆，请他去和施莱辛格交涉，要施莱辛格支付600法郎稿酬，钱要来后，只给肖邦留100法郎，其余的500还给弗朗肖姆。为了接待姐姐的到来，囊中羞涩的弗里德里克曾向弗朗肖姆借了500法郎。肖邦知道，弗朗肖姆也不富裕，还有妻子儿女要养活，借钱给他只是出于朋友的义气。因此肖邦急着要归还他这笔钱。在另一封信中肖邦还提出，如果从施莱辛格那里要不来钱，就去找列奥，肖邦说，他已和列奥说好，可以从他那里支付500法郎给弗朗肖姆。但这件事虽然弗朗肖姆尽力去做了，但还是没有得到预期的效果，只好肖邦亲自出马来解决

第十三章　美好生活在继续

这个问题了，于是他于 9 月 22 日回到了巴黎。次日他写信给乔治·桑："你身体好吗？我已经在巴黎了。我已把包裹给了若利（Joly），他是个很可爱的人。我见到了罗齐埃小姐，她请我共进早餐。我见到了弗朗肖姆和我的出版商。我还去看望了德拉克鲁瓦，他现在不能出家门了，我和他谈音乐、谈绘画，谈了两个半小时，但首先谈的是你。我的住房订到星期四，星期五就回到你那里了。现在我要去邮局，随后要去格日马瓦和列奥家。明天我要和弗朗肖姆一起演奏奏鸣曲。这是你园子里的一片树叶。格日马瓦正好来了，他向你问好……我现在就和格日马瓦一起去拜访查尔托里斯卡公爵夫人。"看来肖邦与施莱辛格的会见，使问题得到了很好的解决。

9 月 27 日，肖邦回到了诺昂。10 月是个秋高气爽的日子，田里的庄稼已经收割完毕，大地显得空旷而又宁静。在这样的日子里，再加上《磨房主》这部小说已经完稿，创作告一段落，乔治·桑便转向家庭主妇的劳作。她利用丰收的水果，做起了蜜饯和果子酱，而且做得很地道，受到大家的欢迎。肖邦回来后一直在修改他的《b 小调奏鸣曲》。恰在这时，肖邦收到了门德尔松的一封信，门德尔松在信中写到他的妻子对肖邦的音乐特别喜爱，他妻子还是他未婚妻的时候，就曾见过肖邦，并听过他的演奏，对他十分崇拜。希望能得到肖邦专为她写的一首乐曲，以作永久的纪念。对于门德尔松的这封信，令我们不解的是，肖邦当时并未答复，而是过了一年之后才回信，并寄去了他所希望的乐曲。

到了 10 月底，肖邦一再写信给玛丽·德·罗齐埃，告诉她很快就要回到巴黎。并请她找个女仆收拾好他的住所，还让她把他写给姐姐的信寄往华沙。在 10 月 31 日写给罗齐埃的信里，他请她转告奥尔良 9 号楼的门房，"再过几天我就要回到巴黎"。并请她为起居室订购光鲜的莫斯林纱窗帘，"要是旧的已经损坏，如果你能去检查一下，那就再好不过了"。在同日写给姐姐的信里，谈到了诺昂发生的一些事情：如乔治·桑在修整她园子里的草坪，以备将来跳舞之用，还打算开一扇门通向旁边的温室。"索朗热今天不太舒服，现正坐在我房间里，她向你致以亲切的问候，她的哥哥天生不懂礼貌，正打算过几天到他父亲那儿去住几个月。"信中还提到当地一个村妇之死，她就葬在庄院外的坟场内，儿女们的悲哭声肖邦都能听见。还有乔治·桑家的一位老

313

朋友，从朋友家吃完晚餐回来时，跌下楼梯，过了几个小时便去世了，"这在此间是个很大的打击"。

11月28日，肖邦独自动身离开诺昂返回巴黎，乔治·桑和索朗热要到12月中旬才能回到巴黎。在肖邦与乔治·桑分离的十多天里，书信往来不断，相互对对方都关切备至，依然是情意绵绵。肖邦在12月2日的信里写道："你那里还好吗？刚刚接到你非常亲切的来信。这里正在下雪……你的小花园已被大雪覆盖，看起来像是白糖、银鼠、奶油奶酪，像索朗热的手和莫里斯的牙齿。"肖邦还告诉她，"这里有你的许多信件和送来的报刊"。"昨天我在弗朗肖姆家吃午饭，由于天气恶劣，直到下午4点才离开，晚上看望了马尔利亚尼夫人。今天我将和雷劳斯到她家吃午饭，她告诉我说，她兄弟的案子今天开庭审理，如果结束得早她就会去旁听。我觉得马尔利亚尼夫妇的精神都不错，除了有点咳嗽。我还没有见到格日马瓦和普勒耶尔，因为昨天是星期天，我想今天去看他们，如果雪能停下来的话。请你多多保重，别为那些包捆得太累。如果你允许，明天我会写信给你，你的越来越老——非常的特别的难以置信的老家伙——肖邦。"信写得幽默风趣，还带点自嘲。

在12月5日写给乔治·桑的信中，肖邦劝说她不要急着回巴黎，等天气好了再说，"大家都认为冬天来得太厉害了。昨天我在弗朗肖姆家吃午饭。我穿着厚大衣坐在火炉旁，旁边是他的胖儿子，这孩子面色红润，光鲜温暖，光着脚。我却面黄、憔悴、羸弱，长裤里面穿了三条内裤还嫌冷。我答应他你会给他带巧克力来的。现在对他说来，你和巧克力是同义词……他有趣好玩，肥肥胖胖的，我特别喜欢他。……我的教课还未正式开始，首先，我刚刚收到钢琴，其次是知道我已经回来的人还很少。直到今天才有几个业务上的人前来拜访。这种情况会逐渐过去的，我并不为此着急"。

经过多次的书信来往，乔治·桑和她女儿索朗热终于在12月中旬回到了巴黎，他们又相聚在一起了。像往年一样，他们参加了一些年终活动，欢欢喜喜地度过了1844年的圣诞节。在除夕的晚会上，他们又高高兴兴地迎来了1845年。在1844年这个悲喜交集的岁月里，肖邦的音乐创作并不很多，但却写出了两首具有非凡魅力的杰作：《摇篮曲》（作品第57号）和《b小调奏鸣曲》（作品第58号）。

第十四章
走向决裂

矛盾在加剧

　　像往年一样，每到冬天，肖邦的咳嗽便会频频发生，而且会渐渐加重，只有到了春天，病情才会好转，身体开始恢复。3月末，乔治·桑在给弗里德里克的姐姐路德维卡的信里写道："由于这里天气寒冷，而且持续时间很长，我们亲爱的小家伙的身体疲惫不堪。但自从天气转好之后，他完全变得年轻了，而且有了活力。两个星期的温暖天气对他说来比任何灵丹妙药都更灵验。他的健康状况取决于气候，因此我在认真考虑：如果今年夏天我能多挣些钱，我会携全家去旅游，把他带到南方去，躲过冬天最难熬的三个月。如果他有一年时间不再挨冻，再加上明年夏天他就有18个月的休养时间，他的咳嗽就会治好。"遗憾的是，乔治·桑的这个计划并未实现，其原因并非缺钱，也不是肖邦不同意，而是遭到了莫里斯的竭力反对，因为他随着年龄的增长，他越来越不愿意有人来分享他母亲的爱，凡是涉及他母亲和肖邦的事，他都会表示不同意，而且态度越来越坚决。

　　在严寒的冬天，肖邦很少外出活动。就连3月1日阿尔坎恳请他和自己一起在埃拉尔德演奏贝多芬的《A大调协奏曲》的柔板和终曲，他都以身体虚弱而婉辞。直到复活节前后，肖邦才外出活动。他在3月23日写给维特维茨基的信里谈到："可惜今天晚上你不能和我们以及德拉克鲁瓦一道到音乐学院去听海顿的《创世纪》了。这是今年我们参加的第二场音乐会。前天晚上是第一场音乐会，演奏了莫扎特的《安魂曲》。今天格罗特科夫斯基来我这里演唱你的歌曲以及其他几首他未看到过的歌曲。"3月24日他出席了朗贝尔旅馆举行的复活节的盛大晚会。在这次晚会上，他遇见了多时未见的波兰伟大诗人密茨凯维奇。密茨凯维奇由于在斯拉夫文学讲座中宣扬托维安斯基的神秘宗教学说而遭到法国政府的解聘。肖邦对这位诗人信奉的神秘学说是持否定态度的，但对诗人的遭遇解聘而导致家中生活的拮据却深表同情，这说明肖邦既有原则性，又富于同情心。

　　5月11日，肖邦最喜欢的学生卡尔·费茨在欧洲的一次巡回演出中突然

第十四章　走向决裂

死在了维也纳，时年 15 岁。前面已经说过，费茨是肖邦最喜爱的一位门徒，对于这位天才的学生，肖邦可以说是呕心沥血，对他也抱有最大的希望、最大的期待。而小费茨也最能领会肖邦乐曲的真谛，最能表达出肖邦音乐的内涵和风格。在小卡尔投师到他门下的两年之后，肖邦便想方设法把他扶上了成名之路，使他很快就得到了音乐界的承认，受到了巴黎上流社会的宠爱。1843 年便开始到其他国家去演出，大概是演出的精神紧张、劳累过度，他那幼小的心灵和身体不堪承受生命之重而夭折。爱徒之死令肖邦悲伤不已，也让他十分惋惜。不过令肖邦聊以自慰的是，这期间，他又招收了几位有才华的学生。他们多是他的波兰同胞，其中有马尔策利娜·查尔托里斯卡公爵夫人，她出身于名门望族的拉吉维乌家族，是亚当·查尔托里斯基公爵的侄子亚历山大的妻子。她只比肖邦小 7 岁，是位富于才华的女钢琴家，在这之前，她在维也纳师承车尔尼学习钢琴，1844 年转投到肖邦门下。这位年轻的公爵夫人天资聪慧，又受过良好的文化教育，而且悟性很高，最能领会肖邦乐曲的内涵，其演奏技巧也更接近老师的艺术风格，也最能体现老师的艺术特点，因此她深得肖邦的喜爱和热心指导。他们不仅是师生，也是忠诚的朋友，后来肖邦在病中曾得到她的无私的关心和照顾。卡罗尔·米库利是肖邦接受的另一位波兰学生，他于 1821 年生于布科维纳，曾在维也纳学习音乐和医学，之后他来到巴黎，特意拜在肖邦的门下。在听了他弹奏的《b 小调谐谑曲》后，肖邦欣然接受他为学生。米库利也是肖邦后期最喜欢最信任的学生之一。而米库利对于恩师的栽培也是铭记在心，终生不忘。1879 年他把肖邦的曲谱收集整理成 14 册，在莱比锡的基思特内尔出版社出版。这是肖邦作品第一次最完整的出版，尽管有所欠缺，但能把恩师的作品收集在一起，并使之出版传世，本身就是一件莫大的功劳，也为肖邦音乐的传播作出了不可磨灭的贡献。

　　另一位波兰学生名叫佐菲亚·罗赞加德。这位于 1824 年出生的女钢琴家，从小就非常崇拜肖邦，在华沙时就经常弹奏肖邦的乐曲。19 岁时来到巴黎。经维特维茨基的介绍，投师于肖邦的门下。刚开始这位把肖邦当着偶像崇拜的女学生，面对着老师的讲课都感到胆战心惊，这妨碍了她的接受能力。这位年轻的姑娘，不久便成了诗人查列斯基的妻子。由于她从小对文学感兴

317

趣，爱写些文字，她把她和肖邦的初次见面和上课时的情形都写进了她的日记中，这成了后人了解肖邦个性和教学的一份重要资料，不过它仅是一家之见，不免带有片面性。

5月中旬开始，巴黎天气转热。乔治·桑便想到诺昂去度夏，并在那里完成她新写的小说《伊西多拉》，肖邦此时也购置了一辆折篷的轻便马车。但由于贝里地区正流行斑疹伤寒，他们只好推迟行期。直到6月12日，乔治·桑一家才离开巴黎，前往诺昂。和他们同行的有从俄国演出回来的波利娜·维亚尔多，她在这里住了三个星期。6月下旬，贝里地区遭遇到了这世纪最大的暴雨袭击，洪水泛滥，冲毁了道路，淹没了广大的田野和草场，还冲塌了许多房屋，隔断了贝里和外界的来往，就连路易·维亚尔多要把妻子接回巴黎也因洪水的阻隔而只好中途折回。洪水直到7月3日才退去。肖邦在7月8日致格日马瓦的信中写道："现在乡间的景色很美，不像几个星期前，这里下过几场狂风暴雨。河流，甚至连小溪都泛滥成灾，就连年纪最大的人也不记得什么时候有过这样的洪水。磨房被冲毁，桥梁被冲垮。几星期前维亚尔多特意前来接他的妻子，也因不安全而独自返回巴黎。直到几天前，才由苏珊娜护送她回去。"同样的内容也出现在7月20日弗里德里克写给他姐姐的信里："我们来此一个多月了，维亚尔多夫人是和我们一起来的，并逗留了三个星期。我们大家都非常健康……当我们来到这里不久，便遇到了狂风暴雨，莫德里河水暴涨。在伊包利特·查提罗（女主人的兄弟）的家里，洪水淹没了整个花园，连屋里都进了水……虽然洪水泛滥的时间不长，但草原受到严重损坏。"弗里德里克在信里谈到他的近况时说："我生来就不适合乡村生活，但我爱呼吸乡下的新鲜空气……我弹琴不多，因为钢琴的音不太准了。信写得更少，因此你们好久没有收到我的信了。我想你们大家都已在乡下了……我永远是一只脚在你们身边，另一只脚在隔壁房间，女主人正在那儿工作。而此时，我完全身不由己，只是和往常一样正处在一个奇异的空间——那一定是一个幻想的世界……我写了三首新玛祖卡舞曲，它们将会在柏林出版……我还收到了修建贝多芬纪念碑在莱茵河畔的波恩委员会的请柬，请我去参加揭幕典礼。你们猜一猜，我会不会去？要是你们能去那儿，我就一定会去的。"

第十四章 走向决裂

在这封信里，弗里德里克还提到有一位要到彼得堡去的奥布雷斯科夫夫人向他主动表示，当她从彼得堡返回巴黎途经华沙时，可以让他的母亲搭乘她的马车来巴黎。弗里德里克听了这个建议很是高兴，按照他的设想，如果母亲来了巴黎，那么姐姐和妹妹就会来巴黎接母亲回华沙，到那时候他们母子姐妹就能团聚在一起了，这是弗里德里克梦寐以求的事情。可惜的是，母亲因自己年事已高，受不了旅途的颠簸之苦，不宜远行而未能实现儿子的愿望。另外，弗里德里克还在信里提到他的奏鸣曲和摇篮曲已经出版，并介绍了当时的一些奇闻轶事，如雨果和一位画家的妻子私通，被画家捉奸在床，雨果只好外出旅行。而雨果夫人则表现得宽宏大量，甚至将画家的妻子置于自己的保护之下，免遭其丈夫的欺侮。可雨果却不顾妻子儿女的反对，带着另一个情妇出走了，这一绯闻在当时的巴黎闹得沸沸扬扬，成为人们的趣谈。弗里德里克还提到了多尼采蒂已来到巴黎，他正在创作一部新歌剧。而拉马丁和他的夫人正在离诺昂只有半天路程的地方疗养，喝矿泉水。他还谈到了新发明的电报的非凡效果，它能使下午 1 点钟在巴尔的摩订的货，下午 4 点就能从华盛顿发出。弗里德里克还解释这封信之所以写得这样不连贯，是因为"我每天只能写一点点，昨天被索朗热打断，因为她要和我四手联弹。今天是为了去看砍树……那棵树被冻死了，非砍掉不可。我收到了巴黎的来信，有弗朗肖姆写来的，有罗齐埃小姐写的，她在看管我的房子。弗朗肖姆告诉我，阿伯内克会去波恩参加那个揭幕典礼，李斯特还特意为它写了一首康塔塔，由他自己指挥。斯波尔将指挥一个大乐队在晚上举行音乐会，音乐会将持续三天"。弗里德里克还告诉他的姐姐和妹妹，最近发现的一尊希腊赫拉克勒斯的大理石雕像，引起人们的兴趣。同时在这封信里还谈到了他的仆人杨和乔治·桑的女佣之间的矛盾冲突。这两个仆人总是你看不惯我，我不能容忍你而经常吵架。由于杨的法语有限，骂起人来也是让人啼笑皆非。他骂苏珊娜"丑得像猪"，"嘴巴像屁股"。苏珊娜还抱怨杨拿的工资太高，超过乔治·桑家的所有仆人，但干起活来又懒又笨，两人闹到相互不能容忍的地步。"苏珊娜为人机灵、伶俐和能干，为了息事宁人，我其实可以把杨辞掉，但我不愿这样做，因为换掉他也不起作用。不幸的是孩子们也不喜欢他，因为他循规蹈矩，做事按部就班。"肖邦不愿辞掉杨，而乔治·桑更需要苏珊娜来操

持家务，于是两个仆人之间的争斗，也导致到两位主人的关系紧张，他们也常常会因仆人们的问题而发生争执。另一个引发矛盾的是索朗热，这位已长成亭亭玉立的姑娘，其任性调皮和逆反的心理更加突出。也许是出于偏心，抑或是女人的固有心态，本来和自己年轻时的性格相一致的女儿，理应得到母亲的更多怜爱，但却恰恰相反，乔治·桑却看不惯索朗热的一举一动，一言一行，动辄对她加以指责。过去索朗热因为年龄小，受到责骂时也只有背后感到委屈，不敢正面反驳，如今她已长成大姑娘了，不再像从前那样听话，一种逆反心理正在加强，于是母女之间经常发生摩擦。另外女孩子是需要爱的。而母爱是她们最需要的，最能受到她们的重视和珍惜。如今索朗热不能得到母亲的宠爱，当她感到委屈和需要安慰时，就只好转向肖邦。本来索朗热从小就很崇拜肖邦，还把他当父亲一样看待，而肖邦也是更喜欢女孩子，对她更为关爱。现在每当她们母女争执时，肖邦便会对母亲劝解多一些，会替索朗热说几句好话，这样一来，乔治·桑便会责怪他娇惯了她的女儿，甚至指责他站在女儿一边与她作对。此外，索朗热对肖邦的亲近，也让乔治·桑的心理发生微妙的变化。过去肖邦看到乔治·桑和别的男人亲热，便会产生一种嫉妒，如今乔治·桑看到肖邦和索朗热的亲近也开始萌生出一丝妒意。其实他们之间并没有超出一般的伦理关系。有时索朗热故意在母亲面前对肖邦撒娇，甚至卖弄风情，惹母亲生气，那也是她反抗母亲的一种手段。

然而这年的夏天，更让肖邦不顺心的还有莫里斯。此时已有24岁的莫里斯，便以"家里真正的男人"自居，现在是该他主宰家中一切事务的时候了。他容不得家里有第二个男人来与他争宠夺爱，况且他从小就不喜欢肖邦这个所谓的"继父"。这个自尊心很强，又得到到母亲特别宠爱的男子汉，现在更看不惯肖邦和他母亲的亲热关系。莫里斯又是个恋母情结很重的男孩，如今看到别的男人分享他母亲的爱，心里不由得妒火中烧。如果说，过去他的妒火只是时有爆发，如今他对肖邦是处处看不顺眼，常常找茬和他过不去。而且在莫里斯与肖邦的争斗中，深爱着儿子，被儿子蒙住了眼睛的乔治·桑，往往会认为她儿子有理，而站在儿子一边。于是在乔治·桑的这个家庭中，从1845年夏天开始，便渐渐分成了两派：乔治·桑和莫里斯一派（后来加上了奥古斯丁娜），肖邦和索朗热一派。乔治·桑和儿子是这个家庭的主事者，他们执掌着这个家庭的一切大权,而肖邦和索朗热则是两个吃闲饭者,他们俩的意见往往得不到重视。

在8月初写给家里的信里,弗里德里克是想到什么就写什么,没有连贯性和逻辑性,而且写了五天才写完。不过从中能窥见他那复杂而零乱的思绪。他在信里谈到了罗齐埃、勒鲁的印刷机,以及英女王访问德国等消息。"得知诺瓦科夫斯基在弹奏我的《摇篮曲》,我很高兴,我似乎在这遥远的地方都听见了他的弹奏,请你们替我拥抱他。献给艾斯内尔的《奏鸣曲》已由哈斯林格在维也纳出版了……啊,时光飞快流逝,我不知道这是怎么搞的,连一点像样的东西我都做不出来,可我并没有偷懒,也没有像你们在这里的时候那样从这个角落踱到那个角落,我只是整天整夜地坐在我的房间里。但是我必须在离开此地之前完成一些手稿,因此我无法作曲。自从你们走后我只写成了那首奏鸣曲。现在除了那几首新的玛祖卡舞曲之外,我就没有什么新的作品可出版的了。"随后他在信里还写了许多互不相关的新闻消息,以及他和索朗热驾车出游的事情。而比利时的小提琴家亚历山大·阿托特之死让肖邦大为震惊,使他发出了这样的感叹:"这么强壮健康的孩子,有着一副大骨架和宽肩膀……凡是见过他和我的人,都不会认为他会比我早死。"阿托特死时才年仅30,而且是死于肺痨。

9月1日,莫里斯到巴黎去处理一些事情,随身带去了母亲新创作的三卷本小说《安托万先生》中的前两卷手稿,交出版社出版。回诺昂时他接回了奥古斯丁娜·布罗。奥古斯丁娜是乔治·桑的一位远房表亲的女儿,父亲是个裁缝。乔治·桑觉得这个女孩很可爱,而且长得楚楚动人,几年前就把她认作了干女儿,向她的父亲支付了一笔钱款,还把把她送到巴黎音乐学院去学习声乐,前两年她就经常出入乔治·桑的住处,并和他们一起去参加音乐会。如今乔治·桑把她接回诺昂,让她成为家庭中的一员,这一想法在家庭成员中引起了一场风波,从而加剧了家庭的不和和矛盾。肖邦首先不同意乔治·桑这样做,认为她的决定会引起家庭的不和,但乔治·桑对他的意见根本不加理会。索朗热也看出母亲想把奥古斯丁娜认做她的第二个女儿,甚至想让她做自己的儿媳妇,这种可能性甚至在乔治·桑写给布罗的信中就有所表示,索朗热很明显地感觉出母亲对她的疏远。而莫里斯呢,尽管他原先对

波利娜·维亚尔多抱有强烈的情爱，但这位有夫之妇对他毫无爱恋之意。多年的追求毫无结果也让他心灰意冷，但这个身壮体健的年轻人并没有放弃对女性的追求，于是他把自己的感情转移到了这位姑娘身上。奥古斯丁娜虽然算不上美女，但也楚楚动人。由于她出身贫寒家庭，人不娇气，还很会讨好人。她很快就看出，要在这个家庭中站稳脚跟，就必须想方设法博得乔治·桑和莫里斯的欢心。于是她处处表现出听话顺从，使乔治·桑对她更加宠爱。她对莫里斯更是言听计从，投其所好，对他的大献殷勤也报以情意绵绵，两人在一段时间内可谓是情投意合，亲密无间。奥古斯丁娜的到来加深了两派的矛盾，肖邦也感觉出他在这个家庭的地位已是每况愈下，他能体会到乔治·桑对他的感情越来越淡薄了，他心情郁闷，只好在信中抒写自己的胸臆，于是他在这段时间里给家里写的信都较长。而乔治·桑在给罗齐埃的信里谈到肖邦时这样写道："在阳光明媚的日子里，他就快乐一些，而在漫长的阴雨天，他就变得更加忧郁和致命的厌倦。乡间让我沉浸在愉快中的一切都不能让他高兴。在这样的时候，我真愿意挥舞魔杖把他送回巴黎。可是另一方面，我知道没有我，他在那里也会厌倦。我会自愿地为他牺牲我对乡村的热爱，但是莫里斯是另一种观点。如果我听肖邦的多于听莫里斯的，他就会愤怒地叫起来，最近家人中间的事情就是这样。"从这封信里可以看出，乔治·桑的心态已经发生了变化，如果说肖邦对这段生活产生了厌倦，那么乔治·桑就是对肖邦产生了厌倦，维系他们的已不再是爱情，而是多年相处的习惯和义务，当然还有难舍的友情。这种变化使敏感的肖邦感到很是苦闷，因为他已觉察出，他在这个家庭里只是个客人，或者是个房客了，他的意见不仅不再受到重视，说多了反而会招致乔治·桑的厌恶和莫里斯的嘲笑谩骂，乔治·桑对儿子的爱和重视程度已远远超过对肖邦的了。

肖邦于11月28日离开诺昂返回巴黎过冬，而乔治·桑和她的孩子们则于12月8日回到巴黎。由于乔治·桑一家人都很讨厌肖邦的波兰仆人杨，他不得不把他辞退，托人找了一个他并不喜欢的法国仆人。肖邦在开始写于12月12日、直到12月26日才写完的这封给家人的信里曾谈道："乔治·桑和她的儿女于星期二回来，而我回来已有两个星期了，你们会记得我总是先回来，而今年更是如此，因为我要辞退杨而再找一个男仆。今年以来他每月都

第十四章 走向决裂

想离开，但总是哭着对我说他非常爱我，所以我没有辞掉他。但他常常招惹别人，连孩子们都在作弄他，因此我不能再把他留在我身边。他原以为她们会把苏珊娜赶走，为此他每天都会感谢我。这对我是件重要的事，因为我实在需要一个忠心的人。不过我的朋友阿尔布雷赫特给我找来了一个法国人皮埃尔，他很诚实，也很能干，我希望他是个忠心的人——他曾在我的《降A大调圆舞曲》题赠的父母（即霍尔斯福特夫妇）那里工作了七年，他很爱干净，有点自由散漫，但还未引起我的不快。"接着他便在信里谈道："我又启动我的磨房了，今天我只给罗特席尔德夫人上了一堂课，另外两位给我婉拒了，因为我还有别的事情要做。我新创作的玛祖卡舞曲已在柏林的斯特恩出版了，不知你们是否已得到它们，因为华沙的音乐书籍大多来自莱比锡，乐曲并未题赠给任何人。现在我想完成大提琴奏鸣曲、船歌和另外的曲子，我还不知道该用什么曲名，但我怀疑是否会有时间，因为现在又开始忙乱起来了。我接到了许多询问，是否会开音乐会，我还在犹豫。李斯特已从外省回来了，他在那里举办了音乐会，今天我在家里看到了他留的字条。迈耶贝尔也在这里。本来今天晚上我要去列奥家见见他们的，但是我们要去歌剧院看新的芭蕾舞（对桑夫人说来是新的）……至今我们还没有看过别的什么，也没有看过意大利歌剧院正在演出的威尔第的歌剧，也没有看过多瓦尔夫人的新剧《玛丽让娜》，据说这是她演得最好的角色之一。"

在12月21日续写的信里，肖邦又谈到了看歌剧的事情："写完以上内容之后我看了巴尔福的歌剧，一点也不好。演员们尽了最大的努力，这种白白浪费钱的事实在让人痛心。迈耶贝尔（他静静地坐在包厢里边看剧本边看剧）手里就有完成的歌剧《先知》和《非洲女郎》，都是五幕歌剧。但因歌剧院没有新的女歌唱家，他不愿将它们交给剧院。"而在12月24日续写的信里，弗里德里克谈道："你们看，元旦前人人都忙得晕头转向，门铃响个不停。今天这里的一家人全都感冒了。说我咳嗽得叫人无法忍受，这不足为奇。可女主人也感冒得很厉害，而且还嗓子痛，要她呆在自己房间里实在让她不耐烦。一般说来，身体越是健康的人越是难以忍受身体的病痛。这种病世界上还无药可医，甚至理智也无济于事。这个星期整个巴黎都在咳嗽。昨夜是风雨交加，雷电齐鸣，又是雹子又是雪，塞纳河水高涨，天气不太冷，但潮湿令人

无法忍受……我已和弗朗肖姆试奏过我的《大提琴奏鸣曲》,很不错。我不知道今年是否有时间将它付印……今天是圣诞前夜……这里的圣诞前夜令人忧伤,因为大家都病了,又不愿去找任何医生。感冒特别厉害,大家都躺倒了。人人都在咒骂巴黎的坏天气,但他们忘记了乡间的冬天更糟。无论在哪儿,冬天就是冬天,总有几个月较难熬过。我常常问自己,那些没有耐心的人怎么能在比这儿更糟糕的天气里生活。有时我真愿意用几年的生命去换取几个小时的阳光。那么多比我年轻和强壮的人都先我而死,于是我就想,我一定会长生不老。"在12月26日续写的最后一段信里这样写道:"昨天和今天,桑夫人由于嗓子痛,在床上躺了两天,现在好一点了。再过几天她就会没事的。但我现在没有时间再给你们多写了。索朗热也感冒了,唯有我最强壮。"

由于乔治·桑一家人都在伤风感冒,圣诞节和新年元旦都过得异常的沉闷,幸好肖邦还算健康,可以照顾他们。恰好此时,弗里德里克接到了母亲的来信,令忧闷的他顿时感到欣喜异常。母亲尤斯丁娜是很少给儿子写信的。过去寄给儿子的信都是由丈夫尼古拉执笔写成。丈夫死后便由两个女儿代笔。尤斯丁娜给儿子的亲笔信,一生中也只有那么寥寥可数的几封。如今能得到母亲亲自写来的信,弗里德里克的欣喜程度可想而知。母亲告诉他,她身体健康,要他放心,好好注意自己。为了不给儿子增添麻烦,再加上年事已高,她决定不到巴黎来和儿子团聚了。

由于这一年来的事务庞杂,再加上和莫里斯等人的矛盾加剧,致使肖邦不能集中精神和心思去进行音乐创作。但他依然有所收获,写出了三首《玛祖卡舞曲》(作品第59号,a小调,降A大调、升f小调),两首歌曲:《两种结局》和《没有我需要的一切》(作品第74号,死后1857年才发表),《船歌》(作品第60号,1846年出版)和《钢琴和大提琴g小调奏鸣曲》(作品第65号,1846年出版)。

不平静的1846年

1846年,无论是对波兰,还是对肖邦个人说来,都是不平静的一年。

第十四章 走向决裂

尽管这一年的开始，依然像往年一样寒冷、潮湿，令肖邦难以忍受。但像是出现了奇迹似的，肖邦并没有患上像乔治·桑那样的重感冒，其健康状况反而有所好转。除了照顾乔治·桑母女外，他仍旧参加各种晚会和集会，表现得相当活跃。2月20日，在查尔托里斯基公爵定居的朗贝尔旅馆，举行了一场盛大的联欢晚会，参加人数创历年之最，有3500人。除了波兰流亡者之外，应邀参加联欢会的还有不少法国人，其中包括乔治·桑、索朗热和奥古斯丁娜。肖邦照例受到邀请，而且还应邀在会上演奏了自己的乐曲，诗人密茨凯维奇也即兴朗诵了自己的诗歌。他们的表演受到了人们的热烈欢迎。在舞会大厅里，索朗热和奥古斯丁娜这两位少女的纵情狂舞，体现出年轻人的青春活力，受到大家的瞩目和欣赏，成了舞会上的明星。

然而与此同时，波兰国内也发生了惊天动地的大事——克拉科夫起义。波兰自从1830年11月起义失败之后，就一直受到外国占领者的残酷镇压。许多起义战士不是被投进监狱，遭到流放和杀害，就是被迫流亡到西欧各国。但是波兰国内人民的争独立、求解放的斗争一直没有停止过。到了1840年代初，革命运动开始在波兰国内得到恢复和发展，相继成立了"波兰人民同盟"、"农民同盟"和"平民同盟"等组织。虽然常常受到俄国、奥国和普鲁士的破坏和镇压，但革命力量依然是前仆后继，并且在不断壮大。1845年秋，波兰国内和国外的独立运动的负责人齐集波兹南，进行秘密磋商。他们决定1846年2月22日为全波兰总起义的日子，还任命出身于军官家庭的梅洛斯瓦夫斯基（1814—1878）为起义总指挥。但由于叛徒的告密，梅洛斯瓦夫斯基于2月12日被捕，随即大波兰地区和利沃夫的大批革命者相继被捕。与此同时，加里西亚的农民也掀起了反对贵族欺压的暴动，奥国统治当局便利用农民运动来破坏民族起义。由于起义计划遭到破坏，波兰大部分地区都取消了原定的起义，只有在尚未受到破坏的克拉科夫地区爆发了武装革命。2月20日晚上，克拉科夫的革命者打响了起义的第一枪，经过起义战士的英勇奋战，奥国军队仓皇逃离克拉科夫，克拉科夫于2月22日获得解放，并成立了波兰共和国民族政府，还发表了"告波兰人民宣言"。宣言把民主革命和民族革命结合在一起，号召全市人民团结起来，并让农民"耕者有其田"。过了不几天，起义内部便出现了分歧，自由派掌握了大权，起义迅速右转。幸好此时，

革命民主主义者爱德华·邓博夫斯基（1822—1846）率领维利茨卡盐矿工人队伍前来支援革命，他的到来加强了起义队伍中的左翼力量。然而克拉科夫的起义引起各占领国的恐慌，沙皇俄国便立即派出军队前来镇压。2月26日，邓博夫斯基不顾安危，率领一队起义战士离开克拉科夫城区，前往乡下去劝说受蒙蔽的农民，让他们参加到起义队伍中来，途中遭到奥国军队的伏击，邓博夫斯基奋力抵抗不幸牺牲在战场上，时年24岁。他的牺牲使起义受到重大打击。3月2日俄军迫使起义军首领投降，3月4日俄军占领克拉科夫，奥军也随之进入克拉科夫。经过九天的英勇奋战，起义终因寡不敌众和发动群众不够而失败。失败后的克拉科夫并入加里西亚，受奥国统治，1200人被捕入狱。

  由于路途的阻隔和敌对国家的封锁，克拉科夫起义的消息延迟了多日才传到巴黎。因此在朗贝尔旅馆举行盛大晚会之时，并不知道克拉科夫已爆发起义。另外我们前面已经说过，尽管波兰流亡者都是反对外国占领、渴望祖国独立自由的爱国者，但由于政见的分歧而分为两大派。一派以查尔托里斯基公爵为首的贵族保守派，他们主张独立后的波兰应建立君主立宪制，对外则依靠英法等国政府的支持。另一派则是以"民主协会"为核心的民主派，他们主张建立民主共和政体，而且在进行革命斗争时强调依靠自己的力量，而不是依靠外国的支持。肖邦作为爱国者，认为只有先进行斗争才能获得祖国的独立，祖国不存，何谈政体，因此他希望大家能团结一致共同对付外国敌人。至于斗争形式、方法和手段，他认为只要有利于祖国的独立解放，一切办法均可采用。所以他和两派都有联系，都有亲密的朋友，既有查尔托里斯基公爵和沙别哈这样的大贵族保守派，也有列列维尔、密茨凯维奇、戈什钦斯基这样的民主派。克拉科夫起义主要由国内的民主阵营发动和领导，因而查尔托里斯基的保守阵营并不知情，所以才有2月22日的盛大晚会。直至起义爆发数日后，消息才传到巴黎，起义立即受到波兰侨民各界的欢迎和支持。自从1830年起义失败以来，由于受到外国占领者的残酷镇压，虽然革命斗争从未停止过，但像这样大规模的武装起义还是第一次。虽然持续时间较短，前后不过半个月，但其影响和意义是深远的。起义曾把奥国军队赶出了克拉科夫并建立了波兰共和国民族政府。由于它提出了"耕者有其田"的主

第十四章 走向决裂

张,这便揭开了波兰民族民主革命的序幕,并推动了欧洲各国的民族民主革命,使欧洲迎来了1848年的革命高潮。对于这次起义,马克思和恩格斯在《共产党宣言》中曾做过这样的评价:"在波兰人中间,共产党人支持那个把土地革命当作民族解放的条件的政党,那发动过1846年克拉科夫起义的政党。"

3月5日是肖邦的命名日,此时克拉科夫失陷的消息还未传到巴黎,人们对起义还抱有乐观的想法,于是查列斯基在向肖邦祝贺时也表示出这样的期望:"我不想妨碍你的授课——但值此命名日之际,我向你致以最热烈的祝贺。上帝保佑,下一次能在自由独立的波兰向你祝贺。克拉科夫的事情真是美妙。维特维茨基真幸福,他离战火那么近。"

克拉科夫起义牵动着波兰流亡者的心。这些爱国者听到起义消息后,反应各异,但都异常强烈。有的立即整装出发,想回国参加革命,有的期望着起义的胜利,能为整个波兰的自由独立开辟道路,也希望自己能早点结束流亡生活,回到自由复兴的波兰。有的觉得敌人过于强大,单靠一地的起义难以获得成功,但听到这样的起义消息,心里还是又高兴又担心的。肖邦也像大多数波兰流亡者一样,对起义十分关注,连乔治·桑都受其影响,也非常关心波兰的命运。她在给自己亲戚的信里就曾谈到她的感受:"我并不想对你说那些伤心的事情,但我得请你为这个可怜的波兰祈祷。它想要获得自己的名字、语言、民族和宗教!几天来我一直被其深深地感动着、激动着,使我无法入睡……这事关波兰的存在。"

当肖邦听到克拉科夫起义失败的消息时,其心情和15年前听到华沙失陷时一样,十分沉重,十分悲伤。起义也激发了他的创作灵感,使他着手创作《幻想波罗涅兹舞曲》,同时还对《船歌》和《大提琴奏鸣曲》作了进一步的修改。

为了修改好这首奏鸣曲,4月下旬,他和弗朗肖姆一起来到了托尔的弗雷斯特家,他是弗朗肖姆的一个远房亲戚。1833年肖邦曾来到他家里度假,如今他又来到了这里,感觉要比在巴黎好多了。在这里肖邦不仅修改好了他们的奏鸣曲,而且健康也有所改善。连乔治·桑在给儿子莫里斯的信里都说:"肖邦去托尔的时候还在咳嗽不止,可是回来时却很健康。"在她写给路德维

327

卡的信中也提到,"弗里德里克的身体不错,尽管今年3月的气候比2月更寒冷,更令人忧郁。这里的2月阳光明媚,天气晴暖,这是大自然在开真正的玩笑。现在我们这里是乌云密布,雨夹着冰雹下个不停。我们忍受着捉摸不定、变化无常的老天爷的任性。不过,我们亲爱的弗里茨没有生病,还在上课,我觉得他的工作过于繁重了。从另一方面来说,无所事事与他的好动性急的脾气是不能相容的。不久之后,我就要把他从崇拜他的女学生手中夺过来,并把他带到诺昂。在这儿,他将多吃、多睡,也能适当地谱写乐曲了"。乔治·桑的这封信是在诺昂写出的,表明她在4月初就来到了诺昂。而肖邦是在5月27日到达诺昂的,尽管乔治·桑和肖邦的感情出现了裂痕,但她还是依照惯例,到沙托鲁去接他。

肖邦来到诺昂后便利用这段安静的时间,来完成他最近几个月来正在写作的乐曲。《船歌》(作品第60号)开始于上一年的秋天,当时乔治·桑曾对弗里德里克和他姐姐说过,她要积攒一笔钱,好让全家人到意大利过冬,以便肖邦有18个月的暖和时间来治疗他的咳嗽。可惜她的计划却遭到莫里斯的竭力反对而作罢。但是肖邦对意大利温暖阳光的渴望心情,却在这首《船歌》中得到了明显的反映。而《船歌》中的意大利情调,也使它成了肖邦的一首独特的乐曲。

《幻想波罗涅兹舞曲》(作品第61号)是在诺昂完成的一首杰作。肖邦把它题赠给他的学生安娜·韦雷,其丈夫查理是埃克瓦多的顾问和工业家。与肖邦和乔治·桑都结下了较深的友谊。此外肖邦在诺昂还写出了两首《夜曲》和三首《玛祖卡舞曲》。这两首《夜曲》(作品第62号:B大调,E大调)可以列为肖邦夜曲中最著名的两首。而三首《玛祖卡舞曲》(作品第63号:B大调、f小调、升c小调),肖邦题赠给了劳拉·乔斯诺夫斯卡夫人。劳拉是位非常美貌的年轻寡妇,她的丈夫因为怀疑妻子不忠而于1831年自杀。劳拉在华沙时就和肖邦一家交往密切,1846年夏天,她特意来到诺昂看望肖邦,肖邦对她的到来很是欣喜,主要是因为有人能和他说说波兰话了。打从去年解雇了仆人杨之后,身边就没有能和他说波兰话的人了,这对于一个热爱家乡语言的人说来,无疑是一种痛苦。

这年夏天,幸好有格日马瓦和德拉克鲁瓦的先后来到诺昂,这使肖邦那颗已经感到孤寂的心灵得到了很大的欣慰。格日马瓦的到来让肖邦有了说波兰话的对象，他们两人在一起谈论的话题主要涉及波兰最近发生的事件和巴黎波侨界的一些近况，他们谈得很是投机。德拉克鲁瓦是在劳拉和格日马瓦走后，于8月下旬来到诺昂的，他在这里住了两个星期，过得十分开心。德拉克鲁瓦在写给朋友的信中谈道："我难以置信地懒散，我什么都不做，很少阅读，但日子过得太快了……肖邦为我弹奏了神奇的贝多芬，那抵得过所有的理论。"德拉克鲁瓦回巴黎时，肖邦托他带去三首乐曲的手稿，请他转交给弗朗肖姆，让弗朗肖姆送去出版社出版。

尽管这个夏天肖邦在作曲方面取得了不错的成绩，但他过得并不那么轻松、那么愉快，烦心的事不少，主要是和乔治·桑的关系发生了较大的变化。过去，尤其是在他们相爱的头几年，乔治·桑对肖邦可以说是体贴入微，照顾得无微不至，处处顺从他的意旨，能理解和迁就他的脾气和言行。如今除了一般的关怀之外，对肖邦的言行举止已是看不顺眼，处处挑剔，还不时以分手来威胁肖邦。例如她在8月8日写给罗齐埃的信里就曾谈及这样的事："我恰当地表现了我的一些愤怒，这给了我一点勇气去告诉他一些真相，威胁他我会摆脱他。从那时起，他一直很清醒。你知道他不发疯的时候有多好，有多出色。"我们从肖邦的性格中了解到，他是不善于用言辞来表达自己感情的，而且往往能容让忍受，很少对人大发脾气，只有到了忍无可忍的地步他才会"发疯"。比如肖邦和莫里斯的第一次大吵大闹就是证明，事情发生在劳拉·乔斯诺夫斯卡夫人离开诺昂之后。劳拉是来看望肖邦的，但从她一来到诺昂，乔治·桑母子就对她看不顺眼，横挑鼻子竖挑眼的，说她的谈吐能让人得"偏头痛"，还说她身上的"气味难闻"。她还在劳拉面前竭力贬低肖邦，说他姐姐路德维卡要"比他强一百倍"。等到劳拉离开诺昂后，莫里斯和奥古斯丁娜当着肖邦的面肆无忌惮地嘲笑和讥讽劳拉，使肖邦忍无可忍，便和他们大吵了一架。乔治·桑不仅不批评儿子的无礼，反而为儿子开脱，只是不痛不痒地说了几句，这令肖邦大失所望。

这一年的夏天，诺昂热得让人汗流浃背。喜爱干净的肖邦，对身上的热汗难以忍受，有时会发出几句抱怨之声。乔治·桑不但不表同情，反而对他冷嘲热讽。她在给罗齐埃的信中写道："肖邦完全被出汗这个事实震惊了，他

不快活，他声称他一直在清洗自己，但是他发臭了。看见这灵奇的造物不赞同像其他人一样出汗，让我们都笑出了眼泪。"

还有一件事也令肖邦不满。有一位波兰作曲家和钢琴家约瑟夫·诺瓦科夫斯基来到巴黎访问，这位同胞比肖邦大10岁，也是艾斯内尔的学生。他来到巴黎后曾给肖邦送去自己的名片，表示希望能会见他。肖邦想立即邀请他到诺昂来，但遭到乔治·桑和莫里斯的一致反对。他们的拒绝对肖邦说来是个重大的打击，表明他在这个家庭中已处于非常低微的地位，这让他感到越来越陌生了。

还有一件当时使他们非常关注的事情，那就是索朗热的婚嫁问题。这时的索朗热已是个18岁的成熟姑娘，到了谈婚论嫁的年龄。前几年，乔治·桑还不允许女儿去接触别的男性，而今年她倒希望把女儿嫁出去。恰好这时，斯坦尼斯拉斯·德·朗科姆—布勒韦伯爵要在自己的贝里的庄园举行四天的赛马会，乔治·桑一家受到邀请，但肖邦无意去参加这种在炎炎烈日下举行的活动，（莫里斯当时也不在家），乔治·桑便只好带着索朗热和奥古斯丁娜三人前去赴会。在这次赛马会上，索朗热遇见了维斯孔蒂·裴迪南·德·普雷奥，他是朗科姆—布勒韦的一个亲戚。这个24岁的年轻人，在短短的相处几天里，便看上了索朗热，对她大献殷勤。乔治·桑对他的印象是：高瘦、强壮，头发很好，蓝眼睛，黑眉毛，皮肤光洁，嗓音粗哑，态度开放直率，天真热情，总体上要好过一个农民，只是不够聪明，家境也不算富裕，但乔治·桑还是暗示，她愿意接受他为女婿。7月末，普雷奥在朗科姆—布勒韦伯爵的陪同下来到诺昂，以便更好地相互了解，加深感情。通过进一步的接触，索朗热对他也产生了爱意。乔治·桑明确表示，她会支持他们的结合。"尽管他只是个乡绅，非常天真，非常粗鲁，非常单纯……没有显示出任何聪明的迹象，尤其是在语言上。……至于我，我打心眼里喜爱他，但他不是一个能在巴黎发光的人。他对现代文明一无所知，他是在森林中打发他的生活的。和马、野猪、狼在一起厮磨。"到了9月，这一对年轻人便宣布订婚。对于索朗热的这场婚事，乔治·桑根本没有征询过肖邦的意见，但只要是索朗热自己愿意，肖邦总是会表示赞同的。乔治·桑虽然喜爱普雷奥，同意他们订婚，但她觉得女儿还年幼，对普雷奥也要再做一番考验，便提出婚礼应在半年之后举行。可是这两个处在热恋中的年轻人，却是希望越快越好。肖邦支持索朗热的意愿，他认为，既然他们已经订婚了，就没有必要拖延婚期。于是他和乔治·桑又发生了一番争执。

另一次较大的争执涉及莫里斯和奥古斯丁娜。乔治·桑把奥古斯丁娜收为养女，原本是想让她嫁给自己的儿子的。而莫里斯在追求波利娜失败之后，也把自己的激情转向了这位年轻貌美的远房亲戚。而后者对莫里斯也是有情有义，处处对他顺从，以博得他对自己的喜爱，还做好了和他结婚的准备。可是后来，莫里斯去了一趟父亲那里，他给母亲来信说，父亲对他和奥古斯丁娜的婚事不表赞同，因此他也只好放弃。乔治·桑认为儿子的这种举动"是相当残忍的行为"。由于索朗热和奥古斯丁娜的关系不好，原本就看不惯她和莫里斯的那种亲密态度，更不愿意让她成为自己的嫂子。索朗热曾向肖邦说，奥古斯丁娜是莫里斯的情妇，肖邦听信了索朗热的言论，便对奥古斯丁娜的败坏道德的行为进行了指责，结果在这个家庭中掀起了另一场争吵，甚至激起了莫里斯的狂怒，在大吵大骂之后声称他要离家出走。在这次争吵中，乔治·桑无疑又是站在了儿子一边，对肖邦进行了指责，让肖邦深感痛苦。乔治·桑在《我的自传》中曾这样写道："我便进行了必要的合情合理的调解，但是肖邦却感到受不了。他把头低下来，说什么我不再爱他了。八年来，我怀着深沉的母爱忠实地陪伴着他，可得到的是多么大的侮辱呀。然而，当一颗可怜的的心受到戕害的时候，它是意识不到自己的狂乱。"

肖邦和乔治·桑的关系更由另一起事情而使矛盾加深，这就是小说《柳克丽齐娅·弗罗利亚尼》的发表。

《柳克丽齐娅·弗罗利亚尼》

就在肖邦和乔治·桑关系处在越来越紧张的时候，乔治·桑写出了她的浪漫主义小说《柳克丽齐娅·弗罗利亚尼》。小说开始于6月25日在巴黎的《法兰西信使报》上连载，并于9月19日刊载完。这部小说的发表在巴黎引起了强烈的反响。

人们认为，乔治·桑的对头，玛丽·达古在和李斯特分手后曾写了一部名为《内里达》的小说，把李斯特不为人知的另一面揭示出来，让李斯特的心都碎了。现在人们又读到了乔治·桑的这部小说，不得不让他们联想到乔治·桑和肖邦的关系。尽管作家在写作这部小说的时候采取了改头换面和前后颠倒的艺术手法，但人们透过表面现象还是看出了或是猜出了小说的真正含意。因为这部小说也和她的许多小说一样，以真实人物、真实事情为原型，并对其加以概括、并充分发挥想象力而创作出来的，因此小说既有真实的一面，又有虚构的一面。

小说的女主人公柳克丽齐娅·弗罗利亚尼是一个著名的意大利女演员，也是位写过许多成功戏剧作品的作家。她风流淫荡，有过许多艳遇和情人，但她不是妓女，因为她从不向她的情人索取金钱和财物，有时还倒贴给他们。她爱过许多男人，也奉献过许多男人，但她从未想和他们结婚，也从未想过要对他们永远忠诚。她有短暂的激情，而当她激情爆发时，她总认为自己每次都爱得很深，都会奉献出自己的一生。她刚到30岁就退出了戏剧舞台，移居到意大利的伊塞奥湖边，抚养她的四个孩子。就在这期间，柳克丽齐娅遇见了时年24岁的卡罗尔王子，一位来自中欧的贵族，他比柳克丽齐娅小六岁，正和肖邦与乔治·桑相差的年龄一样。这个王子是个令人爱慕、温柔敏感的青年，是个天使般的人物。脸蛋长得像忧郁的美人，使人产生好感。他身体虚弱，很容易引起女人的怜爱，特别能让那些充满母爱的女人对她倾心。刚开始时，卡罗尔对柳克丽齐娅的生活作风抱有成见，而且还有四个孩子。促使他改变态度的是她有着天使般的母爱。在他病重期间，柳克丽齐娅全心全意地照顾他，把他从死神手中夺了过来。随后卡罗尔王子便深深地爱上了柳克丽齐娅，而她也发誓要爱他一生。她深信这种上天注定的爱情是永恒的。他们在一起度过了一段幸福的时光。但是过了不久，卡罗尔就暴露出了他最大的缺点——自私和嫉妒，乔治·桑把他的这种嫉妒心理和性格描写得淋漓尽致。一天，卡罗尔嫉妒来募捐的神父。另一天，他又嫉妒乞丐，认为这乞丐是个化了装的情人，前来和柳克丽齐娅约会。又有一天，他嫉妒一个仆人，认为这个仆人和其他仆人一样都被宠坏了，竟敢那样粗鲁地回答他的话，他觉得这很不正常。后来他还嫉妒一个小贩、一个医生、一个糊涂的亲戚，甚

第十四章 走向决裂

至还嫉妒起孩子们来。"我说了'甚至'这个词,应该说'尤其'……事实上孩子们正是他唯一的竞争对手,弗罗利亚尼惦记他,也同样惦记她的孩子们。然而卡罗尔越是气愤,越是显得彬彬有礼和自我克制。他变得爱挖苦人,故作高傲,矫揉造作,对一切都讨厌。有时,如果他没有勇气反驳你或者开玩笑,就高傲地沉默不语,和你赌气,令你伤心。"这种不断的明争暗斗,终于损害了柳克丽齐娅的健康,使她失去了美貌,未老先衰,变得又黄又瘦,她不再爱卡罗尔了。一天早上,她突然死去,离开了人世。

这部小说的发表,自然在读者中间,尤其是在巴黎文艺界,掀起了一番议论的热潮。他们认为,这部小说就是以乔治·桑和肖邦他俩的共同生活为原型而写成的,在卡罗尔身上就有肖邦的影子,而柳克丽齐娅也体现了乔治·桑的性格特征和心路历程。但是像许多事情一样往往是旁观者清、当事者迷,肖邦就是这样。在较长的一段时间内,肖邦并没有意识到,小说写的就是他。在德拉克鲁瓦写给诺贝尔夫人的信中,谈到了乔治·桑在给肖邦和他朗读《柳克丽齐娅·弗罗利亚尼》时的情形:"我听这部小说,感到很痛苦,刽子手和受刑人都同样使我感到吃惊。乔治·桑显得十分自然,肖邦也不住地称赞小说写得好。我们午夜一起离开,肖邦要送我一程,我抓住这个机会,探听一下他的印象如何,难道他真的在给我装样子?不是的,他确实没听懂,这位音乐家仍旧热情称赞这部小说。"要么是肖邦真的没有领会这部小说的真实意图,要么是他顾及自己和乔治·桑的关系,不愿在别人面前袒露自己的真实想法。不管肖邦的真实态度如何,但几乎所有他的朋友都看出了小说的真实意图,纷纷为肖邦鸣不平。霍尔滕斯·阿拉尔夫人在致圣伯夫的信里谈到她对这部小说的看法:"我没有告诉您,我对《柳克丽齐娅》多么气愤……乔治·桑完成了牺牲音乐家的丑行,她向我们抛出肖邦,透露了许多鸡毛蒜皮的细节。她态度冷淡,翻脸不认人,真是毫无道理。尽管女人变心会使情人远离,但她们不会过分加以指责。现在看来,内里达的盛怒是可以原谅的,而柳克丽齐娅的冷酷的愤慨是不可宽恕的。这样好端端的一个天才人物,怎么会被歪曲成这个样子?!"

霍尔滕斯是个性格直率的女人,她不仅把自己的看法告诉了圣伯夫,还特意写信给乔治·桑,批评她的这部小说。而乔治·桑在回信中却竭力否认

她在描写卡罗尔这个人物时想及肖邦:"您怎么会了解他?并在小说人物中认出他呢?应该说是某些用心恶毒的人在搬弄是非,给了您这个错误和荒谬的消息吧!于是我就成了弗罗利亚尼了,我就有了四个孩子和所有这些风流艳事?我不相信我这样富有,而且我的精力也没有那么旺盛,差得远呢。我既没有那么伟大、那么疯狂,也没有那么好。因为,如果和卡罗尔王子结合,我得向您承认,我也许不会让自己死去,而且也不会把他丢下不管。而我呢?我现在身体很好,我永远也不会想到要轻率地离开我的朋友。八年来,我们肝胆相照,他对我的友情是无法估量的。我是在他身旁写成这小说的,并且是逐段逐段念给他听的。在创作过程中,我俩共同工作,接受或者拒绝他的意见,是常有的事。他根本没有想到,要在伊塞奥湖的这对情侣中认出他自己或者认出我,这到底是怎么回事呢。"乔治·桑的辩解自有她一定的道理,文学创作并不等于真实的生活,但也不可否认,作家在创作过程中往往会把自己熟悉的事和人写进自己的作品中,甚至会把自己的思想感情融入到小说的故事情节和人物性格中。因此才会有许多朋友(他们既是肖邦的也是乔治·桑的)看出这部小说的内涵,而这些人并不像乔治·桑所说,"是用心恶毒的人在搬弄是非"。

后来乔治·桑还在《我的生活故事》中继续为自己辩解:"人们曾经认为,我在自己的一部小说里通过准确无误的分析手法描绘出了他的性格,这种想法是错误的。因为人们总是以为从中看出了他的某种性格特征,但是这种方法过于简单方便,因而不可能是靠得住的……我在卡罗尔王子这部作品里刻画的是这样的一个人物形象:他生性果敢,感情专断,对别人的苛求也十分固执,然而肖邦并不是这样的人。人的自然本性不管是怎样一种实实在在的东西,却无法像艺术那样把一个人活生生地表现出来……他基本上可以说是个谦逊的人,平日里也显得温柔和顺,但是他却具有感情冲动迅烈的本能,他全身散发出一种傲气,虽然合情合理,然而他自己却莫名究竟……再说,卡罗尔王子也并不是位艺术家,他只不过是个幻想家。除此之外,他什么也不是,他没有天才,也没有具备天才的权利……这是一个可爱的人物,更是一个真实可信的人物,他与一位伟大艺术家的形象极少有共同之处……这部小说叙述的故事根本不是我们的经历,而是完全相反。在我们之间既没

第十四章 走向决裂

有那样甜蜜的陶醉,也没有那样剧烈的痛苦。我们本身的经历一点儿也不像一部小说。我们关系的基础是如此纯真,如此严正,我们从来也不可能吵吵闹闹,双方都不会这样做。即使对于肖邦与我分手之后的整个生活经历我也绝不持任何异议。"

尽管乔治·桑竭力为自己辩解,说明这部小说写的不是她和肖邦的事情,但是人们还是十分关注这部小说,议论这部小说。就连李斯特在小说连载时也从不放过每一期。有一次他出国旅行,无法读到那一期的连载,他感到很恼火,回来后他还想法补上。人们也很想知道肖邦对它的反应,但正如乔治·桑所描述的那样肖邦越是生气,就越显得冷漠。一开始,肖邦确实不相信,卡罗尔王子就是自己的化身。而且他的朋友们也碍于情面,没有把他们的看法和想法告诉他。所以他在诺昂和回到巴黎的最初日子里,还一直称赞这部小说。这也成了乔治·桑为自己辩解的最有说服力的一个理由:"尽管肖邦每天都在我的书桌上读到这份手稿,而且他这个人生性又是如此多疑,但是他丝毫也没有错把自己同此人混为一谈的表示。"回到巴黎后,有关这部小说的一些议论也传到了肖邦的耳里,引起了他的注意,但他依然采取了回避的态度,到了1847年春天,他在写给家人的信里对这部小说的评价才有了改变:"她最近出版的作品是《柳克丽齐娅·弗罗利亚尼》。但四个月前,报刊上又刊登了她新创作的爱情小说,(至今)名为《皮西尼诺》(意为小家伙)故事发生在西西里岛,有许多地方写得很美,毫无疑问这本书一定会比《柳克丽齐娅》更让路德维卡喜欢这部小说。《柳克丽齐娅》在这里激起的激情也比不上她的其他作品。"这样的论述显然是肖邦对这部小说态度改变的表现,他不再像过去那样称赞它了。

乔治·桑为何要写这部小说?这部小说和肖邦与乔治·桑的关系又有什么联系?在这些问题上,历来是众说纷纭。有的认为,乔治·桑写这部小说就是在向肖邦暗示,他们的关系已到了该结束的时候,她再也不愿忍受他的嫉妒和暴虐了。有的则认为,乔治·桑并不想对肖邦下逐客令,她对肖邦依然是又爱又恨,既舍不得他走,又不愿他过多地干预她的家事。也许乔治·桑开始在写这部小说时,并非故意要把她和肖邦的关系写进它的故事情节中,也不是有意要把肖邦写成卡罗尔王子。不过有许多作家在创作自己的作品时,

往往会把自己熟悉的人和事当作描写的对象，尤其是像乔治·桑这样的作家。我们知道，在她以前写的许多小说中就曾以她熟悉的人和事而写的，而且她还是个很动情的作家，往往会把自己写进作品中，让小说反映出她的思想感情和喜怒哀乐来。因此《柳克丽齐娅·弗罗利亚尼》便有了她和肖邦关系的写照，在卡罗尔王子身上也就有了肖邦的一些性格特征，使卡罗尔王子既像肖邦又不是肖邦。而此时的乔治·桑与肖邦，经过七年多的相处，两人性格的差异日益显著，矛盾不断加剧，以至于乔治·桑的心中积攒下了一股怨气，而她对肖邦的爱情已不复存在，于是乔治·桑在刻画卡罗尔这个爱嫉妒的人物形象时，便自然而然地把自己对肖邦的种种复杂的感情都反映在这个人物身上。其结果是，肖邦和乔治·桑的那些朋友便能一眼看出其中的奥妙，原因就在于此。肖邦虽然不大在乎这些议论，但他更关切的是乔治·桑本人对他的态度，然而可惜的是，他已不再感受到乔治·桑对他的爱了，反而越来越觉得她把他当外人看待。尽管肖邦早已觉察出乔治·桑对自己的感情变化，但他依然还爱着她，并且期望着等到莫里斯和索朗热都结了婚离开母亲之后，他们俩人的感情又会得到激发，恢复到从前那种情意绵绵的状态，然而新的矛盾和打击却使他的这种期望破灭了，最终导致到他们关系的彻底决裂。

决裂前的风波

1846年11月11日，肖邦离开诺昂前往巴黎。尽管他和乔治·桑的矛盾不断加剧，但他绝没有想到，这是他最后一次离开诺昂了。在诺昂，肖邦和乔治·桑度过了相亲相爱的七个夏天，并创作了他一生中最优美乐曲中的一半，即68部（组）乐曲中的30部。肖邦在与诺昂告别时，心里还期待着下一个夏天来此度假，因此他根本没有想到他们的关系会破裂。他还抱有这样的期望：等到莫里斯和索朗热相继结婚之后，定会离开他们的母亲，到那时候，乔治·桑没有了子女的干扰和从中作梗，他们的关系定会恢复到昔日的那种亲密程度。因此，在他回到巴黎之后依然怀着关切的心情，隔三差五地给乔治·桑写信，对她嘘寒问暖，关怀备至。尽管乔治·桑对肖邦的激情已经消退，但她也还不愿中断和肖邦的关系，虽然乔治·桑在诺昂事务缠身，而且还传出她与鲍里的绯闻，但她依然对肖邦的身体很是关心，也经常写信给他，询问他的健康状况。

刚回到巴黎，肖邦便遇上了一桩喜事，那就是他的好友、波兰诗人博格丹·查列斯基和他学生佐菲亚·罗赞加德小姐的婚礼。肖邦作为证婚人参加了他们的婚礼，还在教堂举行的仪式上，为这对新婚夫妇演奏了管风琴，并特意为他们创作了两首宗教乐曲在婚礼上演奏。然而遗憾的是，这两首乐曲都没有留存下来。晚上，肖邦还和新娘一起四手联弹，或轮流单独演奏，为婚宴助兴。

除了和乔治·桑的关系不那么顺心外，还有两件事也让肖邦感到遗憾。一是分别多年的母亲不能前来巴黎和儿子相聚。去年秋天，弗里德里克曾写信给家里，告知奥布雷斯科夫公爵夫人要到彼得堡去住一年，那位夫人主动提出，等她从彼得堡返回巴黎途经华沙时，愿意让肖邦的母亲搭乘她的豪华马车一起来到巴黎。弗里德里克本想等母亲在巴黎呆上一段时间后，再让他的妹妹伊莎贝拉和她丈夫一起来巴黎接回他们的母亲，这样一来，不仅母亲能和他相聚，就连17年未见面的妹妹也能和他呆上一些日子，他原本设想得很美好，可是，前面已谈过，母亲因年事已高，行动不便，更不愿打扰儿子的生活，谢绝了儿子的好意。幸好这位夫人来回途经华沙时，都曾去拜访过他的母亲。回到巴黎后又把他母亲的近况告诉了弗里德里克，说他母亲的身体不错，妹妹一家都很和睦，对母亲的照顾也很周到，这才让弗里德里克在遗憾之中感到了一些欣慰。二是到意大利去度冬天。本来乔治·桑早在去冬今春，就曾打算带肖邦和儿女一起到意大利的阳光充沛的地方去过冬。肖邦听到她的计划后，原本对此抱有很大的期望，但因莫里斯的坚决反对而作罢。这个冬天，他又只好留在寒冷的巴黎了，这令渴望阳光的肖邦不免甚感遗憾。

一回到巴黎，肖邦便恢复了教课工作，每天都要教好几节钢琴课。此外他便和往常一样，不是探亲访友，就是参加各种音乐会或是观看戏剧和歌剧的演出。自12月19日起，肖邦便受到查尔托里斯基公爵的邀请，参加在他寓所举行的星期六聚会。12月24日既是圣诞前夜，又是公爵的命名日，肖邦

整天都是在朗贝尔旅馆度过的,并在晚会上为公爵演奏助兴。除夕晚上,肖邦又是在公爵的晚会上迎来了1847年。

1947年的春季,肖邦的健康还差强人意,未曾犯过什么大病,得以有机会举行一些小型音乐会。1月18日肖邦应邀出席了德尔菲娜·波托茨卡夫人举行的招待会,和他一起去的有格日马瓦等波兰朋友。肖邦在会上演奏了自己新创作的乐曲,受到大家的欢迎,女主人在肖邦的钢琴伴奏下,也为客人们演唱了多首波兰歌曲和外国歌剧中的插曲,他们的合作可谓珠联璧合,获得了热烈的掌声和称赞。

2月6日,乔治·桑和索朗热及其未婚夫德·普雷奥一行抵达巴黎,开始为婚礼进行准备。他们依旧住在奥尔良广场的公寓里,肖邦又能和乔治·桑相处在一起、进行正常的社交活动,但关系不如以前亲密。2月17日,肖邦在自己的寓所举行小型音乐会,和弗朗肖姆一起演奏已经定稿的《钢琴和大提琴g小调奏鸣曲》(作品第65号),并把这部乐曲题赠给了弗朗肖姆。在场聆听演奏的有乔治·桑、索朗热、格日马瓦、德拉克鲁瓦和阿拉果等朋友。为了回报他心爱的朋友波托茨卡夫人的盛情,3月23日肖邦又在自己寓所里和弗朗肖姆一起演奏了这部新完成的奏鸣曲。被邀请的客人当中,还有查尔托里斯基公爵夫妇等几位豪绅朋友。4月1日,德拉克鲁瓦把肖邦和乔治·桑带到卢森堡宫,去观看他在穹顶上画的一幅画像,画的是意大利诗人但丁和他的女友阿斯帕齐娅。由于画家对他们并不熟悉,又无其他画作可作参考,他只好用自己熟悉的朋友来做模特,于是他把肖邦当作但丁、把乔治·桑当作阿斯帕齐娅来画。名义上画的是但丁和阿斯帕齐娅,实际上是肖邦和乔治·桑的头像。不过后世的人们都没有见过这两位古人,只要认为画得好看就行了,一般的观众都不会去进行考证和探究的。

4月9日,肖邦的朋友、波兰诗人斯特方·维特维茨基因久病不治而离开了人世,噩耗传来令肖邦十分悲痛。去年是安托尼·沃津斯基的去世。面对童年时代的老朋友一个个离开了尘寰,肖邦发出了悲哀的感叹:"他们一个个都被带走了。"他对远在纽约的丰塔那说道:"现在我们俩都成了波兰孤儿了。"在老朋友当中,只有提图斯·沃伊捷霍夫斯基还留在国内,但因分别时间太久,相隔距离太远,原先亲密的友情也变得疏远了。维特维茨基的去世

第十四章　走向决裂

给肖邦不小的打击，不久他便病倒了，而且来得很急，幸得罗齐埃和古特曼的精心照拂，病得急也好得快，不几日他便痊愈了。

然而与此同时，索朗热的婚事却发生了突变，去年9月才和普雷奥订的婚，原定今年春天就要结婚的，却遭到第三者的插入而中断，普雷奥这个连肖邦都很中意的青年却被无情地抛弃了。这个第三者名叫奥古斯特·克莱辛格，是个33岁的雕塑家。他以前当过胸甲骑兵，退伍后从事雕塑工作。尽管他不是个艺术天才，但也颇具雕塑才华，他的雕塑以奇特怪异而闻名。他蓄着大胡子，外表粗犷，富于阳刚之气。1846年3月，他曾以女作家的崇拜者身份给乔治·桑写过一封信："夫人，祝您幸福！您给一个可怜的年轻人带来幸福，您足以感到高兴和自豪。他要大声地宣告幸福来临，因为他总是希望在他的作品中使人想到乔治·桑。多亏了乔治·桑，他才有今日……"他请求乔治·桑同意他在永恒的大理石上刻上动人的名字《康苏爱萝》。乔治·桑同意了他的请求。

当乔治·桑和索朗热于1847年2月6日来到巴黎后，克莱辛格一听到消息，便四处奔走，托人介绍他去认识乔治·桑和她年轻美貌的女儿。认识她们之后，这个善于讨好女人的雕塑家，便施展出他的全副本领来巴结这位女作家，他提出要用永恒的大理石来为她们母女各雕塑一尊半身像，乔治·桑竟欣然同意了。于是从2月18日开始，乔治·桑母女俩便几乎天天来到克莱辛格的工作室为他摆姿势。他把索朗热塑造成女猎人的模样，鼻子微微颤抖，双肩袒露，头发在轻风中飘扬，一副英姿飒爽的形态，很让索朗热满意。他还向她们俩大献殷勤，不是送花，便是买零食招待她们。经过一个多月的亲密接触，竟使索朗热爱上了这个不修边幅、但很有男子气的艺术家，乔治·桑也喜欢上了他。就在这时，索朗热决定撕毁和普雷奥的婚约，认为他"子爵含石膏的成分太多了"，于是她选取了大理石。乔治·桑虽然也觉得"被抛弃的这个可怜的人，是个高尚的孩子，真正具有法国骑士风度"。但她也认为这个胸甲骑兵不错，默认了他们的相爱。然而巴黎的一些朋友告诉她，克莱辛格"这个人疯疯癫癫，很粗野，欠了别人很多债，而且酗酒，还对一个年轻女子始乱终弃，还经常殴打她，置她怀孕于不顾"。乔治·桑听到这些劝告，便决定带索朗热回诺昂。但她这样做已无济于事，这个狂热的追求者也

立即追到了诺昂。克莱辛格这个人虽然口碑不好,但他非常执著,不达目的决不罢休。乔治·桑在给儿子的信里谈道:"他想怎么干就怎么干,而且刻不容缓,他甚至不吃饭不睡觉,也要马上达到目的。他到这里三天来,没睡过两个钟头,而且他的身体很好。他的这种顽强毅力、坚持不懈、不知疲倦的精神,使我十分惊讶,也让我很喜欢……我看你妹妹忧郁不安的灵魂肯定可以得救,你妹妹跟着他,会变得规规矩矩的。"在另一封信里她告诫儿子:"这里所发生的一切事情,对肖邦要只字不提,因为这和他无关。而且要采取断然行动,当生米煮成了熟饭,他多说也无益。"乔治·桑于5月12日致格日马瓦的信里也曾这样写道:"我想他躲在一边,闭目塞听,一无所知,对什么也不能发表意见,恐怕会很痛苦。但是,他的意见在现实生活中不可能受到重视。他从来也没有正确地看待过事物,也不能从任何一点上去理解人的天性。他的灵魂充满诗意和音乐,而且他不能容忍除了自己以外的别的东西。此外,他在我家事中的影响,也许会使我在孩子们面前威信扫地,失去他们的爱……请和他聊聊,试着让他大略地懂得,不应该管他们的闲事。"

乔治·桑在写给罗齐埃的信中谈到她不敢写信给肖邦:"我担心他反对索朗热结婚……如果我提及它,他会受到不愉快的震惊。"从这些书信可以看出,对于索朗热的婚姻大事,乔治·桑宁愿告诉别人,也要瞒着肖邦,乔治·桑的这种做法,于情于理都是不应该的。我们知道,在乔治·桑的三个孩子(包括奥古斯丁娜)中,索朗热和肖邦最亲,而肖邦在和这个家庭相处的七年多的时间里,他最疼爱的孩子也是索朗热。他是看着她长大的,他像父亲一样关怀她、喜爱她,如今她要结婚了,乔治·桑竟要大家都瞒着他,她这样做实在是太过分了,即使他会反对索朗热和克莱辛格结婚,她可以不听肖邦的意见,甚至和他大吵一顿,但是她还是应该告知他的。

对于索朗热和克莱辛格的婚事,从这段时间乔治·桑写给朋友的信里可以看出,她是深表赞同和支持的,对克莱辛格这个人她也是喜欢的。5月6日她告知夏洛特·马尔利亚尼:"两周后索朗热就要和克莱辛格结婚了,一个雕塑家,一个伟大的天才。他将挣很多钱,能给她美好的生活,我相信这合乎她的口味。"

索朗热和克莱辛格的婚礼于5月20日在诺昂举行,索朗热的父亲卡其密

第十四章 走向决裂

尔从吉勒里赶来参加。由于索朗热还未成年，其婚姻必须得到父母的同意。为此，在婚礼举行之前，克莱辛格便在莫里斯的陪同下特往吉勒里去见卡其密尔，恳求他的允许，卡其密尔也欣然同意了这桩婚事。5月21日乔治·桑在致夏尔·蓬西的信中写道："婚礼从来也没有这样坚决和迅速，杜德旺先生在我这里住了三天……我们派人去请镇长和神父来，他们完全没有料到我会闪电式地把女儿嫁出去。事情办完了，我们松了一口气……"

可是婚礼却没有请肖邦参加，而且还把消息封锁得严严密密，这对肖邦说来是个沉重的打击。起初，肖邦确实是不赞成索朗热和克莱辛格的婚事，因为他觉得，从出身和品德来说，克莱辛格都不及普雷奥。不过，一旦索朗热决定要嫁给克莱辛格，他也不会拒绝他们的婚姻的。从后来的交往来看，肖邦并没有固执己见，排斥索朗热的这个丈夫。我们知道，肖邦是很喜欢索朗热的，从她十岁起，肖邦就看着她长大，一直把她当作女儿来呵护。而每当索朗热遭到母亲的责骂，她就会跑到肖邦那里去寻求安慰和抚爱，在这个家庭中他们建立了一种父女爱、朋友情，如今在索朗热结婚的这样重要时刻，却没有受到邀请来参加她的婚礼，这对肖邦说来是个多么大的打击，这又给他的心灵造成多大的伤害。肖邦未能参加婚礼，并不是因为身体有病不能远行。尽管在5月初，他害了一场病，但很快就好了。就在索朗热婚礼后的第三天，肖邦还到巴黎近郊的沃尔泰拉去拜访他的朋友阿尔布雷赫特和他的教女。5月28日他再次去到那里。这一切都证明肖邦的身体是可以去参加婚礼的。肖邦之所以没有参加婚礼，是乔治·桑不愿意他来，没有通知他所致。后来乔治·桑在各种场合为自己没有邀请肖邦参加女儿的婚礼辩护，但不管有多少理由，她这样做都是不合情理的。更为荒谬的是，说肖邦爱上了索朗热，因此他不愿她嫁给别人，怕他来了诺昂之后会大发雷霆，扰乱婚礼，会给她造成难堪，引起索朗热对他的憎恨等等。其实这是胡说八道，是乔治·桑的无事生非寻找借口而已。我们前面多次提到过，肖邦的确是喜欢索朗热的，特别是当他和莫里斯的矛盾日益加剧、乔治·桑对他也不那么尊重和挚爱时，他和索朗热的接触就更多了，但这并不表明肖邦是像她所说的那样，爱上了索朗热，而索朗热从小就崇拜肖邦，后来每当她受到母亲的责怪，和哥哥与奥古斯丁娜发生争吵后，她都会到肖邦那里寻求安慰和怜爱。甚至有

时还故意当着母亲的面，向肖邦卖弄风情以报复她的责骂，实际上他们俩都没有产生过我们称之为男女之间的那种爱。至于说肖邦反对索朗热嫁人，那也是与事实不符。我们知道，在这之前，他就赞同她和普雷奥订婚和结婚的。甚至到了5月中旬，肖邦在给索朗热的信里还这样写道："几天前，我已请你的母亲转达我对你的未来致以最诚挚的祝福。今天我止不住要对你说，你的那封可爱的短信带给我多大的欢乐。从信中可以看出，你是多么的幸福，你正处在幸福的巅峰。我希望你永远这样，我全心全意祝福你一切顺利。"后来当肖邦得知索朗热已和克莱辛格完婚的消息，还曾多次向索朗热表示："愿你和你的丈夫永远幸福，祝福你俩所有可能的快乐，让我好好地和你及你的丈夫握手。"

在6月8日写给家人的信中，肖邦这样谈到了他当时心情："说到索朗热的婚事，那是当我虚弱时在乡下举行的——说老实话，我并不因此而生气，因为我自己也不知道，当我面对这一切时我的脸色会怎么样。他，这个新郎，鬼才知道他出自什么家庭。在这里曾有人介绍过他，但直到最近一次来农村为止，谁做梦也没有想到会是这样的结局。然而，打从一开始就让我不快的是，索朗热的母亲便把他捧上了天。她们母女俩几乎天天都到他的工作室去摆姿势，让他塑半身像。母亲是个可爱的人，但她的实际理智却一文不值，她邀请他去乡下，这正是他求之不得的。他去了那里，像他这样圆滑的人，他们还没有好好观察他，一切就这么结束了……索朗热很喜欢他的礼物，他被认为是第二个米开朗琪罗。他骑马很出色（他当过骑兵，这毫不为奇）。莫里斯也看中了他，因为他忍受不了文雅而又出身好的普雷奥……这里所有的朋友，如马尔利亚尼、德拉克鲁瓦、阿拉戈，还有我，都了解他的那些最卑劣的事情、都知道他负债累累、粗野、殴打他的情妇。那个女人在他结婚时已经怀孕了，他酗酒，我们都看到过（但他却以天才的秉性来自诩）。一句话，所有在巴黎的艺术家都把他看成是个小人，为什么桑夫人会把这个人选作女婿，不能不感到惊讶。到现在为止，他们每个人都非常满意。他，尽可能礼貌，她，对新的状况感到高兴……莫里斯从中获益最多，不仅是因为他有了一个在某些方面缺少头脑的妹夫，他可以利用他了，而且他的父亲，决不会给索朗热任何的嫁妆，于是他就能得到更多的遗产……桑夫人从农村给我来信，说他有勇气有学识、有主动性和雄心……这似乎是他的优点！这是连一个月都不能坚持的狂热时刻——没有任何人去泼一下冷水……我现在身体完全复原了，我尽可能地保持平静。不过，我得向你们承认，十年来我天天见到的索朗热的这场不相称的婚事，的确令我有些难受。当初她与母亲不和，我常常充当调解人。"

尽管乔治·桑向肖邦隐瞒女儿的婚事，尽管肖邦不满索朗热找了个不相配的丈夫，但他还是忍受了下来，并以平常心对待，甚至还期望着能在诺昂继续受到欢迎。但是无论是在索朗热的婚前还是婚后，乔治·桑都没有邀请他来诺昂，他只好留在巴黎，从事他的教学工作和社交活动。除了两次到巴黎郊区去看望他的老友和教女外，还于7月1日在自己的寓所，组织了一场小型音乐会，由他和弗朗肖姆、小提琴家德贝菲尼·阿拉德一起演奏了他早期创作的《钢琴、小提琴和大提琴三重奏》（作品第8号）。然而就在此时，诺昂发生的一场大风暴，不仅让肖邦重回诺昂的希望破灭，也让他们的关系彻底决裂。

最后的决裂

索朗热和克莱辛格在诺昂举行婚礼之后，便双双来到克莱辛格的父母家，在那里又举行了一番婚礼。亲朋好友前来祝贺，其热闹程度胜过诺昂的婚礼。新婚夫妇在这里度过他们的蜜月，直到6月底才回到诺昂。在他们离开诺昂期间，莫里斯邀请了一个名叫泰奥多尔·卢梭的年轻画家住在家里。这位画家很快就爱上了奥古斯丁娜。乔治·桑因为有失诺言，一直觉得对不住她，便竭力鼓励卢梭去向她求婚，并答应提出10万法郎稿费来给她做嫁妆。索朗热听到此事，更觉母亲的不公平，便出来干预。她一方面向母亲提出自己的意见和要求，同时又让人告诉卢梭，说奥古斯丁娜是莫里斯的情妇。卢梭听了之后便退缩了，打消了求婚的愿望。这让乔治·桑特别怪恨索朗热，说她"刚刚出嫁就撕下了假面具，把一切踩在脚下。她挑动头脑简单、容易发火的丈夫来攻击我，攻击莫里斯和奥古斯丁娜。是索朗热贻误了可怜的奥古斯丁

娜的婚事，是她对卢梭大造谣言，恶意中伤莫里斯和奥古斯丁娜"。7月11日，这一家人的矛盾终于大爆发了。开始是言语上的争吵咒骂，转而拳脚相交，莫里斯和克莱辛格动手打了起来。克莱辛格举起锤子朝向莫里斯，乔治·桑上前打了克莱辛格一记耳光，克莱辛格用拳头朝他岳母的胸前打去。莫里斯抄起猎枪要向妹夫开枪，多亏了凑巧来访的当地神父把他们劝开，才避免了一场流血的争斗。

怒火冲天的乔治·桑立即命令克莱辛格滚出诺昂，永远不得踏进这个家门。尽管索朗热对丈夫殴打母亲的行为也责备了他几句，但她宣称要和丈夫一起走，这更激起了乔治·桑的怒火。她大声宣布：连巴黎奥尔良广场上的住所也不准他们出入。当他们匆匆收拾行囊离开诺昂时，索朗热想起了肖邦留在那里的马车，于是她打算乘这辆马车去巴黎，但遭到母亲的坚决反对，不让他们使用肖邦的马车。索朗热和克莱辛格便暂住在离诺昂不远的拉沙特尔，同时给肖邦写去一封信，说她病了，"您能否把您的马车借给我，以便我能回到巴黎？请您立即回复我……我在色拉特尔等您的回信，我在那里很不舒服。……在我母亲实施最残酷的行动之后，请在离开巴黎之前等等我，我非常想立即见到先生。我被明确拒绝使用您的马车。因此如果您愿意让我使用您的马车，请给发一封准许我使用马车的信，我将送去诺昂，要求把马车送来。再见，我希望能立即见面。索朗热，星期天晚上"。肖邦接到她的信后，便于7月21日复信说："得知你病了，我很难过，我立即将我的马车交给你使用。我已经写信给你母亲了，你自己保重。你的老朋友肖邦。"

肖邦的这一举动，本来是人之常情的事情，却在乔治·桑那里激起了一场大风暴。她见肖邦要借马车给她女儿便火冒三丈，责怪肖邦站在她女儿一边来和她作对，便马上给肖邦写了一封言词激烈的信，可惜这封信没有保存下来。据看过这封信的德拉克鲁瓦在自己的日记中写道："他把他（指肖邦）收到的一封信的内容告诉了我……我必须承认，这确是一封内容很残酷的信。痛苦的情感和长期积压的烦闷，信中昭然若揭。相形之下，如果整个事情不是那么可悲，倒反而真的成了笑话。她一次又一次地显示出女人的本色，一张口便滔滔不绝，就好像是从小说里直接抄下来的一样，或是从哲学般的说教中引过来的一样。"信的内容如何，我们无从知晓，但从德拉克鲁瓦在日记

第十四章 走向决裂

中形容它"非常残酷"（波兰文本译成"非人的"）就可以猜到它是怎样的一封信了。乔治·桑除了责骂肖邦忘恩负义外，还提出一个苛刻的条件："如果他以后要来诺昂，就决不能提及索朗热的名字，当然更不能替索朗热说话。"乔治·桑想以此来检验肖邦对她的忠心和顺从。但与此同时，索朗热回到了巴黎，立即见到了肖邦，并向他倾诉了事情的经过和她所遭受的不公平待遇。7月24日，肖邦在复信中这样写道：

> 不该由我来谈论克莱辛格先生的事情。况且，还是从您把女儿嫁给他的那个时候起，我的思想才熟悉了这个名字。如果说到她，我不能无动于衷。您会想得起，我在干预您对您孩子们的行为时，我都是毫无偏心地为他们说情。每当有情况发生，我都深信，您的使命就是永远爱他们——这是永恒不变的唯一感情。不幸可能会淹没这种感情，但决不会消除它。
>
> 现在这种不幸是非常巨大的，因为在您的女儿正进入独立生活之际，正当她的生理状态比以往任何时候更需要母亲的无微不至的呵护之时，这种不幸却让您的心不愿去听听女儿的事情。面对着如此重大的涉及您神圣感情的事情，我不想提及我的情况了。时间会解决一切，我等待着——永远是同一个忠于您的肖邦。

肖邦的这封信，虽然语气平和，但乔治·桑却感觉出信中的教训口味，这使她愤恨难平。尽管她这时写给肖邦的信里表面心平气和，而且以受害者自居，但在写给别人的信里却发泄了她对肖邦的怒火。特别是7月25日在致罗齐埃的信中，这种愤懑之情表达得一览无余。她在信里写道："终于，早班邮差送来了肖邦的一封信，我明白了，像往常一样我被自己愚蠢的感情欺骗了。当我为他的健康焦虑得六个晚上都彻夜难眠时，他却忙着和克莱辛格夫妇在说我的坏话，打我的坏主意。真是太妙了，他信中谈到的尊严将成为笑柄。这个家长所做的喋喋不休的训诫，给我上了实实在在的一堂课。成熟老练的男人一个能顶两个。今后，在这方面我将尽可放心，有许多事都在我的预料之中。在诽谤中伤方面，我知道我的女儿有多么的能干。在抱有成见和

轻信他人方面，我也了解肖邦的脑袋瓜里会想出些什么……我终于看清楚了！我将做出相应的行动。我不会把我的血肉之躯任凭忘恩负义和邪恶去宰割。我今后将偏居诺昂，平静地生活，远离我身后那些摩拳擦掌的敌人。我将把守好庄园的大门，不让居心叵测的人和疯子们进来。我知道，在这段时间里，他想要把我说得一无是处，那真是再好也不过了！当他们在仇视方面得到满足之后，就会自相残杀。"

而在回复肖邦的信里则表现出一副非常关切的样子，显示出一个受害者的形象：

昨天，我要了几匹驿马，乘双轮马车出发，气候恶劣，我病得很重；我要在巴黎过一天，打听您的消息。您的缄默，使我多么担心您的身体。在这段时间里，您不慌不忙地考虑问题，您回答得非常心平气和。这很好，我的朋友。现在您想干什么就干什么。心里怎么想，嘴里就怎么说吧！我完全理解。

至于我的女儿……她也许很不情愿地说，她需要母爱，可她又讨厌和诬蔑这个母亲。她用残忍刻毒的话玷污了母亲最神圣的行为以及家庭！您兴致勃勃地听，也许深信不疑。我不会参与这种战斗，因为我感到厌恶。我宁可看到您成为我的敌人，而不愿对付那个我亲生的、用我的乳汁养大的敌人。

关心她吧，既然您认为为了她，可以不惜做出自我牺牲。我并不怨恨您。但您应该明白，我是被侮辱的母亲，以这样的角色受到伤害……我受尽了欺骗和折磨。我原谅您，并且从此绝对不责备您，因为您的忏悔是真诚的。这使我感到有点奇怪。但如果您觉得这样做了，心里更自在坦然，那么，这奇怪的大转变，不会使我感到痛苦。

别了，我的朋友！愿您的病早日痊愈，而且，我希望您现在就康复，我有理由这样想。并且我将感谢上帝，我们长达九年的特殊友谊就这么奇怪地结束了。请不时给我来信，谈谈您的情况吧。再也没有必要重提其他的事了。

第十四章 走向决裂

这封信宣告了乔治·桑和肖邦的彻底决裂。对于乔治·桑来说，这种决裂也让她感到痛苦和惋惜，毕竟他们相处了九年，而且在这九年里，这位原来是放荡不羁的女作家，能一心一意地专注于肖邦而没有红杏出墙，实属难能可贵。这九年的亲密相处，一旦分开，她的心里也不免会感到空虚、孤寂、惆怅和忧伤，但对于造成决裂的后果，她往往把过错归之于肖邦的嫉妒和自私自利。她在10月2日给马尔利亚尼夫人的信中这样写道：

肖邦公开站在她（指索朗热）一边来反对我，而且丝毫不了解真实情况，这证明他对我忘恩负义，而对她却奇怪地迷恋。……索朗热利用了他嫉妒多疑的性格，从索朗热和她丈夫那里，传出了诋毁我的谣言，说什么我因和一个年轻人（就是人们对您说的那个维克多·鲍里）有爱情关系，或者特殊的友谊。对这个想入非非的离奇故事，我不能做别的解释，我也不想知道这卑鄙行径的背景。……我向您承认，肖邦和他的朋友曾委托我要特别严格地照顾他的生活，可他（指肖邦）现在不要我了，我不生气。他的脾气一天比一天更坏。他终于当着我朋友和孩子们的面，向我大发雷霆，宣泄其怨恨、不满和嫉妒！索朗热以其特有的狡猾利用了肖邦。因此，莫里斯开始对他表示愤慨。莫里斯了解并目睹我们的贞洁关系，也看到这个可怜的病鬼违心地，或者情不自禁地俨然以我的情人、丈夫和思想与行动的主宰者自居。莫里斯十分气愤，当面指责他骗取了我的仁慈之心，让我在43岁时，扮演了一个可笑的角色。面对即将爆发的争吵，我抓住肖邦偏向索朗热的机会，任由他赌气，并不准备把他接回来。……我们不再通信已有三个月了，我不知道这种冷淡的局面将会导致什么结果……他不分男女老幼都感到讨厌，他荒唐狂暴地嫉妒他们……面对我的孩子、仆人以及一些男人，他旧病复发，他们看到这情景，可能对我不表尊敬，尽管我的年纪和十年来的言行都值得人们尊重，我不能再忍受下去了。我相信他周围的人并不这样看。有人把他看成牺牲品，而且还有人异想天开地假设，在我这样的年纪，我只有赶走了他才好另找一个情人。

从这封信可以看出，乔治·桑和肖邦的决裂并不是因为肖邦把马车借给索朗热这件事才造成的，也不是出自一时的愤恨而采取的断然行动，而是长期对他不满、抱怨和争吵的结果。当然我们也不认为她是事先设计好了，一步一步让关系走向破裂。至于当时流传的许多流言飞语，有的是空穴来风、无中生有，有的却是无风不起浪，现在都很难证实。比如当时流传最广的是说乔治·桑之所以与肖邦决裂，就是想另找情人。连她的女儿都说有这么回事，而乔治·桑却竭力否认，说是索朗热在造谣中伤，但她对鲍里的态度却不能不招致人们的纷纷议论。鲍里是莫里斯的一位画友，应邀前来诺昂做客，之后他便久居不走。而且乔治·桑还把他安置在肖邦长期住过的那个房间，我们知道，那个房间里面有门与乔治·桑住的房间相通，这样的安排自然会让人浮想联翩。（众所周知，这个房间在肖邦之前，只有李斯特住过，而且那时候就传出过她和李斯特的绯闻。）

相比之下，只会用音乐来表达自己情感的肖邦，却不善于用文字来为自己辩护，而且抱怨也不是他的天性。即使在决裂后的最初几个月里，尽管这次决裂是肖邦生活中的大灾难，但他还是像往常那样，把痛苦埋在心底，并没有向外宣泄出来。对于乔治·桑，肖邦也没有多加指责，而只是一种劝解，要她以母亲的身份善待女儿。当路易·维亚尔多向他询问情况时，他便作了这样的回答："索朗热的婚姻对于她、对于她的家庭、她的朋友，都是个很大的不幸。女儿和母亲都上当受骗了，认识到错误为时已晚。但这一失误的责任应当由两个人来承担，为什么只责怪其中的一人呢？女儿心甘情愿接受了这桩很不般配的婚姻，不过做母亲的也同意了，难道她不应当承担部分错误吗？以她的睿智和丰富的人生阅历，难道她不应当向年轻的女儿指明，在这桩婚姻中更多的将是烦恼而不是爱情吗？如果说她怀有幻想，那么对于一个应由大家承担的错误，就不应该不依不饶的。我从心底对她们俩都有怨言，但我只能对我能去看望的那个人给予某种安慰。"

对于这次婚姻的失误，肖邦的态度很明确，母女俩都负有责任，不能只责怪女儿。照肖邦看来，乔治·桑应负更多的责任，因为她的阅历和智慧都要胜过自己的女儿。况且在结婚之前，乔治·桑把克莱辛格吹捧上了天，认为他才华出众，会给女儿带来很大的荣誉和富裕的生活。如今两个月刚过，

第十四章　走向决裂

就把自己对女婿的赞美忘得一干二净,甚至还指责肖邦站在女儿女婿一边来反对她,真是有点不讲理了。肖邦曾打算将他和乔治·桑分手的情况立即写信告诉他姐姐,但不知如何下笔,动笔多次都写不下去,这样的信稿他烧了不止一次,从这一点也可以看出,他当时心情是多么的不快和痛苦。直到圣诞节过后,他才于12月26日开始写起,直到1848年1月8日写完寄出,历时14天。信是这样写的:

最亲爱的孩子们:

　　我没有立即回信,是因为我忙得不可开交。不过,德·罗齐埃小姐定是马上给路德维卡回了信,说我身体健康,而且忙得不亦乐乎……前天的圣诞前夜,我过得极其平淡乏味。但是我想起了你们,像每年一样,给你们送去最诚挚的祝福……索朗热现在住在加勒里她父亲那里。她顺路去看望了她母亲,她是和迪韦内特一家去到诺昂的。但母亲对她很冷淡,并且对她说,如果她和丈夫分手,便可以回到诺昂来。她看到自己的新婚房变成了剧场,自己的客厅成了演员的化妆室。她写信告诉我,母亲只和她谈有关钱财的事情。她哥哥只和她的狗玩,他对她说的话只有一句:你想吃什么?表姐和其他的人她都没有见着。一句话,她两次回去都失败了。第二天她要离开那里又回去了一次,这一次受到的接待更加冷淡。不过母亲依然叫她写信来告诉她的未来计划。现在母亲对女婿的愤怒胜过对女儿的生气。可是她曾在那封给我的著名的信里说过,女婿并不坏,只是女儿把他变成了现在这个样子。可以这样设想,她想一举把女儿和我甩掉,因为我们使她不愉快。她和女儿还通着信,这样一来,一颗不能没有孩子消息的母亲的心,便能感到平静了,同时还能免除良心的不安,她会认为自己是公正的,而把我宣布为仇敌,好像是认为我站在了她女婿那一边(我对此人不能容忍,只是因为他和她女儿结了婚),我曾竭力反对这门亲事。真是个聪明智慧的怪人,她像是陷入了某种狂乱,这既损害了自己的生活,也损害了女儿的生活,对她的儿子也不会有什么好结局。我的预见如此,并可当下签字。为了给自己开脱,她便在那些对自己怀有善意、信任自己而又从不对她失礼的人身上

找茬儿。她不能在自己身边看到这些人，原因就在于他们是她的良心的镜子。所以直到现在她都没有给我写过一句话，今年冬天她也没有到巴黎来，在她女儿面前，连一句话也没有提到我。我并不后悔我曾帮助过她度过她一生中最微妙的八年。这期间，她女儿在长大，儿子和她生活在一起。我并不为我所经历的一切感到悲伤。我只是为她女儿感到惋惜，这棵经过精心培植，在母亲手中经历过多少风暴摧残的花木，由于不谨慎和轻率而被折断了。而这种不谨慎和轻率对于一个20岁的女人来说是情有可原的，但对于一个40岁的女人来说这样做就不应该了。以往的一切已不复存在，也无轨迹可寻。当桑夫人回首往事时，在她的灵魂深处定会有对我的美好回忆。现在她正处于一种最奇怪的母亲阵发症，扮演一个比真正的她要更善良、更公正的母亲角色。……现在，这里的冬天不太冷，但患感冒的人很多。我因为平素的咳嗽就很厉害，并不像你们害怕霍乱那样害怕感冒。我时时都闻一闻做顺势疗法的香水。我在家里教课很多，只要力所能及，我便坚持下去……我每天都想给你们写信，但这封信是从去年写起直到1848年1月6日才写完。

《论坛》杂志正在发表桑夫人的一部新小说。它和《魔沼》一样，是一部写贝里地区的小说。开头很不错，小说名叫《弃儿弗朗索瓦》。弃儿是乡下人对私生子的称呼，他们通常由穷苦妇女抚养，由医院负担他们的生活费用。人们也在议论她的《回忆录》。不过桑夫人在给马尔利亚尼夫人的信中说，她更多的是关于迄今为止对艺术和文学的想法，而不是人们通常理解的那种回忆录。说实话，这对她是太早了一点，因为亲爱的桑夫人在她衰老之前的生活还会有许多不平凡的经历，还会发生许多美好的事情，也会发生许多丑事。

在1848年2月10日写给姐姐的信里，弗里德里克再次谈到了他和乔治·桑决裂前后的一些情况：

她没有给我再写过一个字，我也没有给她写过片言只语。她已告诉房东把她在这里的公寓租出去……她在乡下的女儿的房间里大演喜剧，

第十四章 走向决裂

以此来忘却自己、麻木自己。只有当心灵万分痛苦时,心灵被头脑压倒了,她才会清醒。我也给自己做了个十字架。愿上帝怜悯她,如果她不能分辨出真正的关心和谄媚。此外,也许只有我一人感觉出别人是阿谀奉承者,而她的幸福正在于此,可我却没有看到。对于最近以来在那里发生的事情,她的朋友和邻居很长时间都无法理解,不过也习以为常了。总之,对于这样一个善变的心灵,任何人都难于捉摸。八年的安稳生活已经是够好的了。上帝保佑,这正是孩子们成长的时期,如果不是我的话,我不知道,孩子们早在什么时候就会和父亲而不是和母亲生活在一起了。莫里斯只要有好的机会,就会立即跑到他父亲那里去的。也许这就是她的生命、她的写作才华和幸福所形成的状态。别让这件事折磨你了,它早已成为过去。时间是最好的医生。到现在我还没有平复下来,所以我未能写信给你,信刚开了头我就把它烧了。有多少事要写信告诉你啊,要么就什么也不写最好。

打从肖邦和乔治·桑决裂、分手之后,他们便停止了书信来往。而且从 1847 年 3 月乔治·桑离开巴黎之后,他们也没有再见过面。乔治·桑还把奥尔良广场上的公寓退掉了,决心不再与肖邦相见,即使她到巴黎来也是住在别处。只是有一次,他们偶然相逢,见了他们生命中的最后一面。那是发生在 1848 年的 3 月 4 日,肖邦和一位阿比西尼亚朋友一道去拜访马尔利亚尼夫人。离开时,正好在她的公寓门厅里碰见了也是来拜访她的乔治·桑。关于这次偶遇,肖邦在 3 月 5 日写给索朗热的信里曾详细谈到:

昨天我去了马尔利亚尼夫人那儿,离开时在前厅门口碰见了你母亲,她正和朗贝特一道进来。我向你母亲问了好,随即便问她:"何时收到过你的信。""一星期前,"她回答说。"您昨天或前天没有收到过她的信吗?""那好,我就告诉您,您已经做外祖母了,索朗热生了个女儿。我很高兴,我是第一个向您报告这个消息的。"我向她鞠躬后便下楼了。当时我是和一位阿比西尼亚(现为埃塞俄比亚)人康贝一同去的(他从摩洛哥来,立即卷入到革命洪流中)。由于我忘记告诉你母亲你身体健康,

这点很重要，尤其对你母亲来说。（现在你能较容易理解这一点了，索朗热妈妈。）由于我无力再爬一次楼梯，只好请康贝上楼去告诉你母亲：你和孩子身体都很好。我在楼下等阿比西尼亚人，你母亲和他一起下楼来。她以极大的关心询问了你的健康状况。我回答说，你是在生了孩子的第二天，就亲手用铅笔给我写了几句话，说你受了很多痛苦，但一看到自己的小女儿，便把这一切都忘掉了。她问我，你丈夫是否在你身边。我回答说，你信上的地址，我看出就是他写的。她还问了我的身体状况，我说我还好。随即我便请门房把门打开，行了礼后便朝奥尔良广场走去，是阿比西尼亚人送我回家的。

尽管肖邦和乔治·桑分手了，而且也中止了书信来往，但他们依然还在关注着对方的动向，不时会从别的朋友那里听到对方的一些消息。然而这次彻底的决裂，对于肖邦的打击肯定要胜过对乔治·桑的伤害。从现存的资料来看，是乔治·桑主动采取行动导致他们分手的，应该说肖邦是受害者，他所遭受的伤痛是最大的。但他还是挺下来了，并且没有按照乔治·桑的要求中断和索朗热及其丈夫的联系。相反地，他还再三劝说索朗热要主动去和母亲联系并登门去拜访她，要她忍受母亲对她的冷淡，还要她尊敬自己的母亲。肖邦认为，只要假以时日，就是坚冰也能融化，何况是母爱哩！她一定能得到母亲的谅解和喜爱。肖邦还爱屋及乌，对索朗热的丈夫也改变了态度，尽管他从一开始就不喜欢克莱辛格，后来因为索朗热的缘故，肖邦还是接受了他。当索朗热住在她父亲家里而克莱辛格因工作留在巴黎的期间，肖邦还曾邀请过他来家里做客，请他吃过几次晚饭，对他的工作和处世为人都提出过建议，甚至还接济过他们俩。随之，肖邦也受到他们的喜爱和尊敬。

然而八年多的相爱和相处，一旦分手，还是在肖邦的心灵上留下了深深的烙印，也使他原本虚弱的身体受到更大的摧残，可以说，他的身心都受到了严重的打击。在1847年的最后几个月里，肖邦犯病的次数更为频繁。9月17日，他在写给格日马瓦的信里就说："我实在病得很厉害"，连查尔托里斯基公爵夫人这样的客人都无法接待。尽管他身体虚弱多病，心情也很郁闷，但他依然关心自己的工作和朋友，为了不耽误学生们的课业，他往往抱病上课。他还特别关心几位老朋友，如格日马瓦、德拉克鲁瓦和德·罗齐埃等人。此时的格日马瓦正卷入一桩财务事件中。他商业上的合伙人卷款逃走，不但使他破产，还招惹了一场官司，名誉受到巨大损害。肖邦听到此事后，甚为震惊，并努力设法为他分忧解愁。他还在圣诞节前邀请弗朗肖姆夫妇和他共进午餐。他还在家里招待来访的客人，还为他们演奏他的新奏鸣曲。据此时拜访过他的钢琴家夏尔·阿莱回忆，"他相当不好。他在房间里走动，弯着腰就像一把打开了一半的袖珍折刀"。但肖邦还是坚持要为客人们演奏，"而一旦开始演奏，他马上又坐得笔直了，随着演奏的进行而温暖起来"。肖邦在12月31日给索朗热的信中也谈到："我咳嗽，我完全沉浸在授课中，我很少出去，外面很冷。"肖邦就是在这寒冷和病痛中度过了1847年。

由于这一年经受的打击太多了，夏天又不能在诺昂度过，和乔治·桑的决裂更使他的身心受到最沉重的伤害。因此，无论是环境，还是心情，都无法让他集中精力去进行创作。在这一年里，他断断续续地只创作出两首优美的《华尔兹舞曲》（作品第 64 号，降 D 大调和升 c 小调）和一首为克拉辛斯基的诗谱曲的歌曲《旋律》（作品第 74 号，1859 年发表）。齐格蒙特·克拉辛斯基（1812—1869）是波兰继密茨凯维奇和斯沃瓦茨基之后的第三大浪漫主义诗人，也是德尔菲娜·波托茨卡夫人的多年追求者。他出身豪门，父亲是沙皇委任的波兰将军。克拉辛斯基不是政治流亡者，但他长期住在国外，过着侨居的生活。他的这首诗是：

> 从他们背负着可怕十字架的山上，
> 他们看见了远方的人间乐土。
> 看见了出现在天空中的万道灵光，
> 他们的族人被灵光引向山谷，
> 但他们却无法进入这永生的境界，
> 为了生命的安适，他们永不止步，
> 即便如此，他们也许还会被遗忘。

后来，肖邦把这首歌曲写在了德尔菲娜·波托茨卡夫人的纪念册上，并

在他的签名旁边书写了引自但丁《地狱》中的两句诗：

最沉重的痛苦，
莫过于在奴役中回忆幸福的时刻。

第十五章
最后的岁月

音乐会，1848 年革命，斯特林

肖邦以病弱之躯和忧伤心情迎接了1848年的来临。为了转移他的悲伤心情，增加他的收入，朋友们纷纷向他进言，要他举行一场公开音乐会。肖邦被朋友们的劝说打动了，同意他们的要求。音乐会定于2月16日举行。在2月10日写给姐姐的信里，弗里德里克写道："至于我，我是够健康的了。普勒耶尔、佩杜伊斯、列奥、阿尔贝特都在劝我举行音乐会。所有座位的门票一星期前均已售罄，我将于本月16日在普勒耶尔的音乐大厅举行。只有300张门票，每张20法郎。巴黎上流社会人士都会参加，国王已购去10张票，王后10张票，奥尔良公爵10张票。但是他们都在服丧，不会前来参加。他们都已登记第二场音乐会的门票。我可能不会举行这第二场音乐会的，因为这一场就让我厌烦了。"而在次日写给家人的信里又继续谈道："我的朋友们有一天早上到我这儿来对我说，我一定要举行一次音乐会。我什么都不应操心，只需坐下来弹奏就行了……虽然报纸只报道了我会举行一场音乐会，但人们便从布雷斯特、从南特纷纷给我的出版商写信预订座位，这样的热情真使我惊讶不已。为了对得起自己的良心，我今天必须练琴了，因为我知道我现在弹得不如以前好了。我将和弗朗肖姆、阿拉德合奏莫扎特的三重奏。（出于对它的兴趣。）没有海报也没有免费票。大厅布置得十分舒适，可以容纳300人。普勒耶尔总拿我的烦心开玩笑。为了能激起我的演奏热情，他便用鲜花把楼梯装饰得花团锦簇。我就像在家里一样，目力所及，都是熟悉的面孔。我已经有了一架用来演奏的钢琴。"

这次音乐会是肖邦在巴黎举行的最后一场音乐会。当天晚上，普勒耶尔的演奏大厅灯火辉煌，过道上铺了地毯，舞台周围摆满了鲜花，洋溢着热烈而又欢快的气氛。节目单上印着：上半场，（1）莫扎特《三重奏》，演奏者：钢琴——肖邦，大提琴——弗朗肖姆，小提琴——阿拉德。（2）歌曲：演唱者：安东尼娅·波丽娜·迪·蒙蒂小姐。（3）肖邦《夜曲》、《船歌》，演奏者：肖邦。（4）歌曲：演唱者：蒙蒂小姐。（5）肖邦《夜曲》、《摇篮曲》，

第十五章 最后的岁月

演奏者：肖邦。下半场。(6) 肖邦《g 小调奏鸣曲》之谐谑曲、柔板和终曲，演奏者：钢琴——肖邦，大提琴——弗朗肖姆。(7) 迈耶贝尔《魔鬼罗伯尔》选曲，演唱者：罗杰先生。(8) 肖邦《前奏曲》、《玛祖卡》、《圆舞曲》，演奏者：肖邦。

在观众的热烈掌声中，肖邦精神抖擞地走到台上。像以往公开演出时一样，他非常有礼貌地向观众鞠躬致敬。随后便走到钢琴前坐了下来。虽然他脸色苍白，身体虚弱，但只要他的手指一接触到琴键，便精神大振，完全沉浸在琴键上，看不出他是个疾病缠身的艺术家。据《音乐杂志》报道，"音乐会大获全胜，情绪极为热烈。向你描述他所受到的欢迎和激起的兴奋之情，比描写、分析和揭示他演奏方法的秘密要容易得多。在我们这块土地上，没有别的演奏者能望其项背。然而经过两个小时的演出，无疑会消耗这位艺术家的体力。因而他谢幕之后刚回到后面，便支持不住而晕倒在朋友怀中"。

这场音乐会在巴黎引起不小的轰动，人们要求再加演一场，他们渴望听到这位艺术家的高超演技，都想目睹这位大师的尊容，并表示自己对他的崇拜和敬爱之情。第一场音乐会还没有举行，就已有 600 多位观众预订第二场音乐会的座位，这迫使音乐会的组织者不得不满足观众的愿望，决定于 3 月 10 日再加演一场。

然而 2 月 22 日爆发的革命却打乱了他们的计划，混乱的社会局势只好取消第二场音乐会的举行。这次被称为"二月革命"的人民群众暴动，实际上是法国广大民众对国王路易·菲利普和他的"七月王朝"不满所致。当时的政府和统治集团高居于人民之上，贪污腐败，苛政暴敛，经济衰败，再加上干旱导致粮食的歉收，使粮食和面包的价格涨了三倍。农民生活贫困，工人大批失业，达到了 35%。所有这一切都引发了全面的社会危机。而这种危机也给了"七月王朝"的反对派以新的机遇。这些反对派大多由自由的左翼人士组成，其中不乏当时负有盛名的政治家、思想家和文艺家，而且有些还是乔治·桑的熟人和朋友。他们长久以来都在进行反对封建王朝推进共和制度的宣传鼓动工作，号召人民群众起来推翻封建专制统治，建立新的社会秩序。

2 月 22 日，大批学生和工人走上街头，展开了大规模的游行示威活动，却遭到了宪警的阻挡和镇压。翌日，愤怒的群众拥向巴黎市中心，占据了奥

尔良广场附近的蒙马特的大部分地区,并发生了枪战。当时肖邦因身体不适,正躺在家里,他能听到从窗外传来的呐喊声和枪声。为了阻止游行群众向外交部进发,国民卫队向游行队伍开枪射击,致使当天晚上就有 52 名工人丧生,72 人受伤。政府的镇压激起了巴黎民众的极大愤怒,纷纷起来参加战斗,于是骚乱便成了革命。

2 月 24 日凌晨,军队和起义者展开了激烈的战斗。国民议会被革命武装群众占领。拉马丁和勒德吕—洛林号召建立临时共和政府,议会同意了。于是起义领导者们便在市政大厅成立了共和政府,由各种不同的派别组成。当天晚上,"七月王朝"宣告瓦解,持续了 18 年的王朝寿终正寝。此时的乔治·桑也兴高采烈地从诺昂赶到巴黎,欢呼人民"将当政的时代的到来"。对于法国的这场革命,肖邦像往常一样,抱着旁观者的态度。他在 3 月 3 日写给索朗热的信里说道:"你女儿的出生,简直比共和国的诞生更令我高兴。……事件发生时我躺在床上,整个星期我都在患神经痛。巴黎由于恐惧而平静……商店敞开而无买主。外国人都拿着护照等待铁路的修复,人们开始组建各种俱乐部。如果我想把这里发生的一切都写出来,那么这封信就写不完了。"

对于"二月革命"后的景象,柏辽兹在他的回忆录中也有描述:"我一到巴黎就马上前往圣安东尼区,到处都是残败的景象,就连巴士底纪念碑上的自由女神也遭到子弹穿过。树木不是被拦腰砍断,就是被连根拔起。房屋倾倒,广场、街道、港口,所有的事物似乎都为这场血腥的暴动所震碎。在疯狂与屠杀之下,谁还有心情去管文学艺术呢?剧院关闭,艺术家遭迫害,教师失业,学生失学。"与柏辽兹的态度不同,乔治·桑则表现出一种狂热的支持和赞颂。她称道"巴黎的景象值得赞叹:巴黎人民是世界上最好的人民,如果共和国失败,就准备战死在街垒上"。

与对法国革命的旁观态度不同,肖邦对波兰的革命运动则是积极支持,热情赞扬,并充满着期待。法国革命爆发后,革命的烈火传烧到欧洲各国,奥地利、普鲁士、意大利、匈牙利等国相继爆发了革命。维也纳于 3 月中旬推翻了梅特涅政府。普鲁士国王威廉四世也不得不宣布召开国民议会,制定宪法。意大利各地也掀起了声势浩大的独立解放斗争,纷纷拿起武器与奥地利侵略者展开了英勇的斗争。在欧洲革命运动的鼓舞和推动下,素有"革命

第十五章 最后的岁月

先锋"声誉的波兰人民，自是不甘落后，奋起抗争。而侨居西欧各地的波兰流亡者也大批返回国内，准备参加新的武装斗争。革命最先在普占区的波兹南发动。3月20日获得胜利的革命队伍成立了民族委员会，由16人组成，代表着不同的社会阶层和政治观点。成千上万的城市平民、农民和工人拿起武器投入战斗，他们组建了"镰刀队"、"枪手队"。数日之内便拥有一支由两万多人组成的人民武装部队，并有效地控制了当地的政权。起义者号召全国人民行动起来，通过革命斗争去获得祖国的独立和自由。随后，克拉科夫和利沃夫等地也相继爆发了革命运动。欧洲和波兰国内的革命斗争，激励了在巴黎的波兰流亡者。就连一向不重视武装斗争的查尔托里斯基公爵也要离开巴黎，投身到波兹南的革命洪流中。原先受邪教学说影响的爱国诗人密茨凯维奇此时也振奋精神，只身来到罗马，为组建一支波兰志愿军队而不遗余力。他四处奔波，招兵买马，经过不懈努力，不久便组成了一支500余人的志愿军团，为打击意大利和波兰的共同敌人——奥国，而和意大利的革命军队并肩作战，先后参加了米兰和罗马的战斗。

肖邦虽然没有像许多波兰流亡者那样，投身于革命运动之中。但他对于波兰国内爆发的起义斗争还是抱有很大的期望。他在4月4日写给在纽约的丰塔那的信里就流露出他对起义的赞赏和期待："如果你想要做什么好事，那就安静地呆着，等到我们波兰真正发生了事后你再回去。我们的人正在波兹南聚集，查尔托里斯基第一个到那里去了，但只有上帝知道，应该采取什么办法才能再次诞生一个波兰……如你所见，所有这些都充满了战争的气味，但会在何处爆发却不得而知。只要一开始，整个德国就会行动起来。意大利人已经开始了，米兰已把奥地利人赶走了，但他们还留在外省，准备再负隅顽抗。法国肯定会帮忙把这些坏蛋赶走。俄国人如果干扰普鲁士人，肯定也会有麻烦。加里西亚的农民已经给沃辛和波德拉什做出了榜样。当然可怕的事总是会有的，但最终的结果会是一个了不起的伟大的波兰！因此，不管我们有多么的不耐烦，但我们一定要等待，直到事态明朗才不至于浪费我们的力量，要把它用在适当的时机。这样的时刻已经不远了，但还不是今天，也许还要一个月，也许是一年。这里的人都深信，在秋天之前，我们的事情就会完全清楚了。"

丰塔那听从了肖邦的劝说，决定先不回国留在纽约，等待波兰革命的进一步明朗。然而事情的发展却不如肖邦的所愿。本来波兰的革命也得到法国革命人民的支持，如5月15日，一群工人闯入议会大厅，高呼着"波兰万岁！"而龚古尔兄弟也在其日记中写道："左派民主俱乐部取代了国民议会，为波兰独立而请愿。巴尔贝斯在讲台上呼吁：为了波兰，法兰西必须为了帮助所有被压迫人民而进军。"但是由资产阶级右派执政的法国共和政府，不仅没有援助被压迫的各国人民，反而采取排斥、打击的态度。拉马丁甚至声嘶力竭地反对法国卷入波兰事务。这当然激起了波兰流亡者对共和政府和拉马丁等人的不满和敌视。而原本就不相信法国政府会对波兰起义有所帮助的肖邦，现在听到这些政客的言论，引起他的强烈不满和愤慨。由于当时各国反动势力的强大，波兰的起义遭到镇压而失败。维也纳、比利时、柏林的革命运动也遭受夭折，意大利的独立解放运动虽然坚持的时间最久，但也被奥国军队镇压下去了，特别是法国出兵攻占罗马，导致意大利共和国的最终灭亡。被称为"人民之春"的欧洲革命运动便这样结束了它短暂的春天。虽然欧洲革命失败了，但波兰人民却表现出了大无畏的革命精神，他们不仅策动了波兰境内各地的起义，而且还参加了欧洲各国的革命斗争，成百上千的波兰流亡战士活跃在欧洲各国的革命战场上。许多国家起义的指挥官都是来自波兰的将军，如维也纳和匈牙利起义中的贝姆将军，邓姆宾斯基将军，而指挥巴伐利亚起义的是梅洛斯瓦夫斯基将军，等等。波兰革命者在1848年欧洲革命中所表现的国际主义精神（他们当时提出的口号"为了你们和我们的自由而斗争"，特意把"你们"放在前面）堪为各国人民团结战斗的榜样。马克思称赞波兰革命者为"欧洲的不死的勇士"。

法国"二月革命"并没有带来人民所期望的结果，共和政体反而变得越来越专制。革命后的巴黎依然是一片混乱，那些大豪绅、大富翁不是避居国外，就是躲到外省去了。剧院关闭，音乐会也无法举行，艺术家遭打击，社交生活停顿。肖邦赖以生存的教课也因局势动荡而难以继续下去，学生们为了避乱，大都离开了巴黎。出版商也停止出版他的作品。巴黎的混乱，再加上心情的郁闷，使肖邦觉得巴黎难以忍受。恰好此时，在他的生活中又出现

第十五章 最后的岁月

了另一个女人为他分忧解愁。这个女人名叫简·威廉明娜·斯特林（1804—1859），肖邦称她为"我可爱的苏格兰女人"。简·斯特林出生于基朋达维的一个豪绅家庭，父亲名叫约翰·斯特林，简是他13个孩子中最小的女儿。当简十多岁时，父母双亡，此后便受到比她年长13岁的姐姐凯瑟琳·厄斯金夫人的照护。厄斯金夫人年轻时便成了寡妇，后来再也没有结婚，一直陪伴和照顾着妹妹简。简长得美丽动人，而且身材瘦削、亭亭玉立，当她还是个妙龄少女时，便引来许多年轻的求婚者，可是谁也不能打动她的芳心。简聪明好学，她的家乡基朋达维早已有了图书馆和艺术馆，家里还有架钢琴，家境又很富裕，因此她从小就受到过良好的教育。少女时代的父母双亡的不幸遭遇，培养了她那独立自主和善于思考的能力。为了获得更高的艺术修养，拓展自己的视野，22岁时她便同姐姐一道来到了巴黎。到达巴黎后，她拜师学艺，钢琴演奏水平有了较大的提高。不久她们便跻身于巴黎的上流社会，经常出入各种沙龙，而且不时地能听到她演奏的琴声，渐渐地，巴黎便成了她们喜欢居住的地方，几乎每年她们都要来巴黎住上几个月。

据有的材料称，肖邦在1832年来到巴黎后举行的第一场音乐会上，简·斯特林就曾听过他的演奏，给她留下了美好的印象。嗣后，随着多年的耳濡目染和更多的接触，加深了她对肖邦的了解，他的艺术才华和高雅气质给了她难以磨灭的印象，这位年纪也比肖邦大六岁的女人暗恋上了这位年轻的钢琴家、作曲家，成了他的崇拜者。于是她便于1843年投奔在肖邦门下，拜他为师学习钢琴。而她那出众的美貌和对钢琴艺术的理解也引起了肖邦的特别关注。他便在第二年（即1844年），将他新创作的夜曲题赠给了他的这位学生。而且每次上完课，也像对待其他年龄较大的女弟子那样，他总是彬彬有礼地把她送到房门口。当斯特林提出想学大提琴时，肖邦又为她介绍了著名大提琴家、他的好友弗朗肖姆。到此为止，她和肖邦一直保持着正常的师生关系，从未向他表露过她心中的爱恋之情。可是她却以一个温柔多情的女性，处处表现出她对肖邦的关心和照顾。不过她做这些时显得很聪明，不显山露水，和其他倾慕他的女弟子一样，并未让人发觉她的特别之处。在肖邦和乔治·桑的关系上，斯特林一直是抱怀疑态度的。她认为他们两人的性格作风都大相径庭，很难长久维持下去，总有一天会破裂。而且她也看不惯乔治·

361

桑的为人，觉得她太过风流了，与她英国女人的秉性不符。当1847年肖邦与乔治·桑的关系发生裂变时，蕴藏在斯特林心中的爱情便显露出来了。但即使如此，她的爱情也和乔治·桑的不同。乔治·桑追求的除了情感外，更多的情欲性欲，是一种占有欲，是对情人的颐指气使，她看上谁、想要谁，谁就逃不出她的掌心。由于乔治·桑还是个妇女解放运动的推动者，是个女权主义者，她们主张性开放，认为性是女权的重要方面，也是妇女生命中的不可或缺的部分，因此她们注重性，追求性的刺激，并在性的交往中得到快乐和幸福。于是乔治·桑才会有过那么多的情人。不过，应该肯定的是，在与肖邦相爱之后，乔治·桑才把她那颗放荡不羁的心收了回来。七年来她一直专心致志地与肖邦亲密相处，其间虽发生过与旧情人的偶尔调情，引起肖邦的嫉妒和不满，但总的说来，她还是忠实于肖邦的。斯特林出身于守旧的地方、守旧的家庭，对性的观念较为保守。我们还没有读到有关她性绯闻的记载，尽管追求她的男人不少，但她能洁身自好，从不与他们发生不正当的男女关系。在她对肖邦的爱情里，更多的是奉献而不是占有。尽管后来她也萌生过愿与肖邦结婚的想法，但她从未主动向他表示过这样的愿望。可以这样说，她对肖邦是一种"柏拉图式的爱"。

当乔治·桑不再出现在奥尔良广场的肖邦寓所时，斯特林便成了肖邦的女总管和公关小姐。她以苏格兰女人爱整洁和勤快的特点，把肖邦的寓所收拾得清爽整洁，井井有条。而当肖邦卧床不起时，她便成了他的看护，为他端茶倒水，让他按时吃药，照顾得比乔治·桑还周到。她那只求奉献不求回报的精神，博得了肖邦的那些朋友们的一致肯定。斯特林对他的这种炽热情感，肖邦虽然心知肚明，但他经受的爱情方面的打击太多，特别是乔治·桑与他的决裂，使他再也不敢坠入爱河了。而且他也深知自己的病体给他留下的时日不会太长，因此他也不能用结婚来连累别人。他接受斯特林的照顾，但他坚守一个原则：友谊就是友谊。

斯特林除了照顾肖邦的生活外，还帮助他准备了2月16日在巴黎举行的那场音乐会。这场音乐会虽然是在朋友们的劝说下才答应举行的。但从策划到演出的整个过程，都是由斯特林和她的姐姐共同操办的。为了使演出取得好的效果，她先是把肖邦要演奏的那架钢琴送到他的寓所，让他练琴用，演

第十五章　最后的岁月

出前，她又不辞辛苦地把那架钢琴运到普勒耶尔的音乐大厅。演奏期间，她又一直守在后台，注视着肖邦的动静。休息中间，她为他送上一杯咖啡。演出结束时，肖邦终因体力不支、劳累过度而瘫倒在斯特林的怀中，最后被她送回了寓所。

"二月革命"爆发后，局势很不稳定，许多艺术家都离开了巴黎，有的到国外去谋求发展，有的到乡下去躲避战乱。没有学生可教，音乐会又不能举行的肖邦，在这样动乱的时刻，何去何从便摆在了他的面前，也成了朋友们关注的热点。对于肖邦的去向问题，华沙的亲人们也特别关注，为此他的母亲尤斯丁娜在3月5日写给儿子的信里，特意谈及此事："《信使报》报道说，你在举办音乐会，并将在音乐会后立即离开巴黎。于是便有种种猜想，你会去哪里。有人告诉我们说，你会去荷兰，另一些人说你会去德国，还有的说你要去彼得堡。而我们则希望你能来看我们。已经为你回来后的住宿问题发生了争论。巴尔钦斯基夫妇要把自己的卧室让给你住，路德维卡也想要这样做。"

根据肖邦以前立下的决心，只要波兰还被外国占领，他就不会回到波兰去当亡国奴，因此，母亲和姐妹们的愿望不可能实现，他更不会到外国侵略者的统治中心彼得堡去。至于荷兰或者德国，由于那里人生地不熟，肖邦也不会考虑去的。

1848年4月8日，伦敦的《阿西娜神殿报》发布消息说："肖邦即将来英国，并有定居英国的意思。"肖邦最终选择了英国，毫无疑问，斯特林姐妹俩的劝说起了重要的作用。有人为此指责斯特林，说她这样做，完全是出于个人的目的，为的是让肖邦能更多地接触她，以增进他们的相互了解，最终达到结合的目的。为此有人更进一步指出，斯特林为了自己梦想的婚姻，不惜把虚弱多病的肖邦带到气候不利于他健康的英伦三岛。不过，这些指责不免言过其实。实际上，肖邦之选择英国，也自有他本人的原因。首先是环境使然。前面已经说过，巴黎尚处在混乱之中，他无课可教，无事可做，随之也就失去了生活来源，不得不另找地方。而当时的欧洲大陆也都处在革命风暴之中，德国、奥国、意大利都发生了革命，社会局势也不稳定。而当时，只有英国处在革命风暴之外，那里的社会局势较为稳定，生活条件较为优越。

欧洲大陆的许多上层社会人士都纷纷来到英国，于是伦敦便成了他们的避难所。就连法国和其他国家的不少艺术家也不断来到英国寻求发展，伦敦便成了欧洲艺术家的艺术中心。肖邦选择英国，当然也就不足为奇了。其次，肖邦也像许多有专长的天才一样，生活能力较差，事无巨细都得有人来照顾和监督。小时有母亲，后来有乔治·桑、丰塔那和罗齐埃。和乔治·桑分手后，除了斯特林，就没有人能全心全意地照顾他了。丰塔那在美国，格日马瓦和德拉克鲁瓦也都是病魔缠身，还需要别人的照顾，其他的人如罗齐埃，也都到乡下避乱去了。因此他听从斯特林姐妹的劝说和她们一起来到英国，就再也合情合理不过了。况且还有一个理由，肖邦最早出国谋求发展时，选择的就是英国。这也是他父亲同意的。只是因为当时的形势才迫使他到了巴黎，现在也是形势所迫，让他来到英国。这样一来，既能实现他青年时代的愿望，又能让他在音乐生命的最后阶段再显一次辉煌。在诸多因素的影响下，最终肖邦来到了英国，但他并没有在这里久居的打算。

英国之行

肖邦于1848年4月19日独自乘船前往英国。斯特林姐妹俩已先行一步回到英国，为肖邦的到来做着准备。肖邦于20日到达英国伦敦后，住进了斯特林为他预订的一套房间，坐落在本廷克大街10号。到达伦敦后的翌日，肖邦便在致格日马瓦的信中写道："我渡过了大海，竟没有生什么大病。我并不是和《信使报》，也不是和车厢里的新旅客在一起，因为他们要乘小船去到海上的大船。我宁愿采用通常的方式。昨天下午6点才到达此地，因为我不得不在福克斯顿休息几个小时。我已经睡够了才给你写信。这些殷勤好客的厄斯金们（指斯特林姐妹）把一切都想到了，不仅想到了住处，甚至还想到了巧克力。不过住的地方我打算换掉，因为昨天在同一条街上我看到有一家更好的，每星期租金才四个基尼。现在我住在本廷克大街10号，卡文迪什广场。不过再过几天我就会搬走。因此你写信时请寄到威贝克街44号。她们问及你的许多事情。你不会相信，她们有多么好。直到此时，我才发现我用来写信

第十五章 最后的岁月

的信笺还印有我名字的第一个字母图案,这样的无微不至还有许多许多。"

正如信中所说,一周后,肖邦搬到了多佛街48号。他在5月1日写给弗朗肖姆的信中说道:"我已安置好了,我终于有了一个房间——又大又漂亮——我能在这里呼吸、弹琴了。今天阳光第一次拜访了我。今天早晨我不感到憋气了,可是过去一周我什么都不能做……我还什么都没有做——今天我有几次枯燥的访问——我还没有把那些介绍信送出,我在浪费时间。"

多佛街48号是一幢漂亮的小楼,环境较为幽静,肖邦租住的一套房子向阳,阳光能照进房里,这让他感到很舒适。肖邦在这里一直住到夏季结束。在宽敞的客厅里,摆放着三架钢琴。这三架钢琴分别是普勒耶尔、埃拉德和布罗德伍德送来免费提供他使用的。他们的好意却招致了房东的误会,他认为这位新来的房客一下子能购置三架钢琴,绝非等闲之人,一定是位大佬,于是他决定把房租提高一倍。

肖邦来到伦敦后,整天忙于拜访。斯特林姐妹俩也是出于好心,总想让肖邦尽快去结识更多的英国上层人士,于是把日程排得满满的,超过了他的承受能力。肖邦在5月6日给古特曼的信里就写道:

在这个被称为伦敦的深渊中,我终于有了脚踏实地的感觉。最近几天我才开始呼吸顺畅一些,因为也就是这几天才有了阳光。我已去拜访欧尔舍先生,虽然我的信递晚了,他仍然很客气地接待了我。请替我和他去谢谢公爵夫人。我还有许多人尚未去拜访,因为他们中的一些人还未到达此地。埃拉德非常客气,他把自己的一架钢琴交给我使用。我已有布罗德伍德的一架、普勒耶尔的一架,我一共有三架钢琴了。但我没有时间去弹琴,那又有什么用呢?拜访和回访多得不计其数,我的日子像闪电一样飞逝。我竟找不出一点空闲时间来给普勒耶尔写信。请把有关你的情况告诉我,你有何打算?你们那边的人有何反应?我们那里很糟糕,为此我很不安心。尽管如此,还是应该让人听到我的演奏。有人建议我到音乐厅去演出,我不想去。最终无疑是这样:假如我在女王面前演奏,那一定是在一所私宅的音乐晨会上,听众人数有限,至少我的愿望是如此。目前这仅仅是个计划而已。请给我写信,详细谈谈你的情

况。我永远忠于你，我的好古特曼。

我最近听了林德小姐演唱的《梦游女》。她唱得非常美，我还会见了她。维亚尔多夫人曾来看我，她也将出演《梦游女》。现在所有巴黎的钢琴家都来到了这里，普里当（PRUDENT）在音乐厅举行的音乐会并不那么成功。这里的听众只喜欢古典音乐。塔尔贝格预定在林德演出的那个剧院举行12场音乐会。阿莱（Halle）要演奏门德尔松的作品。

林德小姐的演唱给肖邦留下了深刻的印象，在5月11日写给格日马瓦的信里再次谈到了她："我刚从意大利剧院回来。林德小姐第一次在这里演出，而女王也是自民主立宪以来第一次公开露面，两人都产生了极大的效应。我的对面，老威灵顿公爵坐在女王包厢的下层，他就像是坐在女王脚下面的狗笼里的一只皇家老犬。我会见了林德，她彬彬有礼地送给我一张名片和一张座位好的戏票。座位好，我听得特清楚。她是个典型的瑞典人，不仅有平常的光亮，还有一种类似北极的晨光。她的《梦游女》取得了巨大的效果，她的演唱极其清纯而自信，弱音也很稳定，均匀得像根头发。"

看得出来，肖邦是很欣赏林德小姐的。这位瑞典来的女歌唱家，不仅歌剧唱得好，拥有美妙清纯的嗓音，就是人也长得漂亮、很迷人。肖邦也给她留下了美好的印象，不仅是作为艺术家，也作为男人。尽管他脸色苍白，身体虚弱，但他的善良忠诚、他的儒雅风度也深深吸引着林德。在伦敦停留期间，他们多次相互拜访，共进午餐。在一次午餐之后，肖邦写道："她为我唱瑞典歌曲，一直唱到深夜。他们的歌曲也和我们的一样，具有独特的风格。我们是斯拉夫风格，他们是斯堪的那维亚风格，完全不同。但比起意大利和西班牙的歌曲来，我们之间要更接近些。"在肖邦与乔治·桑的关系上，林德小姐也很同情肖邦，认为错在乔治·桑一方。肖邦和林德相处时间不是很长，但两人结下深厚的友谊。第二年，当林德小姐来到巴黎时，还特意去拜访了生命垂危的肖邦，这给他带来不小的慰藉。

在伦敦，肖邦还见到了他的好朋友波利娜和路易·维亚尔多夫妇，他们也是到伦敦来寻求发展的。波利娜在科文特园的音乐会上演唱了肖邦的玛祖卡，还被要求重唱一遍。她还在科文特园演出过《梦游女》，但不太成功，女

第十五章 最后的岁月

王也没有驾临现场观看。不过肖邦和他们夫妇曾多次相聚,这给肖邦的孤寂生活增添了不小的乐趣。

在到达伦敦不满一个月,肖邦就遇到了好机会:在英女王维多利亚面前演奏。那是5月15日的晚上,在萨瑟兰公爵夫人家里举行的洗礼宴会上。肖邦在6月1日写给巴黎友人的信中说道:"在场的有女王、艾伯特亲王、普鲁士亲王,威灵顿以及这里的勋位最高的全部上层社会人士(是80人的一个小圈子)。这次晚上演出的还有拉布拉什、马里奥和坦布里尼。女王陛下对我说了几句亲切的话。但我怀疑我能否在王宫演奏,因为正在为女王陛下的姑母办理丧事,一直要延续到22日或24日。我在自己的住所授课。有人请我到一些贵族的沙龙去演奏,这会带来一些收入。尽管我省吃俭用,但这些收入也会花完的。……虽然有些先生提出建议,但我还是不想去音乐厅演出,我没有兴趣去白费工夫。"

到伦敦后,钱的问题是肖邦遇到的最大的问题之一。本来他并没有多少积蓄,来伦敦后财源枯竭,教课和沙龙演奏收入微薄,而他的花销巨大,单是房租每星期就要10基尼,还有他的衣服、食物和意大利男仆的费用。尽管斯特林姐妹俩对他时有帮助,但他的自尊心不允许他去依靠两个并无血缘和亲属关系的女人,他还是要自力更生谋生路。可是在当时的伦敦,却麇集了一大批钢琴家,竞争异常激烈。要是能受到邀请在音乐厅举办音乐会,对于艺术家说来,那是梦寐以求的大好机会。这期间,肖邦就受到了伦敦爱乐协会的邀请,要他在音乐厅举行音乐会。这样的音乐会既能扩大他的名声,又能增加他的收入,何乐而不为呢?可是肖邦还是婉言拒绝了。个中原因,肖邦曾在致格日马瓦的信里谈及:"你在那里只能弹奏贝多芬、莫扎特和门德尔松的作品,虽然那些指挥和别的人都对我说,我的协奏曲也曾在这里演奏过,而且很成功,但我还是不愿去尝试,因为这会毫无结果。他们的管弦乐团就像他们的烤牛排和甲鱼汤,又浓又硬,那就是一切,别无其他。我所写的这些,并不是所需要的借口。只是有一件不可思议的事:他们从不排练,因为每个人的时间都很宝贵。只有一次排练,而且还是公开的排练。"一向做事认真的肖邦在每次演出之前都要做着认真的准备,按照他自己的说法,要对得起自己的良心。像伦敦爱乐乐团这样的做法,肖邦自然是接受不了,他宁可

放弃，也不想糊弄观众。另外，照常理讲，演奏者都愿把自己的作品展示给听众，希望能得到听众的认可和喜爱。然而当时伦敦的观众除了喜欢古典音乐外，在当代作曲家当中他们酷爱门德尔松，几乎每场音乐会都要演奏他的作品。门德尔松于1847年11月逝世，这位德国音乐家生前曾十次来到英国，是英国最受欢迎、最受尊敬的一位外国音乐家。曾多次受到维多利亚女王的接见，他的乐曲被伦敦爱乐协会定为必演节目。

尽管肖邦到了伦敦，身处欧洲大陆的革命风暴之外，而且体弱多病，又要为生活奔波，但他依然对当时的形势非常关注，尤其对波兰的政治形势更为关心。"我在这里知道波兹南公国的所有最可怕的消息，那是科兹绵和苏尔切夫斯基告诉我的，是查列斯基让他们给我带的话。真是悲哀啊，悲哀！我的灵魂中已经什么都不能想了。"波兹南起义的失败，再一次给这位爱国的音乐家以沉重的打击。

不过，他对法国事态的发展却抱否定的态度，他嘲笑阿拉戈被任命为驻普鲁士大使。"阿拉戈，啊，我的上帝！那是什么大使！他连一句德语都不会说。如果作为罗拉蒙泰斯的朋友，他被派到巴伐利亚去，那还说得过去！作为外交官，就连李斯特也要比他好。"对于英国的事情，肖邦在同一封信中也有描述："这里很平静，没有人为爱尔兰和民主立宪问题担惊受怕，它们并不像远方人士看得那么严重。这里的人更关心巴黎、意大利和波兰的事态发展。《泰晤士报》报道的那些暴乱丑事，连英国人都对它的这种不友善表示反感。"

肖邦在伦敦居留期间，过得并不那么顺心。他只能在私人家里演奏，一个晚上20基尼，但伦敦人比较吝啬，不少女主人很乐意邀请他去吃晚饭，饭后便请他弹琴，但不付钱。他在6月2日给格日马瓦的信里就曾这样写道："公爵夫人对我非常客气，邀请我去……但公爵很吝啬，他们不会付给我报酬。尽管有西班牙王子在场，但我也不会去那里。因为8点钟我要和盖恩斯巴勒共进晚餐，她一直对我很客气。她举办过一场晨间音乐会，并把我介绍给许多贵妇人。如果我整天能从安纳斯到卡法斯，如果我能有几天不再吐血，如果我再年轻些，如果我在感情上没有受过这样严重的打击，也许我就会重新开始我的生活。在这里，我可爱的苏格兰女人给了我许多友好的照护。如

第十五章　最后的岁月

果没有应酬，我就去她们那儿吃饭。但是她们习惯于转悠，整天拿着名片在伦敦转来转去。她们想让我去拜访她们所有的熟人，可我已是个奄奄一息的人了，经过三四个小时的颠簸，我就好像从巴黎走到了布伦，其实距离很近……这里举行过一次波兰舞会，非常成功。虽然我有票，但我没有去，因为我已力不从心了。在这之前，我曾去赴金洛克夫人的午宴，那里有一大群议员、官员和身披绶带穿着马甲的魔鬼们，我被介绍给他们，可是我一个也不认识，我根本就不像是在伦敦。20年在波兰，17年在巴黎。我在这里感到很不自在，特别是我不会他们的语言，那也就不足为怪了。"

肖邦还在信里谈到在伦敦挣钱的困难："有一次罗齐舍尔德老夫人问我收费多少，因为有位贵妇人曾听过我的演奏，托她向我打听，由于萨瑟兰夫人付给我20基尼，这也是布罗德伍德——我弹的就是他给的钢琴——给我定的价钱，于是我回答，20基尼。这位善良的夫人告诉我，我弹得好，那是不争的事实，但她劝我少收点，因为这个季节需要适可而止。"接着肖邦又谈到伦敦人对音乐的态度："这里的人并不慷慨，到处都很难挣到钱。资产阶级中间需要的是某种惊人的机械的东西，可是我办不到。那个善于钻营的上流社会是傲慢的。如果他们能仔细观察各种事物，便会显得有涵养和公正的，但他们被成千上万的事务所缠住，又被繁文缛节所包围，以至于音乐的好坏对他们说来是无足轻重的，而且他们从早到晚都得听音乐。在这里，花卉展览有音乐，每次午宴有音乐，每次慈善活动有音乐。萨沃亚德人，捷克人，我的同行们像一群狗似的，都一起麇集在这里了。我这样写信给你，好像你不了解伦敦！我想在一家私人旅馆开场音乐会。如果我能成功，我就有150基尼的进益。在这里，这样的情况极少发生，因为演一场歌剧也只能拿到1000基尼，但在幕布拉开之前，就已经用掉900基尼了。"

在伦敦，肖邦也像在巴黎一样，沉浸在当地的社交生活中，受到当地许多名媛贵妇的青睐。他在8月19日写给家人的一封长信里，除了提到"我在伦敦呆了三个月，过得相当好"外，还谈到他认识了许多著名人士，其中大多是名门望族的贵夫人，但也不乏作家和艺术家，如狄更斯等，还有拜伦的遗孀安娜·伊莎贝拉·米尔班克。肖邦写道："我们似乎意气相投。我们的交谈就像一只鹅和一头小猪，她说英语我说法语，我明白她是厌倦了拜伦。因

为他爱拈花惹草，到处留情，因而她很早就离开了拜伦。"

在伦敦，肖邦曾举行过两场音乐会。一次是6月23日，在伊顿广场99号的女歌唱家阿德莱德·萨托利斯的沙龙里，那里能容纳150名听众。票价很贵。同台演出的还有歌唱家吉舍普·马里奥。肖邦弹奏了他后期创作的短小作品，其中包括《摇篮曲》、《夜曲》、《玛祖卡舞曲》和《圆舞曲》，演出大获成功。《阿西娜神殿报》的评价是：他的音乐精细、鲜明、文雅、幽默。第二场音乐会于7月7日在法尔默恩爵士的宫中举行，听众有200人。在这次音乐会上，肖邦演奏的曲目更加多样化，除了《摇篮曲》外，还有《叙事曲》、《练习曲》和《前奏曲》。他的好友、女高音歌唱家波利娜·维亚尔多还主动演唱了他的六首《玛祖卡》（由路易·加登用法语填词）。音乐会引起了更大的反响，多家报刊发表了消息和评论。

随着夏天的逝去，伦敦的音乐季节和社交活动也随之结束，肖邦在伦敦也就无事可做了。于是斯特林和她的朋友们便邀请他到苏格兰去参观访问和举行音乐会。肖邦欣然接受了他们的邀请，便于8月5日离开伦敦，乘火车前往爱丁堡。陪同他的有布罗德伍德钢琴制造公司的代表和他的新仆人丹尼尔，一个斯特林推荐的苏格兰人。在火车上他们旅行了12个小时，幸亏有布罗德伍德的精心安排，为他购买了两个座位的车票，让他可以靠着舒服一些，以减轻旅途的劳顿之苦。到达爱丁堡后，肖邦在道格拉斯旅馆住了两天，并参观了城市的名胜古迹。随后便乘马车前往离爱丁堡12英里的卡尔德城堡，那是斯特林的姐夫詹姆斯·托菲肯勋爵的府邸。斯特林姐妹俩早已在这里等候他了。"卡尔德堡是座古老的府邸，被巨大的公园和百年老树所围绕，只能看见草坪、树林、山峦和天空。房墙有8尺厚，走廊通向各个方向。黑暗的回廊，挂满了数不清的祖先的画像。这些画像颜色多样，服饰不同，有穿苏格兰装的，有身着甲胄的，还有身穿长袍的，你能想象到的这里应有尽有……我住的那个房间，能看到你所能看到的最美的景致……我在此地的真诚的苏格兰女士们，就连我自己没有想到的事情，在这里都安排好了。她们每天给我送来巴黎的报纸。这里真是又寂静又安宁又舒适。"78岁的城堡主人对肖邦照顾周到，对他也很尊重。在肖邦居留的三个星期里，从不去打扰他

第十五章 最后的岁月

的休息，也不改变他的生活习惯，只是在两人都闲暇的时候，他们才会坐在大厅里边喝咖啡边交谈，而且两人谈得都很投机。兴致来时，肖邦会坐到钢琴前弹起他自己的乐曲或者即兴弹奏，偶尔也会和斯特林小姐一起四手联弹。有时他们会坐下来听苏格兰歌曲。肖邦在给弗朗肖姆的信中就曾谈道："我听着美妙的苏格兰歌曲，就想写点曲子，即使为了能给这些善良的女士——厄斯金夫人和斯特林小姐——带来些欢乐也好。我的房屋里有架布罗德伍德的钢琴，大厅里还有斯特林小姐的那架普勒耶尔钢琴。纸和笔我都不缺。我希望你能创作出新乐曲来。上帝保佑，不久我就能听到你的新作品了。"

然而遗憾的是，肖邦在卡尔德堡并没有创作出什么曲子，也许有过，但没有流传下来。不过，他已有了这种创作的愿望，表明他当时的心境已有所好转。然而另一种思绪也在纠缠着他，那就是死。每当他独处居室感到孤寂无聊时，他便会想到他那久病的身体，昔日所遭受的感情上的痛苦，想到童年时代的好友——离开了人世。他就会感到自己来日无多，就会情绪低落。他在8月18日写给丰塔那的信里就说："我在苟延残喘，期待生命尽快结束。我仅仅是有口气，已是奄奄一息……我不知道，死去的杨（指马图辛斯基）和安托尼（指沃津斯基）为什么会浮现在我的脑海中，还有维特维茨基和索班斯基！那些与我们和睦相处的人都先我而死了。甚至连我们的最优秀的调音师恩尼克也溺水身亡了，所以在这个世界上我连一架按照我的习惯调音很准的钢琴都没有了。莫斯也死了，再也没有人能给我做那样舒适的皮鞋了。如果再有四五个人会先我走进圣彼得的大门，那我在另一世界上的全部生活就会更舒服快乐了。"经常想起死去的熟人和朋友，脑海中时常浮现出死亡的主题，已成了肖邦在苏格兰期间抹不去的阴影。

在卡尔德堡住了三个星期后，肖邦又在斯特林姐妹俩的安排下，开始了在苏格兰各地的奔波。8月26日，他乘坐了八个小时的火车，抵达格拉斯哥，他要在那里参加一场"绅士音乐会"。这是一场规模宏大而又壮观的音乐会，观众达1500人。这样的演出场面，对于肖邦来说那是无法忍受的，但为了60英镑的报酬，他也只有摆脱往日的那种恐惧，登台演奏。不过在这台音乐会上他只演奏了一首《叙事曲》、一首《摇篮曲》和几首短的乐曲。此外便是管弦乐团演奏贝多芬、韦伯和罗西尼的序曲。还有三位意大利的歌唱家轮流

演唱了歌剧片段。像如此豪华的艺术家阵营，在这座新兴工业城市的演出史上可以说是空前的，因而激起巨大反响。对于肖邦的音乐和演奏，《曼彻斯特卫报》这样评论道："肖邦看来有30岁左右（那年他38岁），身体非常单薄，外表上和行动上都有一种近乎艰难的弱不禁风的样子。但当他坐在钢琴前，完全沉浸在钢琴演奏中时，这一印象便烟消云散了。肖邦的音乐，他的演奏风格都具有同样的突出特点：细腻多于力量。他巧妙地解释作品，而不是简单地抓住它。他的弹奏典雅、快捷，而不是以欢乐的坚定牢牢地抓住琴键不放。他的音乐和演奏都是室内乐的完美展现……但在一个大音乐厅里要产生更强烈的感染力，其演奏应有更宽广的音域、更大胆明快、更有力量。"

音乐会一结束，肖邦就回到了爱丁堡，住在波兰同胞亚当·韦什钦斯基的家里。韦什钦斯基是位顺势疗法的医生，肖邦初到爱丁堡时，便和他结识，并成了好朋友。这位医生和一个苏格兰女人结了婚，拥有一座不大的住房。他们只好让肖邦住在一间原先是孩子住的小房间里，房间不大，陈设也很简单，但却给了肖邦一种家的感觉。后来他巡回演出途经爱丁堡时，都要住在这位医生家里。因为在这里，有人和他说波兰话，离开故国家园18年，肖邦从未忘记自己的乡音乡情，能有人和他说说波兰话，对他说来就是一种时时渴望的享受，韦什钦斯基是位医生，他的顺势疗法正是肖邦所需要的医治手段。所以他每次到这里来，其实也是为了能得到医生的医治。此外，肖邦还把这里当成他在苏格兰逗留期间的一个通讯地址，让巴黎来的信都寄到这里来。

9月初，肖邦应豪斯顿夫人的邀请来到离格拉斯哥不远的约翰斯顿·卡斯尔，他在这里住了一星期。豪斯顿夫人是简·斯特林的另一位姐姐。肖邦在这个星期里，并没有得到应有的休息，反而是拜访不断、应酬不暇，搞得他心烦意乱。他在9月4—9日写给格日马瓦的信里诉说了他的苦衷："我住在豪斯顿家，她是我的苏格兰女人的姐姐。城堡很美很豪华，称得上一流。我会在此住一个星期，然后再去拜访默里夫人，那里更美，我将在那里度过一个星期。……我在这里感到焦虑，既心烦，又沮丧。人们的过度照顾让我受不了，我简直透不过气来，我不能工作。虽然我身边围着许多人，但我仍感到孤独，孤独，孤独！……他们正在为我安排一场格拉斯哥音乐会，结果会如何，我不知道。这里的人都很可爱很善良，对我关怀备至。这里有很多贵妇人，大多是七八十岁的老贵族。但没有年轻人，他们都打猎去了。"

在这封信里，肖邦还告诉格日马瓦。"我有过一次奇怪的经历，险些送了命，幸好没事。我们乘车到海边的一个邻居处，乘的是一辆有车厢的双人马车，由两匹纯英国种的幼马拉着。其中有一匹的马脚被绊住了，于是便开始踢来踢去。第二匹也跟着这样做，因为它们正在花园的斜坡上奔驰，缰绳挣脱了，车夫从座位上摔下（他被摔得很重），马车撞上了两旁的树木也撞坏了，我们直朝悬崖冲去……幸好被一棵树挡住了。一匹马挣脱了缰绳疯狂地跑掉了，另一匹跌倒在地，被车压在下面。马车的窗户被树枝撞破。我除了腿上有几处轻伤外，幸好没事。仆人很灵巧地跳了出去，只有马车被撞坏了，马受伤了……我坦白地告诉你，面对最后时刻我很镇静。但一想到手脚会被折断，我便有点惊慌，若是成了跛子我就完了。"

9月中旬，肖邦来到离格拉斯哥40英里的斯特拉霍。它位于洛赫湖畔，是默里夫人府邸的所在地。默里夫人是肖邦在伦敦接受的第一位学生。在这里停留不几天，肖邦便接到消息，说马尔策利娜·查尔托里斯卡公爵夫人和她丈夫亚历山大已来到爱丁堡，并想和他见面。肖邦一听到消息，便不顾劳累，立即乘火车赶去，他们还在爱丁堡。"马尔策利娜公爵夫人还是像去年一样善良。在他们的波兰精神感召下，我恢复了一些生机，也给我在格拉斯哥的演奏增添了力量。那里有数十位权贵前来听我的演奏。那天天气很好，公爵夫人也从爱丁堡乘火车赶来。"这场音乐会是9月27日在格拉斯哥的商人会馆举行，肖邦演奏了第二首《叙事曲》、《摇篮曲》、《升F大调即兴曲》、《夜曲》（作品第25号和第27号）、《玛祖卡》（作品第7号），以及《练习曲》、《前奏曲》和《圆舞曲》，中间还安排有吉列塔·阿德拉索的演唱。

10月4日，肖邦在爱丁堡的贺普登厅举行了专场音乐会，只由他一人演出，而没有按照当时的惯例，让歌唱家同台演出。演奏的曲目也和格拉斯哥的一样，只是加演了《b小调奏鸣曲》的片段，在巴黎被称为"波兰祈祷曲"的那部分。音乐会受到热烈欢迎，特别是当地的波兰侨民。他们的耳边每响起一首早已忘却的旋律，便带来无数往昔的回忆，使他们欣喜若狂，高声地欢呼起来。《爱丁堡晚间新闻报》发表的评论文章中，对《摇篮曲》尤为称

赞："这确实是一首迷人的作品，构思和演奏都高雅而精致。"

音乐会之后肖邦也没有得到很好的休息，依然是马不停蹄地从一个城堡到另一个城堡，从一座庄园转到另一座庄园。斯特林小姐似乎想要他认识她在苏格兰的所有亲戚，而且也想让她的亲朋好友都来认识和欣赏她所崇敬的这位艺术家。在短短的三个月里，肖邦不知拜访了多少个苏格兰的贵族家庭。尽管斯特林小姐这样做是出于好心，但好心并不一定会带来好结果。频繁的应酬和交往让肖邦疲于奔命，无法忍受，但他又不好意思去反对她们的这种安排，于是他越来越感到虚弱。"我无法创作任何乐曲，不是没有这样的愿望，而是受到体力的限制……我收到了很多邀请信，但都不能如我所愿一一接受……因为对我的健康来说，这些请柬都来得太迟了。整个早上，直到下午两点我什么都做不了。当我穿衣时，一切都觉得很费力，直到晚上我都喘不过气来。之后，我还非得坐在餐桌旁两个多小时，看他们说话，听他们喝酒，我真感到无聊之极。我想我的事情，他们说他们的，尽管他们都很彬彬有礼，而且还用法语来交谈。随后走向客厅，我必须尽最大努力让自己更具活力些，因为这时他们都想听听我的演奏。最后我的好丹尼尔会把我抱进卧室（你知道，卧室通常是在楼上），帮我脱衣，扶我上床，留着一盏灯，这时我才能自由呼吸，沉醉于梦乡，直到早晨，一切又重新开始。当我刚刚熟悉一个地方时，我的苏格兰女士们又让我到别的地方去，让我不得安宁。不是她们来接我去赴宴，就是带我去见她们的亲戚，（她们会让这些亲戚不断地邀请我去）她们的好心快让我窒息，而我出于礼貌又无法拒绝她们。"这种频繁的交往生活确实令体弱多病的肖邦难以忍受，但他只能在信中向好友倾诉他的苦衷。他用"看他们说话，听他们喝酒"这样的词句，可以看出他那时的心绪是多么的不佳。

简·斯特林对肖邦的关怀备至，为他安排各种演出，经常陪同他在苏格兰各地访问，尽心照顾好他的生活。许多亲朋好友都了解斯特林对肖邦的倾心爱恋，他们经过对肖邦的接触和了解，也都表示赞同他们的结合。尽管斯特林并没有要嫁给肖邦的表示，但她与肖邦要结婚的消息却不胫而走，甚至传到了巴黎，引起朋友们的来信询问。于是肖邦在10月30日致格日马瓦的信里作了这样的回答："我曾在信里告诉过你，我越来越虚弱，越来越烦闷。

第十五章　最后的岁月

没有任何希望，没有安身之处，怎么就能得出结论我要结婚呢？……我的诚实的苏格兰女士，我已有好几个星期没见到她们了。今天她会来这里，她们希望我留下来并继续带我前往苏格兰各处的宫殿府邸，这里，那里，凡是邀请了我的地方。她们真是诚实，可是也很无聊，愿上帝保佑她们！我每天收到她们的信，但一封也没有回。我去到哪里，她们也跟到哪里来照顾我，也许就是这种情况，让人认为我要结婚了。但这种事需要有生理上的吸引力，而这位未婚女士和我太相似了，怎么可以和自己接吻呢？……友谊就是友谊，我曾明确说过，绝不会有任何别的……即使我爱上了一位女子，而她也如我希望的那样爱上了我，我也不会结婚，因为我无法糊口、无家可归。有钱的女子要找有钱的男人。如果她爱上的是个穷人，那他至少不是个病鬼，而应是个年轻英俊的人。一个人受穷挨饿还可以，若是两个人，那就是最大的不幸了。我会死在医院里，但绝不会在身后留下挨饿的妻子，因此我根本不想有妻子。我想的是家，是母亲和姐妹，愿上帝保佑她们无忧无虑！"

我们不知道这样的话有没有对斯特林小姐说过，即使肖邦没有向她表白过，但也能从态度和行为上感受到肖邦的这种不想结婚的态度。但无论对方的态度如何，斯特林小姐对肖邦的爱恋始终是痴心一片，依然是那样的关怀备至、体贴入微，这表明她对肖邦的爱不是出于占有，也不是索取，而是忠诚的、无私奉献的、不求回报的。

就在这时，肖邦也收到了达德利·斯图尔特勋爵从伦敦寄来的信函。斯图尔特是"波兰人之友文学协会"主席，他盛情邀请肖邦参加由协会为波兰侨民而主办的慈善晚会。我们知道，肖邦有颗强烈的爱国心，凡是有这样的慈善活动，肖邦总是有求必应、有请必到的。接到邀请后，肖邦便于10月31日回到了伦敦，住在苏尔切维奇上校为他在詹姆斯大街4号租下的一套公寓里。此处离斯图尔特勋爵的府邸不远。肖邦原先住过的那套多佛街的公寓，现已由马尔策利娜·查尔托里斯卡夫人租住，他们相距都不远，往来很方便。肖邦刚回到伦敦，便得了"重感冒、头痛、呼吸困难，还有我所有的坏症状"，不得不在床上躺了18天。在他卧病期间，查尔托里斯卡夫人几乎天天都来看望和照护她的这位老师。

11月16日，盛大的慈善晚会（包括音乐会和舞会）在吉尔德哈尔举行。

肖邦抱病上台，演奏了他的多首乐曲。然而音乐厅旁边是举行舞会的大厅，那里的人声、音乐声相互交织盖过了演奏大厅的钢琴声。而肖邦也由于久病无力，原本他的弹奏就很轻柔，此时的琴声就更加低弱了。但是观众并不在乎肖邦弹奏的效果如何，只要能听到熟悉的波兰旋律，只要能见到他们心中的偶像出现在台上，而且还是毫无报偿地为他们演出，他们就心满意足兴高采烈了。每当肖邦演奏完一首乐曲，这些狂热的观众便会一股劲地鼓掌欢呼，声震如雷，淹没了旁边舞会上的嘈杂声，以至于事后，几乎没有人能想起这位天才的艺术家到底演奏了什么乐曲。而且在场的听众，竟没有人会想到，这次音乐会竟会成了肖邦的绝唱，成了他最后一次的公开演出。演完之后他的病体更加虚弱。他在信中告诉格日马瓦："昨天他（指医生）把我打扮一番，好让我能在那个波兰音乐会和舞会上演奏。晚会办得很出色，演奏一完我就回家了。整夜我都不能入睡，除了咳嗽和气喘外，我头痛得很厉害。"肖邦还请格日马瓦替他再找一处住房，因为原先的那套太阴暗了，于他的身体不利。信里还表达了他的悲观情绪和怨气："我从来没有诅咒过任何人，但现在我是这样的厌倦生活。如果我诅咒柳克丽齐娅，也许心情会好些，但是她也在受苦。尤其痛苦的是，怨恨定会使她变老——我觉得这对索朗热是一种永恒的遗憾——这个世界不是按照上帝的轨迹行事。阿拉戈的胸前挂着鹰，他们居然代表着法兰西！！路易·布朗在这里根本不受重视，科希迪被近卫军赶出列斯特广场的旅馆，当他走进大厅时，他们告诉他，你不是法国人！"

在这封信里肖邦还这样写道："为什么我要回去？为什么上帝不一下子要了我的命，非得要让那捉摸不定的发烧来折磨死我哩！此外，我的诚实的苏格兰女士也来烦我。厄斯金夫人是个非常虔诚的新教徒，她想把我也变成新教徒。她给我带来了《圣经》，给我谈灵魂问题，给我写下祈祷文。这位虔诚的好心的女士非常关心我的灵魂——她总是对我说，另一个世界要比这个世界好。我告诉她，这些我都知道，而且记得很清楚，还引用《圣经》的片段来作回答。"肖邦还在附言中写道："如果我健康，能每天教两节课，那我在这里就能过上体面舒服的生活，但我太虚弱了，只能坐吃山空，我的积蓄只够维持三个月或四个月。"

肖邦在11月20日写给罗齐埃的信里提到："如果我感到好一些，这个星期有可能动身。星期四，星期五或者最迟星期六就能到达巴黎，因为我是经受不了英国这个季节的气候的。"肖邦还请她转告房东太太要把房间烧暖，并把家具、窗帘都弄干净。而在 21 日写给格日马瓦的信里也说："今天我几乎整天都躺在床上，星期四的此时我就会离开这个讨厌的伦敦，晚上在布伦住一宿，星期五的白天就能在奥尔良广场的公寓里休息了。"他还特意要格日马瓦转告普勒耶尔，请他送一架钢琴来。为了能使客厅里有些香气，家里有点诗意，肖邦还请他星期五去买一束紫罗兰来。在离开伦敦之前，肖邦还给索朗热写了一封长信，应她所请，给她的丈夫提供意见。她的丈夫克莱辛格想到英国来找工作，并希望能得到肖邦的推荐和帮助。

11 月 23 日，肖邦在查尔托里斯基夫妇、布罗德伍德和斯特林姐妹的送别下离开了伦敦。和他同行的有他的朋友列奥纳德·聂吉维茨基和男仆丹尼尔。聂吉维茨基负责全程照顾肖邦，并把他安全送到巴黎。他们一行三人在福克斯通下车后搭乘轮船渡过英吉利海峡，轮船的颠簸让肖邦十分难受。他们在布伦休息了一晚后，肖邦的精神有所好转。第二天中午抵达巴黎，结束了他的英伦之旅。在英格兰和苏格兰的七个月里（从 4 月 20 日到 11 月 23 日），肖邦在斯特林姐妹和其他朋友的精心照顾和安排下，结识了许多新朋友，扩大了他的声望，还游历了许多名胜古迹，欣赏了那里的绮丽风光，增长了他的阅历和见闻，也使他躲过了巴黎的混乱局面和生活的拮据时期。但斯特林姐妹的过分热心也给肖邦带来烦恼和劳累，众多的访问和社交活动使他得不到应有的休息，而伦敦的坏天气和英国各地的工业污染，尘雾迷漫，也使肖邦的身体大受影响，加速了他病情的发展。

巨星陨落

1848 年 11 月 24 日，肖邦回到了他在奥尔良广场上的公寓。然而此时的奥尔良广场，昔日的热闹情景已不复存在。乔治·桑打从和肖邦决裂之后，就把房子退掉了，再也没有回到这里来过。而夏洛特·马尔利亚尼也已迁居他处，只有阿尔坎还留在此地。身体虚弱的肖邦也很少出门，常常是躺在床

上忍受着病痛的折磨。熟知他病况的莫林医生也撒手人寰了,这对于肖邦的病体说来可谓是雪上加霜。朋友们给他推荐了好几个医生,其中就有路易、罗特和西蒙。他们认定肖邦的肺痨已处于晚期,无法治愈,他们开出的药方,也只能减轻他的痛苦。

虽然肖邦受着病痛的折磨,但他依然顽强地在和病魔作斗争。在病情稍有好转的时候,他便继续授课,同时还以无比坚强的毅力进行着音乐创作,写出了两首《玛祖卡舞曲》(g 小调和 f 小调),它们是在肖邦去世后以作品第 67 号和作品第 68 号的一部分发表的。还有一首《e 小调夜曲》也可能是这时写成的,后来是作为作品第 72 号发表。波兰音乐评论家吉林斯基认为它是肖邦抒发情感的最美最深刻的一首夜曲。而《f 小调玛祖卡》,可以断定是肖邦最后完成的一首乐曲,原来的手稿不是很清晰,后经弗朗肖姆的仔细辨认,发现它竟是一首极其美丽和极具表现力的作品。在这期间,肖邦开始写作他的另一部著作:《钢琴法》。写作这样的著作,早已在他的脑海里酝酿了好几年,直到此时,他已意识到自己将不久于人世。为了让世人正确了解和掌握钢琴演奏的方法和技巧,更好地理解钢琴作品的内涵和本质,他便想把自己独特的演奏方法和经验,加以理论上的总结,以供后辈们学习和参考用。可惜的是,这部具有教材性质的著作并没有完成,只留下 16 页用法文写成的手稿。肖邦在临死之前,将这些手稿赠送给了阿尔坎和勒贝。

得知肖邦回到巴黎的消息后,昔日的那些好友都纷纷前来看望他。他们看到他的面容更加苍白憔悴,身体更加虚弱,都无不为之叹息。经常前来看望他的有老朋友格日马瓦、德拉克鲁瓦、弗朗肖姆和罗齐埃等人,还有新近结交的波兰诗人齐普瑞安·诺尔维德(1821—1883)。诺尔维德不仅是位诗人,还是个画家和雕塑家。曾在意大利学习雕塑,后到美国去寻求发展,因无所作为,不久又回到了欧洲。他一生经历坎坷,穷困潦倒。他的诗歌构思新奇,用词怪僻,晦涩难懂,生前不受重视,直到 20 世纪初才被发现,后被奉为波兰现代诗歌的先驱者。1849 年初,他来到巴黎后,通过各种关系,很快就结识了在巴黎的所有波兰诗人和艺术家,其中包括肖邦。初见病中的肖邦,把他形容为"像拱门一样的脆弱的昆虫"。

尽管病魔缠身,但他依然存有一种乐观豁达的态度和幽默感。肖邦在

第十五章 最后的岁月

1849年1月30日写给索朗热的信里谈到:"我们这里是3月的天气,我每天都要在床上躺上十次。莫林握有治好我的秘诀,但嗣后我先请的是路易医生,后两个月我又请了罗斯大夫。现在请的是在顺势疗法中名气很大的西蒙先生。可是他们都在胡乱地摸索,丝毫没有减轻我的病痛。他们一致认为,我需要好的气候、平静和休息。总有一天无需他们帮助,我自己就能得到很好的休息。"在这封信里肖邦还谈到了巴黎的动荡局势,并把自己的笨拙归咎于"每天早晨喝可可而不是喝我的咖啡。你千万别喝可可,还要告诉你的朋友也别喝,特别是那些和你通信的朋友。在下一封信中,当西蒙先生给我喝了某种硫酸盐后,我会尽力写得更幽默一些。"

冬去春来,和煦的春光又使肖邦恢复了一些生气。有时他坐上马车到街上去散散心,到公园去呼吸新鲜空气。甚至有一天晚上,他还去拜访了波兰的伟大诗人密茨凯维奇。在他家里,肖邦还依自己的许多奇思妙想即兴弹奏了几个旋律。我们前面说过,在即兴创作方面,密茨凯维奇也是个天才。这两个即兴创作的天才碰在一起,都会才思横溢,迸发出优美的作品来。他们在一起度过了愉快而又尽兴的夜晚,以至于肖邦累得第二天在床上躺了一天。

在这期间,格日马瓦和德拉克鲁瓦也经常前去看望肖邦,他们在一起可以说是无话不谈,话题涉及各种各样的事情,有对时局的看法,有对过去的回忆,有对音乐绘画的议论和观点。在德拉克鲁瓦的日记中就有他们交谈的记载,如1849年1月29日的日记:"晚上去瞧肖邦,在那儿一直待到10点钟。真是亲爱的朋友!我们曾谈到乔治·桑夫人,说到她那奇怪的生活,她那些优点与缺点的不平常的混合。所有这些都是就她的回忆录来谈的。肖邦说,她再也不能写回忆录了。过去的事她已然忘记了,她的感情,奔放起来,一时不可抑制,但事情一过,很快就扔在脑后了。比方说为了她的老友毕锐,她曾流过泪,但过后就再也不去想他了。我对肖邦说,我预料得到,她的晚年将是不幸福的晚年。但肖邦并不这样认为。她对于她的朋友们所责备她的种种事情,从不感到于心有愧。她的健康状况是非常之好,也很可能就这样好下去。只有一件事会使她觉得伤心,这就是毛瑞斯(即莫里斯——笔者)的死,或者是他的完全趋于堕落。"(转引自《德拉克鲁瓦日记》,李嘉熙译,广西师范大学出版社2002年版,第110—111页。)

从这次谈话可以看出，肖邦对乔治·桑的看法依然是客观的，并没有带任何仇恨的色彩。从他给索朗热的信里也透露出他对乔治·桑的关心，经常询问她的情况。至于乔治·桑，也常想得到肖邦的消息。得知肖邦从伦敦回到巴黎后，她曾写信给波利娜·维亚尔多，打听他的情况。维亚尔多在2月15日的回信中写道："您询问有关肖邦的消息，情况如下：他的健康状况不断恶化。有些日子还可以，他便乘车出去走走。有的时候他吐血，咳嗽得让他透不过气来。晚上他不再出去了，但还能教点课，他在感觉好的一些日子里，甚至精神还很愉快，这便是全部实情。不过我也有一段较长的时间没有去看望他了。他三次来看我，我都不在家。他说起您时总是怀着极大的敬意。我可以确定地说，他从来都不说不尊敬您的话。"

不过，肖邦和德拉克鲁瓦谈得最多的还是音乐。在2月2日的日记中，德拉克鲁瓦写道："晚间，我和肖邦、格日马瓦、阿尔坎一起谈论音乐。他觉得贝多芬被巴哈的思想迷住了。他的许多作品都是根据巴哈的作品的启示写的。海顿这位作曲家，其第二和第三部分（那就是说紧跟在第一主题之后）的音乐是最好的，有时他曾用三四种不同的手法来写。这一点很叫我吃惊。他说莫扎特在他的作品中，也投入了大量艰苦的劳动。"（转引自《德拉克鲁瓦日记》，第111页。）

而在4月7日的日记中，则较详细地记录了他们的一次谈话，表达了肖邦对音乐的许多精到的见解，像这样的谈话我们很少在别的地方看到，现将日记抄录如下：

三点半左右，和肖邦一同驾车出游。我虽觉得很累，但也很乐意和他做伴。我们谈起了音乐，这似乎使他感到很高兴。我请他说明，是什么东西使音乐给人以一种逻辑的感觉？他于是给我解释和声与对位，说明在音乐里面，赋格又如何与纯逻辑相适应，并让我了解，精通了赋格（曲式）就能理解音乐里的一切道理与旋律展开的因素。……正如肖邦对我所说的那样，贝多芬之比较隐晦，看去缺乏统一性之处，倒也并不是如人们所想的那样，系出于一种粗犷的个性，这原也是人们所羡慕于他的一点长处，而是由于他不屑于理会那些永恒的法则之故。莫扎特却从来不这样。他的作品每一部分都有它自己的节奏，各部之间虽也很和谐，但却能独自成章，恰到好处。这也就是对位，就是一点对住一点的意思所在。他又说，一般都是在对位之前，先学和声，这就是说，先从音符的承续学起，逐渐再学和声。在柏辽兹的音乐里，则是先弄好和声，然后再去尽可能完美地填充乐程。（转引自《德拉克鲁瓦日记》，第122页。）

德拉克鲁瓦和肖邦可以说是两位意气相投的朋友，从他们结识的时候起，便经常谈论各自对音乐和绘画的看法，虽然他们的观点并不完全一致，但这并不妨碍他们的友谊。对于肖邦的音乐天才，对于他的乐曲和演奏，德拉克鲁瓦都是赞不绝口。对于肖邦的人品他也深为佩服。甚至当有些人认为肖邦傲慢、怪僻、不近人情时，他却称赞他"是一个令人感到易于接近的人，更甭说，也是一个于人有用的人"。

4月22日，肖邦在朋友们的陪同下，去观看了迈耶贝尔的歌剧《先知》的首场演出。然而这部歌剧的音乐和舞台演出都令肖邦大失所望，甚至连波利娜·维亚尔多的演唱也有失水准，不能让肖邦满意。4月底，肖邦的身体出现了反复，病情有所加重。他开始意识到，他的来日不多了，便着手清理他的手稿，并请他的好友格日马瓦、银行家列奥和查尔托里斯卡公爵夫人在他死后处理那些没有价值的手稿，并将它们付之一炬。另一部分手稿要在他死后再拿去发表。他的这一愿望和要求，后来还说过多次，表现了一个正直诚实的艺术家的负责任态度，他不希望他的那些未经他再三修改的作品流传于世，以贻遗害于后辈和听众。也就在这个时候，肖邦萌生了想请他姐姐路德维卡前来照顾他的愿望。得知他有这种愿望后，马尔策利娜·查尔托里斯卡公爵夫人和德尔菲娜·波托茨卡伯爵夫人便先后托人打通关节，要为肖邦姐姐解决护照问题，因为华沙当时是被俄国占领，归俄国统治，作为俄国公民要到巴黎来，需获得俄国护照和沙俄政府的特别准许。

随着5月的到来，天气开始炎热。一场新的瘟疫霍乱又来袭击巴黎，闹得巴黎人心惶惶，不少人离开了巴黎。医生和朋友们都认为肖邦需要更多的清新空气，于是索朗热便邀请他到吉勒里的她父亲家（她一直住在父亲那里）去住一段时间。而波托茨卡也盛情邀请他到她在尼斯的别墅去休养。然而医

生们一致认为，肖邦的身体太弱了，不能出远门，经受不住长途跋涉。于是朋友们便主动四出寻找，为肖邦选择一处离巴黎不远而又环境优美的新住所。可能是经博格丹·查列斯基的努力，为他在帕西高地的沙约街74号找到了一所新公寓。这里地处城市边缘，环境幽静优美，周围有森林、草地，站在晾台上便能望见塞纳河及其两岸的高大建筑物。这套公寓位于一座四层楼的二层上，房间很舒适，可是租金也不菲，每月400法郎。大家知道肖邦的积蓄所剩无几，便告诉他房租是200法郎，其余的一半租金由奥布雷科夫公爵夫人私下支付。肖邦一直被蒙在鼓里，还觉得房租这样便宜而庆幸不已。肖邦虽在病中，但对房子的布置和家具的添置依然要亲自过问，直到6月6日肖邦才搬入新居。身体好的时候，肖邦便会到附近的林地去散散步，有一次他还在诺尔维德的陪同下，步行到帕斯村的查列斯基家去聊天。平时他都在家里休息，但前来拜访探望他的朋友也不少，除了弗朗肖姆、格日马瓦、古特曼、查尔托里斯卡公爵夫妇、波托茨卡等老朋友外，还有他在伦敦结交的瑞典女歌唱家简妮·林德，她是从伦敦返回瑞典途经巴黎时，按照他们在伦敦的约定，特意前来探望肖邦的。前来看望他的，还有女歌唱家安吉利卡·卡塔拉尼，早在30年前，她曾来华沙演出，就非常欣赏当时还只有八岁的肖邦的钢琴演奏，并送给他一枚戒指留作纪念。肖邦在6月18日致格日马瓦的信中写道："我不出门，只是有时到林地去走走——我现在强壮一些了，因此我停止了服药，吃得也多了。不过，气喘和咳嗽还是那样，但我还能忍受。我还没有开始弹琴，也不能作曲，我不知道我能维持多久。大家都离城出走，有些人怕霍乱，有些人害怕革命。罗齐埃小姐也因为害怕而移居凡尔赛，不过她现在又回来了。英国女士们住在圣日耳曼区。波托茨卡在凡尔赛，我久未见到她了。我已经有一个星期没有护士了。查尔托里斯卡公爵夫人来看我，她不想让我晚上独自一人，便给我送来一位名叫马杜舍夫斯卡太太来照顾我，她原是罗莎公爵夫人家的保姆。……卡尔克布雷纳去世了，罗克的长子也在凡尔赛死了，弗朗肖姆最好的女仆也死了。奥尔良广场倒没有死人，只有小艾蒂安病得很厉害……我将在这个月底离开此地搬回到广场去，因为我实在不能再住下去了……林德小姐来了，在我这里唱了一晚上的歌——在场的还有波托茨卡夫人、博维奥·罗斯杰尔德——不过她已经走了，她要取道汉堡

第十五章 最后的岁月

回到瑞典。那位在她离开前夕我所见到的卡塔拉尼女士也已死于霍乱。我只见过奇霍夫斯基一次,如我信中所言,因为离城太远了。只有那些非常爱我的人,如弗朗肖姆,或者住得较近的亲朋好友,如公爵夫妇,才会经常来看我。今天普勒耶尔也来了,他是个好人。好心的古特曼,我已有十天没见到他了,我担心他生病了,可是他来信说他很健康。城里的瘟疫已有所减弱。德拉克鲁瓦在乡下已有一个星期了。"

肖邦并没有在月底搬回奥尔良广场。6月22日晚,肖邦一连吐了两次血,照看他的护士立即向沙别日纳公爵夫人(亚当·查尔托里斯基公爵的岳母)报告了病人吐血的情况,公爵夫人随即赶来看望肖邦,并请她的家庭医生——著名的让·克吕韦耶前来诊治。他检查了一番病人,断定肖邦的肺痨已是晚期,无药可医,只给了一种缓解痛苦的药,并嘱咐病人需要绝对的休息。肖邦听了医生的诊断,深知自己来日无多,心中涌起了一种渴望见到亲人的强烈愿望,希望在自己离开人世的时候有亲人守护在身边。在这种愿望的驱使下,弗里德里克便于6月25日给他姐姐路德维卡写了一封言辞恳切的信,请她尽快前来巴黎看他:

如果你们可能的话,请到我这里来。我很虚弱,任何医生都不能像你们那样有助于我。若是你们缺钱,就去借一下,等我好些后,就能很容易挣到钱,我会还清你们的借款。不过现在我一贫如洗,无法寄钱给你们。我现在住在沙约街74号,房子相当大,足以接待你们和两个孩子。小路德维卡在各方面都能获益,卡拉桑提这位父亲可以整天出去,附近就有一个丰收展览会。总而言之,他会有更多的自由活动的时间,因为我更虚弱了,只能和路德维卡呆在家里。

我的朋友们和希望我好起来的人都认为,路德维卡的到来将是我最好的良药……所以请你们去弄到护照。正如今天有两个人……说的那样:不但对我的健康有利,也有益于姐姐的身体。因此你们:妈妈路德维卡和女儿路德维卡,要把顶针和毛线针带来,我会让你们在手帕上绣上标记和编织长袜子。你们会在这里的清新空气中,同你们的老弟和舅舅度过好几个月时间。现在旅行方便多了,用不着多带行李。我们的生活会

过得节俭一些,但吃住你们不用担心。如果卡拉桑提认为从爱丽舍大道到城里太远,他还可以住在我在奥尔良广场上的公寓里,公共驿车可从广场直达这里的门前。我自己也不明白,为什么我会这样想见到路德维卡,就像她是我的希望所在。我保证,这对她也是有益的。我希望你们家庭共商的结果会把她给我送来。有谁能知道,如果我康复了,说不定我会送她回去哩!那时候,我们就会紧紧拥抱在一起……妻子往往要听从丈夫,丈夫也应该把妻子送来,因此我迫切地请求他这样做。如果他这样做了,定会给她、给我,甚至给孩子们都会带来最大的欢乐和益处。我不怀疑她会带小女儿来,这的确要花很多钱,但这样做更好更省钱些。一到这里就有地方住,请尽快给我回信。

肖邦还告诉姐姐:"霍乱已经被制止住,几乎不存在了。今天天气很好,我坐在客厅里,从五个窗口望出去,整个巴黎的风光尽收眼底:铁塔、杜伊勒利宫、议会、圣日耳曼、圣艾蒂安迪蒙、奥克斯热瓦、圣母院、先贤祠、圣叙尔皮斯、慈恩谷、残老军人院和位于它们之间的一片草地,如果你们来到这里,就能看到这一切的。……现在办理护照和筹集路费的进展如何,请立即给我回信……快点来吧,卡拉桑提先生,我会给你一支又大又棒的雪茄,我知道有个人爱抽烟,但只能在花园里抽。我希望我给妈妈命名日的这封信能及时送到,这样就不会缺少我了。"

然而弗里德里克并没有及时得到姐姐的回音。据路德维卡于1853年写给丈夫的一封长信,才让我们知道姐姐延误回信的原因。由于她的丈夫心胸狭隘,一直嫉妒弗里德里克的名望,对他怨恨在心,便把他的来信扣压了两个星期。后来又不愿拿出钱来做路费,路德维卡只好从妹妹伊莎贝拉和母亲那里,才筹集到这笔路费,以致拖到8月才动身前往巴黎。

这期间,肖邦生活中的另一个严重问题就是钱。他在英国所挣的积蓄只够他三四个月的花销,后来由于他病情的不断加重,再加上瘟疫流行,几乎无学生可教,而他自1847年10月《钢琴大提琴奏鸣曲》发表以来,就没有再发表过什么新作品了。住所的搬迁和昂贵的医疗费用,令肖邦囊空如洗。尽管他母亲曾于6月初寄给他1200法郎,但也只是杯水车薪,很快用完了。

第十五章 最后的岁月

于是朋友们便求助于简·斯特林小姐，希望她能提供资助。斯特林听了很是惊讶，肖邦怎么会这么快便把那么大的一笔钱都用光了呢？本来她是不想人知道这件事的，现在她只好把个中原委说了出来。早在3月份，她就给肖邦送去了2.5万法郎。因为她了解肖邦的倔强性格，他是不愿接受外人的资助的。要是当面送给他，必定会遭到他的拒绝。于是她只好把钱票装在一个信袋里，匿名让人送到奥尔良广场肖邦住的那座公寓楼，交给了门房，门房收下后却没有转交给肖邦，而是放在她的抽屉里，一直没有打开过。后来在朋友们的努力下，终于追回了这笔赠款。起初肖邦拒绝接受这笔钱款，后在厄斯金夫人和古特曼等人的一再劝说下，又考虑到实际的困难和姐姐的到来，肖邦才接受了1.5万法郎（有的说是1.2万法郎）。这在当时可以说是一笔巨款。斯特林小姐对肖邦的慷慨资助，又何止是这一次，肖邦逝世后的所有丧葬费用和路德维卡母女回国的路费都是由她提供的，这证明她对肖邦的爱是痴心的，也是无私的。8月9日，路德维卡和她的丈夫卡拉桑提·英德热耶维奇以及女儿小路德维卡终于到达了巴黎，这让弗里德里克感到无比的欣喜。姐姐一家的到来使他顿时感到了家庭的氛围和亲情，仿佛他的病体一下子就好了许多。他写信给弗朗肖姆，请他送点"你的波尔多葡萄酒来，现在我每天都要喝一点葡萄酒，而我家里没有酒了。请你一定要把瓶子包好，不要忘记打上你的印缄，这样才能交给你的信使，我不知道你让谁来送酒？你看我变得多么多疑啊！"

弗里德里克的姐夫卡拉桑提看到妻子一心只扑在她弟弟身上而心生不满，在巴黎呆了两个星期，便借口工作关系独自一人回华沙去了。随即肖邦又从沙约街搬回了奥尔良广场上原先的住所。8月，索朗热和她的丈夫克莱辛格带着他们的小女儿（大女儿出世不久便夭亡了）也来到了巴黎，住在离肖邦不远的地方。姐姐的到来和索朗热的经常探望，让肖邦的心情舒坦多了，以至于他很乐观地计划到尼斯去过冬，那是德尔菲娜·波托茨卡夫人邀请他去的。8月31日，克吕韦耶医生对肖邦的病况深感忧虑，便邀请路易和布拉什等医生，进行了一次会诊，一致认为肖邦不能做任何的旅行，即使那里的气候再好也不行，只能留在巴黎。不过，需要改善住房条件，应搬迁到一套更暖和而又朝阳的公寓里。后来经朋友们的四处寻找，便在巴黎市中心的旺多姆广

场12号找到了一处合乎医生要求的公寓。这套公寓有七个房间，俄国大使曾在此租住过。肖邦的朋友、银行家托马斯·阿尔布莱特正好在此楼有他的办公室，就是他为肖邦物色到这套公寓的。9月9日肖邦住进了这套租金昂贵的公寓，又是斯特林小姐为他支付了租金。

搬入新居，似乎给肖邦增添了一丝生机，他又恢复了对生命的乐观信念。恰好这时，他童年时代的好友提图斯·沃伊捷霍夫斯基来到比利时的奥斯坦德。肖邦在9月12日写给他的信里谈到："我真想乘火车出境到瓦朗西安去拥抱你。但是前几天，我连到凡尔赛市外的德·阿夫拉耶别墅去看望我的教女都不行。医生们不允许我离开巴黎，因此整个冬天，就连到暖和的地方他们都不会放我去的。这是我的过错，因为我病了，否则我就能在比利时的某个地方和你相见了。也许你能安排到这里来，我还不是那么自私，让你来只是为了我自己。像我现在这样虚弱，你也只能有几个小时的厌烦和失望，夹杂着愉快和真挚的回忆，而我更乐意让我们共同度过的时刻成为完全幸福的时光。"

遗憾的是，提图斯无法在短时间内办到签证，不能前来巴黎看望肖邦，最终肖邦和老友相见的这种梦想也随之破灭，这使他深以为憾。

得知路德维卡来到巴黎照顾她弟弟的消息后，乔治·桑便于9月1日给她写信说："听说你来了巴黎，我事先并不知道。现在我终于可以通过你得到弗里德里克的真实消息了，有些人写信给我，说他的病情比以前更重了，另一些人则说，他只是虚弱和疼痛，像我过去经常看到的那样。请给我写上片言只语，我冒昧向你提出这个要求，因为我作为一个母亲，虽然被自己的孩子忘却和遗弃，但都没有停止爱他们。也请你来信告诉你的情况。请相信我生命中的每一天都在想你和对你的热切思念，尽管你心中对我的记忆已蒙上灰尘，但是我认为我值得这一切，因为我承受了痛苦。全身心都忠于你的乔治。"

路德维卡接信后并未回信，因为她认为，无论乔治·桑怎样为自己辩解，说得怎么的天花乱坠，她也无法原谅她对自己弟弟的绝情。很显然，路德维卡在与弟弟的书信交往中，来到巴黎后在和弟弟的倾心交谈中，已尽知她弟弟和乔治·桑决裂的来龙去脉全过程。如果乔治·桑真的还关心弗里德里克，真的对他还怀有一丝感情的话，她完全可以直接写信给他，甚至直接上门来

第十五章 最后的岁月

看望他，何必借助第三者呢？！因此路德维卡的拒不回信，也是在情理之中。对于乔治·桑的绝情，就连最了解他们这段恋情过程的格日马瓦在肖邦死后，也发出了这样的感叹："如果他（指肖邦）没有倒霉地结交了那个毒化了他整个生命的乔治·桑的话，那他就能活到凯鲁比尼（活了82岁——笔者）的那个年纪了。"

肖邦的病情日益恶化。除了姐姐在精心照顾外，索朗热和斯特林也常来帮忙。听到消息后，他的许多好友和乐迷们也纷纷前来看望。9月底，莫谢莱斯在看望肖邦后的日记中写道："我们听说肖邦的情况很严重，便去探询，结果发现所有坏消息都被证实了……现在这个可怜的人的日子已经屈指可数了。他受了很多苦，太悲哀了。"

到了10月，他的腿开始浮肿，出现了腹水。10月7日，他平静地宣称：我现在要进入临死的痛苦了。10月12日，他的呼吸极其困难，以至于克吕韦耶医生都表示，病人活不了几个小时，就有可能被死神带走。于是人们赶紧去把耶沃维茨基神父找来，让他为肖邦做临终忏悔和圣礼。亚历山大·耶沃维茨基原是肖邦在华沙中学的同学，后在华沙大学学习，曾参加1830年的华沙起义，后流亡西欧，并在罗马接受了神职。一开始，肖邦拒绝神父的要求，后经姐姐和好友们的再三恳求，以及耶沃维茨基的竭力劝说，肖邦终于接受了临终前的那套宗教仪式。10月15日，住在尼斯的波托茨卡夫人，在得知肖邦病危的消息后，立即赶回巴黎来看望肖邦。这位病人一见到久未见面的好友，顿时无比欣喜，精神为之一振，便对她说道："上帝推迟这样久才召唤我到他身边，就是恩准我见到你给我带来的欢乐。"随即肖邦请求她唱几首他以前一直爱听的歌。对于这位病入膏肓的好友的请求，德尔菲娜欣然答应。于是在场的人便把钢琴搬到了房门口，德尔菲娜强忍着悲伤和泪水，坐在了钢琴前，她自己边弹边唱，唱了好几首贝利尼、马尔切洛和斯特拉代拉的歌曲。已经是半老徐娘的这位波托茨卡夫人依然保持着美妙的嗓音，她的歌唱给肖邦带来了无比的欢乐，仿佛他又回到了十多年前初次听到她歌唱时的那种欣赏和愉快的心情。随后弗朗肖姆和马尔策利娜·查尔托里斯卡夫人合奏了他创作的《g小调钢琴和大提琴奏鸣曲》。然而肖邦的一阵剧烈咳嗽，不得不中止他们的演奏。晚上肖邦的神智开始昏迷，甚至辨认不出在场的人来了。10

月 16 日一整天，肖邦非常清醒，对姐姐和在场的好友发出最后的要求：烧毁所有未完成的作品和未修改好的手稿，把《钢琴演奏法》遗赠给阿尔坎和勒贝。他希望在他的葬礼上演奏莫扎特的《安魂曲》。他还要求在他死后打开他的胸膛，取出他的心脏，让姐姐把它带回到他的祖国波兰去，好让他的心永远和波兰人民在一起。

肖邦临终前的几天里，前来看望他的人可谓络绎不绝，他们大都聚集在客厅里。肖邦去世后有许多文章和回忆，都说肖邦去世时自己在场。其实当晚留在肖邦身边的只有少数几个人：路德维卡母女、马尔策利娜·查尔托里斯卡夫人、格日马瓦、索朗热、古特曼和耶沃维茨基神父等。

1849 年 10 月 17 日凌晨两点钟，索朗热觉得肖邦想喝水，便出去给他倒了一杯，等她把水端到他床边时，便发现他已经咽气了。索朗热惊喊一声，大家都拥到了床前，人人悲痛欲绝，路德维卡母女放声痛哭起来，在场的人都止不住泪水横流。这位世界上最著名的钢琴诗人便这样匆忙地离开了人世，终年才 39 岁零 7 个多月。

当天，悲痛的路德维卡写了几句话给她的丈夫："唉！我最亲爱的，他已经不在了。我和小路德维卡身体很好。我衷心拥抱你们。要记着点母亲和伊莎贝拉。"这张便条实际上是附在马尔策利娜·查尔托里斯卡公爵夫人写给卡拉桑提·英德热耶维奇的信里寄出的。马尔策利娜在信里写道："我们可怜的朋友去世了。在最后一刻来临之前，他饱受痛苦，但他以毅力和天使般的顺从忍受住了。您的夫人真是对他照顾得无微不至——上帝赐予她肉体上和精神上的力量。她让我告诉您，再过几天她一定会写信给您并告诉您详情。她请您别牵挂她！肖邦的朋友们会帮助她料理后事的。至于动身回国一事，她说她一个人能行。"

第二天，肖邦的好友，也是流亡巴黎的波兰画家特奥菲尔·克维亚特科夫斯基为死者画了一幅头靠在枕头上的优美画像，还用铅笔画了三张素描，它们成了肖邦逝世时的珍贵资料。克莱辛格也为肖邦做了面膜和左手的托模。随后对遗体进行了防腐处理，取出了心脏，并把遗体安放在马格达伦纳教堂的地下室里。巴黎和波兰各地的报纸纷纷发表了肖邦去世的消息和评论文章，盛赞这位钢琴大师的杰出成就，哀叹巨星的陨落对世界音乐的损失，深切哀悼这位音乐家的英年早逝。波兰人民更为失去这样一位爱国的成为波兰民族骄傲的艺术家而哀惋不已。

后来波兰和巴黎的朋友们也相继写了许多有关肖邦逝世前后情况的回忆和记载文字，有的以文章发表，有的在书信中存录，尽管他们的描述有所出入，但也不失为参考的资料。在这些遗留下来的资料中，以耶沃维茨基神父写给克萨韦拉·格罗霍夫斯卡夫人的信最为翔实，常为肖邦的传记作者所引用。由于耶沃维茨基是站在神父的立场上来描述肖邦逝世前后的心态和情况的，自然带有较浓的宗教色彩。现摘译如下：

尊敬的夫人：我依然是处在肖邦亡故的悲痛中来给你写这封信的。他是在1849年10月17日凌晨两点去世的。

多年以来，肖邦的生命都是命系一线。他那总是虚弱憔悴的身体被他的天才之火所融化。大家都非常惊讶，在如此衰败的躯体中却依然保存着他的灵魂，而且不失其思维之敏捷和心肠之热忱。他的面颊总是像雪花石膏那样冷静、苍白、透明。他的那双通常是雾蒙蒙的眼睛，有时却闪耀出明亮的光辉。他总是那么甜美、可爱、充满幽默风趣而又十分敏感，使人觉得他是不属于这个人世间的。但遗憾的是他没有想过天堂。他的好朋友为数不多，但坏朋友——不信上帝的朋友——却不少，而且这些人都是他的崇拜者……他在这种可悲的情况下，却害上了致命的肺病。我是在从罗马返回巴黎的途中，才听到肖邦病危的可怕消息的。于是我立即赶到这位我童年时代的朋友的身边，他的灵魂对我说来尤为珍贵。我们在一起拥抱、流泪。我知道，他已是临近死亡了。他消瘦和憔悴得非常厉害，他不是在为自己，而更多地是在为我流泪，在为他同样喜欢的我的兄弟爱德华的被杀害而悲伤。我利用他的这种温情，向他提起了他的母亲，想通过对她的回忆以唤醒他心中的信仰，那是母亲曾教导过他的。"嗨，我明白你的意思"，他对我说，"我也不想不接受圣礼就死去的，这会让我的母亲难过。但是我不能接受圣礼，因为我不能按照你的方式去理解它的。我能理解向朋友倾诉衷情那样的忏悔的甜蜜。但我无法理解作为圣礼的那种忏悔。如果你希望，我可以以我们的友谊向

你诉说一切，其他方式则不行。"肖邦的话让我揪心，我哭了，我为这个善良的灵魂而悲伤……在嗣后的几个月里我常去看望他，但毫无结果。我一直怀着这个灵魂不会迷失的这种信念祈祷着。直到本月12日晚上，克吕韦耶医生急忙叫我过去，说他已无能为力了。我慌里慌张地来到他的房门前，门关着，这对我说来还是第一次。但过了一会儿，他让人放我进去，但只是为了握握我的手，并对我说："我非常爱你，你什么也不要说了，快去睡吧！"你能想象到我是怎样度过这一夜的！第二天……我怀着忧虑不安的心情来到肖邦那儿，只见他正在吃早餐。当他邀请我一起吃时，我就说："我亲爱的朋友，今天是我兄弟爱德华的命名日。"肖邦叹了一口气，我接着说："今天是我兄弟的日子，请给我一件礼物吧！""你想要什么就给你什么。"肖邦回答道。我说："把你的灵魂给我吧！""我明白你的意思，你拿去好了！"肖邦回答后，就坐到了床上。

这时，一种无法形容的欣喜，但同时又有一种恐惧攫住了我。我该如何来接受这个可爱的灵魂，并把它奉献给上帝呢？我双膝跪下，在心里呼唤着上帝：请您自己拿去吧！从这天起，肖邦就开始咽气了，一直持续了四天四夜。忍受、听从上帝的吩咐，往往还带有快慰，伴随着他直到最后一口气。在最大的痛苦中他表达了自己的幸福，并感谢了上帝。他大声说出了他对上帝的热爱和尽快与其相结合的渴望。他把他的幸福告诉了他的朋友们，他们是前来和他诀别，并在隔壁房间里守候着。他已经喘不过气来了，让人觉得他就要断气了，甚至连呻吟都停止了。他失去了知觉。大家吓坏了，都拥到他的卧室，揪心地等待着最后的时刻。这时肖邦睁开了眼睛，看到这群人站在那里便问道："你们在这儿干什么？为什么不祷告？"于是大家都跟着我跪下了……

几乎是一天一夜他都在握着我的双手，不愿放开，并对我说，你不会在这紧要的时刻离开我的。他依偎着我，就像孩子在危急时刻依偎着母亲那样。他不时呼叫着："耶稣，马利亚！"……有时他还以最大的热忱对在场的人说："我爱上帝和人们……我这样死，很好……我亲爱的姐姐，不要哭！你们都别哭了，我的朋友们！我是幸福的！我感到我要死了，你们为我祈祷吧！天堂见。"……最后，谈吐总是文雅的他，想向我

第十五章 最后的岁月

表示其全部的感激之情，以及那些没有经受圣礼便死去的人的不幸。他毫不迟疑地说：没有你，"我亲爱的，我就会死得像头猪"。

其他的人也都谈到了肖邦去世时的情景。古特曼在写给女钢琴家海涅·费特的信里谈到："肖邦已经不在了！我感到欣慰的是，这位亲爱的忠诚的朋友是死在我怀里的……当他的灵魂面向万能的上帝，当他再也没有力气睁开双眼的最后，也是开始的时刻，他问：是谁在握着我的手？当他听出是我的声音时，他想把我的手放到他的嘴上。我们拥抱在一起，他在我脸上作了诀别的一吻，说道：亲爱的朋友！随即他的脑袋便垂了下来，他的灵魂飞逝而去。30日，星期二将举行葬礼。届时根据他的遗愿演奏莫扎特的不朽的《安魂曲》。"

关于肖邦临终时刻的情形，索朗热、耶沃维茨基神父和古特曼三人都是以亲历者的身份来描述的，但他们的说法却各不相同，都突出了自己与肖邦的亲密关系和作用。但我觉得索朗热的说法更符合真实情况一些。因为肖邦是在凌晨两点去世的，当时在病床前看护他的不会有这么多人，让索朗热一人留下照看肖邦是很有可能的，其他人则在客厅里守候休息，等索朗热发现肖邦已咽气大叫大哭时，其他人才拥到床前，这样的叙述更真实可信一些。

波利娜·维亚尔多在肖邦逝世时并不在巴黎，因此她没有目睹当时的情形，但她一听到肖邦的噩耗便赶了回来，并参加了肖邦的葬礼。她按照他的遗愿，为他演唱了莫扎特的《安魂曲》。事后她曾于10月底写信给乔治·桑，向她介绍了她所听到的有关肖邦逝世的情况："如果您事先知道他的死期如此之近，您一定会前来和他握最后一次手的。我也未曾知道他回到了巴黎，也不知道他已卧病不起，我也是从别人那里才听到他的死讯的。他们非常客气地邀请我参加在马格达伦纳教堂为肖邦举行的《安魂曲》的演唱。直到那时我才感觉到，我对他怀有多么诚挚的友情。可怜的小伙子是被神父们折腾死的，他们强迫他连续六个小时去亲吻圣徒遗物，直到最后一口气，周围有许多人，认识的和不认识的，他们在他床边哭泣。……巴黎所有的贵夫人都认为昏倒在他的房间里是自己的义务所在。房间里还挤满了许多画师在匆忙地

画着速写像。有一位银版摄影师想把肖邦的床移到窗口前,好像阳光照在垂死者的身上。这时,亲爱的古特曼发火了,把他们统统赶出了房间。

"尽管发生了这一切,肖邦仍然还有力气对每个人说着亲切的话,安慰自己的朋友。他请古特曼、弗朗肖姆和其他艺术家创作出美好的音乐来:'请你们为我这样做,我相信,我肯定会听得见你们的,这会给我带来欢乐。'临死前一刻,他请波托茨卡夫人给他演唱了马塞尔的赞美诗,他便在最后一个音符中溘然长逝了。他可能因疾病而产生一些怪癖,但他是个高尚的人。我为能认识他并为自己能从他那里获得些许的友情而感到幸福。"

关于肖邦逝世前后的情况,格日马瓦在致列奥的信中写得较为客观:"我们的肖邦已经去世了,他死后留给我们的空缺,应由我们相互的同情心来弥补,因为我们中的任何人都不会把他忘记,也永远不会感到他的缺失……打从您离开之后,肖邦就请了几位顺势疗法的医生和几位传统学派的大夫来医治,但毫无结果。有来自华沙的罗斯、西蒙、奥尔登多夫、弗拉恩格尔等大夫,还有路易、布拉什、克吕韦耶,以及其他几位医生,他们做了自己能做的一切。但由于病情发展严重,病人又过于虚弱,以致无法挽救他的生命。夏天他是在沙约度过的。但是,无论是优美的环境,还是充足的阳光,都不能使他愉快,甚至不能让他忘记痛苦。唯有一件真正快慰的事才使他那颗衰竭的心重新加强了跳动:那就是肖邦无比热爱的姐姐的到来。她是从遥远的北方来的,尽管要克服巨大的困难,她才能获准离开华沙前来巴黎。此外,她还得和母亲、丈夫(曾一起来到巴黎,但只呆了两星期——笔者)和孩子们分开,以便承担起护理自己可怜弟弟的重任。开始几天,变化明显而有利,但这仅仅是他生命的最后一次微笑——嗣后这个生命已不再是渐渐消逝,简直就是迅速消亡。出现了水肿,所有旨在制止它恶化的科学努力都徒劳无功。虽然如此,但病人仍抱有很大希望,经受住了向旺多姆广场的搬迁,那里曾是俄国大使馆,他还给自己的这套漂亮公寓添置了家具,甚至打算重新开始自己的工作。他的灵魂沉浸在和声之中,但他已无力坐到钢琴前面,也无力拿起笔来谱曲了。这个伟大人物的形象是很凄惨的,他虽还活着,但由于体力不支注定是不能再有什么成果了。……当他心境平静时,当他再也不能战

第十五章　最后的岁月

胜自己的衰弱无力时,一种已不能再活下去的无法消除的信念笼罩了他。从那一刻起,到他的去世只有十天。但这十天对于他的朋友们说来,堪比这位艺术家的整整一生一样珍贵。……作完忏悔和接受圣礼之后,其奄奄一息的状态还持续了三天三夜。医生们为这种无穷尽的生命力感到惊讶不已。那时我就确信,如果他没有倒霉地结交了那位毒害了他整个生命的乔治·桑的话,那他就能活到凯鲁比尼那样的年纪了。直到最后一天、最后一个小时,他都保持着清醒的思维。有时他抬起身、坐了起来,面对着 20 多位他的崇拜者——衣衫褴褛的穷人们,然而却是这个纸醉金迷世界中的伟人,他们在此跪了四天四夜不停地祷告着——给他们提建议,劝说他们,甚至对他们说宽慰的话。表现出一种简直是不可思议的分寸感,宽宏大度和敏锐性。此外,他的善良和仁慈已经不是出自这个世界。他认出了所有在场的人并记得他们的个性。随后他用与激发他创作灵感一样的博大的思想,口授了对他作品处理的临终遗愿。他说:有不少作品或多或少地与我的身份不相称,请你们以对我的尊重的名义,将它们付之一炬烧掉,除了演奏方法的起始部分,我把它留给阿尔坎和勒贝,也许他们能从中获得一点益处。其余的毫无例外统统烧掉,因为我非常尊敬听众,我不想让那些不配给听众的作品署上我的名字扩散开来,而且还要我承担责任等等。就这样他一连好几个小时进行着高尚的思考。终于在几个小时后,在 17 日星期三的凌晨两点钟,他离开了这个世界……在去世前的一刻他还带着微笑。他亲吻了古特曼,还挣扎着去拥抱克莱辛格夫人。现在我们深信,他的灵魂已经到了上帝的身边了,而且这个灵魂定会受到特别的宠爱。在临终前几小时,他请波托茨卡夫人唱贝利尼和罗西尼的三首曲子,她是边哭边唱的;他是像祈祷那样聚精会神地倾听着来自这个世界的最后歌声。

他吩咐要解剖他的尸体,因为他相信,医学还没有弄清他的病情。确实,解剖后才知道,他患的病并非人们所预料的那样,但即使想到了,那他也活不成。第三天对尸体进行了防腐处理,穿戴整齐后便停放在鲜花丛中,以便让朋友们和素不相识的人们最后一次瞻仰这位大师的遗容。由拉布拉什、维亚尔多夫人和音乐会协会演奏莫扎特的《安魂曲》和他自己的《葬礼进行曲》。"在信的附言里,格日马瓦还谈到肖邦特别重视列奥的意见。因为他最

能理解和评价肖邦的音乐构思，而且他的意见是清醒的、有深刻见解的，从无奉承吹捧之意，对他价值很大。

  1849年10月30日，巴黎的马格达伦纳教堂里里外外都挤满了人，这里正在举行肖邦的隆重葬礼。由于想参加的人太多，只好凭请柬才能进入教堂里面。当棺材从地下室抬到教堂的大堂时，乐队奏起了肖邦的《葬礼进行曲》，随后由管风琴演奏家路易·勒费比尔—维莱演奏了肖邦的e小调和b小调《前奏曲》，接着便由乐队奏响了莫扎特的《安魂曲》，由纳尔齐斯·吉拉尔指挥，担任主唱的有波利娜·维亚尔多和路易·拉布拉什。

  仪式完毕后，送葬队伍便从教堂朝拉雪兹公墓缓缓走去。在3英里的路程中，一直有肖邦的崇拜者加入到送殡队列中。走在灵柩前面的有亚当·查尔托里斯基公爵和大作曲家迈耶贝尔。扶棺的有亚历山大·查尔托里斯基公爵（亚当的侄子、马尔策利娜的丈夫）、弗朗肖姆、德拉克鲁瓦和普勒耶尔。走在灵柩后面的是肖邦的姐姐路德维卡和外甥女路德维卡以及斯特林小姐。再后面便是肖邦的学生们、朋友们和粉丝们。全部葬礼的费用名义上是由他姐姐路德维卡负担，实际上是斯特林无偿借给了她5000法郎。而墓碑的费用则是由德拉克鲁瓦领导的基金会提供。安葬时没有任何悼词和讲话。棺材入穴后，一位朋友将19年前肖邦离开华沙时朋友们送给他的一抔波兰泥土撒在他的棺材上。这抔泥土肖邦一直精心保存在自己的身边。在漫长的岁月里，无论肖邦遇到怎样的坎坷，也不论他搬过多少次家，抛弃过多少家具和用品，但他始终视这抔泥土为珍宝。这次它便随着肖邦一起融汇在墓穴中。

  乔治·桑既没有来看望过病重的肖邦，也没有来参加肖邦的葬礼，她依然平静地呆在自己的诺昂庄园里写她的小说。乔治·桑的缺席引起许多朋友对她的不满，如格日马瓦等人，他们原先对她的态度都较为亲切、较为尊重，现在见她如此薄情寡义，如此心胸狭隘，都改变了对她的看法。而此时的简·斯特林却受到了人们的称赞，尽管她对肖邦的爱情并没有得到对方的回应，而且有时还招致对方的厌烦，但她始终没有改变自己对肖邦的关切、照顾、尊敬、挚爱和无私的奉献精神。她不仅支付肖邦最后一年的生活费用，使他能得到很好的治疗，依然过着优雅体面的生活，而且在他死后全部的丧

第十五章 最后的岁月

葬费用都是由她支付，甚至连路德维卡母女回华沙的路费都是她供给的。肖邦的遗物，除了一些能随身带走的，如作品的手稿和珍贵的文物，由路德维卡带回华沙外，其余的家具、书籍和其他用品，后来经与华沙的家属协商之后，统统拍卖出去，只有一架肖邦经常使用的钢琴托运回了华沙。斯特林出于对肖邦的热爱，不愿让他的遗物散失在外，便将它们全部包买下来，运回到苏格兰她的家乡，放置在肖邦住过的古堡里，随即便创立了"肖邦纪念馆"。

路德维卡在安葬弟弟后不久，便动身返回华沙。在通过边境时，路德维卡只好把装有肖邦心脏的瓶子藏在自己的衣裙里面，才逃过俄国边防的检查，最后顺利地回到了华沙。按照当时的规定，肖邦的心脏只能安放在教堂的地下墓室里，经过一番周折，华沙的主教才答应把肖邦的心脏安置在华沙十字教堂的墙壁里。第二次世界大战期间，教堂遭到德国法西斯的严重破坏，幸好有人从教堂的废墟中找出了肖邦的心脏，把它转移到了安全的地方，才得以完整地保全下来。战后重建教堂时，才又把肖邦的心脏安放在圣十字教堂中间的一根方柱里面，柱面立着一块碑匾，上面写着："此处安放着肖邦的心"，以供人们瞻仰、祭拜。

1850年10月17日，是肖邦逝世一周年。斯特林和肖邦的其他生前友好又聚集在拉雪兹公墓的肖邦坟墓前，举行由克莱辛格雕刻的墓碑的揭幕典礼。雕像展示出一位受病痛折磨而神情忧郁的音乐天才，用断了弦的六弦琴指着艺术家的墓地。雕像的基座上刻着："献给弗里德里克·肖邦。他的朋友们。"斯特林还把一包由路德维卡特意托人从华沙带来的波兰泥土撒在了肖邦的坟墓上。